KB153901

초·중·한국어 교사를 위한
문법 교육의 내용과 방법

류성기

전주교육대학교에서 초등 교육, 전주대학교 국어교육과에서 중등 국어교육에 대하여 공부하였다. 그리고 한국정신문화연구원 부설 한국학대학원과 전주대학교 대학원에서 국어 문법에 대하여 연구하였다. 무주 부당 초등학교를 비롯한 여러 초등학교에서 10년 정도에 걸쳐 초등학생들을 지도하였다. 전주대학교에서 강사로 국어를 지도하다가 1993년도부터는 진주교육대학교 및 동 대학원에서 화법 교육, 문법 교육 및 한국어 화법 교육, 한국어 문법 교육을 지도하고 있다.

주요 저서 및 논문

주요 저서로는 『한국어 사동사 연구』(홍문각), 『예비교사와 현장교사를 위한 초등 말하기 듣기 교육론』(박이정), 『초등 국어과 교수·학습 방법』(공저)(박이정) 등이 있으며, 주요 논문으로는 '사동사 사동법의 변화와 사동사 소멸'(국어학22), '사동사 파생 조건'(주시경학보12), '창의력 신장을 위한 국어과 교육'(한국초등국어교육12), '교사의 경험론적 판단에 근거한 초등학생 단계적 토론 능력'(한국초등국어교육50) '결혼 이민 여성들의 한국어 생활 실태 분석 및 지도 방안 모색'(국제언어문학30) 등 50여 편이 있다.

초·중·한국어 교사를 위한 문법 교육의 내용과 방법

초판 1쇄 발행 2016년 3월 15일
초판 2쇄 발행 2018년 6월 15일

지은이 류성기 **｜ 펴낸이** 박찬익 **｜ 편집장** 권이준 **｜ 책임편집** 김지은
펴낸곳 ㈜ 박이정 **｜ 주소** 서울시 동대문구 천호대로 16가길 4
전화 02) 922-1192~3 **｜ 팩스** 02) 928-4683 **｜ 홈페이지** www.pjbook.com
이메일 pijbook@naver.com **｜ 등록** 2014년 8월 22일 제305-2014-000028호

ISBN 979-11-5848-108-7 (93710)

* 책값은 뒤표지에 있습니다.

초·중·한국어 교사를 위한

문법 교육의
내용과 방법

류성기 지음

(주)박이정

국어는 우리의 역사와 사상 그리고 삶을 담고 있는 언어이다. 그러므로 우리는 국어를 가지고 의사소통을 할 때 가장 바르고 효과적으로 할 수 있다. 그런데 국어를 사용한 효과적인 의사소통은 저절로 이루어지는 것이 아니라 교육을 통하여 이루어진다. 비록 가정에서 국어 교육이 시작되지만 체계적인 국어 교육은 초등학교에서부터 시작된다. 초등학교 시기는 언어 형성기이다. 이때 국어를 바르고 효과적으로 사용할 수 있도록 지도해야 하는데, 언어 사용의 기반이 되는 문법 교육도 해야 한다. 그리하여 국어에 대한 올바른 가치를 바탕으로 하여 문법 지식을 인지하고, 활용하게 하며, 탐구해 볼 수 있게 하고, 좋은 국어 문화를 창조해 가도록 해야 한다.

이 책은 위와 같은 사고에 바탕을 두고 구성하였다. 제Ⅰ장은 국어의 가치와 가치 교육, 제Ⅱ장은 언어의 중요성과 언어 교육, 제Ⅲ장은 교육과정의 문법 내용과 지도 방법에 대한 고찰 및 지향해야 할 교육과정은 어떤가를 알아보았다. 제Ⅳ장에서 제Ⅸ장까지는 문법 교육의 기반이 되는 문법 내용과 문법 지식 활용, 문법 지식 탐구, 국어 가치 형성 범주별로 교수·학습 모형을 제시하였고, 제Ⅺ장은 문법 교육을 할 때 활용할 수 있는 집단 학습법과 창의적 문법 사용 능력을 신장할 수 있는 학습법을 제시하여 효율적인 문법 교육 방법을 제시하였다. 제Ⅻ장은 제Ⅹ장에서 제시된 문법 교육의 네 범주를 바탕으로 하여 평가 방법 및 도구를 제시하였다. 부록으로는 초등학교 국어 교육에 필요한 한글맞춤법, 표준어와 표준 발음을 제시하였다.

이 책은 주로 초등학교 교사가 될 교육대학교 학생들과 초등학교 현장의 교사들이 초등학교 어린이들에게 문법 교육을 시키기 위해서는 어떠한 내용들을 알고 있어야 하며, 어떠한 교육 방법을 알고 있어야 할 것인가를 고려하여 만들어졌다. 교육대학교 학생들이나 초등학교 교사들에게는 문법 교육을 위한 좋은 지침서 및 자료가 되리라 믿는다. 그리고 중학교 1-3학년군 교육과정 및 내용 성취 기준도 제시하고, 각 장에 좀 더 깊이 있는 문법 내용 및 학습 방법도 제시하여 중학생 지도에도 도움이 될 것이다. 그리고 외국어로서의 한국어교사 양성과정에서도 여기에 제시된 문법 지도 내용 및 방법을 활용하여 효과적인 문법 수업을 할 수 있을 것이다.

　이 책은 류성기(2008)의 「초등 문법 교육의 내용과 방법」(박이정)을 고치고, 없는 내용을 보태어 쓴 책이다. 특히 2015 개정 국어과 교육과정에 대한 사항을 추가하였으며, 초등교사, 중등교사, 한국어교사가 알고 있어야 할 문법 지식 내용 및 학습 방법들은 놓치지 않고 필요한 내용들을 제시하려고 노력하였다. 그래서 교사가 이러한 내용들을 학생들에게 지도할 때에 유용하게 활용할 수 있을 것이며, 나아가 이러한 내용을 참고로 하여 새로운 지도 방법을 구안하여 활용할 수도 있을 것이다.

　이 책을 기꺼이 출판해 주신 박이정 사장님과 직원 여러분들께 감사드린다.

2016. 3.

지은이 씀

목차

제 XII 장 문법 교육의 평가 방법

제 I 장 국어 가치와 교육

　사람들은 언어로 생활해 가고 있다. 대부분의 나라는 하나의 공용어를 가지고 있고, 이를 그 나라의 국어로 삼아 공용어로서 사용한다. 현재 우리나라 사람들은 한국어를 공용어로 삼아 생활해 가고 있는데, 이를 표기하는 문자는 한글이다. 우리나라 사람들은 이 한국어 및 이의 표기 수단인 한글을 통하여 의사소통을 하여 왔을 뿐만 아니라 문화를 형성하여 왔으며, 또 사회를 형성해 왔다. 나아가 민족의 정체성을 확립하여 왔다. 그리고 현재도 그렇게 하고 있으며, 앞으로도 그렇게 할 것이다.
　그런데 우리는 이렇게 중대한 가치를 가지고 있는 국어를 너무 가볍게 생각하고, 아니면 그 가치에 대하여 생각하지도 못하고 외국어 내지는 외래어, 외계어라고 하는 이상한 말을 만들어 남발하고 있다. 그리고 상스럽거나 속된 표현을 함부로 사용하기도 한다. 이제 국어가 얼마만한 가치를 가지고 있는가를 의사소통, 민족문화 이해, 언어문화 형성, 민족 주체성 형성 측면에서 생각해 보자. 그리고 과연 우리는 국어를 어떻게 대하고, 활용해야 하며, 교육해야 할 것인가에 대해 알아보자.

1. 의사소통 가치

인간은 언어로 의사소통을 하면서 생활한다. 언어에는 음성언어, 문자언어, 신호언어, 몸짓언어가 있으나 일반적으로 언어라 하면 음성언어와 문자언어를 말한다. 음성언어는 언어 사회 모두 다 가지고 있으나 문자언어는 그렇지 않다. 음성언어의 종류가 전 세계에 3000여 가지 정도인데 반하여 문자언어는 사어를 포함하여도 그의 십분의 일 정도인 300여 가지라고 한다. 우리나라는 과거에 음성언어는 있었으나 문자언어가 없어 한자를 이용한 향찰이나 이두를 만들어 사용하기도 하였으나 매우 불편하였다. 다행히 세종대왕께서 우리의 음성언어에 맞는 문자언어(훈민정음)를 만들어 사용함으로써 서로 간의 사상과 감정을 원활하게 소통하면서 생활해 가게 되었다.

하나의 언어를 국어로 사용하고 있는 하나의 민족은 오랫동안 그 언어로 의사소통을 해 왔고, 또 나름대로 그 언어 사회에 적절한 언어문화를 형성해 왔다. 그렇기 때문에 그 나라의 국어는 그 나라 사람들의 사상과 감정을 가장 잘 표현할 수 있는 언어가 되는 것이다. 의성어, 색채어 등의 세밀한 표현, 정서가 넘치는 표현, '잘 했다' 등과 같이 칭찬이나 비꼼 등의 다양한 의미를 내포한 중의적인 표현, 속담 및 '발이 넓다' 등과 같은 관용어 표현, '천지삐까리'와 같은 역사성이 내포된 표현 등은 그 언어를 오랫동안 사용하고 있는 언중들에 의해서만 표현이나 이해가 가능한 것이다. 그렇기 때문에 한국어는 우리나라 사람들에게는 가장 좋은 의사소통 수단인 것이다. 그래서 우리는 국어를 적극 활용하여 올바른 의사소통, 효과적인 의사소통, 정서가 풍부한 의사소통을 해야 하고, 나아가 국어를 더 좋은 의사소통의 수단이 되는 국어로 갈고 닦아야 할 것이다.

2. 민족문화 이해 가치

문화는 여러 가지 형태가 있다. 그림이나 건축물, 조각 등과 같은 유형의 문화가 있는가 하면 판소리, 민속춤 등과 같은 무형의 문화가 있다. 그러한 문화들 중 하나가 음성언어와 문자언어이다. 음성언어를 문화라고 말하는 사람은 드물겠지만 우리의 생활이 우리말로 이루어지고 있으며, 구비 문학, 음악, 언어생활 양식 등 우리말로 이루어진 문화 산물이 존재하고 있기 때문에 우리말도 중요한 문화임에 틀림없다. 우리 문자언어 한글의 근본이 되는 '훈민정음 해례'라는 책은 비록 국보 1호는 아니지만 국보 제70호로 지정된 문화재이다. 아무튼 그 기능면에 있어서나 민족에 끼친 영향 면에 있어서 음성언어든지 문자언어든지 국어는 우리 민족 최고의 훌륭한 문화재임에는 틀림이 없다.

그런데 우리가 여기에서 민족문화 이해와 관련지어 생각해 볼 것은 국어를 통한 민족문화 이해이다. 먼저 음성언어를 통한 민족문화 이해는 국어의 말투, 화법, 경어법 등의 문법적 현상, 호칭어와 지칭어, 외래어, 각종 은어, 비어, 속어 등 사용되는 어휘를 통한 우리 민족의 언어문화를 비롯한 사회 문화 현상의 이해이다. 말투 곧, 논리적인 화법을 사용하느냐 감정적인 화법을 사용하느냐에 따라 그 사회의 정신적 사고 문화를 짐작해 볼 수 있으며, 그 사회가 말이 없는 사회인가, 말을 즐기는 사회인가에 따라 무뚝뚝하고 무서운 사회인가, 편안하고 즐거운 사회인가를 짐작해 볼 수 있다. 또 경어법과 호칭어, 지칭어를 통하여 그 사회의 사회문화적인 면을 이해할 수 있고, 외래어 사용과 속어 등의 사용, 사용하는 어휘의 혼탁 등을 통하여 그 사회의 정신적 문화 수준을 짐작해 볼 수 있다.

다음으로 문자언어를 통한 민족 문화의 이해는 문자언어 그 자체로서의 문화 이해와 문자언어로 쓰여진 자료로서의 문화 이해 두 가지를 생각할 수 있다. 첫째로 문자언어 그 자체로서의 문화인 훈민정음은 백성들이 중국과는 다른 말을 사용하고 있으며, 쉽게 배울 수 없는 글 그리하여 날마다 편히 쓸 수 없는 글인 한자를 쓰고 있어서 세종대왕께서 이런 백성을 불쌍히 여겨 만든 것이다. 그리하여 훈민정음은 세종대왕께서 백성을 불쌍히 여겼다거나, 우리말이 중국말과 달라 글자를 창제함에 있어 중국에 종속되지 않고 우리말에 맞는 글자를 만들어야 한다는 독립적 사고를 표현한 것이라든가, 초성, 중성, 종성의 합자에 의한 글자 체계 및 자음과 모음의 상형과 가획(자음), 가점(모음)의 원리에 의해 창제된 훈민정음은 그때 당시의 민족 정신문화를 알 수 있는 귀중한 문화 자료이다. 그리고 훈민정음이 수난과 발전의 역사를 거쳐 오늘날의 한글이 되기까지의 여러 체계의 문자는 우리 문자 문화, 우리 언어생활 문화, 우리 정신문화를 보여주는 민족 문화 이해의 좋은 자료가 된다. 둘째로 훈민정음 또는 한글 더 나아가서는 한자를 빌어서 우리말을 기록한 이두 등에 의하여 기록된 수많은 자료들은 바로 우리 민족의 사상과 감정과 생활과 민족 사회의 모습을 보여주는 귀중한 문화 자료들이다. 용비어천가, 동국정운, 삼강행실도 언해본, 여러 불경 언해본, 여러 가지 편지글, 독립신문, 소설, 시가, 사전 편찬, 한글 성경 등등의 훈민정음(한글)로 적힌 철학적, 실사구시적, 언어학적, 문학적, 예술적, 도덕적, 종교적, 과학적 자료들은 당시 우리 만족의 정신 세계관과 물질 세계관 등 민족 문화의 면면을 이해할 수 있는 훌륭한 문화 자료이다.

3. 언어생활 문화 형성 가치

언어생활 문화는 언어 사회가 형성되어 온 배경에 따라 다르다. 일찍이 수사학이 발달해 온 서구 사회에서는 웅변을 강조하였다. 그래서 말을 잘 하고, 자기표현을 잘 하는 언어 사회를 도모하여 왔다. 그러나 우리나라에서는 '신언서판'이라 하여 말 잘하는 것을 원하기도 하였지만 '침묵은 금이다.' 라는 금언이 있을 정도로 말 아끼기를 가르쳐 왔다. 한 마디의 말을 하더라도 무게 있는 말을 할 것을 강조하였다. 그런 결과 우리 사회의 언어생활 문화와 서양 사회의 언어생활 문화가 매우 다르게 전개되었다. 하나의 예를 들자면 서양에서는 식탁에서 재미있는 대화를 하면서 음식을 즐기는 편인데 반해, 우리나라에서는 식탁에서 말을 하지 않고 말없이 그리고 빨리 식사를 하는 편이다.

이러한 언어생활 문화 풍조는 거기에서 그치지 않는다. 서양에서는 '미안합니다, 고맙습니다, 안녕하십니까?' 등의 말들이 매우 자연스럽게 표현되는데 반하여 우리나라에서는 그러한 표현이 거의 사용되지 않고 있다. 또 동일한 의도의 표현도 서양과 우리나라가 다른 점이 많이 있다. '제가 갈 수 있도록 해 주시겠습니까?' 라는 표현으로 상대방의 인격을 최대한 존중해 주는 상대 중심 물음의 화법이 있는데 비하여, 우리나라에서는 '좀 비켜 주세요.' 라고 자기중심 명령적 화법을 사용하고 있다.

그러나 우리말의 표현도 나름대로 좋은 표현들이 많다. 경어법의 표현은 우리 사회의 종적인 인간관계의 질서를 유지시켜 주고 있고, 여러 가지 의성어, 의태어를 비롯한 상징어 표현, 맛이나 색깔, 마음 상태를 표현하는 언어는 여러 가지 섬세한 상태를 표현할 수 있게 해 준다. 정서를 표현하는 언어가 매우 발달되어 있다고 볼 수 있다.

아무튼 우리는 편안한 언어, 즐거운 언어, 희망적인 언어를 사용하는 사회, 그러면서도 인간관계에서 질서가 유지되고, 정겨운 표현의 언어를 사용하는 언어생활 문화를 형성해 나아가야 할 것이다.

4. 민족 주체성 형성 가치

오늘날의 사회는 물질만능주의 및 개인주의의 팽배로 인하여 사회, 국가에 대한 의식은 점차 소멸되어 가고, 정신적 가치의 소멸과 아울러 자기만의 이익 추구를 최고의 목표로 삼고 삶을 영위해 가는 사회로 변해 가고 있다. 내가 존재하게 되는 터가 바로 사회이며, 국가라는 사실 곧, 사회와 국가가 없이는 나와 나의 이익이 존재하지 않는다는 사실, 사회와 국가가 파멸하면 나도 또한 파멸해 간다는 사실을 잊어 가고 있다. 특히 세계화를 말하는 이 시대가 바로 이러한 개인주의 및 물질주의를 더욱 부추기고 있다.

언어는 민족 주체성을 갖게 만들어 주는 하나의 도구이다. 그런데 요즈음 세계화를 말하면서 언어의 혼잡이 더욱 가중되고, 영어에 대한 사대사상이 심화되면서 더욱 민족성을 잃고, 자신의 터를 잃어버리고, 결국에는 사회 및 민족의 주체성을 잃어버리고 살아가게 되는 경향이 짙어졌다. 남한과 북한을 비교했을 때 언어적 주체성이 강한 북한이 언어적 혼잡성이 강한 남한보다는 민족 주체성이 강하다는 것은 익히 알고 있는 사실이다.

언어는 그 민족의 온갖 사상과 감정과 정서와 애환과 희로애락과 역사가 깃들어 있는 존재이다. 그러한 언어를 말하고, 듣고, 읽고, 쓰면서 민족성이 깃들게 되는 것이다. 사람은 언어를 통하여 사고하고, 표현하게 되는데, 그래서 정신세계를 언어가 지배하게 되는데, 자신의 언어가 혼란을 일으키게 되면, 그에 따라 정신도 혼란을 일으키게 된다. 그렇기 때문에 국어를 소홀히 하고, 혼란스러운 언어를 사용하거나 외국어를 남용하거나 상스러운 말을 사용하는 것은 바로 민족정신을 소멸하게 되는 것이고, 바람직하지 못한 민족 사회를 형성하게 되는 것이다. 일본 침략기 시대에 일본은 우리 민족성을 말살하기 위하여 조선어를 못

쓰게 하고 일본어를 사용하게 하였다. 그러나 이러한 가운데에서도 국어 운동가들은 우리말을 지키고자 국어 운동을 하였고, 우리말 사전을 편찬하고, 독립신문이라는 한글 신문을 만들어 국어를 지키고자 하였다. 민족 주체성을 형성하여 독립을 쟁취하기 위해서였다.

우리는 내가 존재하게 된 나의 민족 안에서 가장 '나'스러움을 간직하기 위하여 개인주의, 물질주의, 세계화 물결 속에서도 우리 민족의 주체성이 깃든 언어, 우리 민족의 주체성을 심어 주는 언어, 그리고 바르고 고운 언어를 사용해야 한다. 이것이 바로 민족 주체성을 바르게 형성해 가는 길이다.

우리는 지금까지 국어에 대한 가치를 생각해 보면서 국어에 대하여 어떠한 태도를 가져야 할 것인가에 대하여 논의해 보았다. 그 결과 국어는 우리 민족의 주요하고도 가장 훌륭한 의사소통의 수단이 되며, 민족 문화를 이해할 수 있는 좋은 자료가 되고, 언어생활 문화를 형성해 사회 변화를 꾀해 가는 요소가 되며, 민족 주체성을 형성해 갈 수 있는 정신적 바탕이 된다는 것을 알 수 있었다. 우리는 이러한 국어에 대한 인식을 새롭게 하여 국어에 대한 참 소중한 가치를 인식하고, 올바르게 활용하는 태도를 가져야 할 것이다. 뿐만 아니라 국어에 대한 새로운 국어 문화 창조의 정신을 가지고 바람직한 방향으로의 언어문화 창조가 이루어지도록 노력해 가야 할 것이다.

5. 국어 가치 교육 방법

사람들은 소중한 것을 가지고 있으면서 소중한 줄 모르고, 그래서 소중하게 사용하지 않고 살아간다. 물과 공기가 그렇고, 언어가 그렇다.

무엇인가가 소중한 줄을 모르면 아무렇게나 사용하지만 소중한 줄 안다면 귀하게 사용한다. 그래서 우리는 우리가 사용하는 국어가 매우 가치 있다는 것과 매우 가치 있게 사용해야 한다는 것을 알아야 하고, 또 학생들로 하여금 알게 해야 한다. 국어가 얼마나 인간의 삶에 중요한가를 알게 하여 올바르고, 품위 있는 국어 생활을 하도록 해야 한다. 초등학교 때에 우리말과 글이 있다는 것과 우리말과 글이 있으므로 해서 얼마나 우리의 삶이 편리한가를 인지시켜야 한다. 그리고 국어를 아끼고, 올바르게 사용해야 하며, 국어를 통한 좋은 국어 문화를 형성해 가도록 해야 한다.

초등학교에서의 국어 가치에 대한 지도 내용 범주는 다음과 같이 설정해 볼 수 있다.

- 우리말과 글을 소중히 여기는 태도
- 고운 말, 바른 말, 품위 있는 말 사용 태도
- 좋은 국어 문화를 형성해 가는 태도

가. 우리말 태도 지도

세계에 여러 나라들이 있지만 자국의 말과 글자가 있는 나라가 있는가 하면 그렇지 못한 나라도 있다. 자국의 말과 글이 있는 우리나라는 우리의 생각과 감정을 세밀하게 표현할 수 있는 좋은 언어 수단이 있다는 것이다. 만약 국어가 없다면 우리의 생각과 감정을 표현하는데 얼마나 불편할 것인가를 생각해 보게 하고, 우리말과 글을 소중히 여기려면 어떻게 해야 할 지를 지도해야 한다. 뿐만 아니라 아름다운 우리말, 생각과 감정을 다양하게 표현할 수 있는 섬세한 우리말에 대한 지도를 해야 한다. 지도 방법의 예를 들어 보자.

- 말을 하지 말고 행동이나 표정으로 생각을 전달해 보자. 그리고 상대방이 전달한 행동이나 표정을 보고 무엇을 말하는지 알아 맞혀 보자.

- 다양한 하늘 색깔에 대한 표현을 우리말과 영어를 사용하여 표현해 보고, 어느 말이 잘 표현할 수 있는지 비교해 보자.

- 우리 가족의 웃음소리를 의성어로 표현해 보고, 가족 웃음 이야기를 꾸며 말해 보자.

- '놀이'를 통하여 우리말의 아름다움을 느껴보자.
  1) 반 학생을 조로 나누어 의성어나 의태어로 조의 구호를 정한다(덜 컹덜컹 조, 히쭉벌쭉 조, 후끈후끈 조, 살랑살랑 조).
  2) 또 각 조마다 문장 중에 나오는 조사(토씨)를 자기 조의 조사로 정한다(-가, -이, -과, -에서).
  3) 교사는 책을 읽어 주고, 각 조는 자기 조가 정한 조사가 나오면 자기 조가 정한 의성어나 의태어를 큰 소리로 외친다.
  4) 자기 조의 구호를 가장 많이 외치고, 협동이 잘 된 조가 우승조가 된다.

나. 고운 말, 바른 말 태도 지도

우리말과 글에도 곱고, 바르고, 품위 있는 말이 있는가 하면, 다른 사람의 마음을 상하게 하고, 현실을 왜곡시키며, 비루하게 만드는 천한 말이 있다. 그러한 말들의 개념을 알게 하며, 화법 문화상 왜 고운 말, 바른 말, 품위 있는 말을 사용해야 하는지를 그렇지 않았을 때와 비교하여 지도하고, 스스로 좋은 말을 사용하려는 태도가 형성되도록 지도해야 한다. 지도 방법의 예를 들어 보자.

- 고운 말, 바른 말, 품위 있는 말, 상말은 무슨 말이며, 예를 넣어 이야기 만들어 말해 보자. 그리고 상대방의 이야기를 들은 후 느낌을 말해 보자.

- '고운 말'을 들은 경험과 '거친 말'을 들은 경험을 말해 보자.

다. 국어 문화 형성 태도 지도

고운 말, 바른 말, 품위 있는 말을 사용하는 문화를 형성해 가도록 지도해야 할 뿐만 아니라 즐겁게 인사하는 문화, 바르게 대화하는 문화, 남을 배려하며 말하는 문화를 형성해 가도록 지도해야 한다. 뿐만 아니라 문자로 대화하는 태도도 지도해야 한다. 다매체 시대에 특히 전자 매체를 통하여 대화를 할 때에 바른 언어 쓰기, 고운 언어 쓰기, 품위 있는 언어를 쓰는 문화를 이루어가도록 해야 한다. 지도 방법의 예를 들어 보자.

- '고운 말 왕' 뽑기 - 교사는 학생들 각각에게 일정한 수의 '고운 말' 표를 준다. 그리고 학생들은 다른 학생이 거친 말이나 상말을 썼을 때 '고운 말' 하고 외치고, 그 학생에게 '고운 말' 표를 한 장 받는다. 이렇게 하여 정해진 기간 동안 자기의 표를 잃지 않고, 남의 표를 가장 많이 모은 학생을 '고운 말 왕'으로 뽑아 시상한다.

- 컴퓨터에서 쓰이는 대화 용어나 댓글을 찾아보자. 그리고 각 조별로 자료를 모아 좋은 글과 나쁜 글로 구분해 보고, 거친 글이나 나쁜 글을 고운 글로 고쳐 보자.

라. 교육과정 지도 내용

초등학교 국어과 교육과정 국어 가치 관련 지도 내용을 살펴보면 다음과 같다. ( ) 속의 숫자는 해당 학년이다.

제6차 교육과정

- 우리말을 기록하는 우리 글자가 있음을 인식하고, 우리 글자를 소중히 여긴다.(1)
- 다른 사람의 마음을 상하게 하는 말의 예를 들어보고, 고운 말을 쓰려는 태도를 가진다.(2)
- 품위를 떨어뜨리는 말의 예를 찾아보고, 국어를 품위 있게 사용하려는 태도를 가진다.(6)

제7차 교육과정

- 우리말이 있음을 알고 우리말을 소중히 여기는 태도를 가진다.(1)
- 고운 말을 사용하려는 태도를 갖는다.(2)
- 바른 말을 사용하려는 태도를 가진다.(3)
- 문화유산인 우리말과 우리글을 소중히 여기는 태도를 지닌다.(4)

2007 개정 교육과정

- 한글의 의의를 알고 우수성을 설명한다.(6)

2009 개정 교육과정

- 한글의 창제 원리와 가치를 이해한다.(중1-3)

2015 개정 교육과정

- [4국04-05] 한글을 소중히 여기는 태도를 지닌다.(3-4)
- [6국04-06] 일상생활에서 국어를 바르게 사용하는 태도를 지닌

다.(5-6)
- [9국04-09] 통일 시대의 국어에 관심을 가지는 태도를 지닌다.(중 1-3)

제II장 언어와 교육

인간은 언어를 도구로 하여 생활해 가고 있다. 그런 만큼 인간과 언어는 상호간에 깊은 영향을 미치고 있다. 그래서 여기에서는 언어가 인간 삶에 어떻게 작용하고, 언어 교육은 왜 필요한가에 대하여 알아보기로 하겠다.

1. 언어와 인간

인간이 삶을 영위해 가는 기본 생태학적인 방법으로는 언어 사용, 도구 사용, 고도의 지능 사용, 사회적 집단화 등이 있다. 이러한 것들 중 어느 한 가지라도 인간의 삶 속에서 제거된다면 인간다운 삶을 영위하지 못할 것이다. 여러 동물들에게서도 이러한 요소들은 발견된다. 몇 가지의 소리나 몸짓 등의 의사소통 방법을 가지고 있기도 하고, 또 돌멩이나 막대기 등 아주 간단한 생활 수단적 도구를 사용하기도 하며, 집단생활을 하기도 하고, 지능을 가지고 있기도 하다. 그러나 이러한 것들은 인간이 갖고 있는 수준의 언어나 도구나 사회생활이나 지능이 아니다. 그렇기 때문에 여타 동물들은 인간의 삶과는 다른 삶을 살아갈 수밖에 없다.

인간의 언어와 동물의 언어 차이를 정정덕(1996:37)에 제시된 표를 통해 알아보자.

	인간 언어	동물 언어
1	이중분절의 개방 체계(창조성) 분석적이고 구조적임	비이중분절의 폐쇄 체계(비창조성) 비구조적임
2	시 · 공을 초월함	시 · 공을 초월 못함
3	언어와 정보전달의 내용 간 비직접성	언어와 정보전달의 내용 간 직접성
4	문자언어가 있음	문자언어가 없음
5	음성언어 중심, 몸짓말 부수적	몸짓말 중심, 소리체계 부수적
6	공명실이 많은 ㅋ자 모양	파이프식의 모양
7	언어 능력이 있음	언어 능력이 없음
8	교체성이 있음	교체성이 없음
9	재귀성이 있음	재귀성이 없음
10	문화적 전승물	비문화적 전승물(본능적 생물학적 소산)

위 표의 내용 중 몇 가지만 부연 설명해 보기로 한다. (1) 인간이 사용하는 단어는 실질적 의미가 있는 단어(실사)와 실질적 의미가 없는 단어(허사)로 구성되어 있고, 인간의 언어는 '음소-음절-형태소-단어-어절-문장-텍스트'의 계층적 구조를 이루고 있지만 동물의 언어는 그렇지 못하다. (2) 인간의 언어는 현재뿐만 아니라 과거, 미래 및 허구 상황까지도 표현할 수 있는데 반해 동물의 언어는 현재 시점 및 상황에 관한 것만 표현한다. (3) 인간의 언어는 언어인 기호와 전달하고자 하는 내용 관계가 간접적인데 반해 동물언어는 직접적이다. (6) 발음기관이 인간은 공명실이 구강, 비강으로 이루어진 'ㅋ'자 모양이고, 다른 동물은 파이프 모양이다. 또 혀의 크기와 부드러움이 인간은 말하기에 적당하게 되어

있으나 다른 동물들은 그렇지 않다. 사람도 혀가 짧으면 혀 짧은 소리를 낸다. (7) 합리주의적 입장에서 볼 때 인간은 유전적으로 언어 능력을 타고나지만 동물들은 그렇지 않다. (8) 인간의 언어는 모방이나 모창 등의 교체 능력이 있지만 동물 언어는 그렇지 않다. 암탉이 수탉의 소리를 모방해 낼 수 없다. (9) 인간의 언어는 언어로 설명할 수 있는 재귀성이 있지만 동물의 언어는 그렇지 못하다.

이러한 언어 차이로 인하여 인간은 동물들과는 달리 언어를 통하여 문화와 문명을 형성해 가면서 인간으로서의 변별적인 삶을 살아가고 있다. 결국 언어는 인간을 더욱 인간되게 만들고 있는 것이다.

2. 언어와 인간다움

언어가 없는 세상에서는 사회생활을 비롯한 문화와 문명의 생활을 할 수 없을 것이다. 성경 '창세기' 기록에 보면, 인간의 언어가 하나였을 때, 인간이 그들의 이름을 드러내고, 하나님처럼 강성해 지기 위하여 바벨탑을 쌓았다. 이때 하늘에서 하나님이 이들을 보시고 그 교만함이 하늘에 이르렀음을 분히 여겨 이들을 흩어버리기로 작정하시고 하신 일이 그들의 언어를 여러 가지로 나누어 버린 것이다. 그래서 그들은 서로가 하는 말들을 알아듣지 못하게 되고 결국에는 바벨탑을 끝까지 쌓지 못하게 되었다. 이 바벨탑은 오늘의 문화와 문명이라고도 볼 수 있는데, 이러한 문화와 문명이 형성될 수 있었던 배경에는 인간의 언어가 있었다는 것을 알 수 있다.

인간이 언어를 통하여 사회생활을 할 때 언어는 인간에게 어떤 역할을 하는가? 정정덕(1996:37-41)은 G. Leech를 인용하여 언어에 다섯 가지

기능이 있다고 하였다. 첫째, 정보 제공의 기능이 있다. 신문, 방송, 책, 전자 매체 등을 통하여 인간에게 필요한 정보를 제공한다. 그리하여 새로운 지식을 습득하게 하고, 창출하게 한다. 둘째, 정서 표현을 하게 한다. 슬플 때나 괴로울 때 슬픔이나 괴로움을 표현하게 하고, 즐겁거나 기쁠 때 즐거움이나 기쁨을 나타내게 한다. 그리고 화가 날 때에는 화가 났음을 표현하게 한다. 셋째, 명령적 기능이 있다. 화자나 필자가 청자나 독자에게 대답을 요구하거나 행동이나 태도를 보여 줄 것을 요청하거나, 부탁하거나 강요하거나, 행동을 같이 할 것을 제안하거나 명령하는 표현을 하게 한다. 넷째, 심미적 기능이 있다. 이는 시적 기능 또는 미적 기능이라고도 할 수 있는데, 언어의 리듬성, 예술성, 심미성 등에 의해 인간에게 미적 기능으로 작용한다는 것이다. 다섯째, 친교적 기능이 있다. 인간 사회의 삶에 유대 관계를 갖게 해 주는 기능을 한다. 만나고 헤어질 때, 만나서 다정하게 이야기할 때, 병문안이나 상가 또는 결혼식에 갈 때 감정을 나타내게 한다. 국어과 교육과정에서는 국어의 기능으로 정보 전달, 친교 표현, 설득 표현, 정서 표현 네 가지가 있다고 하였다. 국어를 사용하여 표현하거나 이해할 수 있는 기능 곧, 의사소통할 수 있는 기능이 네 가지라고 하였다. 언어의 기능이 다섯 가지이든 네 가지이든 그것은 분류 기준에 따라 다를 뿐이다.

언어에 이러한 기능들이 있어서 인간이 인간된 생활을 하게 한다. 정보 제공 기능을 활용하여 인간은 다른 동물들에 비하여 높은 문화 수준의 생활을 하며, 상상하지도 못할 문명을 이룩하면서 살아가고 있다. 정서 표현의 기능을 활용하여 감정을 솔직하게 표현하여 슬픔이나 괴로움, 즐거움이나 기쁨을 섬세하게 나누기도 하고, 또 같이 기뻐하면서 더불어 사는 삶을 영위하게 한다. 그리고 명령적 기능이 있음으로 인하여 인간 사회의 기본적인 사회적 활동이 가능하게 해 주며, 심미적 기능이 있어서 예술적 활동뿐만 아니라 일상 대화 속에서도 아름다운 언어를 사용함으로 인해 생활 자체가 미적인 생활이 되게 한다. 또 친교적 기능이 있음으로 인해 아름다운 인간관계를 형성하면서 살아가게 한다. 이러한 것들 모두는 바로 언어가 인간을 인간답게 만든다는 것을 말한다.

3. 언어 교육 방법

언어는 위에서 본 바와 같이 인간을 인간답게 만드는 면이 있는가 하면, 그 역기능으로서 인간을 반인간적으로 만드는 면이 있다. 즉, 정보제공 기능을 오용하여 인간을 반문화적, 반문명적 존재로 만든다. 정서 표현도 인간관계를 오히려 더 악화시키는 역기능적 표현이 있고, 명령적 기능에도 불화를 초래하는 기능이 있다. 또 언어의 미적 기능은 퇴폐적 기능으로 이용되어 부정적으로 작용하기도 한다. 그리고 친교 표현도 잘못 사용하거나 고의적으로 악담을 했을 때에는 관계가 더욱 악화될 수 있다. 그렇기 때문에 언어 사용에 대한 것은 반드시 교육되어야 한다. 순기능적 언어 사용을 통하여 올바른 인간을 만들고, 바람직한 인간관계를 형성해 가도록 해야 한다.

언어에는 힘이 있다고 한다. 또 말이 씨가 된다는 말도 있다. 말에는 마력이 있다고도 한다. 또 언어는 사고를 지배한다고 한다. 이것은 모두 언어가 인간을 지배할 수도 있으며, 변화시키기도 한다는 말이 되기도 한다. 언어의 여러 가지 기능들이 순기능적으로 작용한다면 인간은 바람직한 방향으로 변화되어 갈 것이지만, 역기능적으로 작용한다면 잘못된 방향으로 변화되어 갈 것이다. 그렇기 때문에 언어의 순기능적 작용이 일어나도록 교육이 이루어져야 한다. 올바른 언어 사용 교육을 하여 올바른 언어 사회를 형성해 나가야 한다. 그래서 올바른 문화와 문명이 이루어지며, 아름다운 친교가 있고, 상호 협력적이고, 더불어 살아가는 즐거운 사회를 형성해 나가야 한다. 바람직하지 못한 화법 문화의 사회는 무섭고, 싸움이 그치지 않고, 이기적인 사회가 될 수밖에 없지만, 좋은 화법 문화가 형성된 사회는 편안하고, 즐겁고, 유익한 사회가 될 수밖에 없다.

이러한 언어 기능의 중대한 역할은 한국어를 사용하는 한국 사회에서도 예외가 될 수 없다. 그러나 한국어 나름대로 역사와 전통을 가지고 있으며, 언어문화 및 언어문화 형성 배경을 가지고 있다. 그렇기 때문에 한국어 문화와 정서에 맞는 가장 순기능적인 언어 사용을 하기 위해서는 한국어를 바람직하게 사용하는 교육이 필요하다. 한국 사회와 언중과 언어문화에 적합하고 가장 적절한 언어 사용 교육이 필요한 것이다. 한국어를 사용하여 정보를 제공하며, 정서를 표현하며, 명령하며, 심미적 및 친교적 표현을 효과적으로 하는 교육이 필요하다. 그리하여 한국인을 한국인다운 인간으로 만들어 가야 한다.

초등학교 언어 본질과 관련된 지도 내용 범주는 다음과 같다.

- 언어의 규칙성
- 언어의 기호성
- 언어의 창조성
- 언어의 기능성

가. 언어 규칙성 지도

언어는 규칙적으로 사용되어야 제 의미가 정확하게 전달되는 것이다.

어순이 '수식어+피수식어', '주어+목적어+서술어' 순서로 사용되어야
하며, 시제 표현, 높임법 표현 등의 문법 표현도 문법적 규칙에 따라
사용되어야 제 의미가 정확하게 전달되는 것이다. 그래서 무질서한 어순
과 잘못된 문법 규칙에 따라 사용될 때와 규칙에 맞게 사용될 때를
비교하여 언어에는 규칙성이 있다는 것을 알게 하고, 규칙에 따라 언어
를 사용하게 지도해야 한다. 지도 방법의 예를 들어 보자.

- 다음 낱말 카드를 어순에 맞게 놓아 보자. 그리고 우리말 어순에는
  어떤 규칙이 있는지 말해 보자.

영희가	읽었다	책을	→			
먹었다	백설공주가	사과를	→			
했다	축구를	창수가	→			

- 다음 말은 왜 어색한가? 그 이유를 말해 보자. 그리고 우리말에는
  어떤 규칙이 있는지 말해 보자.

할아버지 밥 먹어.
선생님, 영수가 공부님을 하고 계세요.

나. 언어 기호성 지도

언어는 지시 대상과 절대적인 관계에 있는 것이 아니라 자의적인
관계에 있는 기호라는 것을 알고, 언어 본질을 이해하게 해야 한다.
기호의 개념을 알고, 종류와 특징을 알며, 다른 기호와 비교하여 언어
기호의 장단점을 알게 하여 기호 사용을 효과적으로 하게 해야 한다.
지도 방법의 예를 들어 보자.

- 기호란 어떤 뜻을 나타내기 위하여 쓰이는 표지, 부호, 문자 등을 통틀어 이르는 말이다. 다음 뜻을 나타내기 위하여 사용하는 기호를 써 보자.

운전할 때 좌회전하는 구역	
대한민국	
기독교	
남자 화장실	
웃음소리	

- 언어 기호인 말소리와 의미 사이에는 필연적인 관계는 없다. 그래서 같은 말이라도 나라에 따라 다르게 표현한다. 예를 들면 '馬'이란 의미를 나타내는 말을 mal(한국어), uma(일본어), horse(영어), cheval (프랑스어) 등으로 표현한다. 이는 언어 기호의 자의성에 기인한 것인데, 말과 의미 사이에 필연적 관계가 없어서 서로 다르게 사용할 수 있다는 것이다. 그런데 이러한 언어 기호는 그 언어를 사용하는 집단에서는 약속된 기호이기 때문에 그 집단에서는 그 기호를 알아야 한다. 그래서 처음에는 그 언어 기호를 배워야 하는 노력이 필요하다. 그렇지만 일단 한 번 배워두면 여러 가지 좋은 점이 있다. 어떤 좋은 점이 있는지 말해 보자. 다른 기호에 비하여 언어의 유익한 점을 말하면 된다.

1) 표현을 자유롭게 할 수 있다.
2) _____
3) _____

다. 언어 창조성 지도

언어가 창조적으로 쓰임을 알고, 이 창조성을 극대화하여 국어 사용에 활용할 수 있도록 지도해야 한다. 같은 내용을 상황과 화자에 따라 달리

말할 수 있다는 것을 인지하게 하여 창조적으로 국어를 사용하도록 지도해야 할 것이다. 지도 방법의 예를 들어 보자.

- '아버지'를 가지고 삼행시를 지어 보자. 그리고 왜 서로 다르게 지어 졌는지 언어의 창조성과 관련지어 말해 보자.

- '말 바꾸기' 놀이를 해 보고, 왜 같은 의미를 가진 말을 다양하게 표현할 수 있는지 언어의 창조성과 관련지어 말해 보자.

다음에 제시된 말을 의미가 같은 다른 말로 바꾸어 보세요. 가장 많은 말로 바꾼 조가 우승조가 됩니다.

어머니, 배가 고파요. 빨리 밥을 주세요.
1.
2.
3.
4.

라. 언어 기능성 지도

언어의 기능은 '2. 언어와 인간다움'에서 보았듯이 여러 가지 기능이 있다. 그 여러 가지 기능을 순기능적인 입장에서 잘 익혀 올바른 언어생활을 하도록 지도해야 할 것이다. 지도 방법의 예를 들어 보자.

- 어제 친구와 말다툼을 하였다. 밤에 생각해 보니 나의 잘못도 있었다. 오늘은 친구와 화해를 해야겠다. 어떤 말로 해야 할까 생각해 보고, 화해해 보자. 말다툼을 하지 않았다면 그런 상황을 가정해 보고 조별 역할놀이 활동을 해 보자.

• 새 학년이 되어 반 친구와 친하게 지내려고 한다. 자기가 친하게 지내고 싶은 몇몇 학생들의 관심과 흥미가 무엇인지 생각해 보고, 말을 나누어 보자. 그리고 언어의 기능성을 말해 보자.

친구 이름	흥미나 관심
순호	축구, 컴퓨터 게임

마. 교육과정 지도 내용(성취 기준)

초등학교 교육과정에 나타난 언어의 본질과 관련된 지도 내용을 알아보면 다음과 같다.

제6차 교육과정
• 주어진 상황에서 같은 목적으로 여러 사람이 하는 말을 비교하며 들어 보고, 언어가 창조적으로 쓰임을 안다.(6)

제7차 교육과정
• 언어가 창조적으로 쓰임을 안다.(5)
• 언어에는 규칙이 있음을 안다.(6)
• 언어가 기호임을 안다.(6)

2009 개정 교육과정
• 언어의 본질과 기능을 이해한다.(중1-3학년군)

- [2국04-04] 글자, 낱말, 문장을 관심 있게 살펴보고 흥미를 가진다.(1-2학년군)
- [6국04-01] 언어는 생각을 표현하며 다른 사람과 관계를 맺는 수단임을 이해하고 국어생활을 한다.(5-6학년군)
- [9국04-01] 언어의 본질에 대한 이해를 바탕으로 하여 국어생활을 한다.(중1-3학년군)

제III장 문법 교육과정의 흐름

　문법은 국어를 사용하여 언어생활을 하는 데 있어 필수적인 지식이다. 문법 지식 없이는 언어생활을 할 수 없을 뿐만 아니라 언어를 통한 다른 사회생활 또한 할 수 없다. 아직 학교에서 문법 교육을 받지 못한 취학 전 어린이라 할지라도 말을 하고, 글을 쓴다. 그래서 문법 교육이 필요 없다고 말할지 모르겠지만, 사실은 그 어린이도 문법 지식을 바탕으로 하여 말을 하고, 글을 쓰고 있는 것이다. 다만 그 어린이가 모르고 있는 것은 자신이 사용하고 있는 언어 표현이 어떤 음운 규칙이나 문법 규칙을 활용한 것인가에 대한 이론적인 문법 지식 내용이다.

　이처럼 문법은 언어생활을 하는 데 있어서 바탕이 된다. 그러나 학교에서 이러한 문법 교육을 하지 않아도 어린이들은 학교에 입학하기 전에 이미 언어생활을 거의 자유스럽게 하기 때문에 굳이 학교에서 문법 교육을 할 필요가 없다고 할지 모른다. 그러나 실상은 그렇지 않다. 어린이들이 써 놓은 글을 보면 음운, 형태, 문장 및 담화론적인 내용에 있어 오류가 많다. 철자가 틀리며, 시제나 경어법이 틀리고, 문장구조가 적합하지 않다. 좀더 복잡한 긴 글에 있어서는 대학생뿐만 아니라 창작 활동을 하는 작가에 이르기까지 오류가 발견된다. 그러므로 문법 교육은, 수준의 차이를 두어야 하겠지만, 초등학교에서부터 실시하여 올바른 언어생활을 하도록 해야 할 것이다.

이제 초등학교에서의 문법 교육을 어떻게 해야 할 것인지 목표, 내용, 교수 · 학습 방법, 평가 면에서 알아보기로 하되, 학교 교육에서 가장 중시되며, 바탕이 되는 교육과정의 수준에서 그들의 기본 방향을 알아보기로 하겠다. 그리고 이러한 논의를 위하여 1절에서는 교수요목에서부터 2015 개정 국어과 교육과정에 이르기까지의 문법 교육에 대하여, 2절에서는 지향해야 할 문법 교육의 방향에 대하여 논해 보기로 하겠다.

1. 문법 교육 교육과정의 변천

해방 후 학교 교육의 시작은 교수요목(1945-1955)에서부터 시작된다. 국어과는 여러 교과 중 가장 기본이 되는 주요한 교과로서 교수요목에서부터 하나의 교과로 설정되어 있다. 그러나 여기에서는 문법 교육에 대한 내용은 제시되어 있지 않다. '교수사항'에 '국어는 읽기, 말하기, 듣기, 짓기, 쓰기로 나누어 가르친다.'로 되어 있고, 이들에 대한 교수 방법에 대해서만 제시되어 있을 뿐이다. 그리하여 문법에 대한 교육이 어떻게 이루어졌는지 교육과정상으로는 알 수 없다.

문법 교육과 관련된 내용은 제1차 교육과정에서부터 언급되기 시작하였다. 문법 교육 영역 설정 및 문법 교육을 접근하는 관점에 따라 제1차 교육과정에서부터 제3차 교육과정까지와 제4차 교육과정에서부터 2015 개정 교육과정까지 구분해 각각 고찰해 보기로 하겠다.

가. 문법 교육의 통합기

이 시기의 교육과정은 제1차 교육과정(1955-1963), 제2차 교육과정(1963-1973)과 제3차 교육과정(1973-1981)이다. 이 시기에는 문법 교육 영역이 따로 설정되어 있지 않고, 말하기, 듣기, 읽기, 쓰기 등의 영역에 문법 교육의 지도 내용이 내포되어 있다. 즉 말하기, 듣기, 읽기, 쓰기 활동을 올바르고 효과적으로 하도록 문법 내용을 함께 지도하게 되어 있다.

제1차 교육과정의 국민학교 국어과 목표에 나와 있는 문법에 대한 사항을 인용해 보면 다음과 같다.

> 국어의 추상적 지식은 어법의 지식이나 문자 어구의 지식이다. 그러나 이러한 부분적인 지식은 언어활동을 통하여 얻을 수 있으며, 이렇게 얻은 지식이야말로 필요한 것이다. 단순한 언어의 추상적 지식은 사물에 대하여 어느 정도의 이해를 줄 수 있으나, 생명을 부여할 수는 없다.

이를 보면 문법 지식은 따로 지도하지 않고 말하고, 듣고, 읽고, 쓰는 언어활동과 더불어 지도할 때 그 효과가 나타나는 것으로 보았다. 이는 문법에 대한 독자적인 지도보다는 다른 영역 곧, 말하기, 듣기, 읽기, 쓰기 영역의 내용을 지도하면서 문법 내용을 가르치려는 것이다.

제1차 교육과정의 '2. 국민학교 국어과의 목표'에 제시된 문법과 관련된 목표만을 제시하면 다음과 같다.

- 표준이 되는 말을 사용한다.
- 표준이 되는 표기법을 이해한다.
- 경어를 분간해서 쓴다.
- 속어와 비어를 피하고 품위 있는 말을 쓴다.
- 경체와 상체를 구별해 쓴다.
- 여러 가지 부호를 분별한다.
- 정확한 어법에 유의한다.

- 문장 구성의 중요한 부분을 구별한다.

　이러한 내용들은 각 학년의 영역별 지도 목표 곧 각 학년의 말하기, 듣기, 읽기, 쓰기 영역의 지도 목표에 좀더 구체화되어 제시되어 있고[1], 학습지도를 할 때 국어 순화를 위주로 하는 단원에서 중점적으로 지도하도록 되어 있다.

　위와 같은 제1차 교육과정의 문법 교육에 대한 태도 및 방법은 제2차 교육과정에서도 그대로 이어진다. 제2차 교육과정의 국어과 교육 목표에 나타난 문법 교육에 대한 사항을 인용해 보면 다음과 같다.

　　국어의 추상적 지식인 어법의 지식이나 문자 어구 등 이러한 부분적인 지식은 언어활동을 통하여 얻을 수 있으며, 이렇게 얻은 지식이라야 참다운 것이다.

　그리고 국어 교육의 목표를 언어활동의 범위 안에서 구체화한 내용 중에서 문법과 관련된 내용만을 제시하면 다음과 같다.

- 표준이 되는 말을 사용한다.
- 공대말을 분간해서 쓴다.
- 속어와 비어를 피하고 품위 있는 말을 쓴다.
- 정확한 어법에 유의한다.
- 표준이 되는 표기법을 이해한다.
- 경체와 상체를 구별해 쓴다.
- 문장 구성의 중요한 부분을 구별한다.
- 여러 가지 부호를 분별한다.

---

1) 예를 들면 5학년 말하기 지도 목표에 '어법에 맞는 표준말을 쓰고, 속어와 사투리를 의식적으로 피할 수 있게 한다.'와 같이 제시되어 있다.

이러한 내용들은 제1차 교육과정에서와 마찬가지로 각 학년의 영역
별 곧, 각 학년의 말하기, 듣기, 읽기, 쓰기 영역별의 지도 목표에 구체화
되어 있어, 학습지도를 할 때 지도하도록 되어 있다.

제3차 교육과정에서도 영역 설정은 말하기, 듣기, 읽기, 쓰기 영역으
로 되어 있다. 그리고 이때의 국어과 일반 목표에는 문법 교육에 대한
별도의 언급은 없다. 다만 모든 영역에 해당되는 목표가 혼합적으로
제시되어 있다. 문법 교육과 관련된 사항은 다음과 같다.

> 일상생활에 필요한 국어의 경험을 넓히고 정확하게 이해하며…, 국
> 어에 대한 관심을 높이어, 국어와 국어로 표현된 우리 문화를 사랑하
> 고…

그리고 문법 교육에 대한 내용은 각 학년별 말하기, 듣기, 읽기, 쓰기
영역의 지도 내용 속에 제시되어 있다. 이는 문법을 제1차나 제2차
교육과정에서처럼 언어활동을 하는 가운데 학습하고, 나아가 이를 활용
하여 다시 언어활동을 하도록 하는 것이다. 학년 및 영역 구분 없이
문법과 관련된 내용을 제시하면 다음과 같다.

- 높임말 쓰기
- 문장부호 사용하기
- 기본문형 이해하고 익히기
- 임자가 되는 말과 풀이가 되는 말이 있는 것을 의식하면서 읽기
- 똑똑한 발음으로 소리 내어 읽기
- 표준말과 사투리를 구별하고 정확한 발음으로 말하기
- 모르는 어휘 찾아 읽기
- 잇는 말과 가리키는 말의 구실을 알고 읽기
- 꾸미는 말을 의식하며 쓰기

- 글월과 글월을 이어서 간단한 글 만들기
- 시간 의식을 가지고 쓰기
- 맞춤법을 인식하고 쓰기
- 상대나 상황에 알맞은 어휘 사용에 유의하여 말하기
- 말의 쓰임에 유의하여 바른 어법으로 말하기

이러한 사항들은 '지도상의 유의점'에 의하면 '각 학년 언어 영역의 '지도 사항'은 그 언어 영역의 '주요 형식'을 통하여 지도한다.'라고 되어 있어 문법 영역에 속한 내용을 지도하되 소개, 좌담, 설명문 등의 주요 형식을 지도할 때 지도하도록 되어 있다. 이는 제1차나 제2차 교육과정에서처럼 말하고, 듣고, 읽고, 쓰는 언어활동을 하는 가운데 문법 교육을 하도록 하는 것이다.

나. 문법 교육의 확립기

이 시기의 교육과정에는 제4차 교육과정(1981-1987), 제5차 교육과정 (1987-1992), 제6차 교육과정(1992-1997)이 있다. 이 시기의 문법 영역은 따로 언어 영역이라는 이름으로 설정되어 있어, 지도 목표 및 지도 내용 이 각각 제시되어 있다. 이전의 방법과는 다르게 독자성이 확립되었다고 볼 수 있다. 그러나 이 영역의 지도 방법은 비록 제6차 교육과정의 국어과 성격에

> 언어 영역에서는 국어에 관한 기본이 되는 지식을 학습시켜, 국어를 바르게 사용할 수 있는 기능을 길러 준다. 또한 언어 현상에서 규칙을 발견할 수 있는 탐구 능력도 길러 준다.

와 같이 '탐구 능력 신장'에 대한 내용이 제시되기도 하였지만, 이와

관련된 내용은 이곳 외에는 제6차 국어과 교육과정의 어느 곳에도 제시되어 있지 않다. 그리고 이 문법 영역의 중점은 국어과 언어영역에 관한 목표, 지도내용, 지도방법, 평가 등에 제시된 바와 같이 '국어에 관한 초보적인 지식을 익히고, 국어를 바르게 사용하게 하는 활동'에 중점을 두고 있다. 즉 말하기, 듣기, 읽기, 쓰기를 하면서 효과적으로 문법을 활용할 수 있게 지도하도록 되어 있다는 것이다. 여기에서 제4-6차 교육과정의 국민학교 국어과 목표에 제시된 문법(언어, 국어 지식) 영역의 목표를 보면 다음과 같다.

- 국어에 관한 초보적인 이해를 가지게 한다.(제4차)
- 국어에 관한 초보적인 지식을 익히고, 국어를 올바르게 사용하게 한다.(제5차)
- 국어에 관한 초보적 지식을 익히고, 국어를 바르게 사용하게 한다. (제6차)

제4차 및 제5차 교육과정에서는 위와 같은 교과 목표 아래 학년 목표가 제시되었는데, 이 학년 목표 속에 각 영역과 관련된 목표가 제시되었고, 또 각 학년별로 각 영역별 지도 내용이 제시되었다. 그러나 제6차 교육과정에서는 학년 목표가 제시되지 않고 지도 내용에 내용 체계표와 각 학년별 영역별 지도 내용이 제시되었다. 예시하면 다음과 같다.

1) 학년별 언어 영역 지도 목표 및 지도 내용

가) 제4차 교육과정

(1) 학년별 언어 영역 목표
- 한글의 짜임을 알게 한다.(1, 2학년)
- 문장의 기초적인 짜임과 종류를 알게 한다.(3학년)

- 문장의 짜임, 종류, 호응, 확장을 알게 한다.(4, 5학년)
- 문장의 종류, 호응, 확장 및 낱말의 여러 갈래를 알게 한다.(6학년)

(2) 학년별 언어 영역 지도 내용
- 한글 낱자의 모양, 이름, 순서를 안다.(1)
- 낱자가 모여서 소리를 나타내게 됨을 안다.(1)
- 받침이 있음을 안다.(2)
- 글자와 발음이 달라지는 것이 있음을 안다.(2)
- 낱말이 일정한 순서로 모여야 문장이 됨을 안다.(3)
- 문장은 크게 두 부분으로 이루어짐을 안다.(3)
- 문장에는 풀이하는 문장, 묻는 문장, 시키는 문장이 있음을 안다.(3)
- 두 문장이 이어져 한 문장이 될 수 있음을 안다.(3)
- 낱말에는 모양이 바뀌는 것과 바뀌지 않는 것이 있음을 안다.(3)
- 받침은 다른데 발음이 같게 나는 것이 있음을 안다.(3)
- 문장이 확장됨을 안다.(4)
- 문장의 두 큰 부분이 의미상으로 어울려야 함을 안다.(4)
- 문장에는 풀이하는 문장, 묻는 문장, 시키는 문장, 감탄을 나타내는 문장, 권유하는 문장이 있음을 안다.(4)
- 두 문장이 이어져 한 문장이 되거나, 한 문장이 나뉘어 두 문장이 될 수 있음을 안다(4)
- 모양이 바뀌는 말에서 바뀌지 않는 부분과 바뀌는 부분을 구별하고, 그 으뜸이 되는 말을 찾는다.(4)
- 받침이 다음 음절에서 발음되는 때가 있음을 안다.(4)
- 문장이 확장됨과 문장의 각 부분이 다른 말로 대치될 수 있음을 안다.(5)
- 문장의 두 큰 부분이 시간상으로 어울려야 함을 안다.(5)
- 문장에는 풀이하는 문장, 묻는 문장, 시키는 문장, 감탄을 나타내는 문장, 권유하는 문장, 약속하는 문장이 있음을 안다.(5)
- 낱말에는 이름을 나타내는 것과 그 말을 대신하는 것이 있음을

안다.(5)
- 낱말에는 높임을 나타내는 것이 있음을 안다.(5)
- 받침이 발음되는 때와 발음되지 않는 때가 있음을 안다.(5)
- 문장의 두 큰 부분이 높임과 낮춤이나 논리상으로 어울려야 함을 안다(6)
- 문장에는 꾸미는 부분이 있음을 안다.(6)
- 낱말에는 소리나 모양을 시늉하는 것이 있음을 안다.(6)
- 낱말에는 옛날부터 있어 온 것과 다른 나라에서 들어 온 것이 있음을 안다.(6)
- 낱말에는 한 음절로 된 것과 여러 음절로 된 것, 두 낱말이 합쳐져서 한 낱말로 된 것이 있음을 안다.(6)
- 말에는 된소리로 발음되는 것이 있음을 안다.(6)
- 말에는 표기와 발음이 다른 것이 있음을 안다.(6)
- 낱말에는 뜻이 같고 느낌이 다른 것이 있음을 안다.(6)

위와 같은 언어 영역에 언급된 내용 외에도 말하기 영역 등의 지도 내용에 문법 내용과 관련된 내용들이 있다. 예삿말과 높임말의 사용, 문장부호, 어법과 맞춤법에 맞게 글쓰기, 표준말과 사투리 사용, 듣는 이와 상황에 어울리게 말하기 등이 그것이다.

나) 제5차 교육과정
(1) 학년별 언어 영역 목표
- 글자의 짜임과 발음됨을 알고, 문장의 기본적인 짜임을 알게 한다.(1, 2)
- 국어에 관한 초보적인 지식을 익히고, 국어를 바르게 사용하게 한다.(3, 4, 5, 6)

(2) 학년별 언어 영역 지도 내용

- 기본 음절표를 활용하여 한글 낱자의 모양과 음가, 글자의 짜임을 익힌다.(1)
- 글자와 발음이 다른 경우를 찾는다.(1)
- 문장은 크게 두 부분으로 이루어짐을 알고, 두 부분을 바르게 연결하여 문장을 만든다.(1, 2)
- 주어진 문장에 꾸미는 말을 덧붙여 긴 문장으로 만든다.(1, 2)
- 글자와 발음이 다른 경우를 찾는다.(2)
- 소리나 모양을 시늉하는 말을 찾아 짧은글을 짓는다.(2)
- 표준어와 방언을 비교해 보고, 표준어의 필요성에 관하여 이야기한다.(3)
- 자음이나 모음이 바뀜으로서 뜻은 같으나 느낌이 달라지는 낱말을 찾는다.(3)
- 높임을 나타내는 말을 찾아 예사말과 짝지어 보고, 언어예절에 대하여 이야기한다.(3)
- 풀이하는 문장, 묻는 문장, 시키는 문장, 감탄을 나타내는 문장, 권유하는 문장 등을 찾아보고, 그 차이를 밝힌다.(3, 4)
- 모양이 바뀌는 낱말과 바뀌지 않는 낱말을 구별하고, 그 모양이 바뀌는 낱말의 으뜸이 되는 말을 사전에서 찾는다.(4)
- 한 문장에 쓰인 낱말의 순서를 바꾸어 보고, 낱말이 일정한 순서로 모여야 문장이 됨을 안다.(4)
- 문장을 몇 개의 부분으로 나누어 보고, 각 부분을 다른 말로 대치하여 새로운 문장을 만든다.(4, 5)
- 낱말을 몇 개의 요소로 나누어 보고, 어느 한 요소를 바꾸어 새로운 낱말을 만든다.(5)
- 두 문장을 이어주는 말의 기능을 알고 활용한다.(5)
- 두 문장을 한 문장으로, 또는 한 문장을 두 문장으로 만들면서, 문장을 축소시키거나 확장시킨다.(5, 6)
- 낱말을 몇 개의 요소로 나누어 보고, 어느 한 요소를 바꾸어 새로운 낱말을 만든다.(6)

- 의미, 시간, 높임이나 낮춤 등의 호응관계를 알고, 문장이나 글에서 잘못된 부분이 있는지 찾는다.(6)
- 주어진 글의 각 문장들을 두 부분으로 나누고, 문장 사이의 연결관계를 살핀다.(6)

위와 같은 언어 영역에 언급된 내용 외에도 말하기 영역 등의 지도 내용에 문법 내용과 관련된 내용들이 있다. 정확한 발음으로 말하기, 말의 순서에 따른 의미 차이, 듣는 이와 상황에 어울리게 말하기, 문장부호, 지시어 등이 그것이다.

다) 제6차 교육과정
　(1) 학년별 언어 영역 목표
　　제6차 국어과 교육과정에서는 학년별 언어 영역 관련 목표가 제시되어 있지 않다.

　(2) 학년별 언어 영역 지도 내용
　　이전의 교육과정에서와는 달리 각 영역의 내용 체계가 제시되었다. 언어 영역의 내용 체계는 아래와 같다.

영역	내 용		
언어	1. 언어의 본질 1) 언어의 중요성 2) 언어와 국어	2. 국어의 이해 1) 자음과 모음 2) 낱말의 짜임 3) 문장의 짜임	3. 국어의 사용 1) 표준어와 표준발음 2) 맞춤법 3) 낱말과 문장을 바르게 사용하는 태도 및 습관

그리고 언어 영역의 내용 체계에 바탕을 둔 학년별 언어 영역 지도내용은 다음과 같다

- 한글 낱자의 모양과 이름을 안다.(1)
- 낱자가 모여서 이루어진 글자의 짜임을 알고 바르게 읽는다.(1)
- 글자가 모여 낱말이 됨을 알고, 글자 수가 같은 낱말들을 찾아서 말한다.(1)
- 문장에 꾸미는 말을 덧붙여 자세한 문장을 만든다.(1)
- 우리말을 기록하는 우리 글자가 있음을 인식하고, 우리 글자를 소중히 여긴다.(1)
- 낱말을 소리 내어 읽어보고, 글자와 발음이 다른 경우를 찾는다.(2)
- 소리나 모양을 흉내 내는 말을 찾아보고, 그 말을 활용하여 생각이나 느낌을 재미있게 표현한다.(2)
- 문장은 크게 두 부분으로 이루어짐을 알고, 두 부분을 바르게 연결하여 문장을 만든다.(2)
- 문장에 꾸미는 말들을 넣어 보고, 각 문장의 뜻의 차이를 말한다.(2)
- 다른 사람의 마음을 상하게 하는 말의 예를 들어보고, 고운 말을 쓰려는 태도를 가진다.(2)
- 글자와 발음이 다른 경우를 찾아보고, 정확하게 발음한다.(3)
- 높임을 나타내는 말을 찾아 예사말과 짝지어 보고, 그 말을 사용하여 예절바르게 말한다.(3)
- 한 문장에 쓰인 낱말의 순서를 바꾸어 보고, 낱말이 일정한 순서로 모여야 바른 문장이 됨을 안다.(3)
- 문장에는 풀이하는 문장, 묻는 문장, 감탄을 나타내는 문장이 있음을 알고, 이를 표시하는 문장 부호도 안다.(3)
- 다른 나라에서 들어와 쓰이는 말들을 찾아보고, 우리말을 아끼고 널리 쓰려는 태도를 가진다.(3)
- 모양이 바뀌지 않는 낱말과 모양이 바뀌는 낱말을 구별하고, 그 모양이 바뀌는 낱말의 으뜸이 되는 말을 사전에서 찾는다.(4)
- 낱말과 낱말이 합해져서 새로운 낱말이 만들어짐을 알고, 그러한 낱말을 찾는다.(4)
- 문장을 몇 부분으로 나누어 보고, 각 부분에 다른 말을 대치하여 새로운 문장을 만든다.(4)

- 풀이하는 문장, 묻는 문장, 감탄을 나타내는 문장, 시키는 문장, 권유하는 문장을 구분하고, 그 차이를 비교한다(4)
- 높임이나 낮춤의 호응관계를 알고, 말이나 글에서 바르게 사용한다.(4)
- 표준어나 방언을 비교하며 들어보고, 필요한 경우에 표준어로 말하려는 태도를 가진다.(4)
- 어법에 맞지 않는 말을 찾아보고, 국어에는 일정한 규칙이 있음을 안다.(5)
- 낱말을 몇 개의 요소로 나누어 보고, 그러한 요소들이 들어 있는 낱말을 찾는다.(5)
- 문장을 몇 부분으로 나누어 보고, 각 부분에 다른 말을 대치하여 새로운 문장을 만든다.(5)
- 이어 주는 말의 기능을 알고, 두 문장을 한 문장으로, 또는 한 문장을 두 문장으로 만든다.(5)
- 문장에서 시간 표현과 관계된 부분을 찾아보고, 말이나 글에서 바르게 사용한다.(5)
- 상황에 어울리지 않게 쓰인 말의 예를 들어 보고, 효과적으로 말하려는 태도를 가진다.(5)
- 주어진 상황에서 같은 목적으로 여러 사람이 하는 말을 비교하며 들어 보고, 언어가 창조적으로 쓰임을 안다.(6)
- 낱말을 몇 개의 요소로 나누어 보고, 어느 한 요소를 바꾸어 새로운 낱말을 만든다.(6)
- 두 문장을 한 문장으로, 또는 한 문장을 두 문장으로 바꾸어 문장을 여러 가지로 만든다.(6)
- 각 문장에서 전달하고자 하는 내용을 말하여 보고, 문장 사이의 연결관계를 살핀다.(6)
- 뜻이 바르게 전달되지 않는 문장을 찾아 그 이유를 말해보고, 바른 문장으로 고친다.(6)
- 품위를 떨어뜨리는 말의 예를 찾아보고, 국어를 품위 있게 사용하려는 태도를 가진다.(6)

위와 같은 언어 영역에 언급된 내용 외에도 말하기 영역 등의 지도 내용에 문법 내용과 관련된 내용들이 있다. 대상과 상황에 맞게 인사말 하기, 낱말에는 뜻이 있음을 알기, 문장부호, 지시어, 속담이나 격언의 의미 알기 등이 그것이다

2) 교수·학습 방법 및 평가 방법

제1차에서 제3차 국어과 교육과정까지에는 문법 영역이 따로 제시되어 있지 않아 교수·학습 방법 및 평가 방법에 대한 사항도 제시되어 있지 않았다. 그러나 제4차부터는 다르다. 제4차 국어과 교육과정의 지도 방법을 보면 언어 영역 지도는 '교과서에 나오는 용어 이외의 전문용어는 지도하지 말고, 예를 통하여 기본 개념을 이해시킨다.'고 하였다. 이러한 기조는 제5차에서도 계속 유지되는데, '국어에 관한 초보적인 지식과 국어의 올바른 사용법'에 중점을 둔다고 하였다. 제6차 에서는 교수·학습 계획을 수립할 때 각 영역별 학습목표가 유기적인 관련을 맺도록 하면서 자음과 모음, 낱말의 짜임, 문장의 짜임 등에 대한 지식 자체의 설명보다는 언어 지식을 활용하여 국어를 보다 정확하 게 사용하는 데 중점을 두도록 하였다. 제4차, 제5차, 제6차 교육과정 모두 같은 기조를 계속 유지하고 있다.

언어 영역의 평가는 제4차가 '언어 지식을 적용할 수 있는 능력을 중심으로 하여 평가한다.'고 하였고, 제5차는 '지식 자체의 기억보다는 언어 자료로부터 지식을 도출해 내는 '지식의 생산' 측면에 더욱 비중 을 둔다.'고 하여 탐구 능력 신장의 면을 고려하기도 하였다. 제6차는 단편적인 언어 지식 그 자체보다는 언어 지식의 활용에 중점을 두어 설정하며, 선다형, 단답형, 완성형 등의 다양한 방법을 적절히 활용하 되, 평가의 내용을 평가의 방법과 부합되게 하도록 하였다. 언어 사용

능력의 평가에 기조를 두고 이에 더 나아가 평가 내용 및 방법의 다양화를 꾀하였다.

3) 문법 교육 교수·학습 방법 및 평가 방법 검토

제4차 교육과정부터 제6차 교육과정까지는 언어 영역에 대한 교과 목표가 분명하게 제시되어 있다. 그리고 각 학년별 지도 목표에 있어서도 제4차와 제5차 교육과정에는 언어 영역에 대한 목표가 제시되어 있다. 그뿐만 아니라 제4차부터 제6차까지의 교육과정에는 학년별 지도 내용에 언어 영역에 대한 지도 내용이 명확하게 제시되어 있다. 그런데 이러한 내용을 지도함에 있어서는 국어의 본질을 이해시키기 위한 극히 초보적인 지식과 그를 활용한 국어의 올바른 사용법을 지도하고, 평가하는 데 있어서도 국어에 관한 지식의 설명보다는 언어 지식을 활용하여 국어를 정확하게 사용하는데 중점을 두도록 하였다. 나아가 교과서에 나오는 용어 이외의 전문용어는 지도하지 말고, 예를 통하여 기본 개념을 이해시키도록 하였다. 이에 의하면 아직도 언어 영역을 지도함에 있어서는 기초적인 지식을 알고, 이의 활용에 중점을 두고 있다. 비록 제5차 국어과 교육과정의 '평가상의 유의점'에 '지식 자체의 기억보다는 언어 자료로부터 지식을 도출해 내는 '지식의 생산' 측면에 더욱 비중을 둔다.'는 내용이 제시되기도 하고, 제6차 교육과정의 성격면에 탐구 활동에 대하여 언급되기는 하였지만, 언어 영역의 지도 목표나 지도 방법에는 탐구 활동이 이루어지도록 되어 있지 않았다.

다. 문법 교육의 성숙기

이전의 교육과정에서와는 달리 제7차 교육과정, 2007 개정 교육과정 및 2009 개정 국어과 교육과정[2])에서는 국어에 대한 기본적인 지식을 익혀 이를 바탕으로 올바른 국어사용뿐만 아니라 언어 현상에서 규칙을 찾아내는 탐구 능력 신장 및 국어 문화 창조까지 지도하도록 되어 있다. 비록 국어과 교과 목표에 각 영역별로 지도 목표가 명확하게 구분되어 제시되지 않고 통합적으로 제시되었지만 언어 현상 탐구에 대한 언급이 있다. 또 교수·학습 방법에는 문법 학습을 탐구 학습 방법으로 할 것 등을 제시해 놓았는데, 이러한 것을 볼 때, 이전과는 다른 차원의 문법 학습을 하도록 하였다. 그리하여 문법 교육은 본연의 영역으로 자리를 잡게 된 것이다. 이제 국어과 성격, 목표 등을 보면서 제7차, 2007 개정, 2009 개정, 2015 개정 국어과 교육과정의 국어과 문법(국어 지식) 영역의 교육에 대하여 알아보기로 하자.[3])

---

2) 2009 개정 교육과정에 따른 국어과 교육과정은 2011년 8월 9일에 교과부 고시 제 2011-361호로 고시되었고, 2012년 7월 9일에 교과부 고시 제 2012-14호로 고시되었다. 그런데 2011 개정 국어과 교육과정이나 2012 개정 국어과 교육과정은 학교급별 교육목표의 극히 일부분인 인성 부문이 보완되었다. 다음과 같다.

    <2011 국어과 교육과정 초등학교 교육 목표>

    초등학교 교육은 학생의 학습과 일상생활에 필요한 기초 능력 배양과 기본 생활 습관을 형성하는데 중점을 둔다.

    ((1), (2), (3) 내용은 동일하므로 생략한다.)

    (4) 자신의 경험과 생각을 다양하게 표현하며 타인과 공감하고 협동하는 태도를 기른다.

    <2012 국어과 교육과정 초등학교 교육 목표>

    초등학교 교육은 학생의 학습과 일상생활에 필요한 기초 능력 배양과 기본 생활 습관 형성, 바른 인성의 함양에 중점을 둔다.

    ((1), (2), (3) 내용은 동일하므로 생략한다.)

    (4) 자신의 경험과 생각을 다양하게 표현하며 타인과 공감하고 협동하는 태도, 배려하는 마음을 가진다.

3) 2011과 2012 개정 국어과 교육과정은 같다고 볼 수 있기 때문에 앞으로는 2011개정 국어과 교육과정은 따로 표기하지 않고, 2012 개정 국어과 교육과정에 대한 내용만을 2009 개정 교육과정이라는 명칭 아래에 알아보기로 하겠다.

국어과의 성격에서 문법에 대한 내용은 '언어와 국어에 대한 기본적인 지식을 바탕으로 언어 현상을 탐구하고 국어 생활에 활용하는 능력을 기른다.'(제7차), '언어 현상에서 규칙을 찾아내는 탐구 활동을 강조하고 학습한 지식을 국어 사용 실제에 적용하는 활동을 강조한다.'(2007 개정)고 하였다. 2009 개정에서는 '국어 현상을 탐구하여 국어를 깊이 있게 이해하고 국어 의식을 높인다.'고 하였다. 그리고 2015 개정 교육과정에서도 '국어가 쓰이는 실제 현상을 탐구하여 국어를 깊이 있게 이해하고 반성적으로 인식하는 활동으로 내용을 구성하였다고 하였다. 이는 이전의 교육과정이 언어 지식을 생활에 활용하는 것만을 주목적으로 한 것에 비하면 큰 변화이다.

1) 제7차 및 2007 개정 교육과정

가) 국어과 목표

제7차 교육과정 국어과 목표는 다음과 같다.

> 언어활동과 언어와 문학의 본질을 총체적으로 이해하고, 언어활동의 맥락과 목적과 대상과 내용을 종합적으로 고려하면서 국어를 정확하고 효과적으로 사용하며, 국어 문화를 바르게 이해하고, 국어의 발전과 민족의 언어문화 창달에 이바지할 수 있는 능력과 태도를 기른다.
>
> 가. 언어활동과 언어와 문학에 대한 기본적인 지식을 익혀, 이를 다양한 국어 사용 상황에서 활용하는 능력을 기른다.
> 나. 정확하고 효과적인 국어 사용의 원리와 작용 양상을 익혀, 다양한 유형의 국어자료를 비판적으로 이해하고 사상과 정서를 창의적으로 표현하는 능력을 기른다.
> 다. 국어 세계에 흥미를 가지고 언어 현상을 계속적으로 탐구하여, 국어의 발전과 국어 문화 창조에 이바지하려는 태도를 기른다.

2007 개정 교육과정 국어과 목표는 다음과 같다.

국어 활동과 국어와 문학의 본질을 총체적으로 이해하고, 국어 활동의 맥락을 고려하면서 국어를 정확하고 효과적으로 사용하며, 국어문화를 바르게 이해하고, 국어의 발전과 민족의 국어 문화 창조에 이바지할 수 있는 능력과 태도를 기른다.

가. 국어 활동과 국어와 문학에 대한 기본적인 지식을 익혀, 이를 다양한 국어 사용 상황에 활용하면서 자신의 언어를 창조적으로 사용한다.

나. 담화와 글을 수용하고 생산하는데 필요한 지식과 기능을 익혀, 다양한 유형의 담화와 글을 비판적이고 창의적으로 수용하고 생산한다.

다. 국어 세계에 흥미를 가지고 언어 현상을 계속적으로 탐구하여, 국어의 발전과 미래 지향의 국어 문화를 창조한다.

이러한 국어과 목표에서 문법 영역에 관련된 사항을 추출해 보면 다음과 같다.

국어의 본질을 이해하고, 국어를 정확하고 효과적으로 사용하며, 국어 문화를 바르게 이해하고, 국어의 발전과 민족의 국어 문화 창달에 이바지할 수 있는 능력과 태도를 기른다.

가. 국어에 대한 기본적인 지식을 익혀, 이를 다양한 국어 사용 상황에서 활용하는 능력을 기른다.

나. 국어 세계에 흥미를 가지고 국어 현상을 계속적으로 탐구하여, 국어의 발전과 국어 문화 창조에 이바지한다.

이처럼 문법 영역이 이전의 교육과정과는 다른 새로운 차원 즉, 언어

생활에 단순한 기초 지식 제공의 차원을 넘어 독자적인 탐구 영역으로 자리를 잡게 된 것이다.

나) 지도 내용

지도 내용에는 먼저 내용 체계가 있고, 이 내용 체계의 내용을 바탕으로 하여 학년별 그리고 영역별 지도 내용을 제시하였다. 먼저 제7차 국어과 교육과정의 내용 체계의 내용 중 국어 지식 영역의 내용을 제시해 보기로 하겠다.

영역	내용		
국어 지식	국어의 본질 - 언어의 특성 - 국어의 특질 - 국어의 변천	국어의 이해와 탐구 - 음운 - 낱말 - 어휘 - 문장 - 의미 - 담화	국어에 대한 태도 - 동기 - 흥미 - 습관 - 가치
	국어의 규범과 적용 - 표준어와 표준발음 - 맞춤법 - 문법		

이러한 내용 체계에 바탕을 두고 있는 각 학년별 국어 지식 내용을 제시하면 다음과 같다.

- 한글 낱자의 음가를 안다.(1)
- 우리말이 있음을 알고 우리말을 소중히 여기는 태도를 가진다.(1)
- 자음과 모음을 구별한다.(2)
- 문장 안에서 꾸며 주는 말의 기능을 안다.(2)
- 고운 말을 사용하려는 태도를 갖는다.(2)
- 우리말에는 어순이 있음을 안다.(3)
- 우리말에는 높임법이 있음을 안다.(3)

- 이어 주는 말의 기능을 안다.(3)
- 바른말을 사용하려는 태도를 가진다.(3)
- 용언의 기본형을 안다.(4)
- 문장의 종류를 안다.(4)
- 어휘의 개념을 안다.(4)
- 낱말과 낱말 사이의 유의관계, 반의관계, 하의관계를 안다.(4)
- 문화유산인 우리말과 우리글을 소중히 여기는 태도를 지닌다.(4)
- 언어가 창조적으로 쓰임을 안다.(5)
- 우리말에는 시간을 표현하는 말이 있음을 안다.(5)
- 문장성분의 개념과 기능을 안다.(5)
- 표준어와 방언의 개념을 안다.(5)
- 공식적인 상황에서 표준어를 사용한다.(5)
- 상황에 따라 방언과 표준어를 구별해서 사용하려는 태도를 지닌다.(5)
- 언어에는 규칙이 있음을 안다.(6)
- 언어가 기호임을 안다.(6)
- 고유어, 한자어, 외래어, 외국어의 개념을 안다.(6)
- 문장과 문장 사이의 연결 관계를 안다.(6)
- 표준 발음법에 맞게 발음한다.(6)
- 상황에 따라 표준 발음으로 말하려는 태도를 지닌다.(6)

제7차 교육과정에서는 수준별 학습을 하도록 되어 있다. 그래서 위에 제시된 각 지도 내용은 수준별 학습 활동의 예로 기본 학습과 심화 학습의 예를 제시하고 있다. 예를 들면 다음과 같다.

문장 안에서 꾸며 주는 말의 기능을 안다.(2)
기) 문장에서 다른 말을 꾸며 주는 말을 찾는다.
심) 문장에 꾸며 주는 말을 덧붙여 뜻이 자세한 문장을 만든다.

위와 같은 국어 지식 영역에 언급된 내용 외에도 말하기 영역 등 다른 영역의 지도 내용에 국어 지식 내용과 관련된 내용들이 있다. 글자의 짜임, 문장부호, 지시어, 어법에 맞게 말하기, 낱말 뜻, 내용과 상황에 맞게 말하기, 어휘의 적절성 등이 그것이다

다음으로 2007 개정 교육과정의 문법 지도 내용을 알아보자.
먼저 내용 체계의 내용 중 문법 영역의 내용 체계를 제시하겠다.

국어 사용의 실제			
- 음운	- 단어	- 문장	- 담화/글
지식		탐구	
·언어의 본질 ·국어의 특질		·관찰과 분석 ·설명과 일반화	
·국어의 역사 ·국어의 규범		·판단과 적용	
맥락			
·국어 의식 ·국어 생활 문화			

이러한 내용 체계에 바탕을 두고 있는 각 학년별 문법 내용을 제시하면 다음과 같다. 2007년에 개정된 교육과정에서는 학년별 지도 내용 대신에 각 학년별, 영역별 '언어 자료의 수준과 범위'를 제시하였다. 그리고 이러한 수준과 범위를 바탕으로 지도해야 할 '성취기준'과 '내용 요소의 예'가 제시되어 있다.

1학년

〈언어 자료의 수준과 범위〉

- 한글 자음자와 모음자
- 간단한 글자와 낱말
- 문장 부호의 쓰임을 보여 주는 간단한 문장

성취 기준	내용 요소의 예
(1) 한글 자모의 이름과 소리를 안다	· 글자가 자음자와 모음자로 이루어짐을 이해하기 · 한글 자모 정확하게 읽기 · 자음자와 모음자의 결합으로 이루어진 글자를 소리 내어 읽기 · 한글을 소중히 여기는 태도 기르기
(2) 소리와 표기가 다를 수 있음을 이해한다.	· 소리 나는 대로 적었을 때와 어법에 맞게 적었을 때의 차이 이해하기 · 한글 자모, 낱말을 바르게 발음하기
(3) 문장 부호의 이름과 쓰임을 안다.	· 문장에 쓰인 온점, 반점, 물음표, 느낌표의 쓰임 알기 · 온점, 반점, 물음표, 느낌표의 쓰임에 맞게 문장 읽기

2학년

〈언어 자료의 수준과 범위〉

- 소리를 혼동하기 쉬운 낱말
- 표기와 소리가 다른 낱말
- 의미 관계를 나타내는 낱말

성취 기준	내용 요소의 예
(1) 소리를 혼동하기 쉬운 낱말을 정확하게 발음한다.	· 표준 발음에 대한 규정이 있음을 알기 · 자주 사용하는 낱말의 표준 발음 알기 · 낱말을 정확하게 발음하려는 태도 가지기
(2) 표기와 소리가 다른 낱말을 정확하게 표기한다.	· 한글맞춤법 규정이 있음을 알기 · 자주 사용하는 낱말의 바른 표기 알기 · 표기와 소리가 다른 낱말을 정확하게 표기하기.
(3) 낱말과 낱말 간의 의미 관계를 이해한다.	· 유의 관계, 반의 관계 등의 개념 이해하기 · 낱말들 간의 의미 관계를 바탕으로 낱말 더 알기 · 낱말들 간의 다양한 의미 관계에 관심 가지기

〈언어 자료의 수준과 범위〉

- 국어사전
- 동음이의어와 다의어가 들어 있는 언어 자료
- 평서문, 의문문, 청유문, 명령문, 감탄문 등의 여러 종류의 문장

성취 기준	내용 요소의 예
(1) 국어사전에서 낱말 찾는 방법을 안다.	· 국어 품사의 기초 개념 이해하기 · 용언의 기본형 알기 · 국어사전 찾는 방법 알기 · 국어사전의 효용성과 가치 이해하기
(2) 소리가 동일한 낱말들이 여러 가지 의미로 사용되는 현상을 분석한다.	· 동음이의어와 다의어 개념 이해하기 · 동음이의어와 다의어의 사용 양상 관찰하기 · 동음이의어와 다의어를 활용하여 문장 만들기.
(3) 의도에 따라 여러 종류의 문장으로 표현할 수 있음을 설명한다.	· 의도에 따라 문장의 종류가 달라짐을 이해하기 · 평서문, 의문문, 청유문, 명령문, 감탄문 등 종류가 다른 문장들을 찾아 분류하기 · 표현 의도에 맞게 문장의 종류를 달리 하여 표현하기

4학년

〈언어 자료의 수준과 범위〉

- 표준어와 방언이 들어 있는 언어 자료
- 국어 높임법이 들어 있는 언어 자료
- 문장의 형식을 보여 주는 언어 자료

성취 기준	내용 요소의 예
(1) 표준어와 방언의 사용 양상을 이해한다.	· 표준어와 방언의 개념 이해하기 · 표준어와 방언이 사용되는 상황 이해하기 · 상황에 맞게 표준어와 방언을 적절하게 사용하기

(2) 국어 높임법을 이 해한다.	· 높임법의 개념과 종류 이해하기 · 높임법을 써야 할 상황 이해하기 · 높임법을 써서 효과적으로 말하기.
(3) 문장을 구성하는 성분을 분석한다.	· 문장 성분의 개념 이해하기 · 문장 성분 분석하기 · 문장 성분과 문장과의 관련성 파악하기

5학년

〈언어 자료의 수준과 범위〉

- 반언어적 표현이 효과적으로 사용된 언어 자료
- 사전적 의미와 문맥적 의미의 확인이 필요한 언어 자료
- 여러 가지 시간 표현이 들어 있는 언어 자료
- 의사소통 상황의 구성 요소를 고려한 여러 가지 언어 자료

성취 기준	내용 요소의 예
(1) 반언어적 표현의 특성을 알고 의사 소통에서의 역할 을 이해한다.	· 반언어적 표현의 개념 이해하기 · 반언어적 표현이 의사소통에서 하는 역할 이해하기 · 반언어적 표현을 의사소통에서 효과적으로 사용하기
(2) 단어의 사전적 의 미와 문맥적 의미 를 구별하고 효과 적으로 사용한다.	· 사전적 의미와 문맥적 의미 구별하기 · 문장이나 글에서 단어의 의미 해석하기 · 단어의 사전적 의미와 문맥적 의미를 고려하여 효과적 으로 의사소통하기.
(3) 말하는 이, 듣는 이, 상황, 매체 등 에 따라 언어 사 용 방식이 달라짐 을 안다.	· 의사소통 상황을 구성하는 요소 알기 · 말하는 이, 듣는 이, 상황, 매체 등을 고려하여 적절하게 의사소통하는 방법 이해하기 · 의사소통 상황과 언어 사용 방식의 관계 파악하기

6학년4)

〈언어 자료의 수준과 범위〉

- 고유어, 한자어, 외래어, 외국어가 들어 있는 언어 자료
- 접속 부사 등으로 연결된 문장이 들어 있는 언어 자료
- 호응 관계를 보여주는 문장이 들어 있는 언어 자료
- 한글의 우수성을 알려 주는 언어 자료

---

4) 2007년에 개정된 교육과정에 제시된 성취 기준을 국어가 사용되는 범주에 따라 분류해 보면 다음과 같다.

범주	지도 내용	학년					
		1	2	3	4	5	6
음성 음운	한글 자모의 이름과 소리를 안다	0					
	소리와 표기가 다를 수 있음을 이해한다.	0					
	소리를 혼동하기 쉬운 낱말을 정확하게 발음한다.			0			
	반언어적 표현의 특성을 알고 의사소통에서의 역할을 이해한다.					0	
단어	표기와 소리가 다른 낱말을 정확하게 표기한다.		0				
	국어 사전에서 낱말 찾는 방법을 안다.			0			
문장	문장부호의 이름과 쓰임을 안다	0					
	의도에 따라 여러 종류의 문장으로 표현할 수 있음을 설명한다.			0			
	국어 높임법을 이해한다.				0		
	문장을 구성하는 성분을 분석한다.				0		
	시간 표현 방식을 이해한다.					0	
	문장의 연결 관계를 이해한다.						0
	문장에 쓰인 호응 관계의 적절성을 판단한다.						0
어휘	표준어와 방언의 사용 양상을 이해한다.					0	
	고유어, 한자어, 외래어, 외국어의 개념을 알고 국어 어휘의 특징을 이해한다.						0
의미	낱말과 낱말 간의 의미 관계를 이해한다.		0				
	소리가 동일한 낱말들이 여러 가지 의미로 사용되는 현상을 분석한다.			0			
	단어의 사전적 의미와 문맥적 의미를 구별하고 효과적으로 사용한다.					0	
담화	말하는 이, 듣는 이, 상황, 매체 등에 따라 언어 사용 방식이 달라짐을 안다.						0
가치	한글의 의의를 알고 우수성을 설명한다.						0

성취 기준	내용 요소의 예
(1) 고유어, 한자어, 외래어, 외국어의 개념을 알고 국어 어휘의 특징을 이해한다.	· 고유어, 한자어, 외래어, 외국어의 개념과 차이 이해하기 · 국어 어휘의 특징 이해하기 · 고유어를 살려 쓰는 태도 기르기
(2) 문장의 연결 관계를 이해한다.	· 문장과 문장을 이어주는 방법 알기 · 문장과 문장을 이어주는 말의 종류 알기 · 문장과 문장을 이어주는 말을 알맞게 사용하기.
(3) 문장에 쓰인 호응 관계의 적절성을 판단한다.	· 적절한 호응 관계의 중요성과 필요성 이해하기 · 문장의 호응 관계를 알고 바르게 표현하기 · 각종 매체에 나타난 언어 표현에서 호응 관계에 맞지 않는 부분을 찾아 바르게 고치기
(4) 한글의 의의를 알고 우수성을 설명한다.	· 한글의 의의 이해하기 · 한글의 우수성을 다른 문자 체계와 비교하여 말하기 · 한글을 바르게 사용하고 가꾸려는 태도 가지기

다) 문법 교육 교수 · 학습 방법 및 평가 방법

학습 과제를 창의적으로 해결하게 하여 자기주도적 학습 능력이 신장되도록 하였다. 그리고 문법 지도를 할 때 지식에 대한 설명보다는 탐구학습을 통하여 지식을 생성해 내는 경험을 강조하되, 학습한 내용이 창조적 국어 생활에 활용될 수 있도록 하였다. 그리고 지식을 주변 세계의 언어 자료나 구체적인 사례와 관련지어 지도함으로써 지식의 생성과정을 경험할 수 있게 하였다. 그러나 개별적인 언어 현상을 지나치게 분석하는 접근 방식을 지양하여 국어 사용의 양상을 총체적으로 이해할수 있게 하였다.

평가를 함에 있어서도 문법 영역의 평가 목표는 단편적인 국어 지식그 자체보다는 문법 지식의 이해와 지식을 도출하는 탐구 과정과 문법지식의 활용 능력에 중점을 두어 설정한다고 하였다. 그리고 그 평가 방법으로 가급적 질적 평가, 비형식 평가, 직접 평가, 수행 평가를 적극적으로 활용하되 지필평가(선택형, 서답형), 연구 보고서법, 자료철(포트폴리오), 면접법, 구술 평가, 토론법, 관찰법, 조사법 등을 사용하여 문법 지식과 그 적용력을 평가한다고 하였다.

이제 2007 개정 교육과정의 교수 · 학습 방법 및 평가 방법에 대하여 교육과정의 내용을 바탕으로 간략히 알아보기로 한다.

(1) 국어과 교수 · 학습 방법

(가) 교수 · 학습 계획

① 교수 · 학습 계획을 수립할 때에는 학습자가 의미 있는 국어 학습 경험을 창조적인 국어 능력이 향상되도록 학년별, 영역별 담화(언어 자료, 작품)의 수준과 범위, 성취기준을 고려하여 설정하되, 각 영역이 유기적으로 연관되도록 한다.

② 학습 내용은 각 영역별 특성을 살려 학습 목표 달성에 적합하게 선정하되, 영역별 관련성, 학년별 내용 관계의 연계성을 고려한다.

③ 학습자가 자기 주도적으로 국어 능력을 향상시키도록 계획한다.

④ 창의적 표현 활동을 할 수 있는 학습 환경을 조성한다.

⑤ 학습자의 학습 준비도나 성취 기준 도달 정도를 파악하고, 개인차를 해소하기 위한 교수 · 학습 방안을 계획한다.

⑥ 국어 활동의 총체성을 고려하여 영역 간, 영역 내의 학습 요소를 통합하여 지도하기 위한 교수 · 학습 방안을 계획하는데, 문법 및 문학 영역과 듣기, 말하기, 읽기, 쓰기 영역을 통합하여 지도하도록 계획한다.

(나) 교수 · 학습 운용

① 교육과정 '3. 내용'의 학년별 영역별 '담화(또는 글, 언어 자료, 작품)의 수준과 범위', '성취 기준', '내용 요소'의 예를 고려하여 교수 · 학습을 전개하도록 한다. 이 때에는 학습자가 능동적으로

교수 · 학습에 참여하도록 안내하고, 학습자의 수준에 적합한 과제를 제시하여 이를 창의적으로 해결하도록 하고, 내용 요소에 대한 체계적인 설명, 예시, 질문, 학습자의 연습, 자기 점검과 평가 과정을 유기적으로 관련지어 지도한다.

② 영역별 '담화(또는 글, 언어 자료, 작품)의 수준과 범위', '성취 기준'을 고려하여 교수 · 학습을 전개하되, 듣기는 들은 내용의 정확성, 타당성, 효율성을 평가하고, 화자의 관점과 의도 파악 및 비판하는 활동을 강조한다. 말하기는 적극적 참여와 협력적 태도로 문제 해결 활동을 강조한다. 읽기는 글쓴이의 목적, 글의 형식과 특성, 독자의 관점 등에 유의하여 의미를 구성하는 활동을 강조하되, 독후 토의 학습을 강조한다. 쓰기는 실제로 글을 쓰는 활동을 강조한다. 쓴 후 자기, 상호 평가한다. 문법 지도에서는 국어 현상을 탐구하여 문법 지식을 생성하는 경험을 강조하되, 학습한 내용이 바람직한 국어 생활에 활용될 수 있도록 한다. 문학은 개별 작품을 학습자의 삶과 관련지어 봄으로써 심미적 상상력과 심성 계발, 인생관, 세계관 형성을 돕는 활동을 강조한다. 아울러 개작, 모작, 생활 정서 표현 등 작품의 심층적 감상을 돕는 활동을 강조한다.

③ 학습 목표와 내용을 고려하여 직접교수법, 문제 해결 학습법, 창의성 계발 학습법, 반응 중심 학습법, 탐구 학습법, 현장 학습법, 개별화 학습법, ICT 활용 학습법, 가치 탐구 학습법, 토의 · 토론식 학습법, 협동 학습법 등 다양한 교수 · 학습 방법을 활용하되 적극적인 상호 작용이 일어나고, 학습자의 다양한 반응을 수용하며, 학습자 스스로 학습 과정과 결과를 점검하여 부족한 점을 개선하도록 한다.

④ 개인차를 고려한 교수 · 학습을 하기 위하여 보충, 심화할 수 있는 과제를 제시해 준다.

(2) 국어과 평가 방법

(가) 평가 계획

① 학습자의 표현 능력과 이해 능력, 인지적 요소와 정의적 요소가
균형 있고, 타당하고, 신뢰성 있게 평가되도록 계획한다.

② 평가 목적, 시기, 상황 등을 종합적으로 고려하여 양적 평가와
질적 평가, 형식 평가와 비형식적 평가, 간접 평가와 직접 평가,
선택형 평가와 수행 평가 등이 적절하게 활용될 수 있도록 계획
한다.

③ 평가 계획을 수립할 때에는 결과와 과정 모두 중시, 교수·학습
과정과 평가를 연계, 언어 사용의 다양한 평가 상황 활용, 영역
통합적 평가, 사전에 평가 상황, 방법, 기준 제시, 교수·학습
자료와 방법 및 평가 도구에 대한 것까지 고려하여 평가하도록
계획한다.

(나) 평가 목표와 내용

① 평가 목표는 교육과정의 '3. 가. 내용 체계'와 '3. 나. 학년별
내용'에 제시된 '성취 기준'을 종합적으로 고려하여 설정한다.
듣기 평가 목표는 사실적·추론적·비판적 듣기, 듣기 태도 변화
에 중점을 두고, 말하기는 내용 생성 및 조직, 표현과 전달에
중점을 둔다. 읽기는 추론적·비판적·창의적 읽기에, 쓰기는
내용 생성 및 조직, 표현에 중점을 둔다. 문법은 문법 지식의
이해와 탐구 및 적용 능력에, 문학은 문학 지식에 대한 이해,
문학 작품의 수용과 생산 능력에 중점을 둔다.

② 평가 내용은 교육과정의 '3. 나. 학년별 내용'의 '성취 기준'을
근거로 선정하되, 영역별 균형 있게, 학년별 수준과 범위를 고려
하여, 통합적 평가가 되도록 선정한다.

(다) 평가 방법

① 평가 목적, 목표, 내용에 적합하게 다양한 방법과 도구를 활용

한다.

② 교사 평가 외에 자기, 상호 평가를 적극 활용한다.

③ 영역별 특성을 고려하여 지필 평가(선택형, 서답형), 연구 보고서법, 자료철(포트폴리오), 면접법, 구술 평가, 토론법, 관찰법 등의 다양한 방법을 활용한다.

④ 다양한 방법을 활용하되 질적 평가, 비형식적 평가, 직접 평가, 수행 평가를 적극 활용한다.

⑤ 필요한 경우에는 평가 방법을 통합하여 활용한다.

(라) 평가 결과 활용

① 평가 결과는 학습자의 성취 수준, 국어 능력의 발달 정도를 판단하고, 교수·학습 방법, 교수·학습 자료, 평가 도구를 개선하는 데 활용한다.

② 평가 결과 및 교수·학습에 영향을 미치는 요인을 분석하여 학습자, 교사, 학부모, 교육 관련자에 제공하여 학습자의 국어 사용 능력을 향상시키는 데 활용한다.

2) 2009 개정 국어과 교육과정

가) 국어과 목표

2009 개정 국어과 교육과정의 목표는 다음과 같다.[5]

'국어' 교과는 한국인의 삶이 배어 있는 국어를 정확하고 효과적으로 사용하는 능력과 태도를 기르고 국어를 창의적으로 사용하여 국어 발전과 국어 문화 창달에 이바지하려는 뜻을 세우며 올바른 국어 생활

---

5) 국어과 교육과정 체제상 2007 개정에서는 '성격, 목표, 내용, 방법, 평가'의 체제로 구성되어 있었는데, 2009 개정에서는 '성격'이 없어지고, '1. 추구하는 인간상, 2. 학교급별 교육 목표, 3. 목표, 4. 내용의 영역과 기준, 5. 교수·학습 방법, 6. 평가'로 구성되어 있다.

을 통해 건실한 인격을 형성하여 건전한 국민 정서와 미래 지향적 공동체 의식을 함양하는 과목이다.

'국어' 교과에서 학습자는 국어 활동에 대한 지식을 바탕으로 담화 또는 글의 내용을 정확하고 비판적으로 이해하고 사상과 정서를 효과적이고 창의적으로 표현하는 능력을 기른다. 또한 국어 현상을 탐구하여 국어를 깊이 있게 이해하고 국어 의식을 높인다. 그리고 문학에 대한 기본적인 지식을 바탕으로 문학 작품을 수용하거나 생산하면서 인간의 다양한 삶을 총체적으로 이해하는 능력을 기르고 심미적 정서를 함양한다. 이러한 '국어' 교과의 학습 경험을 통해 궁극적으로 학습자는 자신의 말과 글에 책임 의식을 가지는 주체적 국어 생활을 하면서 창의적인 사고 능력과 올바른 인성을 갖추도록 한다. 아울러 국제화 시대에 국어의 가치를 깨닫고 국어를 세계어로 발전시키도록 국어 문화를 이해하고 창조하는 태도를 기른다.

'국어' 교과는 국어 활동(듣기·말하기, 읽기, 쓰기), 국어(문법), 문학에 대한 기본적인 지식을 갖추고 비판적이고 창의적인 국어 능력을 기르며 국어 생활을 능동적으로 수행하는 태도를 기르는 데 중점을 둔다.

'국어' 교과의 목표는 다음과 같다.

국어 활동과 국어와 문학을 총체적으로 이해하고 국어 활동의 맥락을 고려하여 국어를 정확하고 효과적으로 사용하며 국어를 사랑하고 국어 문화를 누리면서 국어의 창의적 발전과 국어 문화 창조에 이바지할 수 있는 능력과 태도를 기른다.

　가. 국어 활동과 국어와 문학에 대한 기본적인 지식을 익힌다.
　나. 다양한 유형의 담화와 글을 비판적이고 창의적으로 수용하고
　　　생산한다.
　다. 국어의 가치와 중요성을 인식하고 국어 생활을 능동적으로 하는
　　　태도를 기른다.

나) 내용의 영역과 기준

(1) 내용 체계(문법)

실제
· 국어 문화와 자료
－ 구어 자료, 문어 자료
· 다양한 매체와 국어 자료

지식	탐구와 적용	태도
· 언어의 특성	· 국어의 분석과 탐구	· 국어의 가치와 중요성
· 국어의 구조	· 국어 지식의 적용	· 국어 탐구에 대한 흥미
· 국어의 규범	· 국어 생활의 점검과 문제 해결	· 국어 의식과 국어 사랑

(2) 학년군별 세부 내용

1-2학년군

[학년군 성취 기준]

일상생활과 학습에 필요한 초보적 국어 능력을 갖춘다. 자신의 경험을 바탕으로 국어 생활에 즐겁게 참여하며 국어 생활에 대한 관심을 자기 주변에서 찾는다. 대화와 발표 상황에 바른 자세로 즐겁게 참여하고 글을 정확하게 소리 내어 읽으며 자기의 주변에서 보고 느낀 것을 글로 쓴다. 기초 어휘를 익히면서 국어에 대해 관심을 가지고, 문학이 주는 즐거움을 경험한다.

-문법-

[영역 성취 기준]

우리 말글의 소중함을 알고 낱말과 문장을 올바르게 이해·표현하는 초보적 지식을 익히며 국어에 대한 관심과 호기심을 갖는다.

[내용 성취 기준]

(1) 한글 낱자 자모의 이름과 소릿값을 알고 정확하게 발음하고 쓴다.

한글 낱자 자모를 바르게 발음하고 쓰는 것은 소리글자인 한글로 문자 생활을 하는 데 필요한 기초 능력이다. 먼저 한글 낱자의 이름과 모양을 차례로 익히고 자연스러운 순서에 따라 쓰도록 하며 이들 낱자들의 결합으로 이루어진 글자를 바르게 쓰고 발음할 수 있도록 지도한다. 이러한 활동을 통해 한글에 흥미를 가지면서 한글을 소중히 여기며 문자 생활에 필요한 기초 능력을 기를 수 있도록 한다.

(2) 다양한 고유어 토박이말을 익히고 소중히 여기는 태도를 기른다.

고유어(토박이말)에는 국어 문화의 특성이 반영되어 있으므로 다양한 고유어를 익히는 활동은 국어 문화에 대한 관심과 우리말을 소중히 여기는 태도를 고양할 수 있다. 생활 속의 아름다운 고유어를 두루 찾아서 재미있고 다양한 말놀이 활동을 통해 익히게 하면서 고유어의 가치를 일깨울 수 있도록 지도한다.

(3) 낱말과 낱말의 의미 관계를 알고 활용한다.

낱말들이 의미적으로 서로 일정한 관계를 갖고 있음을 인식하는 것은 어휘에 대한 관심과 호기심을 불러일으킴으로써 어휘력 향상에 도움이 된다. 비슷한 말, 반대말, 상위어와 하위어에 초점을 두어 낱말 간의 의미 관계를 지도하고 연상 활동이나 말놀이를 통해 다양한 어휘를 익힐 수 있도록 지도한다. 그리고 새로 알게 된 말을 여러 상황에서 사용해 봄으로써 어휘 구사 능력을 신장시키도록 한다. 이러한 활동을 통해 어휘에 대한 관심과 호기심을 불러일으키도록 한다.

(4) 문장의 기본 구조를 이해하고 문장 부호를 바르게 쓴다.

문장의 기본 구조를 이해하면 올바른 문장을 생산하는 힘을 키우는 데 도움이 된다. 문장이 마침표, 온점, 물음표, 느낌표로 종결되는 구조임을 이해하고 생각의 한 덩어리를 하나의 문장으로 써 보도록 지도한다. 하나의 문장에 하나의 생각을 올바로 담아내고 마침표를 올바로 사용하는 활동을 통해 문장 개념을 익힐 수 있도록 지도한다.

-국어 자료의 예(1-2학년군)-

(담화)
- 일상생활을 소재로 한 간단하면서도 재미있는 이야기
- 일상에서 자신의 감정을 표현하는 간단한 대화
- 자신이나 가족 친구 등을 소개하는 말
- 사건의 순서가 분명하게 드러나는 이야기
- 가정이나 학교에서 주고받는 인사말
- 말의 재미를 느낄 수 있는 말놀이 자료

(글)
- 우리말 자음과 모음의 짜임을 다양하게 보여 주는 낱말
- 친숙하고 쉬운 낱말과 문장, 짧은 글
- 흔히 접하는 일이나 사물에 관한 정보를 담은 글
- 대상의 특징이 드러나는 짧은 글
- 주변에서 일어난 일에 대한 자신의 생각을 중심으로 쓴 글
- 일상생활의 경험을 담은 짧은 글이나 그림책
- 인상 깊었던 일이나 겪은 일 등이 나타난 그림일기, 일기

(문학작품)
- 창의적 발상이나 재미있는 표현이 담긴 동시나 노래
- 환상적인 세계를 배경으로 하는 (옛)이야기나 동화
- 의인화된 사물 혹은 동·식물이나 영웅이 나오는 이야기
- 학생의 일상을 배경으로 하는 동시나 동화
- 상상력이 돋보이는 만화나 애니메이션

[학년군 성취 기준]

일상생활과 학습에 필요한 기초적 국어 능력을 갖춘다. 대상과 상대를 고려하여 국어 생활을 효과적으로 수행하며 국어 생활에 대한 관심을 일상생활과 이웃으로 넓혀 간다. 공적인 상황에서 분명하게 의사소통하고 글의 내용을 명확하게 파악하며 자신의 생각이 잘 드러나게 글을 쓴다. 어휘의 다양한 특성을 이해하고 문장을 자연스럽게 쓰며 문학 작품을 읽고 자신의 말로 표현한다.

[영역 성취 기준]

국어의 구조에 대한 기초적 이해를 바탕으로 어휘를 넓혀 나가며 자연스러운 문장을 생산하고 국어 현상을 즐겨 관찰하는 태도를 지닌다.

[내용 성취 기준]

(1) 소리와 표기가 다를 수 있음을 알고 낱말을 바르게 발음하고 쓴다.

소리대로 표기되는 낱말과 그렇지 않은 낱말을 비교하는 활동을 통해 표기와 발음이 서로 다른 차원이라는 점과 낱말을 한글로 적을 때에는 일정한 규칙을 따라야 한다는 점을 자연스럽게 깨닫도록 한다. 낱말을 소리 나는 대로 적어 보기도 하고, 맞춤법에 맞게 적어 보기도 하는 활동을 하면서 낱말을 올바르게 발음하고 표기하는 능력과 태도를 기른다. 한글맞춤법의 제3장(소리에 관한 것), 제4장 (형태에 관한 것)의 여러 사례를 활용하면 좋을 것이다.

(2) 표준어와 방언의 가치를 알고 상황에 따라 효과적으로 사용한다.

표준어 사용 능력은 평소 낭독, 질의, 응답, 대화 과정에서 자연스럽게 길러져야 한다. 표준어와 함께 방언도 소중한 국어 문화 자산이므로 표준어와 방언의 효과적 사용 능력은 국어 문화에 대한 이해와 의사소통 능력 향상에 기여할 수 있다. 표준어와 방언의 개념과 특성에 근거하여 각각의 의의와 가치를 인식시키고 공적 또는 사적 상황에 따라 표준어와 방언을 효과적으로 사용할 수 있도록 지도한다. 아울러 표준어와 방언에 관심을 갖고 표준어와 방언을 상황에 맞게 사용하는 태도를 지니도록 지도한다.

(3) 국어의 낱말 확장 방법을 알고 다양한 어휘를 익힌다.

국어의 낱말 확장 방법을 이해하면 국어의 어휘 세계에 대한 인식 능력을 높이고 어휘 능력을 신장시킬 수 있다. 여기서 낱말 확장 방법은 다음과 같은 것을 가리킨다. 예컨대 '개꿈, 개떡, 개머루'에는 공통적으로 '개' 가 들어가 있어 모두 '참 것이나 좋은 것이 아니고 함부로 된 것'이라는 뜻을 갖는다. 또 '국민, 국어, 국가'에는 공통적으로 '국國)'이 들어가 있어 공통적으로 '나라'의 의미를 갖는다. 이와 같은 방식으로 낱말을 익히면 낱말의 의미를 정확하게 인지할 수 있을 뿐만 아니라 새로운 낱말의 의미를 추론할 수도 있다. 다양한 토박이말, 고유어와 한자어를 두루 익히게 하여 학생들의 어휘 능력을 신장시킨다.

(4) 낱말들을 분류해 보고 국어사전에서 낱말을 찾아본다.

다양한 종류의 낱말을 분류하는 능력은 국어적 사고력과 국어 인식 능력의 신장을 이끌 수 있으며 사전 활용 능력은 모든 국어 공부의 기초가 된다. 사전 찾기에 도움이 될 수 있도록 낱말의 기본형과 활용을 간단한 수준에서 이해시킨다. 또한 형태나 의미의 특징을 생각하면서 같은 품사에 속하는 낱말들을 구별해 내는 활동을 통해 국어사전 찾기에 필요한 주요 품사 명사, 대명사, 수사, 동사, 형용사, 조사를 변별할 수 있도록 지도한다. 아울러 국어사전에서 낱말을

찾으면서 동음이의어와 다의어가 있음을 이해시키도록 한다. 국어
사전에서 여러 낱말을 찾아보는 활동을 하면서 국어사전의 유용성
을 익히고 국어사전을 즐겨 찾는 습관을 지니도록 지도한다.

(5) 문장을 끝내는 다양한 방식을 알고 자신의 의도에 맞게 문장을 사용
할 수 있다.

문장을 끝내는 다양한 방식을 알면 자신의 의도를 효과적으로 표현
하고 상대방의 의도를 더 잘 이해하는 힘을 기를 수 있다. 문장은
표현 의도에 따라 설명하고 묻고, 명령하고, 부탁하고, 감탄하는
방식으로 끝남을 알게 하고 자신의 표현 의도에 맞는 문장을 구성해
보는 활동을 하게 한다. 그리고 하나의 문장을 다른 형식으로 바꾸는
활동을 할 수도 있다.

(6) 높임법을 알고 언어 예절에 맞게 사용한다.

높임법을 제대로 이해하면 효과적이고 예절 바른 의사소통 능력을
기를 수 있다. 높임법을 주체 높임, 객체 높임, 상대 높임 등으로
나누어 지도하되 특히 학생들이 잘 틀리고 혼란스러워 하는 높임법
사례를 제시하여 올바른 높임법을 익힐 수 있도록 한다. 아울러
담화 상황에 따라 언어 예절을 지켜 의사소통하려는 태도를 길러
줄 필요가 있다.

-국어 자료의 예(3-4학년군)-

(담화)

- 학교 등 공공장소에서 접하는 안내의 말
- 일상생활에서 접하는 교훈적이거나 감동적인 이야기
- 인과관계가 분명히 드러나는 이야기
- 친구, 가족이나 친척, 이웃 등과 나누는 대화
- 자신이 조사하거나 친구들과 협의한 내용을 다룬 발표 , 자료

- 학교, 학급 생활에 관련된 회의 자료

(글)

- 중심 내용이 잘 드러나는 문단이나 짧은 글
- 설명하는 대상의 특징이 나타나는 글
- 글쓴이의 중심 생각이 분명하게 드러난 글
- 글쓴이의 의견과 이유가 드러나는 글
- 글쓴이와 인물의 마음이 잘 드러난 생활문, 편지
- 글쓴이의 생각과 느낌이 잘 나타난 여러 가지 글, 감상문, 기행문
- 문자, 사진, 동영상, 그림 등이 통합된 글

(문학 작품)

- 운율과 이미지가 돋보이는 동시나 노래
- 영웅이나 위인이 등장하는(옛)이야기나 극
- 환상의 세계를 배경으로 한 (옛)이야기
- 일상의 고민이나 문제를 다룬 동시나 동화
- 감성이 돋보이거나 재미가 있는 만화 혹은 애니메이션

5-6학년군

[학년군 성취 기준]

일상생활과 학습에 필요한 핵심적 국어 능력을 갖춘다. 상황과 목적을 고려하여 국어 생활을 능동적으로 수행하며 국어 생활에 대한 관심을 다양한 사회 현상으로 넓혀 간다. 여러 상황에서 목적에 맞게 의사소통하고 글의 의미를 능동적으로 구성하며 읽고 독자와 목적을 고려하여 글을 쓴다. 어휘 의식을 높이고 국어 문화의 특성을 이해하며 문학 작품에 대한 해석의 근거를 찾아 구체화하고 문학 작품이 지닌 개인적·사회적 의미를 이해한다.

[영역 성취 기준]

국어의 구조에 대한 핵심적 원리를 이해하고 자연스러운 낱말·문장·담화를 생산하며 국어 사랑의 태도를 지닌다.

[내용 성취 기준]

(1) 발음과 표기, 띄어쓰기가 혼동되는 낱말을 올바르게 익힌다.

낱말을 정확하게 발음하고 표기하는 것은 국어 능력의 기초를 이루는 기본적인 능력이다. 주변의 국어 자료에서 다양한 사례를 가져오되 특히 한글맞춤법 51-57항에 제시된 혼동하기 쉽고 잘 틀리는 낱말과 한글맞춤법 41-48항에 제시된 틀리기 쉬운 띄어쓰기 자료를 생활 속에서 찾아 탐구하고 바르게 쓸 수 있도록 지도한다.

(2) 낱말이 상황에 따라 다양하게 해석됨을 이해하고 효과적으로 표현할 수 있다. 구체적인 의사소통 상황에서 낱말의 의미가 결정됨을 이해하면 낱말을 의사소통 상황에 맞게 효과적으로 사용할 수 있다. 다의어와 동음이의어의 의미가 의사소통 상황에서 결정됨을 이해시키고 의사소통 상황에서 비유적 의미가 생기는 현상도 지도한다. 낱말을 의사소통 상황에 맞게 적절하고 다양하게 사용하려는 태도를 지니도록 지도한다.

(3) 고유어, 한자어, 외래어의 개념과 특성을 알고 국어 어휘의 특징을 이해한다.

고유어, 한자어, 외래어에 대한 이해는 국어 낱말의 세계와 관련한 국어 인식 능력을 고양시킬 뿐만 아니라 현대 국어의 상황에 대한 발전적 인식을 갖게 할 수 있다. 고유어, 한자어, 외래어의 개념을 이해하고 현대 국어 낱말의 세계를 탐구하면서 올바른 어휘 사용의 방향에 대해 토의할 수 있도록 지도한다. 특히 고유어에 대한 사랑, 한자어에 대한 이해, 외래어 오남용 방지 등에 주안점을 두도록 하고 국어 순화의 필요성을 자각하고 실천할 수 있도록 지도한다.

(4) 절을 연결하는 다양한 방식을 알고 표현 의도에 맞게 문장을 구성한다.

둘 이상의 절이 연결되는 다양한 방식을 이해하면 섬세한 문장 표현을 할 수 있다. 다양한 연결어미로 앞뒤 절을 연결해 보는 활동이나 주변의 국어 자료에서 연결어미가 사용된 문장을 찾아 탐구하는 활동을 하게 한다. 이때 연결어미의 종류에 따라 표현 의도나 의미가 달라진다는 점을 이해하게 함으로써 연결어미의 쓰임새를 알고 효과적인 문장 구성의 중요성을 인식할 수 있도록 지도한다.

(5) 국어의 기본적인 문장 성분을 이해하고 성분 사이의 호응 관계가 올바른 문장을 구성한다.

문장을 구성하는 성분들 사이의 관계를 이해하고 그들 사이의 호응 관계를 고려하면서 문장을 구성하는 연습을 하면 문장 구성 능력을 효과적으로 기를 수 있다. 하나의 문장이 주어, 서술어, 목적어 등과 같은 성분으로 구성된다는 점을 알게 하고 그들 사이의 관계를 탐구하게 하되 주변의 국어 자료를 분석하는 활동과 직접 문장을 구성해 보는 활동을 병행하도록 한다.

(6) 관용 표현의 특징을 알고 담화 상황에 맞게 사용한다.

관용 표현에는 국어 문화의 특성이 담겨 있어 이에 대한 이해는 국어 문화에 대한 인식을 높일 수 있다. 또한 이를 적절하게 사용하면 자신의 표현 의도를 효과적으로 전달할 수 있다. 관용어구나 속담 등에 담긴 국어 문화의 특성을 이해하고 의사소통 상황에 맞게 사용해 보는 활동을 하게 지도한다. 선조들의 일화나 명언 등과 함께 지도하면 학습의 효율성을 높일 수 있다. 관용 표현의 유용성을 인식하고 자신의 표현 의도를 다채롭게 드러내려는 태도를 지니게 지도한다.[6]

-국어 자료의 예(5-6학년군)-

(담화)

- 사회적으로 의미가 있는 사건을 다룬 뉴스
- 존경하거나 만나고 싶은 대상을 면담한 자료

6) 2009 개정 국어과 교육과정의 각 학년군 성취 기준을 문법 범주에 따라 분류해 보면 다음과 같다.

범주	지도 내용	학년군			
		초 1-2	초 3-4	초 5-6	중 1-3
언어 본질	언어의 본질과 기능을 이해한다.				0
담화	담화의 개념과 특성을 이해하고 담화 상황에 적합한 국어 생활을 한다.				0
음성 음운	한글 낱자 자모의 이름과 소릿값을 알고 정확하게 발음하고 쓴다.	0			
	소리와 표기가 다를 수 있음을 알고 낱말을 바르게 발음하고 쓴다.		0		
	발음과 표기, 띄어쓰기가 혼동되는 낱말을 올바르게 익힌다.			0	
	음운체계를 탐구하고 그 특징을 이해한다.				0
	음운 변동의 규칙으로 탐구하고 자연스러운 발음의 원리를 이해한다.				0
단어	국어의 낱말 확장 방법을 알고 다양한 어휘를 익힌다.		0		
	낱말들을 분류해 보고 국어사전에서 낱말을 찾아본다.		0		
	단어의 짜임을 분석하고 새말이 만들어지는 원리를 이해한다.				0
	품사의 개념과 특성을 이해하고 단어를 적절하게 사용한다.				0
문장	문장의 기본 구조를 이해하고 문장 부호를 바르게 쓴다.	0			
	문장을 끝내는 다양한 방식을 알고 자신의 의도에 맞게 문장을 사용할 수 있다.	0			
	높임법을 알고 언어 예절에 맞게 사용한다	0			
	절을 연결하는 다양한 방식을 알고 표현 의도에 맞게 문장을 구성한다.			0	
	국어의 기본적인 문장 성분을 이해하고 성분 사이의 호응 관계가 올바른 문장을 구성한다.			0	
	문장의 구조를 탐구하고 자신의 생각을 다양한 구조의 문장으로 표현할 수 있다.				0
	문법적 기능을 담당하는 요소들의 특징을 이해하고 담화 사왕에 맞게 사용할 수 있다.				0

- 설득의 방식이 잘 나타난 광고 연설
- 일상생활이나 시사적 쟁점을 논제로 한 토의, 토론
- 사진, 그림, 도표, 동영상 등이 효과적으로 구성되어 있는 발표 자료
- 가족, 친구, 선생님, 주변 사람들 등과의 일상 대화
- 인터넷, 게시판, 블로그 등에서 이루어지는 친구들 간의 온라인 대화

(글)
- 글의 짜임이 잘 나타난 설명문, 논설문, 이야기
- 일의 절차나 방법 둘 이상의 대상, 사건 등에 대해 설명하는 글
- 다양한 매체에서 조사한 내용을 바탕으로 쓴 글
- 사실이나 사건에 대한 글쓴이의 관점이나 의도가 분명하게 드러난 글

어휘	다양한 고유어 토박이말을 익히고 소중히 여기는 태도를 기른다.	0			
	표준어와 방언의 가치를 알고 상황에 따라 효과적으로 사용한다.		0		
	고유어, 한자어, 외래어의 개념과 특성을 알고 국어 어휘의 특징을 이해한다.			0	
	관용 표현의 특징을 알고 담화 상황에 맞게 사용한다.			0	
	어휘의 유형과 의미 관계를 이해하고 활용한다.				0
의미	낱말과 낱말의 의미 관계를 알고 활용한다.	0			
	낱말이 상황에 따라 다양하게 해석됨을 이해하고 효과적으로 표현할 수 있다.			0	
규범	발음과 표기, 띄어쓰기가 혼동되는 낱말을 올바르게 익힌다.(중복 기재)			0	
	어문 규범의 기본 원리와 내용을 이해한다.				0
가치	다양한 고유어 토박이말을 익히고 소중히 여기는 태도를 기른다.(중복 기재)	0			
	표준어와 방언의 가치를 알고 상황에 따라 효과적으로 사용한다.(중복 기재)		0		
	한글 창제의 원리와 가치를 이해한다.				0

- 주장과 근거가 잘 나타난 글
- 견문과 감상이 드러난 기행문, 견학 보고서, 감상문
- 다양한 매체의 광고, 일상적 경험을 다룬 영상물, 인터넷 게시물

(문학 작품)
- 다양한 형식과 표현이 드러나는 시나 노래
- 성장 과정의 고민과 갈등을 소재로 한 작품
- 한국 문학의 전통이 잘 드러난 작품
- 다양한 가치와 문화에 대한 성찰을 담고 있는 작품
- 상상력이 돋보이는 다양한 매체 자료

중 1-3학년군

[학년군 성취 기준]

일상생활과 학습에 필요한 통합적인 국어 능력을 갖춘다. 상대의 의도를 고려하여 상호작용하고 국어 생활에 대한 관심을 다양한 국어 문화의 세계로 넓혀 간다. 여러 상황에서 적합하게 효과적으로 의사소통하고, 여러 유형의 글을 비판적으로 읽으며, 표현 효과를 고려하면서 글을 쓴다. 어휘 능력을 확장하고 국어 문법의 주요 내용을 종합적으로 이해하며, 문학 작품을 다양하면서도 주체적인 관점으로 해석한다.

[영역 성취 기준]

국어 운용의 원리에 대한 이해와 탐구를 통해 문법을 체계적으로 이해하고, 국어에 대한 사랑을 바탕으로 국어 발전에 참여하려는 능동적인 태도를 기른다.

[내용 성취 기준]

(1) 언어의 본질과 기능을 이해한다.

언어의 본질과 기능을 깊이 이해하면 언어를 단순한 도구나 매체로 보지 않고 학습자 자신의 삶과 관련지어 바라보는 안목을 가질 수 있다. 언어의 본질에서는 자의성, 규칙성, 사회성, 역사성, 창조성 등을 다루고, 언어의 기능에서는 언어의 지시적·정보적·친교적·정서적·명령적 기능 등을 다룬다.

(2) 음운 체계를 탐구하고 그 특징을 이해한다.

국어의 음운 체계를 탐구하면 말소리 차원에서 다른 언어와 대비되는 국어의 특질을 발견할 수 있으며, 나아가 말소리와 관련되는 어문 규범의 기본 원리를 더 잘 이해할 수 있다. 자음과 모음을 그 소리의 성질과 분화 기준에 따라 몇 무리로 나누거나 표로 정리해 봄으로써 국어 음운 체계의 특징을 이해하게 하고, 모음 길이의 차이로 뜻이 달라진 단어들을 대조해 봄으로써 모음의 길이가 자·모음과 같이 뜻을 구별하는 구실을 한다는 사실을 알게 한다.

(3) 어문 규범의 기본 원리와 내용을 이해한다.

어문 규범의 제정 목적과 기본 원리를 파악하면 세부 조항들을 더 쉽게 이해하고 활용할 수 있다. 한글 맞춤법과 표준어 규정, 외래어 표기법과 국어의 로마자 표기법 등 주요 어문 규범의 기본 원리를 중요한 조항을 중심으로 탐구하고 규범을 벗어난 국어 사용의 사례를 찾아 바르게 고쳐 보는 활동을 하게 하되, 어문 규범을 알고 준수하는 것이 더 자유롭고 교양 있는 언어생활을 영위하는 길임을 인식하는 데까지 나아가도록 한다. 아울러 남북의 한글 맞춤법에서 차이점을 간략히 알아보고 남북한 언어 동질성 회복 방안에 대해서도 알아보도록 한다.

(4) 음운 변동의 규칙성을 탐구하고 자연스러운 발음의 원리를 이해한다.

음운 변동은 자연스럽고 효율적인 발음을 위해 음운의 소릿값이 바뀌는 현상이다. 주변의 국어 자료에서 음운 변동의 다양한 사례를 찾아 말소리가 바뀌는 조건과 방향을 탐구함으로써 국어 발음의 원리를 발견하고 올바른 발음의 방법을 스스로 익히도록 한다. 아울러 음운 변동을 탐구하여 발견한 지식이 자연스럽게 표준 발음법에 대한 이해와 실천으로 이어지도록 지도한다.

(5) 단어의 짜임을 분석하고 새말이 만들어지는 원리를 이해한다.

국어의 단어 형성법에 대한 이해는 기존의 다양한 단어들에 대한 국어 인식 능력을 높일 뿐만 아니라 새롭게 생성되는 새말의 특징을 이해하게 함으로써 일상적 국어 생활의 양상을 자각하고 단어의 세계에 흥미를 갖게 할 수 있다. 국어 단어 형성법을 먼저 이해시킨 뒤 최근에 새롭게 생성된 다양한 새말들의 단어 형성 방법을 분석해 보는 활동을 할 수 있다. 왜 어떤 단어들은 쉽게 사라지는데 또 다른 단어들은 항구성을 지니게 되는지를 새말의 뜻과 사용 상황, 단어 형성 방법 등을 통해 종합적으로 분석하면서 단어들의 신생, 성장, 소멸의 과정을 토의해 보게 한다. 의사소통 상황에 적합하면서도 형태적으로 적절한 새로운 단어를 만들어 보는 과정을 통해 국어 생활에 대한 통찰력과 창의적 사고력을 기르게 하고, 단어들의 신생, 성장, 소멸 과정에 대한 자각과 호기심을 바탕으로 국어 의식이 고양될 수 있도록 지도한다.

(6) 품사의 개념과 특성을 이해하고 단어를 적절하게 사용한다.

단어들을 품사별로 분류해 보는 경험은 국어 사고력을 신장시키며 국어에 대한 의식을 높일 수 있을 뿐만 아니라 올바른 국어 생활에도 도움을 줄 수 있다. 품사의 개념과 분류 기준을 이해시킨 뒤 품사 특성에 맞게 올바로 단어를 사용할 수 있도록 지도한다. 형용사와 동사의 활용 등 국어 활동에서 틀리기 쉬운 현상을 중심으로 품사별 특성을 지도하여 문장 생산 능력을 신장시킬 수 있도록 하고 단어를 올바로 사용하는 습관을 지닐 수 있게 한다.

(7) 문장의 구조를 탐구하고 자신의 생각을 다양한 구조의 문장으로 표현할 수 있다.

문장 구조에 대한 이해는 자신의 생각을 효과적으로 표현하도록 돕는다. 5-6학년군에서 배운 기본 문장 성분의 이해를 부속 성분까지 확대하고 문장의 확대를 다루도록 한다. 평서문, 의문문, 명령문, 청유문, 감탄문과 같은 종결 방식의 표현 효과를 탐구하고, 국어 문장은 둘 이상의 문장이 연결되거나 하나의 문장이 다른 문장 안에 안기는 방식으로 확대됨을 이해한다. 다양한 연결 어미와 전성 어미의 기능과 함께 이러한 문장 확대의 방식을 탐구하여 체계적으로 이해하면 자신의 생각과 표현 의도가 제대로 반영된 문장을 구성할 수 있다. 다양한 구종의 문장들을 표현 의도와 연관 지어 분석하고, 중의문처럼 의미가 명확하지 않은 문장을 찾아 그 이유를 탐구하는 활동을 함으로써 정확하고 효과적이며 자연스러운 문장을 구성하는 능력을 기르도록 한다.

(8) 어휘의 유형과 의미 관계를 이해하고 활용한다.

국어의 어휘를 유형화하고 단어들이 맺는 관계를 이해하는 것은 단어의 세계에 대한 국어 의식을 고양시킬 뿐만 아니라 실제 의사소통 상황에서 단어를 효과적으로 사용할 수 있도록 함으로써 의사소통 능력 신장에 기여할 수 있다. 국어의 어휘를 다양한 기준에 따라 여러 가지 방식으로 나눠 보게 하고 단어들이 맺는 다양한 관계를 이해시킨다. 그리고 구체적인 의사소통 상황에서 어휘들이 어떻게 사용되고 있는지 각 어휘의 특성과 관련지어 분석해 보게 하고, 마찬가지로 의미 관계를 맺고 있는 단어들이 실제 의사소통 상황에서 사용되는 양상을 분석해 보게 한다. 이러한 활동들이 궁극적으로는 올바르고 효과적으로 어휘를 사용하고자 하는 노력으로 이어질 수 있도록 지도한다.

(9) 문법적 기능을 담당하는 요소들의 특징을 이해하고 담화 상황에 맞게 사용할 수 있다.

문법적 의미를 실현하는 데 사용되는 다양한 문법 요소들을 탐구하는 활동을 통해 국어의 문법적 특징을 이해하고 상황에 맞는 정확한 문장 표현 능력을 기를 수 있다. 높임, 시간, 피동·사동, 부정 표현 등 국어의 주요 문법 요소들의 형태와 의미 기능을 실제 담화 상황 속의 다양한 문장 자료를 통해 탐구한다. 이러한 탐구의 결과가 정확하고 효과적인 문장을 구성하는 능력과 습관을 기르는 쪽으로 이어지도록 지도한다.

(10) 담화의 개념과 특성을 이해하고 담화 상황에 적합한 국어 생활을 한다.

담화 자체에 대한 이해는 자신의 국어 생활을 반성적으로 돌아볼 수 있게 하여 올바르고 효과적인 의사소통 능력을 기르는 데 기여한다. 이를 위해 먼저 담화의 기본 개념을 맥락(상황 맥락과 사회·문화적 맥락)과 관련지어 이해시킨다. 사회·문화적 맥락과 관련지어 지역, 세대, 성별, 다문화 등에 따른 언어 변이 현상을 다룬다. 언어의 구체적인 의미는 실제 의사소통 상황 속에서 결정된다는 점을 알고 언어 표현을 화자·청자의 의도나 처지, 맥락 등과 관련지어 분석하고 평가하는 활동을 하게 한다. 이와 같은 활동을 통해 차별적 표현을 줄이고 상대를 배려하는 표현을 익히는 등 학생들이 자신의 의사소통 능력을 실질적으로 신장시키고 자신의 국어 생활을 돌아 볼 수 있도록 지도한다.

(11) 한글의 창제 원리와 가치를 이해한다.

한글이 지닌 가치와 창제 원리를 이해하면 한글에 대한 자긍심을 기르고 올바른 문자 생활에 대한 태도를 길러 줄 수 있다. 훈민정음 창제 이전의 조상들의 문자 생활과 오늘날 우리의 문자 생활을 비교하는 활동을 통해 한글 창제의 정신과 동기를 깨닫게 하고, 배우기 쉬운 문자인 한글이 우리 사회의 발전에 미친 영향을 따져 봄으로써 한글의 가치를 이해하게 한다. 이와 함께 상형, 가획, 병서 등의 훈민정음 제자 원리를 탐구하여 한글의 우수성과 과학성을 이해하게 한다. 어제(御製) 서문 등 한글 창제와 관련된 자료나 한글을 소개하는 자료를 찾아 살펴보는 활동을 통해 한글의 우수성, 창제 정신과 의의 등을 직접 확인하고 깨닫도록 한다.

-국어 자료의 예(중1-3학년군)-

(담화)

- 시사적 내용이나 청소년에게 도움이 될 만한 내용을 다룬 강연이나 강의
- 소개할 내용이나 대상의 특성이 잘 드러난 담화 자료
- 설득 전략이 잘 나타난 텔레비전이나 라디오, 인터넷에 나오는 광고
- 일상생활이나 학교생활에서 나타나는 다양한 문제를 다룬 토의, 토론
- 사과, 감사, 거절, 위로하는 상황의 대화 자료
- 말하기 방식의 차이를 보여 주는 다양한 매체 속의 대화 자료
- 설득을 목적으로 사진, 그림, 도표, 동영상등을 활용한 발표 자료
- 문화, 역사, 전통의 차이로 인해 발생한 지역 방언, 사회 방언 관련 자료
- 서로 다른 주장으로 인해 생긴 문제나 그 해결 과정을 다룬 협상 자료

- 전통적 말하기 방식이 잘 드러난 담화 자료

(글)

- 학습자의 지식과 경험, 수준에 맞는 설명문
- 비교 · 대조, 분류, 분석, 정의 등의 설명 방식이 잘 나타난 설명문
- 관찰, 조사, 실험한 내용을 바탕으로 절차와 결과가 드러나게 쓴 보고하는 글
- 의견의 차이가 드러나는 문제에 대해 타당한 근거를 들어 주장하는 글
- 학교나 지역 사회에서 일어난 일을 소재로 하여 건의하는 글
- 주장과 근거가 분명한 논설문이나 시평
- 글감이나 대상이 같은 둘 이상의 사설, 기사문
- 시대적, 사회적 배경이 잘 드러나는 글, 전기문이나 평전
- 생활 체험을 바탕으로 자신의 생각이나 느낌을 담은 수필
- 자신의 삶을 성찰하는 자서전이나 삶에 대해 계획하는 글
- 읽기의 과정과 원리를 설명하는 글
- 매체의 특성이 잘 드러난 문자 메시지, 전자 우편, 인터넷 게시판, 블로그 등

(문학 작품)

- 인물의 내면세계, 사고방식, 느낌과 정서 등이 잘 드러난 작품
- 바람직하고 가치 있는 삶에 대한 탐구와 성찰을 담고 있는 작품
- 보편적 정서와 다양한 경험이 잘 드러난 한국 · 외국 작품
- 사회 · 문화 · 역사적 상황이 잘 드러난 작품
- 한국의 대표적인 문학 작품
- 비평적 안목이 뛰어난 비평문
- 삶에 대한 고민이나 성찰을 담고 있는 다양한 매체 자료

다) 교수 · 학습 방법

(1) 교수 · 학습 계획

(가) 교사가 교수 · 학습 계획을 수립할 때에는 의미 있는 국어 학습 경험을 통해 학습자의 창의적인 국어 능력이 향상되도록 다음 사항에 유의한다.

① 학습 목표는 교육과정의 '4. 내용'에 제시되어 있는 학년군별, 영역별 '성취 기준'과 '국어 자료의 예'를 고려하여 설정하되 '듣기 · 말하기', '읽기', '쓰기', '문법', '문학' 영역이 유기적으로 연관되도록 한다.

② 학습 내용은 '듣기 · 말하기', '읽기', '쓰기', '문법', '문학'의 각 영역별 특성을 살려 학습 목표 달성에 적합하게 선정하되 영역간 내용의 횡적 연계성, 학년군별 내용의 종적 연계성을 통합적으로 고려한다.

③ 학습자의 국어 능력을 향상시키는 데 유용한 학습 경험을 제공하여 자기 주도적으로 국어 능력을 향상시킬 수 있도록 계획한다.

    ㉠ 학습자가 정확하고 효과적인 국어 생활을 하기 위해 반드시 알아야 할 지식과 실제적인 국어 활동을 유기적으로 연관시킨다.

    ㉡ 학습 과제의 성격, 과제 해결을 위한 기본 절차와 방법, 배경 지식의 활용, 학습 자료, 집단 구성, 피드백 등을 세부적으로 계획한다.

    ㉢ 교육과정의 '4내용'에 제시된 학년군별, 영역별 '성취 기준'과 '국어 자료의 예'를 참고하여 다양한 교수 · 학습 자료를 개발한다.

    ㉣ 학습자에게 제공할 학습 경험은 학습의 계열성과 통합성을 고려하여 체계적으로 구성한다.

④ 학습자가 교수 · 학습 상황에 능동적으로 참여하여 담화와 글을 체계

적으로 이해하는 활동과 자신의 사상과 정서를 창의적으로 표현하는 활동을 할 수 있는 학습 환경을 조성한다.

⑤ 국어 능력이 일상생활이나 다른 교과의 학습에 기초가 됨을 강조하여 학습자가 국어 교수·학습에 대한 능동적인 태도를 가질 수 있도록 한다.

　　㉠ 교수·학습 과정에서 성취한 국어 능력을 학습자 스스로 일상생활이나 다른 교과의 학습에 적극적으로 활용하도록 한다.

　　㉡ 창의적인 국어 능력이 삶의 질을 높이는 데에 기여할 수 있음을 강조한다.

(나) 학습자의 학습 준비도나 성취 기준 도달 정도를 파악하고 개인차를 해소하기 위한 교수·학습 방안을 계획한다.

① 개인차를 해소하기 위한 방안은 학교의 실정, 학습자의 요구 등을 고려하여 계획하되 수업 시간이나 방과 후 교육 활동 등을 활용하도록 한다.

② 학습 과제는 개인차를 고려하여 다양한 방법으로 제공하되 학습자의 학습 결손이 누적되지 않도록 유의한다.

　　㉠ 학습 목표와 학습 과제를 선정할 때에는 학습자의 개별 특성을 고려한다.

　　㉡ 개인차에 따른 학습 과제를 제공하는 시기는 학습자와 교수·학습 상황에 따라 적절하게 조정한다.

③ 학습자의 개인차를 고려하여 다양한 교수·학습 자료와 평가 자료를 개발한다.

　　㉠ 학습자의 관심, 흥미, 선수 학습 경험, 학습 준비도, 학업 성취 수준 등을 고려하여 자료를 개발한다.

ⓛ 학습자가 스스로 자신의 능력이나 학습 단계를 점검할 수 있도록 자료를 개발한다.

ⓒ 다양한 매체를 활용하여 자료를 개발하여 학습의 효율을 높이고 학습자의 특성에 따라 자료를 개별화한다.

(다) 국어 활동의 총체성을 고려하여 영역 간 영역 내의 학습 요소를 통합하여 지도하기 위한 교수 · 학습 방안을 계획한다.

① 각 영역에서 해당 영역의 고유성이 반영되어 있는 학습 요소와 통합이 가능한 학습 요소를 구분하여 지도하되 학습의 효율성을 높일 수 있도록 한다.

② 영역 간, 영역 내 내용 요소 중 학습의 효율성을 높이는 데 적합한 요소를 통합하여 지도한다.

③ 매체 관련 내용 요소를 지도할 때에는 '듣기 · 말하기', '읽기', '쓰기', '문법', '문학' 영역과의 통합을 고려하여 지도한다.

④ 여러 영역을 통합하여 지도하기 위해 자료를 개발할 때에는 교육 내용과 학습 상황에 맞게 다양한 방법을 모색하도록 한다.

　ⓠ 학습 주제를 중심으로 내용 요소를 유기적으로 통합하여 조직한다.

　ⓛ 다양한 상황을 중심으로 관련되는 내용 요소를 통합하여 조직한다.

　ⓒ 종합적인 사고가 요구되는 문제 상황을 제시하고 이를 해결하는 과정에서 필요한 내용 요소를 통합하여 조직한다.

　ⓔ 다양한 담화와 글을 중심으로 내용 요소를 통합하여 조직한다.

(2) 교수 · 학습 운용

(가) 교육과정의 '4내용'의 학년군별, 영역별 '성취 기준'과 ' 국어 자료의 예'를 고려하여 교수 · 학습을 전개한다.

① '학년군 성취 기준', '영역 성취 기준', '내용 성취 기준', '국어 자료의 예'를 고려하여 다양한 방법으로 교수 · 학습을 전개하되 특히 다음 사항에 유의한다.

    ㉠ 학습자가 능동적으로 교수 · 학습에 참여할 수 있도록 학습 목표와 학습 내용을 안내하고 학습자의 수준에 적합한 과제를 제시하여 이를 창의적으로 해결하도록 한다.

    ㉡ 학습 과제 해결의 책임을 교사에서 학생으로 점진적으로 이양하도록 계획한다.

    ㉢ 내용 요소에 대한 체계적인 설명, 예시, 질문, 학습자의 연습, 자기 점검과 평가 과정을 유기적으로 관련지어 지도한다.

    ㉣ 담화나 글에 대한 분석에만 치우치지 않도록 하여 학습자가 국어 활동의 양상을 총체적으로 이해하게 한다.

    ㉤ 국어 활동에 대한 자기 점검 기회를 제공하여 바람직한 태도를 형성하게 한다.

② 영역별 '영역 성취 기준'과 '내용 성취 기준'을 고려하여 교수 · 학습을 전개하되 특히 다음 사항에 유의한다.

    ㉠ '듣기 · 말하기' 지도에서는 음성언어의 상호 작용 특성을 살려 듣기 · 말하기의 다양한 목적과 맥락을 반영한 활동을 하도록 한다. 특히 다양한 듣기 · 말하기 상황에 적극적으로 참여하고 점검 · 조정하는 활동과 긍정적이고 협력적인 태도로 문제를 해결하는 활동을 강조한다.

    ㉡ '읽기' 지도에서는 글쓴이의 목적, 글의 형식과 특성, 독자의

관점 등에 유의하여 능동적으로 의미를 구성하며 글을 읽는 학습 활동을 강조한다. 특히 읽은 글을 바탕으로 발표하거나 의견을 교환하거나 글로 표현하는 통합 활동을 강조한다.

ⓒ '쓰기' 지도에서는 글쓰기의 목적, 독자, 주제 등을 고려하여 실제로 글을 쓰는 활동을 강조한다. 특히 쓰기의 목적에 따라 적절한 매체를 선택하여 글을 쓸 수 있도록 쓰기의 상황과 조건을 분명하게 제시하여 글을 쓰게 한다. 글을 쓰는 과정에서 협의 활동을 강조하고 다 쓴 글에 대해 상호 평가와 자기 평가 활동을 강조한다.

ⓔ '문법' 지도에서는 문법 교육 내용이 위계적으로 반복 · 심화될 수 있도록 지도하되 다양한 국어 현상을 원리 중심으로 탐구하여 언어 지식을 생성하는 경험을 강조하고 학습한 내용이 바람직한 국어 생활에 활용될 수 있도록 한다. 문법은 특정 문법 단원에서만 지도할 것이 아니라 매 단원에서 새로 등장하는 단어의 뜻과 문장의 어법을 익힐 때나 연습 문제 활동을 통하여 이전에 배운 문법과 규범에 관련된 사항을 환기시켜 지속적으로 지도한다.

ⓜ '문학' 지도에서는 개별 작품을 학습자의 삶과 관련지어 봄으로써 심미적 상상력과 건전한 심성을 계발하고 바람직한 인생관과 세계관 형성을 돕는 학습 활동을 강조한다 학습자의 능동적인 작품 수용을 강조할 뿐만 아니라 일상생활에서의 정서 표현, 작품 창작 등 다양한 생산 활동을 돕는 학습 활동을 강조한다.

③ '국어 자료'를 다룰 때는 기본적으로 어휘와 어법에 유의하여 지도한다. 어휘와 어법은 '듣기 · 말하기', '읽기', '쓰기', '문법', '문학' 영역의 매 단원에서 새로 등장하는 단어의 발음, 뜻, 표기를 정확히 알고 어법에 맞게 사용하는 것을 생활화하도록 지도한다.

④ 학습 목표와 내용을 고려하여 직접 교수법, 문제 해결 학습법, 창의성 계발 학습법, 반응 중심 학습법, 탐구 학습법, 토의 · 토론 학습법, 협동 학습법 등 다양한 교수 · 학습 방법을 활용하되 특히 다음 사항에 유의한다.

  ㉠ 교사와 학습자, 학습자와 학습자 간의 적극적인 상호작용을 강조하여 학습의 효율성을 도모한다.

  ㉡ 학습자의 창의적인 국어 활동을 권장하고 학습자의 다양한 반응을 적극적으로 수용한다.

  ㉢ 다른 사람의 의견을 성실하게 듣고 자신의 의견을 명확하게 표현하는 학습 활동을 강조한다.

  ㉣ 학습 과정에 능동적으로 참여하여 비판적이고 창의적으로 사고할 수 있는 학습 경험을 제공한다.

  ㉤ 학습자가 학습 과정과 결과에 대해 스스로 점검하여 부족한 점을 개선할 수 있도록 한다.

(나) 개인차를 고려한 교수 · 학습을 효율적으로 운용하기 위해서는 다음 사항에 유의한다.

① 수업 시간 중에 학습자의 반응에 따른 적절한 피드백을 제공하여 학습 목표에 도달할 수 있도록 한다.

② 학습자가 자율적으로 자신의 능력을 파악하고 보충 또는 심화할 수 있는 학습 과제를적절히 제시함으로써 학습 효과를 증대시키도록 한다.

③ 차시 수업의 학습 목표와 관련된 학습 과제를 적절히 제시함으로써 선수 학습 정도에 따른 개인차를 줄여 수업의 효율성을 높이도록 한다.

④ 학습 목표를 효과적으로 달성하기 위해 개인차를 고려한 소집단을 구성하여 교수 · 학습을 전개하도록 한다.

(다) 영역 간 영역 내의 학습 요소를 통합하여 지도할 때에는 다음 사항에 유의한다.

① 둘 이상의 영역을 통합하여 지도할 때에는 학습자의 학습 활동이 특정 영역에 치우치지 않도록 한다.
② 영역 간의 공통점과 차이점을 고려하여 통합적 교수 · 학습의 효율성을 높인다.
③ 학습자가 한 영역에서 학습한 내용을 다른 영역에 적용하는 과정을 충분히 이해하고 수행하도록 지도한다.
④ 학습 요소의 통합 취지에 알맞은 방법으로 교수 · 학습을 전개한다.

(라) 수업의 개선을 위해 교수 · 학습을 점검할 때에는 다음 사항에 유의한다.

① 학습 목표와 내용에 맞게 수업을 창의적으로 계획하고 실행하였는지 점검한다.
② 학습자의 수준과 조건 학습 상황 등을 고려하여 교수 · 학습 과정을 전개하였는지 스스로 점검하고 이를 수업 개선에 활용한다.
③ 학습자의 평가 결과를 바탕으로 교수 · 학습 내용, 교수 · 학습 방법, 교수 · 학습 자료 등을 개선하고자 하였는지 점검한다.

라) 평가

(1) 평가 계획

(가) 영역별 평가 목표와 내용에 적합한 평가 방법으로 학습자의 국어 능력을 타당하고 신뢰성 있게 평가할 수 있도록 계획한다.

(나) 학습자의 표현 능력과 이해 능력인 지적 요소·행동적 요소·정의적 요소가 균형 있게 평가되도록 계획한다.

(다) 평가 목적, 평가 시기, 평가 상황 등을 종합적으로 고려하여 양적 평가와 질적평가, 형식평가와 비형식 평가, 간접 평가와 직접 평가, 선택형 평가와 수행 평가 등이 적절하게 활용될 수 있도록 계획한다.

(라) 평가 계획을 수립할 때에는 다음 사항에 유의한다.

① 학습의 과정과 결과를 모두 중시하여 평가하도록 한다.
② 교수·학습 과정과 평가를 연계하여 평가하도록 한다.
③ 국어 사용의 실제성을 고려하여 다양한 평가 상황을 설정하고 영역을 통합하여 평가하도록 한다.
④ 평가 상황, 평가 방법, 평가 기준을 학습자에게 미리 알려 주어 평가가 국어 학습을 적극적으로 도와줄 수 있도록 한다.

(2) 평가운용

(가) 평가 목표는 지식, 기능, 태도, 실제의 측면을 종합적으로 고려하면서 교육과정의 학년군별,영역별 '성취기준'이 잘 반영될 수 있도록 설정하되 각 영역별로 다음 사항에 유의한다.

① '듣기·말하기' 영역의 평가 목표는 듣기·말하기 과정을 유기적으로 통합하여 설정하되 듣기에서는 사실적·추론적·비판적 듣기 능력과 긍정적이고 적극적인 태도 변화에 중점을 두고

말하기에서는 말할 내용의 생성 및 조직, 정확하고 효과적인 표현과 전달 상대를 배려하는 태도에 중점을 두어 설정한다.

② '읽기' 영역의 평가 목표는 내용 확인, 추론, 평가와 감상, 점검과 조정 등에 중점을 두어 설정한다.

③ '쓰기' 영역의 평가 목표는 쓰기의 목적, 독자, 주제에 맞게 글을 정확하고 효과적으로 쓰는 능력에 중점을 두어 설정한다.

④ '문법' 영역의 평가 목표는 문법 지식의 이해와 탐구 및 적용 중심으로 설정하되 문법 지식의 단순한 암기가 아닌 국어의 구조와 문법의 작동 원리를 파악하고 생활 속에 적용 실천하는 능력에 중점을 두어 설정한다. 어휘와 어법 관련 평가 목표는 개별 단어의 발음 표기 뜻에 대한 정확한 이해 의사소통 상황에서 어휘 사용의 적절성 창의적인 어휘 사용 능력 올바른 어법에 따른 문장 구사 능력에 중점을 두어 설정한다.

⑤ '문학' 영역의 평가 목표는 문학 지식에 대한 이해 문학 작품의 수용과 생산 능력에 중점을 두어 설정한다.

(나) 평가 내용은 교육과정의 학년군별, 영역별 '성취 기준'을 근거로 선정하되 다음 사항에 유의한다.

① 평가 내용은 각 영역의 학습 내용에서 균형 있게 선정하되 학습자의 발달 수준을 고려한다.

② 평가 내용은 성취 기준을 지식 기능 태도의 측면에서 구체화하고 있는 내용 요소 중심으로 선정한다.

③ 평가 자료는 해당 학년군별로 제시된 '국어 자료의 예' 위주로 하되, 이와 관련된 것도 다룬다.

(다) 평가 방법은 평가 목표와 평가 내용에 적합한 방법을 취하되 다음 사항에 유의한다.

① 평가 목적, 평가 목표와 내용에 적합하게 다양한 평가 방법과 평가 도구를 활용한다.

② 교사의 학생 평가 외에 학생의 자기 평가 학생과 학생 간의 상호 평가적 극적으로 활용함으로써 평가를 유의미한 교수·학습 방법의 일환으로 활용한다.

③ 영역의 특성 평가 목표 평가 내용 평가 상황 등을 고려하여 선택형 평가, 서답형 평가, 연구 보고서법, 자료철(포트폴리오), 면접법, 토론법, 관찰법 등의 다양한 평가 방법을 적절하게 활용한다.

④ 평가 목표와 내용 평가 상황에 따라 필요한 경우에는 다양한 평가 방법을 통합하여 활용한다.

(3) 평가 결과 활용

(가) 평가 결과는 학습자의 성취 수준, 국어 능력의 발달 정도를 판단하는 자료로 활용한다.

(나) 평가 결과는 교수·학습 방법, 교수·학습 자료 평가 도구 개선을 위한 기초 자료로 활용한다.

(다) 평가 결과를 통해 학습자의 성취 수준 이외에 교수·학습에 영향을 끼치는 여러 요인을 분석하여 학습자, 교사, 학부모 교육 관련자에게 제공함으로써 학습자의 국어 능력을 향상시키는데 활용하되 평가 결과 보고 체계를 구체화·다양화한다.

3) 2015 개정 국어과 교육과정(교육부 고시 제2015-74호.
2015. 9. 23.)

가) 성격

국어는 대한민국의 공용어로서 사고와 의사소통의 도구이자 문화 창조와 전승의 기반이다. 학습자는 국어를 활용하여 자아를 인식하고 타인과 교류하며 세계를 이해한다. 또한 다양한 국어 활동을 통해 문화를 이해·향유하며 새로운 문화의 발전에 참여한다. 한편으로, 국어는 학습의 중요한 토대이기도 하다. 학교 안과 밖에서 이루어지는 대부분의 학습은 국어를 통해 이루어지므로 국어 능력은 학습의 성패를 결정하는 중요한 요인이 된다. 국어 능력이 부족하면 효과적인 학습이 어렵고 결과적으로 성공적인 삶을 영위하기도 어렵다. 따라서 학습자는 학교생활을 통해 폭넓은 국어 경험을 쌓으며 일상생활과 학습에 필요한 실질적인 국어 능력을 길러야 한다. 이를 바탕으로 학습자는 더 깊이 있는 사고와 효과적인 소통, 발전적인 문화 창조 능력을 갖추게 된다. 나아가 자신의 말이나 글에 책임지는 태도를 지니고, 바람직한 인성과 공동체 의식을 기름으로써 국어 교육의 목적을 달성할 수 있다.

초·중·고 공통 과목인 '국어'는 국어를 정확하고 효과적으로 사용하는 데 필요한 능력과 태도를 기르고, 비판적이고 창의적인 국어 사용을 바탕으로 하여 국어 발전과 국어문화 창달에 이바지하려는 뜻을 세우며, 가치 있는 국어 활동을 통해 바람직한 인성과 공동체 의식을 함양하는 과목이다. 학습자는 '국어'의 학습을 통해 '국어'가 추구하는 역량인 비판적·창의적 사고 역량, 자료·정보 활용 역량, 의사소통 역량, 공동체·대인 관계 역량, 문화 향유 역량, 자기 성찰·계발 역량을 기를 수 있다.

'국어'에서 추구하는 비판적·창의적 사고 역량은 다양한 상황이나 자료, 담화, 글을 주체적인 관점에서 해석하고 평가하여 새롭고 독창적인 의미를 부여하거나 만드는 능력이고, 자료 · 정보 활용 역량은 필요한 자료나 정보를 수집, 분석, 평가하고 이를 효과적으로 활용하여 의사를 결정하거나 문제를 해결하는 능력이다. 의사소통 역량은 음성 언어, 문자 언어, 기호와 매체 등을 활용하여 생각과 느낌, 경험을 표현하거나 이해하면서 의미를 구성하고 자아와 타인, 세계의 관계를 점검 · 조정하는 능력이며, 공동체 · 대인 관계 역량은 공동체의 가치와 공동체 구성원의 다양성을 존중하고 상호 협력하며 관계를 맺고 갈등을 조정하는 능력이다. 그리고 문화 향유 역량은 국어로 형성 · 계승되는 다양한 문화를 이해하고 그 아름다움과 가치를 내면화하여 수준 높은 문화를 향유 · 생산하는 능력이며, 자기 성찰 · 계발 역량은 삶의 가치와 의미를 끊임없이 반성하고 탐색하며 변화하는 사회에서 필요한 재능과 자질을 계발하고 관리하는 능력이다. 이들 역량은 미래 사회에서 필요한 핵심적인 능력 요소로서, '국어'는 이를 신장하기 위해 의미 있는 목표를 설정하고 적정한 성취기준 및 효과적인 교수 · 학습과 평가의 방향을 체계적으로 제시하였다.

'국어'의 하위 영역은 듣기 · 말하기, 읽기, 쓰기, 문법, 문학이다. 학습자는 이들 영역에 관한 지식을 갖추고 각 영역의 수행에 필요한 기능과 태도를 기름으로써 '국어'의 목표를 달성할 수 있다. 이를 위하여 '국어'는 담화나 글, 작품을 정확하고 비판적으로 이해하고 생각과 느낌, 경험을 효과적이고 창의적으로 표현하는 활동과, 국어가 쓰이는 실제 현상을 탐구하여 국어를 깊이 있게 이해하고 반성적으로 인식하는 활동, 그리고 문학 작품을 수용하거나 생산하면서 인간의 다양한 삶을 이해하고 정서를 함양하는 활동으로 내용을 구성하였다. 학습자는 이러한 활동에 능동적이고 적극적으로 참여하여 '국어'의 목표를 달성해야 한다.

'국어'가 지니는 또 하나의 특성은 국어 교과가 다른 교과의 학습 및 비교과 활동과 범교과적으로 연계된다는 점이다. '국어'는 범교과적 내용이나 주제를 담은 담화나 글, 작품을 듣기 · 말하기, 읽기, 쓰기의 활동 자료로 활용함으로써 미래 사회가 요구하는 융합형 인재를 기르는 데 이바지한다. 그러므로 '국어'의 교수 · 학습과 평가는 학습자가 다양한 차원의 통합적 활동을 통하여 교과 역량을 기반으로 한 실질적인 국어 능력을 기르도록 하는 데 중점을 두어야 한다.

나) 목표

국어로 이루어지는 이해 · 표현 활동 및 문법과 문학의 본질을 이해하고, 의사소통이 이루어지는 맥락의 다양한 요소를 고려하여 품위 있고 개성 있는 국어를 사용하며, 국어문화를 향유하면서 국어의 발전과 국어문화 창조에 이바지하는 능력과 태도를 기른다.

가. 다양한 유형의 담화, 글, 작품을 정확하고 비판적으로 이해하고 효과적이고 창의적으로 표현하며 소통하는 데 필요한 기능을 익힌다.
나. 듣기 · 말하기, 읽기, 쓰기 활동 및 문법 탐구와 문학 향유에 도움이 되는 기본 지식을 갖춘다.
다. 국어의 가치와 국어 능력의 중요성을 인식하고 주체적으로 국어생활을 하는 태도를 기른다.

다) 내용 체계 및 성취기준

(1) 내용 체계

'국어'의 교수 · 학습 내용은 듣기 · 말하기, 읽기, 쓰기, 문법, 문학 영역으로 구성하였다. 각 영역의 내용은 하위 범주별 '핵심 개념'과 '일반화된 지식'을 바탕으로 하여 '학년(군)별 내용 요소'로 전개하였으며, 이를 통해서 각 영역이 추구하는 통합적 '기능'을 신장하도록 하였다. 학년(군)별로 제시한 내용 요소는 해당 학년(군)에서 중점적으로 다루되, 학년(군) 간 연계성을 바탕으로 하여 다른 학년(군)에서도 융통성 있게 다룰 수 있다. 또한, 국어 활동의 총체성을 바탕으로 하여 특정 영역의 성취기준을 같은 학년(군)의 다른 영역에서 적절하게 활용하여 내용을 구성할 수도 있다.

[듣기 · 말하기]

핵심 개념	일반화된 지식	학년(군)별 내용 요소					기능
		초등학교			중학교 1-3학년	고등학교 1학년	
		1-2	3-4	5-6학년			
▶듣기 · 말하기의 본질	듣기 · 말하기는 화자와 청자가 구어로 상호 교섭하며 의미를 공유하는 과정이다.			•구어 의사소통	•의미 공유 과정	•사회 · 문화성	•맥락 이해 · 활용하기 •청자 분석하기 •내용 생성하기 •내용 조직하기 •자료 · 매체 활용하기 •표현 · 전달하기 •내용 확인하기 •추론하기 •평가 · 감상하기 •경청 · 공감하기 •상호 교섭하기 •점검 · 조정하기
▶목적에 따른 담화의 유형 •정보 전달 •설득 •친교 · 정서 표현 ▶듣기 · 말하기와 매체	의사소통의 목적, 상황, 매체 등에 따라 다양한 담화 유형이 있으며, 유형에 따라 듣기와 말하기의 방법이 다르다.	•인사말 •대화 [감정 표현]	•대화 [즐거움] •회의	•토의 [의견조정] •토론 [절차와 규칙 근거] •발표 [매체활용]	•대화[공감과 반응] •면담 •토의[문제 해결] •토론[논리적 반박] •발표[내용 구성] •매체 자료의 효과	•대화 [언어 예절] •토론 [논증 구성] •협상	
▶듣기 · 말하기의 구성 요소 •화자 · 청자 · 맥락 ▶듣기 · 말하기의 과정 ▶듣기 · 말하기의 전략 •표현 전략 •상위 인지 전략	화자와 청자는 의사소통의 목적과 상황, 매체에 따라 적절한 전략과 방법을 사용하여 듣기 · 말하기 과정에서의 문제를 해결하며 소통한다.	•일의 순서 •자신 있게 말하기 •집중하며 듣기	•인과 관계 •표정, 몸짓, 말투 •요약하며 듣기	•체계적 내용 구성 •추론하며 듣기	•청중 고려 •말하기 불안에의 대처 •설득 전략 분석 •비판하며 듣기	•의사소통 과정의 점검과 조정	
▶듣기 · 말하기의 태도 ▶듣기 · 말하기의 윤리 •공감적 소통의 생활화	듣기 · 말하기의 가치를 인식하고 공감 · 협력하며 소통할 때 듣기 · 말하기를 효과적으로 수행할 수 있다.	•바르고 고운말 사용	•예의를 지켜 듣고 말하기	•공감하며 듣기	•배려하며 말하기	•담화 관습의 성찰	

[읽기]

핵심 개념	일반화된 지식	학년(군)별 내용 요소					기능
		초등학교			중학교 1-3학년	고등학교 1학년	
		1-2	3-4	5-6학년			
▶읽기의 본질	읽기는 읽기 과정에서의 문제를 해결하며 의미를 구성하고 사회적으로 소통하는 행위이다.			•의미 구성 과정	•문제 해결 과정	•사회적 상호 작용	•맥락 이해 하기 •몰입하기 •내용 확인 하기 •추론하기 •비판하기 •성찰·공 감하기 •통합·적 용하기 •독서 경험 공유하기 •점검·조 정하기
▶목적에 따른 글의 유형 •정보 전달 •설득 •친교·정서 표현 ▶읽기와 매체	의사소통의 목적, 매체 등에 따라 다양한 글 유형이 있으며, 유형에 따라 읽기의 방법이 다르다.	•글자, 낱말, 문장, 짧은 글	•정보전달, 설득, 친교 및 정서 표현 •친숙한 화제	•정보 전달, 설득, 친교 및 정서 표현 •사회·문화 적 화제 •글과 매체	•정보 전달, 설득, 친교 및 정서 표현 •사회·문화적 화제 •한 편의 글과 매체	•인문·예술, 사회·문화, 과학·기술 분야의 다양한 화제 •한 편의 글과 매체	
▶읽기의 구성 요소 •독자·글·맥락 ▶읽기의 과정 ▶읽기의 방법 •사실적 이해 •추론적 이해 •비판적 이해 •창의적 이해 •읽기 과정의 점검	독자는 배경지식을 활용하며 읽기 목적과 상황, 글 유형에 따라 적절한 읽기 방법을 활용하여 능동적으로 글을 읽는다.	•소리내어 읽기 •띄어읽기 •내용확인 •인물의처지·마음 짐작하기	•중심 생각 파악 •내용 간추리기 •추론하며 읽기 •사실과 의견의 구별	•내용요약[글의 구조] •주장이나 주제파악 •내용의 타당성평가 •표현의 적절성평가 •매체 읽기 방법의 적용	•내용 예측 •내용 요약[읽기 목적, 글의 특성] •설명 방법 파악 •논증 방법 파악 •관점과 형식의 비교 •매체의 표현 방법·의도평가 •참고 자료 활용 •한 편의 글 읽기 •읽기 과정의 점검과 조정	•관점과 표현 방법의 평가 •비판적·문 제 해결적 읽기 •읽기과정의 점검과 조정	
▶읽기의 태도 •읽기 흥미 •읽기의 생활화	읽기의 가치를 인식하고 자발적 읽기를 생활화할 때 읽기를 효과적으로 수행할 수 있다.	•읽기에 대한 흥미	•경험과 느낌 나누기	•읽기 습관 점검하기	•읽기 생활화하기	•자발적 읽기	

[쓰기]

핵심 개념	일반화된 지식	학년(군)별 내용 요소					기능
		초등학교			중학교 1-3학년	고등학교 1학년	
		1-2	3-4	5-6학년			
▶쓰기의 본질	쓰기는 쓰기 과정에서의 문제를 해결하며 의미를 구성하고 사회적으로 소통하는 행위이다.			•의미 구성 과정	•문제 해결 과정	•사회적 상호 작용	
▶목적에 따른 글의 유형 •정보 전달 •설득 •친교 · 정서 표현 ▶쓰기와 매체	의사소통의 목적, 매체 등에 따라 다양한 글 유형이 있으며, 유형에 따라 쓰기의 초점과 방법이 다르다.	•주변 소재에 대한 글 •겪은 일을 표현하는 글	•의견을 표현하는 글 •마음을 표현하는 글	•설명하는 글[목적과 대상, 형식과 자료] •주장하는 글[적절한 근거와 표현] •체험에 대한 감상을 표현한 글	•보고하는 글 •설명하는 글[대상의 특성] •주장하는 글[타당한 근거와 추론] •감동이나 즐거움을 주는 글 •매체의 특성	•설득하는 글 •정서를 표현하는 글	•맥락 이해하기 •독자 분석하기 •아이디어 생산하기 •글 구성하기 •자료 · 매체 활용하기 •표현하기 •고쳐쓰기 •독자와 교류하기 •점검 · 조정하기
▶쓰기의 구성 요소 •필자 · 글 · 맥락 ▶쓰기의 과정 ▶쓰기의 전략 •과정별 전략 •상위 인지 전략	필자는 다양한 쓰기 맥락에서 쓰기 과정에 따라 적절한 전략을 사용하여 글을 쓴다.	•글자 쓰기 •문장 쓰기	•문단 쓰기 •시간의 흐름에 따른 조직 •독자 고려	•목적 · 주제를 고려한 내용과 매체 선정	•내용의 통일성 •표현의 다양성 •대상의 특성을 고려한 설명 •고쳐쓰기[일반 원리]	•쓰기 맥락 •고쳐 쓰기[쓰기 과정의 점검]	
▶쓰기의 태도 •쓰기 흥미 •쓰기 윤리 •쓰기의 생활화	쓰기의 가치를 인식하고 쓰기 윤리를 지키며 즐겨 쓸 때 쓰기를 효과적으로 수행할 수 있다.	•쓰기에 대한 흥미	•쓰기에 대한 자신감	•독자의 존중과 배려	•쓰기 윤리	•책임감 있게 쓰기	

[문법]

핵심 개념	일반화된 지식	학년(군)별 내용 요소					기능
		초등학교			중학교 1-3학년	고등학교 1학년	
		1-2	3-4	5-6학년			
▶국어의 본질	국어는 사고와 의사소통의 수단이 되는 기호체계로서, 언어의 보편성을 바탕으로 하여 고유한 국어문화를 형성하며 발전한다.			•사고와 의사 소통 의 수단	•언어 기호	•역사적 실체	•문제 발견하기 •자료 수집하기 •비교·분석하기 •분류·범주화하기 •종합·설명하기 •적용·검증하기 •언어생활 성찰하기
▶국어 구조의 탐구와 활용 •음운 •단어 •문장 •담화	국어는 음운, 단어, 문장, 담화로 구성되며 이들에 대한 탐구를 통해 국어 지식을 얻고 이를 언어생활에 활용할 수 있다.		•낱말의 의미 관계 •문장의 기본 구조	•낱말 확장 방법 •문장 성분과 호응	•음운의 체계와 특성 •품사의 종류와 특성 •문장의 짜임 •담화의 개념과 특성	•음운의 변동 •문법 요소의 특성과 사용	
▶국어 규범과 국어생활 •발음과 표기 •어휘 사용 •문장·담화의 사용	발음·표기, 어휘, 문장·담화 등 국어 규범에 대한 이해를 통해 국어 능력을 기르고 바른 국어생활을 할 수 있다.	•한글 자모의 이름과 소릿값 •낱말의 소리와 표기 •문장과 문장 부호	•낱말 분류와 국어사전 활용 •높임법과 언어예절	•상황에 따른 낱말의 의미 •관용 표현	•단어의 정확한 발음과 표기 •어휘의 체계와 양상의 활용 •한글의 창제 원리	•한글 맞춤법의 원리와 내용	
▶국어에 대한 태도 •국어 사랑 •국어 의식	국어의 가치를 인식하고 국어를 바르게 사용할 때 국어 능력이 효과적으로 신장된다.	•글자·낱말·문장에 대한 흥미	•한글의 소중함 인식	•바른 국어 사용	•통일 시대의 국어에 대한 관심	•국어 사랑과 국어 발전 의식	

[문학]

핵심 개념	일반화된 지식	학년(군)별 내용 요소					기능
		초등학교			중학교 1-3학년	고등학교 1학년	
		1-2	3-4	5-6학년			
▶문학의 본질	문학은 인간의 삶을 언어로 형상화한 작품을 통해 즐거움과 깨달음을 얻고 타자와 소통하는 행위이다.			•가치 있는 내용의 언어적 표현	•심미적 체험의 소통	•유기적 구조	•몰입하기 •이해·해석하기 •감상·비평하기 •성찰·향유하기 •모방·창작하기 •공유·소통하기 •점검·조정하기
▶문학의 갈래와 역사 •서정 •서사 •극 •교술 ▶문학과 매체	문학은 서정, 서사, 극, 교술의 기본 갈래를 중심으로 하여 언어, 문자, 매체의 변화와 함께 시대에 따라 변화해 왔다.	•그림책 •동요, 동시 •동화	•동요, 동시 •동화 •동극	•노래, 시 •이야기, 소설 •극	•노래, 시 •이야기, 소설 •극 •교술	•서정 •서사 •극 •교술 •문학 갈래의 역사	
▶문학의 수용과 생산 •작품의 내용·형식·표현 •작품의 맥락 •작가와 독자	문학은 다양한 맥락을 바탕으로 하여 작가와 독자가 창의적으로 작품을 생산하고 수용하는 활동이다.	•작품 낭독·감상 •작품 속 인물의 상상 •말놀이와 말의 재미 •일상생활에서 겪은 일의 표현	•감각적 표현 •인물, 사건, 배경 •이어질 내용의 상상 •작품에 대한 생각과 느낌 표현	•작품 속 세계와 현실 세계의 비교 •비유적 표현의 특성과 효과 •일상 경험의 극화 •작품의 이해와 소통	•비유, 상징의 효과 •갈등의 진행과 해결 과정 •보는 이, 말하는 이의 관점 •작품의 사회·문화적 배경 •작품의 현재적 의미 •작품 해석의 다양성 •재구성된 작품의 변화 양상 •개성적 발상과 표현	•갈래 특성에 따른 형상화 방법 •다양한 사회·문화적 가치 •시대별 대표작	
▶문학에 대한 태도 •자아 성찰·타자의 이해와 소통 •문학의 생활화	문학의 가치를 인식하고 인간과 세계를 성찰하며 문학을 생활화할 때 문학 능력이 효과적으로 신장된다.	•문학에 대한 흥미	•작품을 즐겨 감상하기	•작품의 가치 내면화하기	•문학을 통한 성찰	•문학의 주체적 수용과 생활화	

(2) 성취기준

'국어'는 초등학교 1~2학년, 3~4학년, 5~6학년, 중학교 1~3학년, 고등학교 1학년으로 단계화하여 영역별로 성취기준을 제시하고 각 영역의 하위 범주별로 교수·학습과 평가에 관한 사항을 덧붙였다. 그리고 학년 (군)의 말미에 '국어 자료의 예'를 첨부하였다. 성취기준의 제시 순서는 대체로 내용체계의 순서에 따랐는데, 이 순서가 교수·학습의 순서를 의미하지는 않는다. '학습 요소'는 성취기준과 관련된 내용의 범위와 수준을 명료하게 제시하기 위한 것으로, 다양한 교수·학습 상황에 맞게 재구성할 수 있다. '성취기준 해설'은 설정의 취지나 학습 요소에 대해 오해의 소지가 있거나 상세한 설명이 필요한 경우에 한하여 제시하였으며, 해설의 제시 여부가 학습 내용의 경중을 의미하지는 않는다. 모든 성취기준의 내용과 '국어 자료의 예'는 학습자의 요구와 수준에 따라 통합적 관점에서 내용의 위계성과 학습의 계열성을 고려하며 창의적으로 재구성하여 활용할 수 있다.

[초등학교 1~2학년]

> 취학 전의 국어 경험을 발전시켜 일상생활과 학습에 필요한 기초 문식성을 갖추고, 말과 글(또는 책)에 흥미를 가진다.

(1) 듣기·말하기(생략) (2) 읽기(생략) (3) 쓰기(생략) (5) 문학(생략)

(4) 문법

초등학교 1~2학년 문법 영역 성취기준은 학습자가 기초 문식성을 습득하여 학교에서의 국어생활에 원활히 적응하도록 하는 데 중점을 두어 설정하였다. 한글을 해득하고 낱말과 문장, 문장 부호를 바르게 사용하며 말과 글에 대한 관심을 갖게 하는 데 주안점을 둔다.

> [2국04-01] 한글 자모의 이름과 소릿값을 알고 정확하게 발음하고 쓴다.
> [2국04-02] 소리와 표기가 다를 수 있음을 알고 낱말을 바르게 읽고 쓴다.
> [2국04-03] 문장에 따라 알맞은 문장 부호를 사용한다.
> [2국04-04] 글자, 낱말, 문장을 관심 있게 살펴보고 흥미를 가진다.

(가) 학습 요소

한글 자모의 이름과 소릿값 알기, 소리와 표기의 관계 이해하기, 문장 부호 바르게 사용하기, 글자·낱말·문장에 흥미 갖기

(나) 성취기준 해설

- [2국04-02] 이 성취기준은 소리와 표기가 일치하는 낱말과 그렇지 않은 낱말이 있음을 알고 소리와 표기 사이의 관계를 이해하여 낱말을 바르게 쓰는 능력을 기르기 위해 설정하였다. 소리와 표기가 일치하는 쉬운 낱말부터 소리와 표기가 일치하지 않는 낱말로 점차 학습 범위를 확장하며 소리와 표기가 일치하지 않는 낱말을 어법에 맞게 적을 수 있도록 한다. 또한 소리와 표기가 일치하는 낱말이나 그렇지 않은 낱말을 그 소릿값에 맞게 바르게 읽을 수 있도록 한다.
- [2국04-04] 이 성취기준은 주변의 글자, 낱말, 문장에 대해 무심코 넘어가지 않고 민감하게 받아들이며 호기심을 바탕으로 탐구하는 자세를 기르기 위해 설정하였다. 예를 들어 낱자 하나를 바꾸면 낱말 의 의미가 달라지거나 하나의 글자가 여러 낱말에서 쓰일 수 있는 것을 발견하는 등 일상생활에서 사용하는 글자, 낱말, 문장에 관심을 갖도록 하는 데 중점을 둔다.

(다) 교수·학습 방법 및 유의 사항

① 이 시기의 학습자는 기초 문식성을 습득하는 단계임을 감안하여, 받침이 없는 낱말이나 글자 수가 적은 낱말에서 시작하여 점차 그 범위를 확장해 나가도록 한다.

② 한글 자모의 이름과 소릿값을 알고 정확하게 발음하고 쓰는 교수·학습의 과정에서는 자음과 모음이 모여 글자를 만드는 방식을 쉽게 이해할 수 있도록 기본 음절표나 낱말 카드 등을 활용할 수 있다.

③ 소리와 표기의 관계에 대해 지도할 때에는 소리와 표기가 같은 낱말, 소리와 표기가 다른 낱말 두 가지 모두를 다루도록 하고, 교수·학습의 초기에는 발음이나 표기가 지나치게 어려운 낱말이나 글자 수가 지나치게 많은 낱말을 피하도록 한다.

④ 문장에 따라 알맞은 문장 부호 사용하기를 지도할 때에는 평서문, 의문문, 감탄문과 같은 용어를 노출할 필요는 없으며 문장에 따라 마침표, 물음표, 느낌표 등이 나타나는 양상을 알게 한다. 문장의 유형과 직접 관련이 없지만 쉼표는 필요하면 같이 지도할 수도 있다.

⑤ 글자, 낱말, 문장에 흥미나 관심 가지기를 지도할 때에는 학습자가 국어 현상에 대해 창의적이고 비판적으로 사고할 수 있는 기회를 제공한다는 생각으로 교수·학습을 이끌어 가도록 한다.

(라) 평가 방법 및 유의 사항

① 한글 자모의 이름과 소릿값을 알고 정확하게 발음하고 쓰는 것과 같은 기초 문식성 관련 평가는 듣기·말하기, 읽기, 쓰기와 관련된 기초적인 의사소통 능력을 배양하기 위한 학습 과정 전반에 대한 평가의 일부가 되도록 통합적으로 평가한다.

② 낱말을 바르게 읽고 쓰기와 관련된 평가는 읽기 영역과 쓰기 영역을 통합하여 할 수 있다.

③ 글자, 낱말, 문장에 대한 흥미와 관심에 대한 평가는 교사에 의한 관찰, 자기 평가와 동료 평가, 상황 학습이나 놀이 학습 등의 방법을 활용할 수 있다.

초등학교 1~2학년 국어 자료의 예

- 우리말 자음과 모음의 다양한 짜임을 보여 주는 낱말
- 친숙하고 쉬운 낱말과 문장, 짧은 글
- 마침표, 물음표, 느낌표 등이 포함된 글
- 가까운 사람들과 주고받는 간단한 인사말
- 주변 사람이나 흔히 접하는 사물에 관해 소개하는 말이나 글
- 재미있거나 인상 깊은 일을 쓴 일기, 생활문
- 자신의 감정을 표현하는 간단한 대화, 짧은 글, 시
- 재미있는 생각이나 표현이 담긴 시나 노래
- 사건의 순서가 드러나는 간단한 이야기
- 인물의 모습과 처지, 마음이 잘 드러나는 이야기, 글
- 상상력이 돋보이는 그림책, 이야기, 만화나 애니메이션

[초등학교 3~4학년]

생활 중심의 친숙한 국어 활동을 바탕으로 하여 일상생활과 학습에 필요한 기본적인 국어 능력을 갖추고, 적극적이고 능동적인 의사소통 태도를 생활화한다.

(1) 듣기 · 말하기(생략) (2) 읽기(생략) (3) 쓰기(생략) (5) 문학(생략)

(4) 문법
초등학교 3~4학년 문법 영역 성취기준은 낱말과 문장을 사용하는

능력과 한글을 소중히 여기고 언어 예절을 지키며 의사소통하는 능력을 갖추는 데 중점을 두어 설정하였다. 낱말, 문장 및 높임법에 대한 이해를 통해 기초적인 국어 사용 능력을 기르는 데 주안점을 둔다.

[4국04-01] 낱말을 분류하고 국어사전에서 찾는다.
[4국04-02] 낱말과 낱말의 의미 관계를 파악한다.
[4국04-03] 기본적인 문장의 짜임을 이해하고 사용한다.
[4국04-04] 높임법을 알고 언어 예절에 맞게 사용한다.
[4국04-05] 한글을 소중히 여기는 태도를 지닌다.

(가) 학습 요소

낱말 분류하기(기본형, 모양이 바뀌는 낱말, 모양이 바뀌지 않는 낱말), 낱말의 의미 관계 이해하기(비슷한 말, 반대말, 상·하위어), 기본적인 문장의 짜임 알기, 높임법 바르게 사용하기, 한글을 소중히 여기는 태도 갖기

(나) 성취기준 해설

- [4국04-01] 이 성취기준은 낱말 분류에 대한 기초적인 지식을 바탕으로 하여 국어사전에서 낱말을 정확하게 찾는 능력을 기르기 위해 설정하였다. 형태(모양)나 의미 등을 생각하면서 여러 가지 낱말을 분류해 보는 활동을 통해 주요 품사(명사, 동사, 형용사)를 변별할 수 있도록 한다. 이를 통해 낱말의 기본형을 이해하고 국어사전에서 낱말을 찾는 방법을 지도한다.
- [4국04-02] 이 성취기준은 낱말들이 의미 관계를 가지고 있음을 알고 어휘에 대한 관심과 호기심을 갖도록 하기 위해 설정하였다. 비슷한 말, 반대말, 상하위어에 중점을 두어 낱말 간의 의미 관계를 지도하고,

연상 활동이나 말놀이를 통해 다양한 어휘를 익힐 수 있게 한다. 그리고 비슷한말, 반대말, 상하위어 등을 여러 상황에서 활용해 봄으로써 어휘력을 신장하도록 한다.

• [4국04-03] 이 성취기준은 기본적인 문장의 짜임을 익히고 이에 따라 문장을 만드는 능력을 기르기 위해 설정하였다. 문장은 기본적으로 동작이나 상태의 주체를 나타내는 부분(주어부)과 주체에 대해 서술하는 부분(서술어부)으로 나눌 수 있다. 주어부와 서술어부의 역할을 이해하고 정확하게 문장을 사용하도록 한다. 단, 주어나 서술어와 같은 문장 성분은 다루지 않는다.

• [4국04-05] 이 성취기준은 한글의 소중함과 제자 원리에 대한 기초적인 이해를 바탕으로 하여 한글을 바르게 사용하고 가꾸려는 태도를 기르기 위해 설정하였다. 한글이 어떤 점에서 우리에게 소중한 의미를 갖고 있는지, 어떤 면에서 독창적이고 과학적인지 등을 탐구함으로써 한글의 우수성과 독창성을 알고 한글을 사랑하는 마음을 가질 수 있게 한다.

(다) 교수·학습 방법 및 유의 사항

① 낱말의 분류를 지도할 때에는 학습자에게 낱말 분류의 경험을 제공함과 아울러 국어사전(종이 사전, 인터넷 사전)에서 낱말을 찾는 데에 필요한 방법적 지식을 익힐 수 있게 하고, 국어사전에서 낱말을 즐겨 찾는 태도를 지니게 하는 데 중점을 둔다.

② 낱말의 의미 관계 파악을 지도할 때에는 어휘망 그리기 등 여러 가지 활동을 통해 한 낱말과 연관된 다양한 어휘를 익히게 한다. 사전을 통해 자신이 조사한 낱말을 이용하여 연상 활동이나 말놀이를 해 보고 어휘에 대한 관심을 가지도록 한다.

③ 기본적인 문장의 짜임을 지도할 때에는 용어의 개념을 지도하기보다

는 여러 가지 예시 자료를 활용하여 문장의 짜임을 이해하도록 한다. 학습자에게 기본적인 문장의 짜임을 보여 주는 사례를 제시한 다음, 이와 짜임이 유사한 문장을 생성해 보도록 할 수 있다.

④ 높임법에 대해 지도할 때에는 높임법과 관련된 지식을 전달하는 데 중점을 두기보다는 학습자가 자주 틀리고 어려워하는 높임법 사례를 제시하여 문제의식을 유발하고 그것을 바로잡는 경험을 제공하는 데 중점을 둔다.

⑤ 한글의 창제 과정, 한글의 우수성을 보여 주는 다양한 매체 자료를 활용하여 자연스럽게 한글을 소중히 여기는 태도를 기를 수 있게 한다. 또한 한글이 없거나 쓸 수 없는 상황을 상상하여 역할극을 해 보는 등 학습자가 흥미를 느낄 수 있는 다양한 학습 방법을 사용할 수도 있다.

(라) 평가 방법 및 유의 사항

① 국어사전에서 낱말 찾기를 평가할 때에는 사전을 찾는 데 필요한 지식뿐만 아니라 사전에서 낱말을 찾는 수행 과정을 직접 관찰하여 평가하도록 한다.

② 낱말과 문장, 높임법, 한글과 관련하여 비판적·창의적 사고력과 탐구 능력을 평가하는 데 중점을 둔다.

③ 한글의 소중함을 깨닫게 해 주는 자료에 관해 자기 주도적으로 발표하거나 다른 학습자와 토의하고 그 내용을 공유하게 함으로써 자료·정보 활용 능력과 의사소통 능력을 평가할 수 있다.

초등학교 3~4학년 국어 자료의 예

- 높임법이 나타난 일상생활의 대화
- 일상생활에서 가족, 친구들과 안부를 나누는 대화, 전화 통화, 문자, 사회 관계망 서비스의 글
- 친구나 가족과 고마움이나 그리움 등의 감정을 나누는 대화, 편지
- 학급이나 학교생활과 관련된 안건을 다루는 회의
- 중심 생각이 잘 드러나는 문단이나 짧은 글
- 가정이나 학교에서 일어난 일에 대해 자신의 의견을 쓴 글
- 본받을 만한 인물의 이야기를 쓴 전기문, 이야기나 극
- 한글의 우수성을 알게 해 주는 다양한 글이나 매체 자료
- 일상의 경험이나 고민, 문제를 다룬 시, 이야기, 글
- 운율, 감각적 요소가 돋보이는 시나 노래
- 사건의 전개 과정이나 인과 관계가 잘 드러나는 이야기, 글
- 감동이 있거나 재미가 있는 만화나 애니메이션

[초등학교 5~6학년]

공동체 · 문화 중심의 확장된 국어 활동을 바탕으로 하여 일상생활과 학습에 필요한 국어 교과의 기초적인 지식과 역량을 갖추고, 국어의 가치와 국어 능력의 중요성을 인식한다.

(1) 듣기 · 말하기(생략) (2) 읽기(생략) (3) 쓰기(생략) (5) 문학(생략)

(4) 문법

초등학교 5~6학년 문법 영역 성취기준은 언어의 기본 특성과 낱말, 문장에 대한 이해를 바탕으로 하여 학습자의 국어 능력을 점차 확장하는 데 중점을 두어 설정하였다. 낱말에 대한 이해와 활용 능력을 신장하고 어법에 맞고 바람직한 국어 문장과 표현을 사용하는 태도를 기르는

데 주안점을 둔다.

> [6국04-01] 언어는 생각을 표현하며 다른 사람과 관계를 맺는 수단임을
> 이해하고 국어생활을 한다.
> [6국04-02] 국어의 낱말 확장 방법을 탐구하고 어휘력을 높이는 데에
> 적용한다.
> [6국04-03] 낱말이 상황에 따라 다양하게 해석됨을 탐구한다.
> [6국04-04] 관용 표현을 이해하고 적절하게 활용한다.
> [6국04-05] 국어의 문장 성분을 이해하고 호응 관계가 올바른 문장을
> 구성한다.
> [6국04-06] 일상생활에서 국어를 바르게 사용하는 태도를 지닌다.

(가) 학습 요소

언어의 기능(사고와 의사소통의 수단), 낱말 확장 방법 알기(합성,
파생), 낱말의 의미 파악하기(문맥적 의미, 다의어, 동음이의어), 관용
표현 활용하기, 문장 성분 이해하기, 호응 관계 이해하기, 국어를 바르게
사용하기

(나) 성취기준 해설
- [6국04-01] 이 성취기준은 언어가 자신의 느낌을 표현하는 수단이자
  인간관계 형성의 수단임을 알고 국어 활동을 하는 자세를 기르기
  위해 설정하였다. 언어의 기능에는 지시적 · 정보적 · 친교적 · 정서
  적 · 명령적 기능이 있는데, 언어가 대상과 상황 맥락에 따라 다양하게
  표현되어 인간관계 형성에 중요한 영향을 미친다는 것을 이해하게
  하는 데 중점을 둔다.
- [6국04-02] 이 성취기준은 낱말의 확장 방법(합성, 파생)을 이해하고

이를 바탕으로 하여 낱말의 의미를 정확하게 파악함으로써 다양한 언어 사용 상황에서 적절하게 활용하는 능력을 기르기 위해 설정하였다. 우리가 접하는 낱말들은 다양한 낱말 확장 방법에 의해 만들어졌음을 탐구 활동을 통하여 이해하도록 한다. 또한 여러 가지 확장 방법을 통해 만들어진 낱말의 의미를 추론하고 의사소통 상황에서 적절하게 사용할 수 있도록 한다.

• [6국04-03] 이 성취기준은 상황에 따라 낱말이 다양하게 해석될 수 있음을 알고 상황에 따라 낱말의 구체적인 의미를 파악하는 능력을 기르기 위해 설정하였다. 낱말의 의미는 의사소통 상황의 구체적인 맥락이나 문맥에 따라 달라질 수 있다. 소리는 같고 뜻은 다른 낱말이나 다양한 의미를 갖는 낱말을 주요 학습 대상으로 하며, 낱말들의 의미가 어떻게 다른지를 다양한 사례를 통해 탐구하도록 한다.

(다) 교수 · 학습 방법 및 유의 사항

① 언어의 기능을 지도할 때에는 다양한 언어 기능을 모두 다루기보다 지시적, 친교적, 명령적 기능 등 기본적인 기능을 중심으로 하되, 일상생활 속에서 언어 사례를 찾고 이때 사용된 언어 기능을 확인하도록 지도한다.

② 낱말의 확장 방법을 지도할 때에는 낱말의 짜임에 대한 실제 사례를 탐구해 보고 새로운 낱말을 만들어 보도록 안내한다. 또한 짜임이 비교적 단순하고 대표적인 낱말을 분석 대상으로 삼도록 한다.

③ 다양한 의미를 가진 낱말의 해석을 지도할 때에는 학습자가 일상생활에서 많이 접하는 낱말을 대상으로 한다. 낱말의 다양한 의미를 확인할 때에는 국어사전을 활용할 수도 있다.

④ 관용 표현에 대해 지도할 때에는 관용어구, 속담 등이 담긴 글이나 담화를 대상으로 삼아 관용 표현에 대한 이해 능력을 향상시키고

관용 표현을 활용하는 능력을 신장하도록 한다.

⑤ 문장 성분을 지도할 때에는 주어, 서술어, 목적어 수준에서 다루고, 학습자가 스스로 문장을 구성하는 요소를 탐구하여 문장 성분에 대해 이해할 수 있도록 한다.

⑥ 호응 관계에 대해 지도할 때에는 학습자가 주로 범하는 오류 문장을 대상으로 하여 다루되 어떤 문제가 있는지 스스로 찾아보게 한다. 그리고 호응 관계가 맞지 않은 문장을 바르게 고쳐 보는 활동을 한다.

⑦ 바른 국어 사용을 지도할 때에는 발음, 표기, 어휘 등의 기본적인 요소와 함께 어법, 언어 예절 등의 화용적인 측면까지 지속적으로 지도하도록 한다.

(라) 평가 방법 및 유의 사항

① 언어의 기능, 낱말의 확장과 해석, 관용 표현, 문장의 구성에 관한 평가에서는 실제의 언어생활에서 접할 수 있는 다양한 자료를 활용하도록 한다.

② 낱말이 상황에 따라 다양하게 해석됨을 평가할 때에는 상황이나 문맥이 드러나는 실제 언어 자료를 바탕으로 하여 평가하도록 한다.

③ 낱말 확장, 관용 표현, 문장 구성에 대한 이해뿐 아니라 표현의 측면에 대해서도 평가가 이루어지도록 한다.

④ 호응 관계를 평가할 때에는 지식을 독립적으로 평가하기보다는 쓰기 영역과 관련지어 자신의 글이나 친구가 쓴 글에서 호응 관계가 맞지 않는 문장을 찾아 바르게 고쳐 보게 한다.

⑤ 바른 국어 사용의 태도는 자기 보고, 관찰 평가, 상호 평가 등의 비형식적, 상위 인지적 평가를 적극적으로 활용한다.

초등학교 5~6학년 국어 자료의 예

- 일상생활이나 학교생활에서 발생한 문제를 논제로 한 토의, 토론
- 조사한 내용에 대해 여러 가지 매체를 활용한 발표
- 주변 사람들과 생활 경험을 나누는 대화, 생활문
- 인문, 사회, 과학, 예술, 체육 등과 관련한 교과 내용이 담긴 설명문
- 일상생활이나 학교생활에 대해 글쓴이의 주장과 근거가 잘 나타난 논설문
- 일상생활이나 학교생활에서의 의미 있는 체험이 잘 드러난 감상문, 수필
- 개인적인 관심사나 일상적 경험을 다룬 블로그, 영상물
- 설문 조사, 면담, 동영상 등을 활용하여 제작된 텔레비전 뉴스, 광고
- 다양한 관용 표현이 나타나 있는 글
- 다양한 가치와 문화를 경험할 수 있는 문학 작품
- 비유 표현이 드러나는 다양한 형식의 시나 노래, 글
- 현실이 사실적으로 반영되거나 환상적으로 구성된 이야기
- 또래 집단의 형성과 구성원 사이의 관계를 다룬 이야기나 극

[중학교 1~3학년]

목적, 맥락, 주제, 유형 등을 고려한 다양한 국어 활동을 바탕으로 하여 국어 교과의 기본 지식과 교과 역량을 갖추고, 자신의 국어 활동과 공동체의 국어 문화를 비판적으로 성찰하고 개선하는 태도를 기른다.

(1) 듣기 · 말하기(생략) (2) 읽기(생략) (3) 쓰기(생략) (5) 문학(생략)

(4) 문법

중학교 1~3학년 문법 영역 성취기준은 다양한 문법 단위에 대한 이해와 탐구 활동을 통해 총체적인 국어 능력을 기르는 데 중점을 두어

설정하였다. 음운, 단어, 문장에 대한 이해와 함께 담화, 어문 규범에
관한 문법 능력을 갖추고, 국어에 대하여 지속적으로 관심을 가지는
데 주안점을 둔다.

[9국04-01] 언어의 본질에 대한 이해를 바탕으로 하여 국어생활을 한다.
[9국04-02] 음운의 체계를 알고 그 특성을 이해한다.
[9국04-03] 단어를 정확하게 발음하고 표기한다.
[9국04-04] 품사의 종류를 알고 그 특성을 이해한다.
[9국04-05] 어휘의 체계와 양상을 탐구하고 활용한다.
[9국04-06] 문장의 짜임과 양상을 탐구하고 활용한다.
[9국04-07] 담화의 개념과 특성을 이해한다.
[9국04-08] 한글의 창제 원리를 이해한다.
[9국04-09] 통일 시대의 국어에 관심을 가지는 태도를 지닌다.

(가) 학습 요소

언어의 본질(자의성, 사회성, 역사성, 창조성), 음운 체계와 특성(자음
체계, 모음 체계), 단어의 표기와 발음 방법, 품사의 종류와 특성, 어휘의
체계와 양상, 문장의 짜임(홑문장과 겹문장, 이어진 문장과 안은문장),
담화의 개념과 특성, 한글 창제의 원리, 통일 시대의 국어에 관심 갖기

(나) 성취기준 해설
• [9국04-03] 이 성취기준은 국어생활에서 발화나 문장의 기본적인 단
위인 단어의 발음 원리와 표기 원리를 익혀 실제의 국어생활에 적용하
는 능력을 기르기 위해 설정하였다. 단어의 올바른 발음·표기의 원칙
은 어문 규정에 명시되어 있는데, 표준어 규정 중 제2부 '표준 발음법'
의 제2장과 제4장에서 학습자가 자주 틀리는 잘못된 발음이나 잘못된

표기를 중점적으로 다루어 학습자들의 언어생활을 개선하도록 하며, 단어를 올바르게 발음하고 표기하는 태도를 기르도록 안내한다.

- [9국04-05] 이 성취기준은 어휘에 대해 체계를 세워 탐구하고 어휘의 특성이나 의미 관계에 따라 어휘의 양상을 이해하는 능력을 기르기 위해 설정하였다. 어휘의 체계는 고유어, 한자어, 외래어와 같은 어종(語種)에 따라 마련될 수 있으며, 어휘의 양상은 지역 방언, 사회 방언 등에 따라 다르게 나타날 수 있다. 이처럼 체계나 양상에 따라 어휘의 유형을 탐구하고 이를 바탕으로 하여 담화 상황에 맞는 어휘를 적절하게 사용하도록 한다.

- [9국04-06] 이 성취기준은 문장의 다양한 짜임을 익히고 의도에 맞게 효과적으로 사용하는 능력을 기르기 위해 설정하였다. 문장은 크게 홑문장과 겹문장으로, 겹문장은 이어진문장과 안은문장으로 나뉜다. 같은 내용을 담고 있는 문장이라도 홑문장으로 쓰느냐 겹문장으로 쓰느냐, 이어진 문장으로 쓰느냐 안은문장으로 쓰느냐에 따라 표현 효과가 달라지는데, 이러한 표현 효과를 탐구하고 표현 의도에 따라 다양한 짜임의 문장을 국어생활에서 효과적으로 사용하도록 하는 데 중점을 둔다.

- [9국04-07] 이 성취기준은 담화의 개념과 특성을 이해함으로써 실제 국어생활에서 담화를 이해하고 생산하는 능력을 기르기 위해 설정하였다. 이를 위해 화자(필자)와 청자(독자), 전달하고자 하는 내용, 맥락(상황 맥락과 사회·문화적 맥락)과 관련하여 담화의 개념을 이해하도록 한다. 담화의 특성에 대한 이해 과정에서는 학습자가 다양한 담화를 접할 수 있게 한다.

- [9국04-09] 이 성취기준은 남북 언어의 동질성과 이질성을 살펴보고, 이질성을 극복할 수 있는 방안을 탐구하며 바람직한 방향을 모색해 보는 태도를 기르기 위해 설정하였다. 통일 시대의 국어에 왜 관심을

가져야 하는지, 현재의 남북 언어는 무엇이 다른지, 통일 과정에서 남북 언어의 차이로 어떠한 어려움이 있거나 예상되는지 등을 비롯하여 남북한 언어의 차이를 극복하기 위해서는 어떤 노력을 해야 하는지에 관한 문제를 다룰 수 있다.

(다) 교수·학습 방법 및 유의 사항

① 언어 운용 원리로서의 문법을 교수·학습할 때에는 학습자의 수준을 고려하되, 탐구 학습과 같이 지적 호기심과 흥미를 느낄 수 있는 다양한 교수·학습 방법을 선택할 수 있다.

② 언어의 본질을 지도할 때에는 단순히 지식을 암기하게 하기보다는 언어의 본질을 뒷받침하는 구체적인 언어 자료를 풍부하게 제공하여 학습자가 실제 언어생활과 관련하여 이해할 수 있게 한다.

③ 음운의 체계와 특성을 지도할 때에는 단순한 암기 위주의 학습보다는 실생활에서 사용되는 실제적 발음 원리에 대한 이해 위주의 학습이 이루어지게 하고, 음운 변동에 대한 학습으로까지 나아가지는 않도록 한다.

④ 단어의 발음과 표기를 지도할 때에는 표준 발음법 같은 어문 규정과 관련하여 지도하되, 어문 규정 전체를 단편적 지식으로 학습하기보다는 여러 조항 중 설명이 필요한 일부 조항만을 선택하여 학습 부담을 줄이고 실제 생활에 적용할 수 있는 원리를 이해하도록 한다. 아울러 학습자가 일상생활 속에서 경험하는 사례를 중심으로 실제 적용해 보는 활동을 하도록 한다.

⑤ 품사를 지도할 때에는 실제 국어 자료를 대상으로 형태, 기능, 의미와 같은 일정한 기준을 세워 분류해 보는 탐구 경험을 제공하는 데 중점을 둔다.

⑥ 어휘의 체계와 양상을 지도할 때에는 친근하게 느껴질 수 있는

다양한 어휘 자료를 접할 수 있는 기회를 제공한다.

⑦ 문장의 짜임을 지도할 때에는 문장의 짜임에 대해 이해하는 능력을 갖추게 하는 데 치우치기보다는 특정한 짜임을 갖춘 문장을 생성하는 능력을 갖추는 데 초점을 둔다. 아울러 문장 유형의 분류를 알게 하는 것보다 문장의 유형에 따른 표현 효과를 알게 하는 데 중점을 두도록 한다.

⑧ 담화의 개념과 특성을 지도할 때에는 담화의 유형이나 구조는 유동적인 것이므로 이를 규범적 차원에서 접근하여 암기해야 할 대상으로 인식하게 하는 것은 가급적 지양하도록 한다.

⑨ 한글 창제의 원리를 지도할 때에는 한글 창제와 관련된 다양한 자료를 바탕으로 하여 한글 창제의 원리를 이해하도록 하며, 정보화 시대에 부각되는 한글의 우수성에 대해서도 탐구해 보도록 한다. 한자나 로마자 등 학습자에게 친숙한 다른 문자의 특징과 비교하여 한글의 특성을 명확히 인식할 수 있도록 지도할 수도 있다.

⑩ 통일 시대의 국어에 대한 관심을 갖도록 지도할 때에는 남북한 언어 문제를 어휘 차이와 같은 지식으로만 접근하기보다는 통일 시대를 대비하려는 태도 형성에 중점을 둔다.

(라) 평가 방법 및 유의 사항

① 핵심적이고 필수적인 개념이나 지식에 대한 이해 능력, 탐구 능력, 활용 능력을 두루 평가한다.

② 음운, 품사, 단어의 표기나 발음, 어휘의 체계와 양상, 문장의 짜임, 담화의 종류와 특성에 대해서는 암기 위주의 단편적 지식에 대한 평가보다 원리에 대한 이해와 실제 국어생활에 활용하는 능력을 평가하는 데 중점을 둔다.

③ 한글의 창제 원리에 대한 이해 능력을 평가할 때에는 학습자가 다양한 자료를 참고하여 작성한 보고서나 발표 등도 평가의 대상으로 삼을 수 있다.

④ 통일 시대의 국어에 관심을 가지는 태도에 대한 평가는 사회과의 다문화 교육 내용의 평가와 통합하여 실시할 수 있다.

중학교 1~3학년 국어 자료의 예

- 학교 안팎에서 발생한 문제나 의견 차이가 있는 문제에 대한 대화, 토의, 토론, 논설문, 건의문
- 존경하는 주변 인물이나 전문가를 대상으로 하는 면담
- 설득 전략이 잘 드러나는 연설, 광고
- 다양한 설명 방법을 활용한 발표, 강의, 설명문
- 다양한 매체를 활용한 공식적 상황에서의 발표
- 표준 발음이 잘 드러나는 뉴스, 발표
- 관심 있는 내용이나 주제에 관한 조사, 관찰, 실험 과정과 결과가 잘 드러난 보고서
- 동일한 글감이나 대상에 대해 상이한 관점을 보여 주는 둘 이상의 사설, 기사문
- 독서나 일상의 경험을 바탕으로 자신의 생각이나 감정을 담은 대화, 수필
- 사회·문화·역사적 배경이 잘 드러난 글, 전기문이나 평전, 문학 작품
- 매체 특성이 잘 나타난 문자 메시지, 전자 우편, 인터넷 게시판, 블로그, 영상물
- 한글 창제의 원리, 남북한 언어의 동질성 회복 등 국어문화를 다룬 글
- 바람직하고 가치 있는 삶에 대한 탐구와 성찰을 담고 있는 작품
- 비유, 상징, 운율, 반어, 역설, 풍자의 표현 방식이 뚜렷하게 드러난 작품
- 인물의 내면세계, 사고방식, 정서 등이 잘 드러난 작품

- 성장 과정의 고민과 갈등을 소재로 한 작품
- 문학 작품을 다른 갈래나 매체로 재구성한 작품
- 학습자가 즐겁게 읽을 수 있는 한국·외국 문학 작품
- 학습자 수준에 맞는 비평문

2. 문법 교육과정의 지향

제7차, 2007, 2009 및 2015 개정 국어과 교육과정에서는 문법 영역의 지도를 함에 있어 문법 지식을 활용하는 면을 중시하고 있을 뿐만 아니라 성격, 목표, 교수·학습 및 평가 방법에 있어서까지 탐구 활동을 하도록 하고 있다. 물론 이러한 양면적인 교육은 수레바퀴 두 개를 가진 수레의 움직임처럼 학생들의 국어에 대한 올바른 접근과 활용이 가능하도록 할 것이다. 그러나 초등학교 어린이 발달 단계에서는, 특히 저학년의 경우에는 탐구 학습 이전에 기초적인 언어활동의 필요성이 절대적인데 탐구 학습을 통하여 지식을 생성해 내는 경험을 강조한 사실은 재고의 대상이 된다. 물론 제7차, 2007, 2009 개정 국어과 교육과정에서 탐구 학습을 말한 것은 국민 공통 기본 교육과정이라 하여 1학년부터 10학년(2009 개정은 9학년까지)까지를 하나의 단위로 하여 공통의 성격, 목표, 교수·학습 및 평가 방법을 제시하였기 때문에 초등학교 저학년에 대한 분리적 제시가 이루어지지 않았을 것이다. 그리하여 이러한 전체 학년을 대상으로 한 교수·학습 방법과 평가 방법의 제시는 나름대로의 일관성 및 계속성이 있을 수 있지만 그에 못지않게 획일성이 있어서 초등학교 나름의 특징적인 문법 교육에 대한 성격이나 목표, 교수·학습 방법 및 평가 방법을 제시하지 못할 수도 있다. 교육과정에서는 이러한 사항들을 고려하여 문법 교육에 대한 성격이나 목표, 교수·학습

방법 및 평가 방법을 제시하여야 할 것이다.[7)

이제 이러한 반성적 사실에 바탕을 두고 초등학교 단계에 맞는 문법 교육과정의 성격, 목표, 내용, 방법 등의 지향점을 알아보기로 하자.

가. 문법 교육의 성격

문법은 국어를 사용한 언어활동을 함에 있어서 기본 바탕이 되는 내용이다. 사람은 모두 다 문법을 알고 있어야 말하고 들을 수 있으며, 읽고 쓸 수 있다. 국어 생활은 단순한 언어생활이 아니다. 특히 지식 정보화 사회가 형성되면 될수록 더욱 정확하고 바르고 가치 있는 국어 생활을 하여야 한다. 현대의 컴퓨터 등을 통한 잘못된 언어생활, 사회 윤리를 해치는 언어생활, 글쓰기 작품에서 발견되는 수많은 문법적 오류 등은 문법 교육의 절대적 필요성을 느끼게 한다. 뿐만 아니라 신세대들의 감각적인 생활상은 탐구 정신 고양의 필요성을 더욱 제기하며, 세계화의 물결 속에 국어에 대한 폄하와 영어에 대한 동경 내지는 과시화의 욕구 속에서 국어 경시 사회적 풍조는 문법 교육의 필요성을 더욱 절실하게 만든다.

그래서 먼저 국어 생활에 필요한 문법을 인지해야 하겠고, 나아가 바르고 효과적인 국어 사용을 위한 문법 교육이 이루어져야 하겠다. 뿐만 아니라 국어의 중요성을 깨달아 바른 국어를 사용하며, 국어를 통한 국어 문화를 깨닫고 바르게 형성해 가도록 해야 할 것이다. 그리고 국어 현상 그 자체에 대한 흥미를 갖도록 하여 탐구해 보는 활동도 해야 할 것이다.

---

7) 2015 개정 교육과정에서는 학년군별 성취기준과 교수·학습방법과 평가 방법이 제시되어 학년군별 학습과 평가가 이루어질 수 있을 것이다.

나. 문법 교육의 목표

올바르고 효과적인 국어 생활을 위하여 국어 생활의 바탕이 되는 문법을 인지하게 하고, 또 이를 국어 생활에 활용하게 하여야 한다. 그러나 문법이 국어 교과의 한 부분으로 위치하고 있기 때문에 문법 자체에 대한 탐구 활동도 이루어져야 한다. 탐구 활동은 초등학교 전 학년에서 이루어지되 그 수준의 차이를 두어야 한다. 문법에 대한 탐구 활동으로 인해 국어 사용 활동이 위축되는 것이 아니라 오히려 국어 사용 활동이 바르고 효과적으로 이루어지기 때문이다. 그리고 세계화 시대를 맞이하여 영어를 제2공용어로 사용해야 한다는 말이 나올 정도로 국어에 대한 가치가 떨어져 있는 이 시대에 국어의 가치와 문화성에 대한 교육이 더욱 필요하다. 국어를 활용한 국어 문화를 탐구해 보고, 그 우수성을 알아 더욱 국어 문화를 바람직한 방향으로 형성해 가야 할 것이다. 인터넷을 활용한 언어활동이 증대된 상황에서 얼굴을 보고 언어생활을 하지 않는다고 하여 오염된 언어를 사용하는 경우가 매우 커진 이 시대에 국어 사용 문화에 대한 올바른 교육은 절실히 필요하다. 그래서 문법 교육과 관련하여 다음과 같은 목표를 가지고 교육하도록 해야 할 것이다.

국어 활동을 정확하고 효과적으로 하기 위하여 문법의 본질을 이해하고, 기초적인 문법 지식을 활용하여 창의적인 언어생활을 하게 한다. 아울러 문법에 대한 흥미를 갖고 탐구해 보며, 올바른 문법을 사용한 언어생활로 바람직한 국어 문화를 창조해 가게 한다.

첫째, 문법에 대한 기초적인 지식을 인지하게 한다.
둘째, 문법을 올바르고 효과적으로 활용하게 한다.
셋째, 문법 현상을 탐구해 보고, 탐구 정신을 갖게 한다.

넷째, 국어 문화를 이해하며, 바람직한 국어 문화를 창조하게 한다.

다. 문법 교육의 내용

문법 교육의 내용은 위에 제시된 목표와 더불어 이를 실현하기 위한 내용이어야 한다. 즉 문법에 관한 초보적이고 기본적인 지식 내용. 문법 지식을 올바르고 효과적으로 사용하게 하는 내용, 문법을 탐구하게 하는 내용, 국어 문화를 이해하고 창조하게 하는 내용이어야 한다. 위와 같은 문법 지식 인지, 사용, 탐구, 국어 문화 창조와 상관된 내용들을 범주화해서 제시해 보면 다음과 같다.

1. 한글 자모(모양, 이름, 순서 등)
2. 한글 음절(짜임, 글자와 발음 등)
3. 낱말(기본형, 짜임, 의미 등)
4. 어휘(고유어, 한자어, 외래어, 외국어 등)
5. 문장(짜임, 종류, 호응, 확장, 축소 등)
6. 규범(표준어와 방언, 표준 발음, 맞춤법, 문법 등)
7. 언어 및 국어 일반론(중요성, 특성, 변천 등)
8. 태도(습관 및 가치, 문화 등)
9. 담화(담화 상황, 텍스트 등)

이러한 지도 내용도 위 목표에서 분류된 '인지, 사용, 탐구, 문화 창조'의 네 가지로 분류하면 '인지'에 해당하는 내용은 '한글 자모, 음절, 낱말, 어휘, 문장, 규범, 언어 및 국어 일반론, 태도, 담화'로 위의 모든 내용이 해당되고, '사용'에 해당되는 내용은 '한글 자모, 음절, 낱말, 어휘, 문장, 규범, 담화' 등이 해당된다. '탐구'에 해당되는 내용은 '한글 자모, 음절, 낱말, 어휘, 문장, 담화'가 해당되며, '문화'에 해당되는 내용은 '규범, 태도, 담화' 등을 비롯한 국어 및 이를 사용한 국어 문화 전반에 해당된다. 그러나 위와 같은 지도 내용이 구체적으로 실현되는 것은 각 학년에 따른 지도 내용의 선정에 의한다. 여기에서는 각 학년별 지도 내용은 제시하지 않고 지금까지의 논의를 바탕으로 하여 이들의 상위 범주로서의 내용 체계를 세우는 데에만 국한하여 제시해 보기로 하겠다.

문법 영역의 내용 체계

- 음운	- 단어	- 문장	- 어휘	- 의미	- 담화
지식		기능		태도	
선언 지식	절차 지식	지식 활용	지식 탐구	가치	흥미
문화 창조					

문법 영역의 내용은 크게 음운, 단어, 문장, 어휘, 의미, 담화에 대한 것이 있다. 이러한 내용에 대한 지식을 갖고, 기능을 익혀 올바른 태도 속에 알고 사용해야 할 것이다. 지식에는 선언적인 지식이 있고, 활용을 하는 데 필요한 절차적인 지식이 있다. 기능에는 지식을 활용하는 기능이 있는가 하면 지식을 탐구하는 기능이 있다. 태도로는 문법에 대한 올바른 가치를 갖는 태도가 있고, 흥미를 가져야 하는 태도가 있다. 문화 창조는 문법 지식을 알고 이를 언어 사회에서 바르게 활용하는 자세, 더 좋은 언어 사용 문화를 창조하여 사용하려는 자세를 갖고 이를 실현하려는 의지를 갖게 만드는 내용이 있다. 학년별 지도 내용은 위 내용 체계에 제시된 것을 바탕으로 하여 제시할 수 있다.

라. 문법 교수 · 학습 방법

문법의 교수 · 학습 방법을 말하기 위해서는 먼저 지도할 내용이 무엇인가를 생각하고, 그에 대한 교수·학습 방법을 찾아야 할 것이다. 지도 내용은 위에서 살펴본 바와 같이 지식 인지, 지식 활용, 지식 탐구, 문화 창조와 관련된 내용이다. 이러한 내용들은 어떠한 방법으로 지도해야 효율적으로 지도할 수 있을 것인가?

먼저 교수·학습 목표나 내용 학습에 적절한 과정에 따라 지도해야 한다. 인지, 활용, 탐구, 문화 창조와 관련된 내용들은 제 나름대로의 내용적 특성이 있고, 그렇기 때문에 그 교수·학습 방법도 서로 다르게 해야 할 것이다. 그래서 가장 먼저 생각해야 할 것은 그 목표나 내용을 어떠한 과정에 따라 지도해야 할 것인가 인데, 그렇게 하기 위해서는 목표나 내용에 맞는 교수·학습 모형을 적용하여 지도해야 한다. 문법 지식 인지의 목표나 내용이라면 그에 알맞은 모형을 적용하여 교수·학습해야지 문법 지식의 활용 교수·학습 모형을 적용해서는 그 학습 효과를 얻을 수 없기 때문이다.

둘째로 문법과 관련된 내용으로 인지, 활용, 탐구, 문화 창조와 관련된 내용들이 있는데, 이러한 내용들을 어느 한 면에만 치우쳐 지도해서는 안 된다. 이들은 모두 상호 관련성이 있어서 어느 한 면만을 지도했을 때에는 기형적인 학습이 이루어질 수밖에 없다. 예를 들어 문법 활용은 먼저 문법 지식 인지 활동이 있어야 하고, 또 국어문화와 관련되기도 한다. 또 국어의 현상에 대한 탐구 활동이 이루어져야 올바른 국어의 사용이 이루어지기도 한다. 그렇기 때문에 지나치게 국어 사용만을 강조하거나 지나치게 인지나 탐구만을 강조한다면 문법의 효율적 사용이 이루어지지 않아 살아 있는 학습이 이루어지지 않는다. 그렇기 때문에 문법과 관련된 여러 지도 면들을 상호 관련지어 종합적으로 지도해야 할 것이다.

셋째로 학년 수준에 맞는 인지, 활용, 탐구, 문화 창조와 관련된 모든 내용을 지도해야 한다. 저학년에서는 논리적인 인지 발달이 덜 되어 있기 때문에 국어 현상에 대한 흥미 향상을 위한 재미있는 문법 지식 활용 방법에 많은 비중을 두어야 할 것이다. 고학년에서는 인지, 활용, 탐구, 문화 창조와 관련된 내용 모두가 비록 학년간 수준의 차이는 있을지라도 종합적으로 상호 관련성 있게 지도해야 할 것이다.

마. 문법 교육의 평가

문법 영역의 평가는 먼저 내용면에서 인지, 활용, 탐구, 문화 창조와 관련된 내용 모두가 평가되어야 한다. 지도된 내용이 무엇인가, 학습지도의 목표가 무엇인가 등의 지도 사항과 관련된 것이라면 그 모두가 다 평가되어야 한다. 다음으로 지도 목표나 지도 내용에 따라 특성화된 평가가 이루어져야 한다. 인지에 관련된 것이라면 지필평가나 문답법에 의한 문법 지식의 인지 정도를 평가해 보는 방법이 있을 것이고, 활용에 대한 평가라면 관찰법이나 글쓰기 등의 지필평가로 이루어질 수 있을 것이다. 탐구에 관한 것은 관찰법과 탐구 과정이나 결과에 대한 보고서 평가가 유용하게 쓰일 수 있을 것이고, 문화 창조에 관한 사항은 고운말, 바른말 사용 등 언어 사용 활동에 대한 관찰법 등에 의한 평가를 할 수 있을 것이다. 문화유산인 국어를 보존하고, 새롭게 연구해 가며, 좀더 발전적인 방향으로 활용 및 창조해 가는 내용은 그 과정 및 결과에 대한 내용물을 지필평가 및 자료철 평가, 수행평가 등의 비형식적 평가를 통해 평가할 수 있을 것이다.

이러한 평가는, 평가를 과정과 결과로 구분하여 볼 때, 과정을 평가하기 위해서는 관찰평가나 수행평가를 실시해야 할 것이며, 결과를 평가하기 위해서는 결과에 대한 발표나 지필평가로 평가할 수 있을 것이다. 또 평가자에 따라 교사가 평가하는 것이 바람직하지만 문화 창조 등의

가치 형성에 대한 것은 상호평가나 자기평가를 활용하는 것도 바람직할
것이다.

제 IV 장 음운과 교육

국어의 낱자는 모음과 자음으로 이루어져 있다. 모음은 성대를 통과한 소리가 나올 때 장애 없이 자유롭게 통과되어 나오는 소리이고, 자음은 성대를 통과한 소리가 구강에서 막혔다 나오든가 통로가 아주 좁아져 마찰을 일으킬 정도로 장애를 받으면서 나오는 소리이다. 그리고 이러한 하나 이상의 낱자가 모여 음절을 형성하고, 또 이러한 음절이 모여 단어를 이룬다. 그런데 단어의 어말이나 단어와 단어가 연이어 발음될 때에 제 낱자의 음가대로 발음되지 못하고 다른 음으로 변동되어 발음되는 경우가 있다. 이러한 현상을 음운 변동이라고 한다. 이제 이러한 자모, 음절, 음운 변동이 일어나는 음운 변동 규칙에 대하여 알아보기로 하자.

1. 모음

가. 모음의 종류

모음은 홀소리로서 제 홀로 발음될 수 있는 소리이다. 폐에서부터 입 밖으로 소리가 나올 때 소리가 막힘없이 난다. 다만 조음되는 위치와 방식에 따라 소리가 다르게 나기 때문에 여러 가지 소리로 난다. 모음은 소리 나는 위치와 방법에 변화가 없이 한 가지로만 나는 단모음과 소리 나는 위치와 방법이 처음과 나중이 다르게 나는 이중모음이 있다. 국어 (표준어)의 모음은 'ㅏ, ㅐ, ㅑ, ㅒ, ㅓ, ㅔ, ㅕ, ㅖ, ㅗ, ㅘ, ㅙ, ㅚ, ㅛ, ㅜ, ㅝ, ㅞ, ㅟ, ㅠ, ㅡ, ㅢ, ㅣ' 21개인데, 이 중에 단모음은 'ㅏ, ㅐ, ㅓ, ㅔ, ㅗ, ㅚ, ㅜ, ㅟ, ㅡ, ㅣ' 10개이고, 이중모음은 'ㅑ, ㅒ, ㅕ, ㅖ, ㅘ, ㅙ, ㅛ, ㅝ, ㅞ, ㅠ, ㅢ' 11개이다. 이 중에서 'ㅚ, ㅟ'는 단모음과 이중모음으로 모두 쓰이고 있으나 단모음으로 쓰이는 경우는 극히 한정된 사람들, 그것도 '외, 쉬' 등의 한정된 단어에만 쓰인다.[1]

나. 모음의 명칭

모음의 명칭은 발음되는 그 소리가 바로 그 명칭이다. 'ㅏ'는 '아', 'ㅑ'는 '야' 등과 같다. 원래 이러한 명칭은 조선 중종 22년(1527년)에 편찬한 훈몽자회에 기록된 중성 11자의 명칭 곧, 'ㅏ(阿), ㅑ(也), ㅓ(於), ㅕ(余), ㅗ(吾), ㅛ(要), ㅜ(牛), ㅠ(由), ㅡ(應:不用終聲), ㅣ(伊:只用中聲), ·(思:不用初聲)'에서 연유한 것이다. 그런데 실제로는 명칭이라기보다는 음가를 나타낸 것이었다고 볼 수 있는데, 이를 명칭으로 지칭하게 된 것이다.

가장 최근에 고시된 모음의 명칭은 1988. 1. 19.에 문교부 고시 제88-1호로 고시된 한글맞춤법 제4항에 제시되어 있다.

ㅏ(아) ㅑ(야) ㅓ(어) ㅕ(여) ㅗ(오) ㅛ(요) ㅜ(우) ㅠ(유) ㅡ(으) ㅣ(이)

---

1) 모음자(母音字)는 모음을 나타내는 자모(字母)나 글자로 한글에서는 'ㅏ, ㅐ, ㅑ, ㅒ, ㅓ, ㅔ, ㅕ, ㅖ, ㅗ, ㅘ, ㅙ, ㅚ, ㅛ, ㅜ, ㅝ, ㅞ, ㅟ, ㅠ, ㅡ, ㅢ, ㅣ' 21자가 있다. 자음자(子音字)는 'ㄱ, ㄲ, ㄴ, ㄷ, ㄸ, ㄹ, ㅁ, ㅂ, ㅃ, ㅅ, ㅆ, ㅇ, ㅈ, ㅉ, ㅊ, ㅋ, ㅌ, ㅍ, ㅎ'의 19자가 있다. 자모(字母)란 한 개의 음절을 자음과 모음으로 갈라서 적을 수 있는 낱낱의 글자를 말한다. 자음자모, 모음자모, 쌍자모, 복자모 따위가 있다.

ㅐ(애) ㅐ(애) ㅔ(에) ㅖ(예) ㅘ(와) ㅙ(왜) ㅚ(외) ㅝ(워) ㅞ(웨) ㅟ(위) ㅢ(의)

다. 모음의 발음

단모음은 전술한 바와 같이 소리 나는 위치나 방법이 변함없이 발음된다. 그 위치와 방법에 대하여 간략히 알아보자.

단모음의 발음되는 위치와 방법은 다음 국어 모음 사각도와 같다.

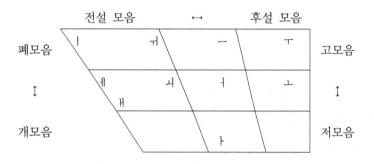

이 모음 사각도에 있는 각 음소의 위치는, 이 모음 사각도가 구강 속에 있다고 생각할 때, 구강에서 각 모음이 발음되는 위치인데, 모든 사람이 정확히 같은 위치에서 발음되지는 않지만, 대부분 해당 음소가 있는 위치나 그 주위에서 발음된다. 각 음소들을 발음할 때에는 그 음소의 위치에서 입의 개구도, 혀의 전후, 고저를 고려하면서 발음한다. '에'와 '애', '으'와 '어'를 예로 들어 설명하자면 '에'는 '애'에 비하여 구강 속의 약간 앞과 위에서 입을 '애'보다 오므리고 발음한다. '으'와 '어'는 중설에서 발음하되, '으'를 발음할 때에는 '어'보다 입을 더 다물고 더 입천장 가까운 데서 소리 내어야 한다. 'ㅟ'와 'ㅚ'를 단모음으로 발음할 때 주의할 점은 혀와 입술이 변하지 않고 한 위치에서 한 방법으로 지속적으로 발음해야 한다는 것이다. '귀'를 입술과 혀가 움직이면서 발음할 때에는 'wi' 발음이 되고, '괴'를 입술과 혀가 움직이면서 발음할 때에는 'we' 발음이 되어 이중모음으로 발음되고 만다.

이중모음은 '이'계 이중모음(ㅑ, ㅒ, ㅕ, ㅖ, ㅛ, ㅠ), '우'계 이중모음(ㅘ, ㅙ, ㅝ, ㅞ), '으'계 이중모음(ㅢ)이 있다. 이들의 발음은 먼저 '이'(j)를 발음한 후 'ㅏ, ㅐ, ㅓ, ㅔ, ㅗ, ㅜ'를 발음하고, 또 '오/우'(w)를 발음한 후 'ㅏ, ㅐ, ㅓ, ㅔ'를 발음하며, '으'(ɰ)를 발음한 후 '이'를 발음한다.

라. 모음의 창제

훈민정음 해례본에 의하면 자음의 기본자(ㄱ, ㄴ, ㅁ, ㅅ, ㅇ)가 발음기관을 상형하여 창제한 것에 비해 모음의 기본자(·, ㅡ, ㅣ)는 하늘, 땅, 사람을 상형하여 창제하였다.[2] 그 외 모음자는 이 세 가지 모음자에 가점(加點)을 음양의 원리에 의하여 하여 ㅗ, ㅏ(양), ㅜ, ㅓ(음)(이상 初出字)가 만들어지고, 다음에 이 네 소리에 사람을 의미하는 ㅣ자가 관여하여 ㅛ, ㅑ, ㅠ, ㅕ(이상 再出字)가 만들어졌다. 다음으로 훈민정음 해례본 중성해(中聲解)에 따르면 ㅗ와 ㅏ가 합쳐 ㅘ가 되고, ㅛ와 ㅑ가 합쳐 ㅑ가 된다. 그리고 ㅜ와 ㅓ가 합쳐 ㅝ가 되고, ㅠ와 ㅕ가 합쳐 ㅖ가 된다. 다음으로 지금까지 만들어진 ·, ㅡ, ㅗ, ㅏ, ㅜ, ㅓ, ㅛ, ㅑ, ㅠ, ㅕ, ㅘ, ㅑ, ㅝ, ㅖ에 ㅣ가 합하여, ㅓ, ㅢ, ㅚ, ㅐ, ㅟ, ㅔ, ㅛ, ㅒ, ㅞ, ㅖ, ㅙ, ㅙ, ㅖ, ㅖ 글자가 만들어졌다.

그런데 이러한 음은 당시의 국어음을 적는데 필요하지 않은 음(ㅑ, ㅖ, ㅙ, ㅖ)까지도 만들어졌는데, 이러한 음은 당시 우리 한자음을 적는

---

2) ·는 象乎天, ㅡ는 象乎地, ㅣ는 象乎人인데, 소리는 ·舌縮而聲深, ㅡ舌小縮而聲不深不淺, ㅣ舌不縮而聲淺이다.

동국정운(東國正韻)이나 당시의 중국음을 적은 홍무정운 역훈(洪武正韻譯訓)에 쓰였다. 이를 보면 훈민정음이 우리말을 적기 위한 것에서 벗어나 다른 나라 말도 적을 수 있도록 만들어졌다고도 볼 수 있다.

2. 자음

가. 자음의 종류

폐에서부터 입 밖으로 공기가 나올 때 조음 기관이 막혔다 터지거나 (파열음), 강하게 마찰되거나(마찰음), 폐쇄되었다가 터진 후 강하게 마찰이 일어나거나(파찰음), 입을 혀나 입술로 폐쇄하고 코로 공기를 내보내거나(비음), 혀를 퉁겨내면서(유음) 소리가 난다.

국어(표준어)의 자음에는 'ㄱ, ㄲ, ㄴ, ㄷ, ㄸ, ㄹ, ㅁ, ㅂ, ㅃ, ㅅ, ㅆ, ㅇ, ㅈ, ㅉ, ㅊ, ㅋ, ㅌ, ㅍ, ㅎ'의 19개가 있다. 자음을 조음하는 위치와 조음되는 방식에 따라 분류할 수도 있겠지만, 우선 자음의 형태에 따라 단자음과 쌍자음으로 분류해 보면, 단자음은 'ㄱ, ㄴ, ㄷ, ㄹ, ㅁ, ㅂ, ㅅ, ㅇ, ㅈ, ㅊ, ㅋ, ㅌ, ㅍ, ㅎ'의 14개가 있고, 쌍자음은 'ㄲ, ㄸ, ㅃ, ㅆ, ㅉ'의 5개가 있다.

나. 자음의 명칭

자음의 명칭은 모음에서와 같이 조선 중종 22년(1527년)에 편찬한 훈몽자회에 기록된 초성 16자의 명칭 곧, 'ㄱ(其役), ㄴ(尼隱), ㄷ(池(末)), ㄹ(梨乙), ㅁ(眉音), ㅂ(非邑), ㅅ(時(衣)), ㅇ(異凝)(이상 초성 종성 통용

8자), ㅋ(箕), ㅌ(治), ㅍ(皮), ㅈ(之), ㅊ(齒), △(而), ㅇ(伊), ㅎ(屎)'(이상 초성 독용 8자)에서 비롯된다. 원래 초성 종성 통용 8자는 초성과 종성에서 나는 음가를 나타내기 위한 것이고, 초성 독용 8자는 초성에서만 나는 소리의 음가를 나타내기 위한 것이었다. 곧 'ㄱ(其役)'의 '기(其)'는 초성 'ㄱ'의 소리를, '역(役)'은 종성 'ㄱ'의 소리가 어떠한 소리인가를 당시에 사용했던 한자어 '其役'의 음가를 활용하여 알리고 싶어서 '其役'이란 말을 썼던 것이다. 그러던 것이 오랜 세월 사용하다 보니 명칭으로 된 것이다. 현대국어에서는 모든 초성을 모든 종성에 쓸 수 있으므로 현대국어에 쓰이는 모든 자음의 명칭은 '키읔, 티읕' 등과 같이 두 글자로 되었다. 가장 최근에 고시된 자음의 명칭은 1988. 1. 19.에 문교부 고시 제88-1호로 고시된 한글맞춤법 제4항에 제시되어 있다.

ㄱ(기역) ㄴ(니은) ㄷ(디귿) ㄹ(리을) ㅁ(미음) ㅂ(비읍) ㅅ(시옷) ㅇ(이응)
ㅈ(지읒) ㅊ(치읓) ㅋ(키읔) ㅌ(티읕) ㅍ(피읖) ㅎ(히읗)
ㄲ(쌍기역) ㄸ(쌍디귿) ㅃ(쌍비읍) ㅆ(쌍시옷) ㅉ(쌍지읒)

다. 자음의 발음

자음은 조음되는 위치와 방법에 따라 여러 가지 음으로 발음된다. 먼저 다음의 자음 분류표를 보자.

조음방식 / 조음위치		순음	치조음	경구개음	연구개음	후음
파열음	평음	ㅂ	ㄷ		ㄱ	
	경음	ㅃ	ㄸ		ㄲ	
	격음	ㅍ	ㅌ		ㅋ	

파찰음	평음			ㅈ		
	경음			ㅉ		
	격음			ㅊ		
마찰음	평음		ㅅ			ㅎ
	경음		ㅆ			
비음		ㅁ	ㄴ		ㅇ	
유음			ㄹ			

자음은 조음 위치와 조음 방식에 따라 양순 파열음으로 'ㅂ, ㅃ, ㅍ'이 있고, 양순 비음 'ㅁ', 치조 파열음 'ㄷ, ㄸ, ㅌ', 치조 마찰음으로 'ㅅ, ㅆ', 치조 비음으로 'ㄴ', 치조 유음으로 'ㄹ'이 있다. 그리고 경구개 파찰음 'ㅈ, ㅉ, ㅊ'이 있고, 연구개 파열음으로 'ㄱ, ㄲ, ㅋ', 연구개 비음 'ㅇ', 성문 마찰음으로 'ㅎ'이 있다.

라. 자음의 창제

훈민정음 해례에서 말하기를 훈민정음은 소리를 따라 그 이치를 추궁하여 글자를 만들었고, 훈민정음 제자의 원리가 극히 평범한 데 있다고 하였다. 극히 평범한 데 있다는 것은 정음 28자가 형태를 본떠 만들었다는 것이다(正音二十八字 各象其形而制之). 정음 28자는 초성 17자와 중성 11자를 말한다. 중성 11자는 중성 기본자 11자로서 위에서 살펴본 'ㆍ, ㅡ, ㅣ, ㅗ, ㅏ, ㅜ, ㅓ, ㅛ, ㅑ, ㅠ, ㅕ'를 말한다. 이제 초성 17자의 제자 원리에 대하여 알아보자.

초성자를 제자(制字)함에 있어서는 발음기관을 본 뜬 다섯 글자를 기본 형태로 삼았다. 혀뿌리가 목구멍을 닫는 모양인 'ㄱ'자, 혀가 윗잇몸에 붙는 모양인 'ㄴ'자, 입 모양인 'ㅁ'자, 이 모양인 'ㅅ'자, 목구멍 모양인 'ㅇ'자이다. 이 다섯 글자를 기본자(基本字)로 하여 획을 더한 가획자(加劃字) 9자 'ㅋ, ㄷ, ㅌ, ㅂ, ㅍ, ㅈ, ㅊ, ㆆ, ㅎ'과 가획의 원리를 따르지 않은 다른 모양의 글자(異體字) 3자 'ㆁ, ㄹ, ㅿ'이다. 모두 17자이다. 표로 정리하면 다음과 같다.

상형	기본자	가획자	이체자
혀뿌리가 목구멍 닫는 모양(象舌根閉喉之形)	ㄱ	ㅋ	ㆁ
혀가 윗잇몸에 붙는 모양(象舌附上腭之形)	ㄴ	ㄷ ㅌ	ㄹ
입 모양(象口形)	ㅁ	ㅂ ㅍ	
이 모양(象齒形)	ㅅ	ㅈ ㅊ	ㅿ
목구멍 모양(象喉形)	ㅇ	ㆆ ㅎ	

그러나 우리말 자음의 소리를 모두 적기에는 위와 같은 17자로는 부족하였으며, 나아가 모음에서와 같이 글자를 만듦에 있어 우리말만을 적는 목적을 넘어 한자음과 같은 말을 적을 목적도 염두에 두고 글자를 만들었기 때문에 위와 같은 자음자를 병서(竝書)하여 여러 가지 자음자를 만들었다. 일차적으로 같은 글자를 병서한 'ㄲ, ㄸ, ㅃ, ㅉ, ㅆ, ㆅ'자이다. 이 글자들은 오늘날에는 하나의 자음자이지만 당시에는 두 글자를 합한 것이라 생각하였다. 자음자는 소리가 맑고 흐림(清濁)에 따라 23자로 분류하였는데, 다음 표와 같이 23자이다.

	전청(全淸)	차청(次淸)	전탁(全濁)	불청불탁(不淸不濁)
어금닛소리(牙音)	ㄱ	ㅋ	ㄲ	ㆁ
혓소리(舌音)	ㄷ	ㅌ	ㄸ	ㄴ, ㄹ
입술소리(脣音)	ㅂ	ㅍ	ㅃ	ㅁ
잇소리(齒音)	ㅅ, ㅈ	ㅊ	ㅆ, ㅉ	ㅿ
목소리(喉音)	ㆆ	ㅎ	ㆅ	ㅇ

또 한 가지 더 생각해 볼 자음자는 다른 자음자를 합쳐서 쓰는 자음자이다. 둘 또는 세 글자를 합쳐 쓰는 경우가 있다. 훈민정음 해례본 합자해(合字解)에서는 ᄯᅡ(地), ᄣᅢ(時)에서와 같이 'ㅼ, ㅶ, ㅴ, ㅵ' 등의 초성자가 쓰이고 있다. 초성자의 합자인 경우에 같은 글자의 합자인 경우나 다른 글자의 합자인 경우 과연 그런 합자가 된소리를 나타낸 것인가 아니면 영어 'school'[sku:l]의 [sk]와 같이 다른 음을 나타낸 것인가 아니면 어떤 또 다른 음가를 가지고 있었는가는 아직도 추정만할 뿐 정확히 알 수는 없다. 그런데 다른 글자를 합한 'ㅼ, ㅶ, ㅴ' 등은 한 동안 활발하게 쓰이다가 오늘날에는 사라졌다. 같은 글자의 병서자인 'ㄲ, ㄸ, ㅃ, ㅆ, ㅉ'은 하나의 자음자로 되어 된소리로 쓰이고 있다.

종성 자음자는 훈민정음 해례 본문에 초성자를 다시 쓴다(終聲復用初聲)고 하여 초성자를 그대로 썼다. 그러나 다시 훈민정음 해례 종성해에서 'ㄱㆁㄷㄴㅂㅁㅅㄹ' 여덟 글자로 가히 쓸 수 있다(然八字可足用也)고 하였다. 종성자도 오늘날에 쓰이는 겹자음과 같이 다른 자음자를 아울러서(竝書) 쓰기도 했다.

3. 음절

음절은 물리적 관점에서 '한 번의 흉곽 진동에 의해 형성되는 최고의 음성 단위'라 하기도 하고, 언어 구조적 관점에서 '모음과 자음이 하나의 음성적 단위로 결합한 단위'라 정의하기도 한다. 한국어를 사용하는 언중들은 음절 단위로 소리가 끊어질 수 있으므로 음절을 이해하는 데 있어서 빠르다.

국어의 음절 구성은 모음 단독으로 구성되기도 하고, 모음과 자음으로 구성되기도 한다. 그 유형은 다음과 같다.3)

  1) 모음(아, 이, 오, 우 등)
  2) 모음+자음(안, 양, 옥, 임 등)
  3) 자음+모음(개, 소, 차, 처 등)
  4) 자음+모음+자음(감, 곰, 춤, 청, 밖, 넋, 흙 등)

이러한 음절은 음절 그 자체로서 의미를 가지고 있기도 하지만, 언어학상으로는 의미를 가지고 있는 최소 단위를 형태소로 보기 때문에 음절은 의미 단위로 보지 않는다.

4. 음운 변동 규칙

음절이 모여 단어를 이루고, 이들이 다시 모여 문장을 이루어 나가는 데, 이 때 음소들은 그 놓이는 위치에 따라 분포의 제약을 받기도 하고,

---

3) 4)의 '넋, 흙'의 받침은 비록 받침이 두 개의 자음으로 이루어진 겹받침이지만 넉, 흑'으로 발음되므로 하나의 받침으로 보아야 한다.

제 음가대로 발음되지 못하고 변동되어 발음되는 경우도 있다. 그런데 이러한 현상은 제각각 무질서하게 존재하거나 변동하는 것이 아니라 나름대로 규칙성을 띠고 있다. 그래서 이러한 현상을 음운 변동 규칙이라 하는데, 이에 대하여 알아보기로 하자.

가. 분포 제약

1) 어두 제약

어두에서 'ㄹ'은 '라디오, 로켓, 레코드' 등의 외래어나 '라면' 등의 신조어를 제외하면 쓰이지 않는다. 'ㅇ'도 어두에는 쓰이지 않는다.[4] 'ㄴ'도 어두의 'ㅣ, ㅑ, ㅕ, ㅛ, ㅠ' 앞에서는 '여성(↔남녀), 이빨(↔앞니)' 에서처럼 쓰이지 않는다(예외, 외래어 '뉴스', 의성어 '냠냠' 등). 어두에는 하나의 자음밖에 올 수 없다. 그래서 영어의 'spring'을 발음할 때에는 하나의 음절로서가 아니라 [스프링]처럼 세 음절로 발음한다.

2) 음절 말 제약

국어 발음상 음절 말에 올 수 있는 음은 'ㄱ, ㄴ, ㄷ, ㄹ, ㅁ, ㅂ, ㅇ' 일곱 가지이다. 'ㅋ'은 'ㄱ', 'ㅅ, ㅈ, ㅊ, ㅌ, ㅎ'은 'ㄷ', 'ㅍ'은 'ㅂ'으로 발음된다. '밖, 넋'과 같은 음절말의 쌍자음이나 겹자음도 위의 일곱 가지 음으로 발음되어 '박, 넉'으로 발음된다.

---

4) 초성에 쓰인 'ㅇ'은 음가 없는 'ㅇ'으로 그냥 동그라미일 뿐이다. '아버지'를 'ㅏ버지'라고 쓴다면 글자의 모양새가 안 좋기 때문에 음가가 없는 'ㅇ'(동그라미)를 붙여 놓은 것이다. 만약 '아'의 'ㅇ'을 음가가 있는 즉 '강'의 'ㅇ'과 같은 소리를 내어 발음해 보자. 그러면 '아버지'는 'ㅇ'이 음가 없는 '아버지'와는 다른 소리가 날 것이다.

3) 비음, 'ㄹ', 자음 뒤의 이중 모음의 제약

비음 'ㄴ, ㅁ' 앞에서 'ㄱ, ㄷ, ㅂ'은 제 음가대로 발음되지 못하고, 'ㅇ, ㄴ, ㅁ'으로 발음된다(예: 국물, 닫는다, 입는다 등). 그리고 'ㄹ' 앞에서 'ㄴ'은 'ㄹ'로 발음되고(예: 천리 등), 자음 뒤의 이중모음 'ㅖ, ㅢ'는 대부분 'ㅔ, ㅣ'로 발음된다(예: 계절, 무늬 등).

나. 중화

국어의 자음들은 음절 말 위치에서 불파음으로 실현되기 때문에 음절 말 위치에서는 중화 현상이 일어난다. 'ㅋ'이 'ㄱ'으로, 'ㅅ, ㅈ, ㅊ, ㅌ, ㅎ'이 'ㄷ'으로, 'ㅍ'이 'ㅂ'으로 발음되는 현상은 바로 음절 말에서의 중화 현상을 보여주는 것이다(예 : 부엌[부억], 빛[빋], 앞[압] 등).

다. 동화와 이화

서로 다른 음이 서로 같거나 유사한 음으로 변하는 현상을 동화라 하고, 같거나 비슷한 음이 다른 음으로 바뀌는 현상을 이화라 한다. 구개음화 현상(밭이→바치), 움라우트 현상(아비→애비), 비음화 현상 (믿는다→민는다), 설측음화(천리→철리), 모음조화(사각사각, 출렁출렁) 등이 동화이고, 중세국어의 '붚, 거붑'이 '북, 거북'으로 바뀌어 음의 단조로움을 깨고, 명확성을 더하는 현상이 이화이다.

라. 생략, 첨가, 축약

형태소 중의 어떤 음이 떨어져 나간 현상을 생략이라 하고, 없던 음이 삽입된 현상을 첨가라 한다. 그리고 두 음이 한 음으로 통합된 현상을 축약이라 한다. 예를 들어 보자. 불+삽→부삽, 솔+나무→소나무(이상 생략), 더디다→던지다, 소+아지→송아지(이상 첨가), 가히>가이>개, 보이다→뵈다, 타+ㅣ우+다→태우다(이상 축약).

5. 초분절 음운

의사소통을 하는 데 있어서는 음성언어나 문자언어로 주고받기도 하지만, 음성언어가 아닌 음장, 억양, 강세 등의 초분절 음운인 운소 곧, 준언어적(準言語的) 또는 반언어적(半言語的) 표현으로만 소통하기도 하고, 침묵이나 얼굴 표정, 손가락 등의 몸짓, 눈짓 등의 비언어적(非言語的) 표현으로만 소통하기도 한다. 그러나 대부분의 경우는 준언어적 표현이나 비언어적 표현은 언어적 표현을 하는데 있어 보조적으로 사용되고 있다. 이제 준언어적 표현인 초분절 음운에 대하여 알아보자.

우리말에 있어서 의미를 분화하는 초분절 음운에는 음장, 억양이 있다. 눈(眼)이 [눈]인데 반해 눈(雪)은 [눈:]으로서 음장이 있어 이 음장이 의미를 분화시킨다. 이와 같은 음장의 의미 분화 예는 발(足) : 발:(簾), 말(馬) : 말:(言), 밤(夜) : 밤:(栗), 갈다(磨) : 갈:다(換) 등과 같은 많은 예들이 있다. 그런데 이러한 음장은 단어의 첫 음절에만 나타나며, 둘째 음절 이하에서는 탈락된다(예: 눈:보라 : 첫눈). 그리고 첫 음절이라 하여도 용언의 경우에는 뒤에 모음으로 된 어미가 올 경우 대부분 음장이 탈락된다(예: 알:다 : 알아). 그리고 음장은 담화 상황에 따라 달라질 경우가 많다. 음장이 없는 말이라도 강조하기 위하여 길게 발음할 수 있고, 음장이 있는 말이라도 급하게 말하기 위하여 짧게 발음할 수 있다. 세대에 따라서도 달라지기도 하는데 40대 이상은 음장이 있는 말의 발음이 비교적 잘 지켜지지만 젊은 세대에서는 변별성이 없어지는 경우가 많다.

억양도 의미를 분화하는 요소로 작용한다. '학교에 갔어요↘'는 설명하는 말, '학교에 갔어요.↗'는 묻는 말을 나타낸다. 또 높은 억양을 '학교'에 두어 '**학교**에 갔어요.' 할 때에는 '학교'에 갔다는 것을 나타낸 것이고, '갔어요'에 두어 '학교에 **갔어요**.'라고 할 때에는 학교에 '갔다', '안 갔다'를 구별하여 학교에 간 것을 나타낸 것이다.

6. 틀리기 쉬운 표준 발음

국어 표준 발음법에 관하여 알아보되 틀리기 쉬운 말의 표준 발음에 중점을 두어 알아보기로 하겠다.[5]

1. 총칙
표준발음법은 표준어의 실제 발음을 따르되, 국어의 전통성과 합리성을 고려하여 정함을 원칙으로 한다.(제1항)

2. 표준어의 자음 19개(사전에 올릴 때의 순서)(제2항)

ㄱ, ㄲ, ㄴ, ㄷ, ㄸ, ㄹ, ㅁ, ㅂ, ㅃ, ㅅ, ㅆ, ㅇ, ㅈ, ㅉ, ㅊ, ㅋ, ㅌ, ㅍ, ㅎ

---

5) 표준 발음 및 표준어에 대한 자세한 사항은 '문교부 고시 제88-2호.(1988. 1. 19)' 「표준어 규정」의 제1부 표준어 사정원칙 및 제2부 표준 발음법을 참조할 것. 이 책의 부록에 수록되어 있다.

3. 표준어의 모음 21개(사전에 올릴 때의 순서)(제3항)

ㅏ, ㅐ, ㅑ, ㅒ, ㅓ, ㅔ, ㅕ, ㅖ, ㅗ, ㅘ, ㅙ, ㅚ, ㅛ, ㅜ, ㅝ, ㅞ, ㅟ, ㅠ, ㅡ, ㅢ, ㅣ

4. 발음이 틀리기 쉬운 말의 표준발음

1) '예, 례' 이외의 'ㅖ'는 [ㅔ]로도 발음한다.(제5항)

계시다[계:시다/게:시다], 시계[시계/시게]

2) 자음을 첫소리로 가지고 있는 음절의 'ㅢ'는 [ㅣ]로 발음한다.(제5항)

늴리리[닐리리], 무늬[무니], 띄어쓰기[띠어쓰기]

3) 단어의 첫음절 이외의 '의'는 [ㅣ]로, 조사 '의'는 [ㅔ]로 발음함도 허용한다.(제5항)

주의[주의/주이], 우리의[우리의/우리에], 강의의[강:의의/강:이에]

4) 장음은 단어의 첫음절에서만 나는 것을 원칙으로 한다.(제6항)

눈보라[눈:보라] : 첫눈[천눈]

5) 겹받침 'ㄳ, ㄵ, ㄼ, ㄽ, ㄾ, ㅄ'은 어말 또는 자음 앞에서 각각 [ㄱ, ㄴ, ㄹ, ㅂ]으로 발음한다.(제10항)

넋[넉], 앉다[안따], 여덟[여덜], 곬[골], 핥다[할따], 없다[업:따]
예외) 밟다[밥:따], 넓죽하다[넙쭈카다]

6) 겹받침 'ㄺ, ㄻ, ㄿ'은 어말 또는 자음 앞에서 각각 [ㄱ, ㅁ, ㅂ]으로 발음한다.(제11항)

닭[닥], 삶[삼:], 읊다[읍따]
다만, 용언의 어간 말음 'ㄺ'은 'ㄱ' 앞에서 [ㄹ]로 발음한다.
맑게[말께], 얽거나[얼꺼나]

7) 'ㅎ' 뒤에 'ㄴ'이 결합된 경우에는 [ㄴ]으로 발음한다.(제12항)

놓는[논는], 쌓네[싼네]

8) 'ㅎ(ㄶ, ㅀ)' 뒤에 모음으로 시작된 어미나 접미사가 결합된 경우에는,

'ㅎ'을 발음하지 않는다.(제12항)

낳은[나은], 놓아[노아], 많아 [마:나], 쌓이다[싸이다]

9) 'ㄳ'처럼 'ㅅ'이 들어간 겹받침이 모음으로 시작된 조사나 어미, 접미사와 결합된 경우에는 'ㅅ'을 뒤로 옮겨 발음하되 'ㅅ'은 된소리로 발음한다.(제14항)

넋이[넉씨], 값을[갑쓸], 없어[업:써]

10) 받침 뒤에 모음 'ㅏ, ㅓ, ㅗ, ㅜ, ㅟ'들로 시작되는 실질 형태소가 연결되는 경우에는, 대표음으로 바꾸어서 뒤 음절 첫소리로 옮겨 발음한다.(제15항)

젖어미[저더미], 맛없다[마덥따]

다만 '맛있다, 멋있다'는 [마싣따, 머싣따]로도 발음할 수 있다.

11) 한글 자모의 이름 뒤에 모음으로 시작하는 조사가 올 때에는 그 받침소리를 연음하되, 'ㅋ'은 [ㄱ]으로, 'ㅍ'은 [ㅂ]으로, 'ㄷ, ㅈ, ㅊ, ㅌ, ㅎ'은 [ㅅ]으로 발음한다.(제16항)

키읔이[키으기], 피읖이[피으비], 디귿이[디그시], 지읒을[지으슬], 티읕에[티으세], 히읗이[히으시]

12) 'ㄴ'은 'ㄹ' 앞에서 [ㄹ]로 발음하되, 다음과 같은 단어들은 'ㄹ'을 [ㄴ]으로 발음한다.(제20항)

의견란[의:견난], 이원론[이:원논], 생산량[생산냥]

13) 다음과 같은 용언의 어미는 [어]로 발음함을 원칙으로 하되, [여]로 발음함도 허용한다.(제22항)

피어[피어/피여], 되어[되어/되여], 이오[이오/이요], 아니오[아니오/아니요]

14) 표기상으로 사이시옷이 없더라도, 관형격 기능을 지니는 사이시옷이 있어야 할 합성어의 경우에는 뒤 단어의 첫소리 'ㄱ, ㄷ, ㅂ, ㅅ, ㅈ'을 된소리로 발음한다.(제28항)

문-고리[문꼬리], 눈-동자[눈똥자], 산새[산쌔]

15) 합성어 및 파생어에서 앞 단어나 접두사의 끝이 자음이고, 뒤 단어나 접미사의 첫 음절이 '이, 야, 여, 요, 유'인 경우에는, 'ㄴ'소리를 첨가하여 [니, 냐, 녀, 뇨, 뉴]로 발음한다.(제29항)

솜-이불[솜니불], 막-일[막닐], 신여성[신녀성]

16) 'ㄱ, ㄷ, ㅂ, ㅅ, ㅈ'으로 시작하는 단어 앞에 사이시옷이 올 때에는 이들 자음만을 된소리로 발음하는 것을 원칙으로 하되, 사이시옷을 [ㄷ]으로 발음하는 것도 허용한다.(제30항)

냇가[내:까/낻:까], 깃발[기빨/긷빨], 고갯짓[고개찓/고갣찓]

17) 받침 'ㄷ, ㅌ(ㄾ)'이 조사나 접미사의 모음 'ㅣ'와 결합되는 경우에는 [ㅈ, ㅊ]으로 바꾸어서 뒤 음절 첫소리로 옮겨 발음한다.(제17항)

굳이[구지], 밭이[바치], 벼훑이[벼훌치], 굳히다[구치다]

18) 받침 'ㄱ(ㄲ, ㅋ, ㄳ, ㄺ), ㄷ(ㅅ, ㅆ, ㅈ, ㅊ, ㅌ, ㅎ), ㅂ(ㅍ, ㄼ, ㄿ, ㅄ)'은 'ㄴ, ㅁ' 앞에서 [ㅇ, ㄴ, ㅁ]으로 발음한다.(제18항)

먹는[멍는], 키읔만[키응만], 맞는[만는], 붙는[분는], 앞마당[암마당], 값매다[감매다]

19) 받침 'ㅁ, ㅇ' 뒤에 연결되는 'ㄹ'은 [ㄴ]으로 발음한다.(제19항)

담력[담:녁], 침략[침냑], 강릉[강능]

7. 음운 교육 방법

언어생활의 가장 기초적인 단위는 발음에서는 단위 음성이며, 문자에서는 음운이다. 음성이나 문자는 이러한 단위 음성과 음운의 조합들로 이루어져 있어 언어생활의 기초를 이루고 있다. 그리고 이러한 개개의 음성은 그 개체로서는 독자적으로 변함없이 존재하지만, 서로 간에 충돌할 때와 강조하려는 의도를 가지고 발음하게 될 때에는 제 음을 내지 못하고 변화가 일어나게 된다. 이러한 변화는 지역별로 심한 차이를 나타내기도 한다. 그래서 하나의 언어 공동체를 필요로 하는 사회에서는 표준 발음을 정하여 사용한다.

아동들은 음성언어 생활을 하며, 문자언어 생활도 한다. 그러나 음성이나 문자가 어떠하며, 어떻게 이루어지며, 어떻게 변화하는가, 그리고 공동체 언어로는 어떤 음성언어와 문자언어를 사용해야 하는가에 대하여 모르기 때문에 잘못된 언어생활을 할 수 있다. 그렇기 때문에 올바르며, 효과적인 언어생활 및 언어에 대한 탐구력을 갖게 하기 위해서는 이들에 대하여 배우고, 탐구해 보게 해야 한다.

초등학교에서 음성 및 음운 관련 지도 내용 범주는 다음과 같이 설정해 볼 수 있다.

- 한글 낱자의 모양, 이름, 순서
- 한글 낱자의 음가
- 글자의 짜임
- 음의 변동
- 받침의 발음
- 표준발음법
- 초분절 음운(반언어적 표현)

가. 한글 낱자 모양, 이름, 순서 지도

한글 낱자의 모양을 알고 쓰며, 이름을 알고, 또 그 순서를 알고, 쓸 줄 알아 문자 생활의 기초적 지식을 갖게 해야 한다. 그리고 우리 글자가 있음을 인식하고, 우리 글자에 대한 자긍심과 소중히 여기는 마음을 갖게 해야 한다. 지도 방법의 예를 들어 보자.

- 한글 낱자의 모양, 이름, 순서를 알아보자.
  1) 한글 낱자가 적힌 카드를 준비한다.
  2) 교사가 무작위로 한글 낱자의 이름을 부르면 학생은 그 낱자의 이름을 따라 부르면서 그 이름이 적힌 카드를 찾는다.
  3) 다시 교사는 한글 자음과 모음 낱자를 순서대로 부르고, 학생은 부른 순서대로 카드를 늘여 놓는다.
  4) 공책에 순서대로 써 본다.

- 빙고 놀이 하기
  각자 9칸짜리 빙고 칸에 자음 혹은 모음만을 써 넣는다. 그리고 교사가 불러주는 자음 또는 모음을 듣고 한 줄을 먼저 완성하는 학생이 '빙고' 하고 말한다.

나. 한글 낱자 음가 지도

한글 낱자의 음가를 익히며, 기본 음절표를 활용하여 발음을 익혀야 한다. 특히 지역에 따라 발음이 어려운 'ㅐ'와 'ㅔ', 'ㅚ'와 'ㅟ', 'ㅓ'와 'ㅡ'의 발음을 정확히 익혀 의사소통을 원활히 하게 해야 한다. 지도 방법의 예를 들어 보자.

- 자음자와 모음자의 이름을 따라 읽어 보고, 그 글자가 들어 있는 글자도 읽어 보면서 자음자와 모음자의 소리를 익혀 보자.
  ㄱ(기역): 가구, 가지, 고구마
  ㄴ(니은): 나무, 나라, 노인
  ㄷ(디귿): 다리, 달, 대나무
  ㅏ(아): 아기, 아지랑이, 아리랑
  ㅑ(야): 야구, 양배추, 야단

- 다음 두 소리를 비교하면서 'ㅐ'와 'ㅔ', 'ㅚ'와 'ㅟ', 'ㅓ'와 'ㅡ'의 발음을 정확히 익혀 보자.

   애 : 에   개발 : 게 발,   가게 : 고개
   외 : 위   참외 : 거위   외갓집 : 위로
   어 : 으   어른 : 으르렁   어지럽다 : 으스스하다

다. 글자 짜임 지도

글자의 짜임을 알아 낱자가 모여 소리가 된다는 사실을 알고, 쓸 줄 알게 해야 한다. 뿐만 아니라 우리 글자의 편리성과 원활한 조합성의 우수성도 인지하게 해야 한다. 지도 방법의 예를 들어 보자.

- 다음 기본음절표를 완성한 다음 글자가 어떻게 짜여지는가에 대하여 말해 보자. 그리고 번호가 적힌 칸의 글자가 들어가는 낱말을 써 보자.

	ㅏ	ㅑ	ㅓ	ㅕ	ㅗ			번호	낱말
ㄱ	가		1					1	
ㄴ	2		너					2	나무
ㄷ	3							3	
ㄹ				려	4			4	

도움말
1. 오리와 비슷한 동물   2. 줄기와 가지와 잎이 있는 식물
3. 내나 강 위로 사람이나 차가 지나다니게 만들어진 것
4. 땅에서 하늘로 발사된 후 하늘을 날아가는 비행체

- <보기>와 같이 글자를 만들어 보고, 우리 글자의 편리성과 조합의

우수성을 말해 보자.

> **보기**   (ㄱ) + (ㅏ) = (가)
>   (ㄱ) + (ㅏ) + (ㅁ) = (감)
>   (ㄱ) + (ㅏ) + (ㅅ) = (갓)
>   (ㄱ) + (ㅏ) + (ㅇ) = (강)

(1) (ㅊ) + (ㅣ) + (ㄴ) = (   )

(2) (   ) + (   ) = (구)

(3) (ㅎ) + (ㅏ) + (ㄱ) = (   )

(4) (   ) + (   ) = (교)

(5) (ㄴ) + (ㅏ) = (나)

   (ㄴ) + (ㅏ) + (ㅁ) = (   )

   (ㄴ) + (ㅏ) + (ㅅ) = (   )

   (ㄴ) + (ㅏ) + (ㅈ) = (   )

라. 음 변동 지도

글자와 발음의 달라짐 곧, 음의 변동을 알고 정확하게 쓸 줄 알게 해야 한다. 글자는 제 음가대로 발음되는 것이 원칙이나 음과 음이 연이어 날 때에는 원활한 발음을 위하여 본래의 음으로 나지 않고 다른 음으로 변하여 발음되기도 한다는 것을 알게 해야 한다. 지도 방법의 예를 들어 보자.

• 모든 낱자는 제 글자대로 소리가 나야 한다. 그런데 다른 낱자와 이어서 소리가 날 때에는 제 낱자의 소리대로 나지 않고 다른 소리로 나기도 한다. 다음의 말을 <보기>와 같이 소리 나는 대로 써 보고, 왜 그렇게 소리가 날까 말해 보자.

(1) 띄어쓰기 [   ]   (2) 유희 [   ]

(3) 피읖 [   ]   (4) 신라 [   ]

(5) 깎다 [   ]   (6) 깻잎 [   ]

마. 받침 발음 지도

받침이 발음될 경우 뒷말이 모음이 올 때에는 연음되고, 'ㅈ, ㅊ, ㅋ, ㅌ, ㅍ, ㅎ' 등이 어말에 올 때에는 대표음으로 변하며, '젊다[점:따], 늙다[늑따]'에서와 같이 받침이 겹자음인 경우에는 'ㄹ'이 발음되지 않는 등 하나의 자음이 묵음화 되는 현상을 알게 해야 한다. 지도 방법의 예를 들어 보자.

- 다음은 받침의 소리가 나는 방법에 따라 1, 2, 3으로 구분하였다. 1, 2, 3의 소리 나는 특징을 조별로 협의해 보고, 같은 특징에 따라 소리 나는 낱말을 될 수 있는 대로 많이 적어 보자.

1	2	3
낯이[나치]	낯만[난만]	늙다[늑따]
솥에[소테]	솥도[솓또]	읊다[읍따]
특징:	특징:	특징:

바. 표준 발음법 지도

표준 발음법을 익혀 공공장소에서 바르고 정확한 의사소통을 할 줄
알게 해야 한다. 지도 방법의 예를 들어 보자.

- 어떤 상황에서 표준 발음으로 말해야 할지를 말해 보자. 그리고
  <보기>를 보면서 아래 문장의 밑줄 친 부분을 표준 발음으로 읽어
  보자.

> **보기** 담력[담ː녁] 강릉[강능]
> 논리[놀리] 삼천리[삼철리]

  (1) <u>대통령</u>[   ]께서 우리 마을에 오신다.
  (2) 경상남도 고성은 <u>공룡</u>[   ] 유적지로 유명하다.
  (3) <u>전라북도</u>[   ]에는 넓은 평야가 있다.
  (4) <u>천리</u>[   ]를 단숨에 달려 왔다.

사. 초분절 음운 지도

언어적 표현과 더불어 사용되는 초분절 음운(반언어적 표현)의 표현
특성 및 의사소통에서의 역할을 이해하고, 사용하게 해야 한다. 지도
방법의 예를 들어 보자.

- 다음 문장의 밑줄 친 낱말의 음장 표현에 맞게 말해 보자. 그리고
  친구가 말한 것을 듣고, 틀리게 말한 부분이 나오면 따서 말해 보자.

  (1) 하늘에서 <u>눈이</u> 내린다. 내린 <u>눈은</u> 바람이 불어 눈 속에 들어가
     눈물이 되었다. 이 눈물은 <u>눈에서</u> 나오는 <u>눈물인가</u>? <u>눈이</u> 녹은
     <u>눈물인가</u>?

(2) <u>밤에</u> 횃불을 들고 바닷가에 있는 굴에 들어갔다. 굴속에는 먹는 굴이 많았다. 그러나 굴속이 어두워 굴을 따기가 어려웠다. 그래서 굴을 따 먹지 않고 주머니에 있는 <u>밤을</u> 먹었다.

• 다음 문장의 억양 표현에 따라 말해 보자. 그리고 잘못 되었다면 무엇이 잘못 되었는지 말해 보자. 굵은 글씨는 높은 억양의 말이다.

(1) 영수 : 철수야, **어디** 가나?

철수 : 응, 어디 **간다**.

순이 : 영수가 **어디** 가냐고 묻지 않아.

철수 : 응, 부산에 **간다**.

순이 : 영수가 **어디** 가냐고 묻지 않아.

철수 : 응, **부산**에 **간다**.

순이 : 영수가 **어디** 가냐고 묻지 않아.

철수 : 응, **부산**에 간다.

아. 교육과정 지도 내용

지금까지 초등학교 교육과정에 나타난 음운 관련 지도 내용을 제4차 교육과정부터 알아보면 다음과 같다.

1) 제4차 교육과정

· 한글 낱자의 모양, 이름, 순서를 안다.(1)

· 낱자가 모여서 소리를 나타내게 됨을 안다.(1)

· 받침이 있음을 안다.(2)

· 글자와 발음이 달라지는 것이 있음을 안다.(2)

· 받침은 다른데 발음이 같게 나는 것이 있음을 안다.(3)

· 받침이 다음 음절에서 발음되는 때가 있음을 안다.(4)

· 받침이 발음되는 때와 발음되지 않는 때가 있음을 안다.(5)

· 말에는 된소리로 발음되는 것이 있음을 안다.(6)
· 말에는 표기와 발음이 다른 것이 있음을 안다.(6)

2) 제5차 교육과정

· 기본 음절표를 활용하여 한글 낱자의 모양과 음가, 글자의 짜임을
익힌다.(1)
· 글자와 발음이 다른 경우를 찾는다.(1, 2)

3) 제6차 교육과정

· 한글 낱자의 모양과 이름을 안다.(1)
· 낱자가 모여서 이루어진 글자의 짜임을 알고 바르게 읽는다.(1)
· 낱말을 소리 내어 읽어보고, 글자와 발음이 다른 경우를 찾는다.(2)
· 글자와 발음이 다른 경우를 찾아보고, 정확하게 발음한다.(3)

4) 제7차 교육과정

· 한글 낱자의 음가를 안다.(1)
· 자음과 모음을 구별한다.(2)
· 표준 발음법에 맞게 발음한다.(6)
· 상황에 따라 표준 발음으로 말하려는 태도를 지닌다.(6)

5) 2007 개정 교육과정

· 한글 자모의 이름과 소리를 안다.(1)
· 소리와 표기가 다를 수 있음을 이해한다.(1)
· 소리를 혼동하기 쉬운 낱말을 정확하게 발음한다.(2)
· 반언어적 표현의 특성을 알고 의사소통에서의 역할을 이해한다.(5)

6) 2009 개정 교육과정

· 한글 낱자 자모의 이름과 소릿값을 알고 정확하게 발음하고 쓴
다.(1-2)

· 소리와 표기가 다를 수 있음을 알고 낱말을 바르게 발음하고 쓴다.(3-4)
· 음운 체계를 탐구하고 그 특징을 이해한다.(중1-3)
· 음운 변동의 규칙성을 탐구하고 자연스러운 발음의 원리를 이해한다.(중1-3)

7) 2015 개정 교육과정

· [2국04-01] 한글 자모의 이름과 소릿값을 알고 정확하게 발음하고 쓴다.(1-2학년군)
· [2국04-02] 소리와 표기가 다를 수 있음을 알고 낱말을 바르게 읽고 쓴다.(1-2학년군)
· [9국04-02] 음운의 체계를 알고 그 특성을 이해한다.(중1-3학년군)
· [9국04-08] 한글의 창제 원리를 이해한다.(중1-3)

제 V 장 단어와 교육

1. 형태소

언어 단위로서 의미를 가지기 시작한 단위는 형태소부터이다. 음운이나 음절은 의미가 없는 언어 단위이다. 형태소부터 단어, 구, 절, 문장은 의미가 있는 언어 단위이다. 다음 문장을 보자.

(1) 가. 가을 하늘이 높다.
     나. 철수가 동화를 읽었다.

(1') 가. 가을 하늘-이 높-다.
      나. 철수가 동-화를 읽-었-다.

(1가,나) 두 문장은 (1'가,나)처럼 형태소 분석될 수 있다. 이때 '가을, 하늘, -이, 높-, -다, 철수, -가, 동(童), 화(話), -를, 읽-, -었-, -다'의 각 형태소는 나름대로 의미를 가지고 있다. '가을'은 '秋'라는 의미를, '-이'는 '가을 하늘'에게 주격 자격을 주는 의미를 가지고 있다. 그러나 위와 같은 형태는 더 이상 분석하면 그 의미를 잃고 만다. 만약 '하늘'이라는 형태를 '하'와 '늘'로 분석한다면 '하'와 '늘'은 그 자체로서는 아무런 의미가 없다. 이처럼 더 이상 분석하면 의미를 잃어버리는 의미의 최소

단위를 형태소(形態素)라 한다. 여기에서 좀더 고려해 볼 내용은 한자어이다. 한자어 '동(童)'과 '화(話)'는 '동' 자리에 '우(寓), 설(設)' 등을 대치하여 '우화', '설화'와 같이 될 수 있고, '화' 자리에 '요(謠), 심(心)'을 대치하여 '동요', '동심'과 같이 될 수 있으므로 계열관계의 원리에 따라 '동'과 '화'로 형태소 분석할 수 있다. 그래서 이들을 각각 하나의 형태소로 본다.

(2) 가. 비둘기 한 마리가 지붕 위에서 먹이를 찾고 있다.
     나. 가을 바람이 서늘하다.

(2') 가. 비둘기 한 마리-가 집-웅 위-에서 먹-이-를 찾-고 있-다.
     나. 가을 바람-이 서늘-하다.

(2가,나)를 형태소 분석하면 (2'가,나)와 같다. '지붕'이 '집-웅'으로 분석되며, '먹이'가 '먹-이'로, '서늘하다'가 '서늘-하-다'로 분석된다. 이때 '-웅, -이, -하'는 파생접미사인데, 파생어의 형태소 분석은 이렇게 파생법에 따라 분석된다. 특히 '서늘하다'의 '서늘'은 어근인데, 여기에 파생접미사 '-하-'가 붙어 '서늘하-'를 이루었고, 여기에 어미 '-다'가 붙어 '서늘하다'란 형용사를 이루었는데, 이때에도 '서늘-하-다'와 같이 분석해야 한다. '깨끗하다, 청소하다, 운동하다' 등도 마찬가지다.

형태소의 종류는 분류기준에 따라 몇 가지로 나누어 볼 수 있는데, 자립성 유무에 따라 자립형태소(예:하늘, 철수)와 의존형태소(이, 푸르, 다, 가, 동, 화, 를, 읽, 었, 다)로 분류할 수 있으며, 의미의 허실에 따라 실질형태소(하늘, 철수, 푸르, 동, 화, 읽)와 형식형태소(이, 다, 가, 를, 었, 다)로 나눌 수 있다. 그리고 기능에 따라 어휘형태소(=실질형태소)와 문법형태소(=형식형태소)로 분류하기도 한다.

위 예의 '하늘이, 철수가'에서 '-이'와 '-가'는 '하늘'과 '철수'가 주격이라는 것을 나타내 주는 문법형태소이나 이들이 오는 환경에 따라 '-이'와 '-가'로 달리 표기되었다. 이처럼 하나의 형태소가 환경에 따라 모습을 달리 할 때, 그것을 각각 형태(morph)라 하고, 한 형태소의 교체형들을 그 형태소의 이형태(異形態) 또는 변이형태(變異形態)라 한다. 이형태는 음운론적 이형태가 있고, 형태론적 이형태가 있다. 음운론적 이형태는 '사슴이, 노루가'의 '-이/가'처럼 앞 말의 음운론적 조건 즉, 앞 말의 말음이 자음이냐 모음이냐에 따라 달리 쓰이는 이형태를 말하고, 형태론적 이형태는 '보아라, 오너라, 가거라, 하여라'처럼 앞 말(어간)의 형태 '보-, 오-, 가-, 하-'에 따라 어미의 형태가 '-아라, -너라, -거라, -여라'로 달리 쓰이는 이형태를 말한다.

2. 단어

단어(낱말)에 대한 문법가들의 견해는 크게 세 가지로 구분된다. 위 (1나) '철수가 동화를 읽었다.'를 예로 들어 단어관을 살펴보면 첫째, 주시경 등의 초기 문법가들은 여섯 단어(철수, 가, 동화, 를, 읽, 었다)로 보았다. 최현배 등의 한글맞춤법 제정에 참여하였던 학자들은 다섯 단어(철수, 가, 동화, 를, 읽었다)로 보았다. 정렬모, 이숭녕 등은 세 단어(철수가, 동화를, 읽었다)로 보았다.

단어를 어떤 관점에서 보느냐 하는 것은 단어를 정의하는 기준이 될 것이다. 최현배 등의 관점은 이렇다. 첫째, 앞과 뒤에 휴지(쉼)가 올 수 있어야 한다(예: 철수가#동화를#읽었다.). 둘째, 다른 조사로 분리될 수 있어야 한다(예: 철수만이 동화만을 읽었다.). 셋째, 자립적이어야 한다. 그런데 '-가, -를' 등의 조사는 자립적이지는 않지만 문법적으로 개별적 의미를 지니고 있어 단어로 인정하며, '것, 먹어 보다' 등의 의존 명사(것)나 보조동사(보다)도 자립적이지는 않지만 자립형태소가 나타 나는 위치에 나타나고, 의미도 준자립적이기 때문에 단어로 본다. 이렇 게 볼 때 '철수가 동화를 읽었다'는 '철수, 가, 동화, 를, 읽었다'의 다섯 단어로 구성되어 있다. 이런 관점에서 단어는 '자립적 의미를 가진 최소 단위'라고 정의할 수 있다.

3. 품사 분류

품사 분류의 기준으로는 일반적으로 의미, 기능, 형식 셋을 든다. 의미 는 어휘적 의미가 아니라 형식적 의미로 어떤 단어가 사물의 이름을 나타내느냐 아니면 움직임이나 성질 또는 상태를 나타내느냐 하는 것을 의미한다. 그리고 기능은 한 단어가 문장 가운데서 다른 단어와 맺는 관계를 가리킨다. 체언의 기능인가, 용언의 기능인가 아니면 수식언의 기능인가 등을 말한다. 형식이라 함은 단어의 형태적 특징을 의미한다. 명사나 부사, 감탄사 등은 형태가 변하지 않고, 동사나 형용사 등은 형태가 변한다.

그런데 국어의 품사는 이러한 것의 한 가지만에 의하여 분류되지 않고, 이 세 가지가 복합적으로 작용하여 분류된다. 이러한 분류에 따라 분류된 국어의 품사는 학교 문법에서 9품사 곧, 명사, 대명사, 수사, 동사, 형용사, 관형사, 부사, 감탄사, 조사가 있다(1963년에 공포된 학교 문법통일안). 물론 이러한 품사 분류 방법에 따르더라도 조사를 곡용어 미로 보아 8품사로 보는 견해도 있다. 품사 분류는 아직까지 학자들

사이에 통일되지는 않았다. 여기에 한 가지 품사 분류표를 제시하여 보겠다(남기심·고영근(1985:60) 참조).

(1) 단어
  1. 불변어 : 1) 체언 - 명사, 대명사, 수사
              2) 수식언 - 관형사, 부사
              3) 독립언 - 감탄사
              4) 관계언 - 조사
  2. 가변어 : 1) (서술격 조사 : 이다)
              2) 용언 - 동사, 형용사

단어를 먼저 형식상으로 불변어인지 가변어인지 분류하였고, 다음으로 문장 내에서의 기능상으로 체언의 역할을 하는지 수식언의 역할을 하는지 등에 따라 체언, 수식언, 독립언, 관계언, 용언의 다섯 가지로 분류하였다. 마지막으로 형식적 의미에 따라 명사, 대명사, 수사, 관형사, 부사, 감탄사, 조사, 동사, 형용사 등의 아홉 가지 품사로 분류하였다.

가. 명사

명사는 사람이나 사물의 이름을 가리키는 품사의 일종이다. 명사는 쓰이는 범위에 따라 보통명사와 고유명사로 나누고, 그 말이 지니고 있는 자립성 유무에 따라 자립명사와 의존명사로 구분한다.

보통명사는 같은 종류의 물건이나 일에 대해 두루 쓰이는 이름이며, 고유명사는 특정한 사물이나 사람을 다른 것들과 구별하여 부르기 위하여 붙인 이름이다. 그래서 '<u>아인슈타인</u>은 과학자다.'의 '아인슈타인'은 고유명사이지만, '그들은 모두 미래의 <u>아인슈타인</u>이다.'의 '<u>아인슈타인</u>'

은 보통명사이다.

자립명사는 '책, 강'처럼 제 홀로도 완전한 의미를 갖고 쓰일 수 있는 명사이고, 의존명사는 '것, 명'처럼 다른 말에 의존해서 쓰일 수 있는 말이다.

한 걸음 더 **의존명사**

1) 의존명사의 특성

가) 앞에 관형어가 수식해야 쓰일 수 있다. 아래 예문처럼 '알'이라는 관형어가 없으면 비문이 된다.

예) - *나는 그것을 수가 없다.

- 나는 그것을 알 수가 없다.

나) 뒤에 결합되는 조사가 제한되기도 한다. 아래 예문처럼 '-로'라는 조사로 쓰이지 않으면 비문이 된다.

예) - *눈을 감은 채가 있다.

- 눈을 감은 채로 있다.

다) 앞에 오는 시상 선어말 어미가 제한되기도 한다. 아래 예문에서 볼 수 있는 바와 같이 '줄'이라는 의존명사는 '-더-'라는 시상 선어말어미가 앞에 오는 것에 제한된다.

예) - *생선회를 먹던 줄을 몰랐다.

- 생선회를 먹을 줄을 몰랐다.

라) 안은 문장의 서술어가 제약 받는 경우도 있다. 아래 예문처럼 '줄'은 주로 '알다, 모르다'와 같은 인지동사를 서술어로 가진다.

예) - *군대에 간 아들이 돌아온 줄 봤다.

- 군대에 간 아들이 돌아온 줄 알았다.

마) 의존명사에는 '분, 것, 바, 데, 뿐, 수, 이, 명, 권, 지, 만큼, 대로' 등 여러 가지가 있다.

2) 단위성 의존명사

가) 단위성 의존명사는 대부분 특정한 명사와만 결합된다. '마리'는 '소'와 같은 짐승에 사용되고, '권'은 '책'과 같은 것에 사용되나 예외적인 것도 있다.

예) 소 한 <u>마리</u>, 책 한 <u>권</u>.

예외) 사과 한 <u>개</u>, 의자 한 <u>개</u>

나) 자립명사가 의존명사의 기능을 띠는 경우가 있다. 아래 예의의 '사람, 사발'는 자립명사로 쓰이는 것이 일반적이나 아래 예처럼 의존명사로 쓰인 경우도 있다.

예) 학생 한 <u>사람</u>, 막걸리 두 <u>사발</u>

다) 단위성 의존명사에는 '개, 대, 돈, 마리, 벌, 살(열 살), 손(조기 한 손), 자루, 죽(버선 한 죽), 채(집 한 채), 켤레, 쾌(북어 한 쾌), 시, 분, 초, 층, 동(16동), 과(제일 과) 등 여러 가지가 있다.

나. 대명사

대명사는 '사람, 장소, 사물의 이름을 대신하는 말'이다. 사람 이름을 대신하는 말이 인칭대명사이고, 장소나 사물을 대신하는 말이 지시대명사이다.

		단수		복수
인칭대명사	1인칭	예사말	나	우리
		겸사말	저	저희
	2인칭	단수		복수
		예사말	너	너희
		공대말	자네, 당신, 그대	
	3인칭	근칭	중칭	원칭
		이, 이들, 이이, 이분, 이놈	그, 그들, 그이, 그녀, 그놈, 그분	저, 저들, 저놈, 저이, 저분
지시대명사	사물 표시	이것	그것	저것
	장소 표시	여기	거기	저기

위에서 언급한 것 외에 의문의 기능과 관련된 대명사에 미지칭(未知稱) 대명사와 부정칭(不定稱) 대명사가 있다. 미지칭 대명사는 (2가)처럼 알지 못하는 사람 또는 장소를 가리킬 때 쓰이고, 부정칭 대명사는 (2나)처럼 정해지지 않은 것을 가리킬 때 쓰인다.

    (2) 가. <u>누</u>가 왔느냐? <u>어디</u> 갔느냐?
        나. <u>아무</u>도 없네. <u>어디</u>에도 없네.

그런데 미지칭에 '-나, -라도'와 같은 보조사가 붙으면 부정칭으로 쓰이기도 한다. '<u>누구나</u> 좋다. <u>어디라도</u> 좋다.'의 '누구, 어디'가 그렇다. 그리고 강세에 따라서도 달라지는 경우가 있다. '누가 왔니'에서 '누'에 강세가 오면 미지칭을 나타내고, '왔'에 강세가 오면 부정칭을 나타낸다.
대명사의 특수한 예로 재귀칭(재귀대명사 혹은 재귀사)이 있다. 이 대명사는 다른 대명사들과 달리 앞 문장이나 문맥에서 나온 체언을 대신하는 것이 아니라 한 문장 안의 체언을 대신하는 기능을 한다. 재귀칭에는 (3가-라)처럼 '자기' 외에 '저', '당신', '저희'가 있다.

    (3) 가. 그는 <u>자기</u> 가족을 사랑한다.
        나. 누구든지 <u>제</u> 자식은 사랑한다.
        다. 아버지께서는 <u>당신</u>이 가신다고 말했다.
        라. 아이들은 <u>저희</u>들이 잘했다고 야단이다.

우리말은 재귀칭이 매우 제한적인 경우에만 쓰인다. 선행 명사구가 3인칭이어야 하고, 유정명사여야 한다. 그래서 아래 예문 (4가)는 비문이 된다.

    (4) 가. *이 <u>그림</u>은 <u>자기</u>를 그린 사람을 좋아한다.
        나. <u>아버지</u>는 <u>자기</u>를 그린 사람을 좋아한다.

다. 수사

수사는 사물의 수량이나 순서를 나타내는 말이다. '하나, 둘/ 일, 이/ 한둘, 두셋(부정수)'은 양수사이고, '첫째, 둘째/ 한두째, 두세째(부정수)' 는 서수사이다.[1]

고유어계 및 한자어계 수사, 수관형사 읽기를 할 때 수학적인 계산에 서는 한자어가 쓰이는 것이 보통이지만(삼 더하기 사는 칠) 단위성 의존 명사가 없이 사람이나 사물을 셀 때에는 고유어만 쓰인다.(사과 하나에 얼마냐?) 수관형사를 읽을 때에도 이러한 구분이 있다. 세 사람, *삼 사람 (자세한 사항은 고영근·구본관(2008:79-81) 참조).

한 걸음 더 **체언과 복수**

우리말의 복수 표시 방법은 다양하고 규칙성을 찾기가 쉽지 않으나 다음과 같은 방법으로 표시한다.

1) 접미사 '-네, -희, -들'로 표시한다.
   예) 학생들이 모두 있다.

2) 수량 표시 부사나 형용사 사용한다.
   예) 사람들이 <u>많이</u> 모였다. 나무가 <u>많다</u>.

3) 수사나 수관형사가 포함된 구를 사용한다.
   예) 두 학생이, 학생 둘이, 두 명이

4) 보조사 '들'로 문장의 주어가 복수임을 표시한다.
   예) '어서들 오너라.'(보조사)

---

1) 고영근·남기심(1985:85)에서는 '혼자, 둘이, 셋이, 여럿이, 몇이'는 수사인데, 인수(人 數)이고, '제일, 제이'는 한자어 계통의 서수사인데, 양수사 '일, 이'에 순서표시의 접두 사 '제(第)'가 붙어 형성된 것이라 하였다. 그리고 '영(零)' 또는 공(空)'도 한자어 계통의 수사로 보고 있다. 그러나 국어 사전에는 '영'을 명사로 보고 있고, 차례를 나타내는 '제일, 제이'의 품사는 등재되어 있지 않다.

라. 동사

동사는 사물의 움직임을 주로 과정적으로 표시하는 품사이다. 동사는 형태상의 기준에 따라 규칙동사와 불규칙동사, 통사상의 기준에 따라 자동사와 타동사, 기능상의 기준에 따라 본동사와 보조동사로 분류되기도 한다. 최근에는 통사·의미론적 특성에 따라 심리동사, 인지동사, 이동동사, 재귀동사, 대칭동사 등으로 구분되기도 한다.

1) 규칙동사는 동사의 활용이 '먹다 : 먹고, 먹는다, 먹어, 먹으니'처럼 규칙적인 동사이고, 불규칙동사는 동사의 활용이 '돕다 : 돕고, 돕는다, 도와, 도우니'처럼 불규칙적인 동사이다(자세한 사항은 뒤에 제시된 '용언의 활용' 참조).

2) 자동사는 목적어를 요구하지 않고, 동사가 나타내는 동작이나 작용이 주어에만 미치는 동사이다. 타동사는 목적어를 필요로 하는 동사이다. '기차가 떠난다.'의 '떠난다'는 목적어가 없어도 문장이 성립되므로 자동사이고, '아기가 밥을 먹는다.'의 '먹는다'는 '밥을'이라는 목적어가 있어야 문장이 성립되므로 타동사이다.

타동사 중에는 부사어를 요구하지 않은 완전타동사(나는 밥을 먹는다.)와 부사어를 요구하는 불완전타동사((나는 그를 친구로 삼았다.)가 있다. 불완전 타동사에는 (5)처럼 '삼다, 주다, 넣다' 등이 있다.

(5) 가. 나는 그를 친구로 삼았다.
　　나. 철수가 영희에게 선물을 주었다.
　　다. 이 편지를 우체통에 넣어라.

자동사와 타동사가 공용되는 것도 있다. 이러한 동사를 능격동사라고 하는데, (6)처럼 '그치다, 움직이다, 멈추다, 다치다, 휘다' 등이 있다.

(6) 가. 비가 <u>그쳤다</u>.

　　나. 아기가 눈물을 <u>그쳤다</u>.

3) 서술어로서의 동사는 하나의 동사로 이루어지는 경우도 있지만 두 개의 동사로 이루어지는 경우도 있다. '가 버리다, 찢어 버리다'는 두 개의 동사로 이루어졌는데, 이때 '가, 찢어-'는 본동사이고, '버리다'는 보조동사이다. 이때 보조동사는 본동사 '가, 찢어-'를 도와서 완전한 서술어가 되게 하고 있다(자세한 사항은 뒤의 '보조용언'을 참조).

4) 의미론적 분류에서의 동사는 '말하다, 명령하다' 등의 언어 수행의 수행동사, '싸우다, 만나다, 닮다' 등의 문제의 대상이 둘 이상이 있어야 함을 나타내는 대칭동사, '가다, 오다' 등의 이동동사, '믿다, 느끼다, 알다, 바라다, 생각하다' 등의 인식이나 정서 표현의 심리동사, '주다, 받다, 얻다' 등의 수혜동사, '입다, 신다, 먹다' 등과 같이 주어의 행동이 다시 행동주에게 돌아오는 재귀동사가 있다.

마. 형용사

형용사는 사물의 성질이나 상태를 표시하는 품사이다. 대상의 속성이나 상태를 나타내는 성상형용사(아름답다, 착하다, 푸르다 등)와 그 성상형용사를 가리키는 지시형용사(이러하다, 어떠하다, 아무러하다 등)로 나누기도 한다. 그리고 성상형용사는 다시 주관성 형용사와 객관성 형용사로 나누기도 한다.

1) 주관성 형용사와 객관성 형용사

　주관성 형용사: 고프다, 아프다, 싫다, 싶다 등

　객관성 형용사: 감각적 의미(검다, 달다, 시끄럽다), 평가적 의미

(착하다, 모질다), 비교적 의미(같다, 다르다), 존재적 의미(있다, 없다)에 따라 분류하기도 한다.

2) 주관성 형용사인가 객관성 형용사인가는 '지금'을 넣어 보면 된다. '지금'을 넣어서 말이 되면 주관성 형용사이고, 안 되면 객관성 형용사이다(나는 지금 배가 고프다. *그는 지금 착하다.).

3) '아니다'는 서술격 조사 '이다'의 부정형인데, 형용사로 분류되고 있다. 보어를 요구하고 있어서 불완전 형용사이다(책상은 <u>의자가</u> 아니다.).

한 걸음 더 **보조용언**

보조용언(보조동사, 보조형용사)은 문장 안에서 의존적으로 쓰여 다른 서술어를 도와주는 기능을 하는 용언(동사, 형용사)을 말한다(하고 <u>싶다</u>, 끝나(아) <u>간다</u> 등). 그런데 본용언에 보조용언이 결합될 때에는 일정한 어미만을 요구하는 제약이 있다. '하고 <u>싶다</u>, 끝나(아) <u>간다</u>'의 '싶다'는 '-고', '간다'는 '-아'라는 어미를 요구한다. 그런데 '어머니가 바구니를 들고 가셨다.'는 '어머니가 바구니를 들었다.' '어머니가 가셨다.'라는 문장이 성립되므로 '어머니가 바구니를 들고 가셨다.'의 '들고 가셨다'는 '본용언+보조용언'이 아니다. '본용언+본용언'의 구성으로 위의 둘째 문장 '어머니가 가셨다.'의 '어머니가'가 생략되고 '들었다'에 '가셨다'가 결합되어 '들고 가셨다'가 이루어진 '본용언+본용언'의 구성이다. 그러나 '나는 그 일을 하고 싶다.'는 '나는 그 일을 한다.'는 성립되지만, '*나는 싶다'는 성립되지 않으므로 '하고 싶다'는 '본용언+보조용언' 구성이다.

보조용언은 1) 일정한 어미를 요구한다. 2) 자립성이 없거나 희박하다. 의미도 어휘적이기보다는 문법적이다. 3) 대부분 '-아, -게, -지, -고'가 쓰이나 꼭 그런 것은 아니다.

    예) 보나 싶다

    그런데 '들어가다, 쓸어버리다, 돌아가다, 갈아입다, 알아듣다'처럼
합성동사인지 '본용언+보조용언'인지 구별하기 어려운 것도 있다.

    1) 보조동사 분류
가) 시제와 동작상과 관련된 것: 듣고 나서, 얻어 내었다, 먹어 버렸다
    (이상 완료), 끝나 간다, 밝아 온다, 쓰고 있다(계신다)(이상 진행),
    꽂아 두었다, 얹어 놓았다, 읽어 가지고(이상 보유), 입어 보다(시
    행)
나) 사동이나 피동과 관련된 것: 입게 하다, 되게 만들다(사동), 써진다,
    가게 되었다(피동)
다) 부정과 관련된 것: 울지 않는다, 끝내지 못했다, 떠나지 말아라
라) 양태와 관련된 것: 먹어야 한다(당위), 건강해 보인다(짐작), 만나기
    는 했다(시인), 놀려 댔다(강세)
마) 봉사의 의미와 관련된 것: 만들어 주었다

    2) 보조형용사 분류
가) 시제나 동작상과 관련된 것: 앉아 있다(상태 지속)
나) 부정과 관련된 것: 춥지 않다, 아름답지 못하다(부정)
다) 양태와 관련된 것: 가고 싶다(희망), 서울인가 보다, 잘못이 아닌가
    싶다(추측), 아름답기는 하다(시인)

1) 기본형, 어간, 어미

어간에 어미 '-다'를 붙인 형태를 기본형이라 한다. 그리고 이것은 용언의 사전에 올릴 때의 표제어가 된다. '깊다'는 '깊-'과 '-다'로 분석되는데 '깊-'은 어간이고, '-다'는 어미이다. '하였겠으니'는 어간 '하'와 어미 '-였겠으니'가 있고 '-였겠으니'는 다시 '-였-', '-겠-'과 같은 선어말어미와 '-으니'와 같은 어말어미로 구분된다.

2) 용언 활용의 특징

동사의 활용은 '읽다, 읽는다, 읽느냐, 읽어라, 읽자, 읽는, 읽어라'와 같이 어간에 붙은 어미가 자유스러우나 형용사의 활용은 '*예쁜다, *예쁘는, *예쁘느냐, *예쁘자(청유), *예뻐라(명령)'와 같이 현재시제와 관련된 '-는/ㄴ-'이나 직설법 '-느-', 명령법 '-라', 청유법 '-자' 등의 활용이 안 된다. 동사의 경우도 '데리고'와 같은 불완전동사는 '데려, 데리고, *데린다, *데려라, *데리느냐'와 같이 활용이 불완전하다. '가로되, 대하다, 비롯하다, 관하다, 의하다, 위하다, 말미암다, 즈음하다, 더불다' 등도 불완전동사에 속한다.

3) 규칙 활용과 불규칙 활용

규칙 활용은 어간과 어미가 결합할 때 일정한 모습을 보이는 활용이고, 불규칙 활용은 환경에 따라 모습을 다르게 보이는 활용이다.

가) 규칙 활용

'벗어-벋고, 있어-읻고'는 어간 말음이 모음 어미 앞에서는 연음([버서, 이써]), 자음 어미 앞에서는 'ㅅ, ㅆ'의 발음이 대표음 [ㄷ]으로 바뀐다. 이러한 변동 현상이 이러한 환경의 모든 용언에서 규칙적이다. '잡아

-잠는'은 어간 말음이 모음 어미 앞에서는 연음([자바]), 비음의 자음 어미 'ㄴ' 앞에서는 어간말음 [ㅂ]이 비음 [ㅁ]으로 바뀐다. 규칙적이다. '쓰고-써어, 따르고-따르아'는 '쓰-, 따르-'와 같이 '으'로 끝난 용언 어간이 모음으로 시작되는 어미 앞에서 '으'가 탈락하여 '써'와 같이 된다. 한다. 규칙적이다. '울다, 울고, 울면-우는, 우느냐, 우오, 우시고'는 'ㄹ'로 끝나는 어간이 특정 어미 '-느-' 앞에서와 'ㄹ'이 매개모음 '-으-'를 요구하는 어미 '-ㄴ, -ㅂ-, -오, -시-'(놀은, 놀읍니다, 놀으오, 놀으시고) 앞에서 'ㄹ'이 탈락한다. 규칙적이다.2)

나) 불규칙 활용

불규칙 활용에는 어간이 불규칙한 것, 어미가 불규칙한 것, 어간과 어미가 모두 불규칙한 것이 있다. 어간이 불규칙한 것은 '짓다-지어(비교: 벗어), 묻다-물어(비교: (땅에) 묻어), 돕다-도와(비교: 뽑아), 흐르다-흘러(비교: (값을) 치러), 푸다-퍼'(비교: 주어)와 같다. 어미가 불규칙한 것은 '하다-하여(비교: 파), 이르다(至-)이르러(비교: 일러(謂)), 가다-가거라, 오다-오너라'(비교: 보아라, 먹어라)와 같다. 어간과 어미가 모두 불규칙한 것은 '파랗다-파란'(비교: 좋은, 좋으면)과 같다.

한 걸음 더 어미

어미는 어간 뒤에 결합되는 요소로서 여러 가지 문법적인 의미를 더해주는 요소이다. 예를 들면 '하시-었-다'에서 '-었-'은 과거, '-시-'는 높임, '-다'는 문장 종결의 의미를 갖고 있다.

어미는 선어말어미와 어말어미, 어말어미는 종결어미와 비종결어미, 비종결어미는 연결어미와 전성어미, 연결어미는 대등적 연결어미와 종

---

2) 한글맞춤법통일안과 전통 문법서에서는 'ㄹ' 탈락을 불규칙 활용으로 처리하였다(남기심·고영근 1985:132 참조).

속적 연결어미와 보조적 연결어미, 전성어미는 관형사형 전성어미와 명사형 전성어미가 있다.[3] 뒤에 제시된 '어미의 분류와 체계' 표와 같다.

1) 종결어미

종결어미는 문장 종결법에 따라 '-는다, -는구나, -느냐, -어라, -자, -마, -려무나, -ㄹ라'에서 볼 수 있는 바와 같이 평서형 어미, 감탄형 어미, 의문형 어미, 명령형 어미, 청유형 어미, 약속형 어미, 허락형 어미, 경계형 어미[4]로 분류하기도 한다. 그리고 높임법에 따라 '-는다, -네, -오, -ㅂ니다, -어, -어요' 등처럼 아주 낮춤형, 예사 낮춤형, 예사 높임형, 아주 높임형, 두루 낮춤형(해체), 두루 높임형(해요체)이 있는데, 종결어미를 언급할 때에는 문장 종결법과 높임법 두 가지를 종합적으로 보면서 언급해야 할 것이다.

2) 연결어미

대등적 연결어미는 대등절에 쓰이는 연결어미이고(인생은 짧고, 예술은 길다.), 종속적 연결어미는 종속절에 쓰이는 연결어미이다(내가 떠나면 날이 개리라.). 그리고 보조용언을 본용언에 이어주는 보조적 연결어미가 있다(봄이 오지 않았다.).

3) 전성어미

명사형 어미와 관형사형 어미가 있다. 명사형 전성어미에는 '-기'와 '-(으)ㅁ'이 있다(너무 빨리 달리기 때문에 숨이 차다. 그가 크게 웃음은 특별한 일이다.[5]). 관형사형 전성어미에는 '-(으)ㄴ, -는, -(으)ㄹ' 등이

---

3) 부사형 전성 어미가 있다고 보는 견해도 있다.
4) 학교 문법에서는 문장을 평서문, 감탄문, 의문문, 명령문, 청유문의 다섯 가지로 본다. 이때에는 약속문, 경계문은 평서문에, 허락문은 명령문에 포함된다.
5) 명사형 전성어미와 달리 파생 접미사에의 한 파생명사가 있다. '육상 종목 중 달리기를

있다.

(7) 벌레 먹은 사과, 사랑하는 학교, 내가 다닌 학교, 나중에 먹을 밥

4) 선어말어미

가) 공대 관련 선어말어미: -시-, -옵-, -ㅂ-

나) 시제 관련 선어말어미: -는-, -었-, -겠-, -리-

다) 서법6) 관련 선어말어미: -느-, -더-, -니-, -것-

5) 어미의 결합

'선생님께서 그 일을 하시었겠사옵니다.'에서 '하시었겠사옵니다.'는 '하-시-었-겠-사오-ㅂ니다' 또는 '하-시-었-겠-사옵-니-다'의 결합이다.

종결어미 중 '하였습니다', '갑니다'의 어말어미(종결어미)가 무엇인가에 대해서는 일반적 관점에서는 '-ㅂ니다'로 본다. 그러나 남기심·고영근의 '표준 국어문법론'(148-153)에서는 '-ㅂ'과 '-니-'를 더 분석하여 선어말어미(분포가 좁은 선어말어미)라고 보고 있다. '-ㅂ-'은 합쇼체의 표지이고, '-니-'는 직설법 어미(서법을 나타내는 선어말 어미)라고 보는 것이다. '-시-, -겠-, -더-' 등은 분리적 선어말어미라고 하는데 반해 '-ㅂ-, -니-'는 교착적 선어말어미라고 한다. 그래서 사전에 '-ㅂ니다'를 분리하지 않고, 그대로 싣고 있다. 그래서 우리는 '갑니다'의 어말어미를 '-ㅂ니다'로 알고 있으면 되지만 좀더 자세하게는 교착적 선어말어미 '-ㅂ-, -니-'와 어말어미 '-다'라고 말할 수도 있다.

좋아한다. 그의 순수한 웃음이 좋다.'에서 '달리기, 웃음'이 이에 해당한다. 파생명사와 명사형 전성어미는 형태가 같아 무엇인지 구별하기가 쉽지 않은데, 파생명사는 품사상 명사이므로 문장에서 주어나 목적어로 쓰이고, 전성어미 '-기, -음'이 붙어 이루어진 것은 품사상 동사나 형용사이기 때문에 문장에서 서술어에 붙어 쓰인다.

6) 서법이란 화자가 사태에 대한 심리적 태도를 일정한 활용형 형태에 의해 서술하는 법이다. 자세한 사항은 뒤의 '서법' 참조할 것.

이제 고영근·구본관(2008:173) 및 허용 외(2010:256)를 참고로 하고 약간 수정하여 어미 분류 체계표를 제시하면 다음 표와 같다.

어미의 분류와 체계

분포	통사		의미	존비법					
				해라	하게	하오	합쇼	요-결락형	요-통합형
어말어미	종결어미		평서형	-는다	-네	-오	-ㅂ니다	-어	-어요
			감탄형	-는구나	-는구먼	-는구려	0	-어	-어요
			의문형	-느냐	-는가	-오	-ㅂ니까	-어	-어요
			명령형	-어라	-게	-오	-ㅂ시오	-어	-어요
			청유형	-자	-세	[-ㅂ시다]	[-시지요]	-어	-어요
			약속형 (평서)	-마	-ㅁ세	[-리다]	[-오리다]		
			허락형 (명령)	-려무나	-게나	-구려	0		
			경계형 (평서)	-ㄹ라	[-리]	[-리다]	0		
	비종결어미	연결어미	대등적	-고, -(으)며/며 등					
			종속적	-아서/어서, -니까 등					
			보조적	-아/어, -게, -지, -고 등					
		전성어미	명사형	-(으)ㅁ, -기					
			관형사형	-(으)ㄴ, -는, -(으)ㄹ 등					
선어말어미	높임			-(으)시-					
	시상			-ㄴ/는-, -았/었/였-, -더-, -리-, -겠-					

바. 관형사

관형사는 체언 앞에서 그 체언의 뜻을 분명하게 제한하는 품사이다. 체언을 꾸며 주며 형태 변화를 하지 않는다는 특징이 있다. 성상관형사, 지시관형사, 수관형사가 있다.

1) 성상관형사는 꾸밈을 받는 체언의 성질이나 상태를 제한해 주는 관형사이다. 예를 들면 '새(새 것), 헌(헌 것), 옛(옛 것), 맨(맨 앞, 맨 꼭대기, 맨 처음7))' 등과 같다.
2) 지시 관형사는 대상을 가리키는 관형사이다. '이, 그, 저, 이런, 저런, 다른' 등의 일반적인 지시관형사와 '어느, 무슨, 웬'과 같은 의문이나 부정의 지시관형사가 있다.
3) 수관형사는 주로 단위성 의존명사와 결합하여 사물의 수량을 표시하는 관형사이다. '한, 두, 세/서/석, 네/너/넉'과 '한두, 두세, 두서너, 여러, 모든, 온갖, 갖은' 등의 관형사가 있다.
4) '저 모든 새 집'처럼 관형사가 여럿이 연결된 경우에는 지시관형사, 수관형사, 성상관형사 순서로 구성된다.

사. 부사

부사는 용언 또는 다른 말 앞에 놓여 그 뜻을 분명하게 하는 품사이다. 부사는 형태가 변하지 않으면서 주로 용언(활짝 <u>피었다</u>)을 꾸며 주지만 문장 안의 다른 부사(매우 잘 익었다)나 명사(바로 옆에)나 관형사(아주

---

7) '맨'은 접두사로서 '다른 것이 없는'의 뜻인 '맨'(맨발, 맨주먹, 맨땅)과 관형사로서 '더 할 수 없는 정도나 경지에 있음을 나타내는'의 '맨'(맨 꼭대기, 맨 처음)과 부사로서 '다른 것은 섞이지 아니하고 온통'의 뜻인 맨(이 산에는 맨 소나무뿐이다.)이 있다.

샛 차)나 문장 전체(과연 <u>그가 올까?</u>)를 꾸며 준다.

1) 부사는 성분을 수식하는 성분부사와 문장 전체를 수식하는 문장부사
   로 나눈다.
   가) 성분부사는 다시 성상부사(잘, 매우, 바로, 겨우, 아주, 딸랑딸랑,
      방글방글 등), 지시부사(이리, 그리, 요리, 고리, 어찌, 언제[8] 등),
      부정부사(안, 못)로 나뉜다. 이러한 성분부사는 지시부사, 성상부
      사, 부정부사의 순서(<u>저리 잘 안</u> 먹는 아이)로 결합한다.
   나) 문장부사는 양태부사(과연, 설마, 만일, 제발)를 가리키는 일이
      많은데, 넓게 접속부사(그리고, 곧, 즉, 하물며, 및 등)까지 포함한
      다.

아. 감탄사

감탄사는 화자가 자신의 느낌이나 의지를 개념적인 단어를 의지하지
않고 직접 나타내는 품사이다.

1) 감탄사에는 고유 감탄사(아, 오, 아차, 네(예), 응)도 있지만, 다른
   품사로부터 만들어진 것(만세, 옳소, 그래, 허허, 아니, 천만에)도 있
   다. '만세'는 명사에서, '옳소, 그래'는 용언의 활용형에서, '허허, 아
   니'는 부사에서, '천만에'는 '체언+조사'의 결합에서 온 것이다.
2) 감탄사는 의미 기능에 따라 몇 가지로 나눌 수 있다. 감정 감탄사(오,
   와, 에끼, 이런, 아이고, 이크, 에구머니, 만세, 좋다 등), 의지감탄사(아
   서라, 자, 여보세요, 영차, 쉿, 네, 암요, 아니오, 응, 그래요, 천만에

---

8) '언제'는 잘 모를 때를 가리킬 때에는 지시대명사(네가 온 때가 <u>언제</u>이냐?)이고, 잘
   모를 때를 물을 때에는 부사(<u>언제</u> 가느냐?)로 쓰인다.

등), 입버릇 및 더듬거림(뭐, 말이지, 말이요, 어, 에, 거시기, 어흠, 에헴 등)이 있다.

자. 조사

조사는 체언이나 부사, 어미 따위에 붙어 그 말과 다른 말과의 관계를 표시해 주거나(철수가(주어 관계), 책을(목적어 관계): 이상 격조사), 자기가 가지고 있는 고유한 의미를 더해 주거나(얼굴만(단독), 마음씨도 (포함): 이상 보조사), 앞 말과 뒷말을 접속시켜 주는(너와 나: 접속조사) 품사라고 할 수 있다. 이제 조사에 대하여 구체적으로 알아보자.

1) 조사는 앞에 오는 다른 말의 형태를 바꾸는 경우가 있다. 주로 대명사와 조사가 결합할 때 그렇다.
   예) 나의>내, 저의>제, 나에게>내게, 저에게>제게
2) 조사에는 격조사와 보조사와 접속조사가 있다.
   가) 격조사는 체언이나 체언 구실을 하는 말 뒤에 붙어 앞말이 다른 말에 대하여 갖는 일정한 자격을 나타내는 조사인데, 그 조사가 문장 속에서 어떤 자격을 가지고 있느냐에 따라 분류된다. 학교문 법에 따라 문장성분을 고려하여 '주격, 목적격, 보격, 관형격, 서술 격, 부사격, 호격'으로 분류하여 알아보겠다.
   (1) 주격조사는 '꽃이, 진달래가, 어머니께서, 서울시에서, 혼자서, 셋이서'와 같다. '-가/이' 등의 앞 말이 문장에서 주어의 자격을 갖게 해 준다. '-에서'는 기관이나 단체 다음에 쓰이고 있고, '-서' 주격조사는 '혼자, 둘이, 셋이' 따위 사람의 수를 나타내는 체언 뒤에 붙어서 그 말이 주어임을 나타내는 격조사이다.

(2) 목적격조사는 '-을/-를, -ㄹ'이다. '나를 보소. 날 좀 보소에서'의 '-를, -ㄹ'이다. 앞 말 체언이 목적어의 자격을 갖게 만들어 준다.[9]

(3) 보격조사는 '물이 얼음이 되었다. 이것이 나무가 아니다.'의 '-이/가'이다. 형태가 주격조사와 같으나 보어에 붙어 사용되어서 보격조사이다.

(4) 관형격조사는 '사과의 씨'의 '-의'이다. '고향 친구'와 같은 구에서는 '고향의 친구'에서 '-의'가 생략되어 안 나타났다.

(5) 서술격조사는 '-(이)다'이다. 체언에 붙어 체언을 서술어로 만들어 주는 역할을 한다. '이것은 책상이다.'에서와 같다. 그러나 이것은 '책상이고, 책상이니, 책상이어서' 등과 같이 활용을 하여 일반 조사와는 다른 특성을 가지고 있다. 최현배 선생은 '이다'를 따로 하나의 품사로 지정하여 '지정사'라 하였다.

(6) 부사격조사는 문장 안에서, 체언이 부사어임을 보이는 조사이다. 부사격조사에는 여러 가지가 있다. 몇 가지 예를 들어보자. 사람이나 동물 따위를 나타내는 체언 아래에 쓰여, 그 체언으로 하여금 무엇을 받는 자리(낙착점)에 서게 하는 부사격 조사 '-에(무정명사 뒤에: 꽃밭에 물을 주었다.), -에게(유정명사 뒤에: 그녀에게 물을 주었다.), -께, -한테, -더러, -보고(순이보고)' 등이 있다. 처소(출발점)를 나타내는 '-에서, -에게서, -한테서'가 있고, 처소(지향점)를 나타내는 '-으로, -에게로, -한테로'가 있다. 또 둘 이상의 체언이 서로 같거나 다른 정도를 견줌으로 나타내는 비교격 조사가 있는데, '-처럼, -만큼, -같이, -보다' 따위가 있다. 또 동반의 뜻을 지닌 '-와, -하고, -랑', 행위나

---

9) 주격조사와 목적격 조사가 격 기능이 아닌 강조 기능으로 쓰이는 경우도 있다.
  (1) 물이 끓지가 않는다. (2) 철수는 학교를 간다. 세 시간을 걸었다.

재료나 도구 및 수단과 관련 있는 부사격 조사로 '-로, -으로, -로써'가 있고, 인용의 의미를 가진 '-라고('선생'<u>이라고</u>), -고(오라<u>고</u>)'가 있다.

(7) 호격조사에는 '-아(영수<u>야</u>), -아(남숙<u>아</u>, 사슴<u>아</u>), -여(바다<u>여</u>), -시여(그리스도<u>시여</u>) 등이 있다.

(8) 국어의 격조사는 쉽게 생략이 된다.

　예) 비 온다. 밥 먹어라. 누구 책이냐? 어디 가니? 고향 간다.
　형은 대학생, 나는 고등학생

나) 보조사는 격을 표시하지 않고 자기 자신의 특수한 뜻을 더해 주는 조사이다.

(1) 보조사는 생략이 가능하지 않고, 주격, 목적격, 부사격 등의 자리에 두루 쓰인다. 심지어 부사, 연결형, 불규칙 어근 뒤에도 쓰인다.

　예) 고래<u>도</u> 포유류다. 철수가 음악<u>도</u> 좋아한다. 읽어<u>는</u> 보았느냐? 깨끗<u>은</u> 하다

(2) 보조사는 위 예에서와 같이 여러 위치에 쓰이는 통용보조사가 있는가 하면 종결형 뒤에 쓰이는 종결보조사가 있다.

　예) 어디 쓰게<u>요</u>.[10] 사고 싶다<u>마는</u> 돈이 없다. 돌아왔네<u>그려</u>. 좋아 보이는구만<u>그려</u>'

(3) 자주 쓰이는 몇 가지 보조사 형태와 의미 기능을 알아보자.

　(가) '-은/는'은 '대조, 주제' 등의 의미 기능을 가진다. '은행나무<u>는</u> 활엽수이고, 소나무<u>는</u> 침엽수이다.'에서는 대조를 나타내고, '코끼리<u>는</u> 코가 길다.'에서는 주어의 자리에

---

[10] '-요'의 경우 반드시 종결형 뒤에만 쓰이는 것은 아니다. 체언, 부사어, 연결어미 등의 뒤에 붙어 청자에게 높임을 나타내는 보조사로 쓰이기도 한다. '마음은요 좋아요. 어서요 읽어 보세요. 그렇게 해 주면요 감사하죠.' '제가요 어제요 학교에요 왔어요' 등과 같다. 그러나 '이것은 토끼요, 그것은 개요, 소요, 사슴이요, 저것은 닭이다.'에서 '-(이)요'는 보조사가 아니라 '-이고'와 같은 기능을 하는 연결어미이다.

쓰여 주제를 나타낸다.

   (나) '백원만 주세요.'에서 '-만'은 '단독(오직)'의 의미 기능을 가진다.

   (다) '-도'는 '포함(역시)'의 의미 기능을 가진다. '원숭이도 나무에서 떨어진다.'와 같다.

   (라) '너마저 가느냐?'에서와 같이 '-마저, -까지, -조차'는 포함(역시)을 나타낸다.

   (마) '마음이야, 철수야말로'에서 '-(이)야' 혹은 '-(이)야말로'는 '대조'를 나타낸다.

   (바) '영화나 보러 가자. 돈이나마 저축했다.'에서 '-(이)나, -(이)나마'는 '(차선의) 선택'을 나타낸다.

다) 접속조사는 대등적 접속조사, 첨가 또는 부가적 접속조사, 나열적 접속조사가 있다.[11]

   (1) 대등 접속조사에는 '-와/과, -하고, -(이)랑'이 있다. '철수와 영희, 철수하고 영희, 철수랑 영희'와 같이 앞 말과 뒷말을 대등하게 연결시켜 준다. 그래서 '영희와 철수'처럼 앞 말과 뒷말을 바꾸어도 의미의 변동이 없다.

   (2) 첨가, 부가적인 접속조사에는 '-에(다가)'가 있다. '밥에(다가) 고구마를 넣어 고구마밥을 했다.'에서 볼 수 있는 바와 같이 앞 말에 첨가적인 의미로 쓰였다.

   (3) 나열의 접속조사에는 '-(이)며'가 있다. '밤이며, 대추며, 곶감이며 모든 것이 다 있다.' 등에서와 같이 여러 개의 것들을 나열하고 있다.

---

11) '접속조사를 따로 분류하지 않고 부사격 조사에 포함시켜 공동의 의미를 가진 부사격 조사라 하기도 한다.

4) 대부분의 체언은 거의 모든 조사와 결합할 수 있다. 다만 의존명사나 몇몇 자립명사, 속담이나 사자성어와 관용적인 표현들은 제약이 상당히 있어 몇몇 조사와만 결합하기도 한다. '떠난 지가 오래다, 가만히 있을 뿐이었다. 어쩔 줄을 모른다, 적자생존의 환경, 감언이설로 꾀었다' 등에서 '지, 뿐, 줄, 적자생존, 감언이설'은 조사와 결합하는데 제한이 있다.

5) 조사끼리의 결합도 활발하다. 우리말 조사의 수는 100개가 넘는데, 조사끼리 결합한 것까지 합하면 수백 개나 될 것이다. '잔디 구장에서만이, 빵으로만, 빵만으로 빵만으로는' 등과 같다.

4. 단어 구조

단어는 그 구성이 하나의 단어일 수도 있고, 하나의 단어에 접사나 다른 단어가 결합하여 이루어진 복합 구성의 단어일 수도 있다. 하나의 단어를 단일어(달, 신, 달리다 등), 복합구성의 단어를 복합어라 한다. 그런데 복합어는 구성 성분의 종류에 따라 파생어와 합성어로 구분된다. 실질형태소(어근12))와 형식형태소(접사)가 결합하면 파생어(새파랗다13), 높이, 먹이다 등)라 하고, 실질형태소(어근)와 실질형태소(어근)가

---

12) 어근(語根, root)에 대하여 알아보자. 어근은 단어를 분석하여 그 단어의 중심이 되는 요소로, 더 나눌 수 없는 데까지 이른 부분이다. 어근만으로 어간이 되기도 하지만, 딴말과 합쳐져서 어간이 되기도 한다. '깨뜨리시었겠더군요'에서 '깨-'는 어근, '깨뜨리-'는 어간(語幹, stem), '-시-, -었-, -더-'는 선어말 어미, '-군'은 감탄의 어말어미, '-요'는 높임 보조사이다. '선선하다, 탐스럽다'의 '선선-, 탐-'은 어근이고, '선선하, 탐스럽-'은 어간이다. '깨다, 먹다'에서 '깨-, 먹-'은 어근이면서 어간이다.

13) '새파랗다', '샛노랗다'의 경우를 보면 접두사 '새'에 'ㅅ'이 안 붙기도 하고, 붙기도 하는 차이가 있다. 안 붙는 경우는 접두사 뒷소리가 '시꺼멓다'와 같이 경음(된소리)으로 시작하는 경우나 '새파랗다'처럼 격음(거센소리)로 시작하는 경우이다. 그리고 붙는 경우는 '샛노랗다'처럼 유성음(울림소리)로 시작하는 말이 올 경우이다. '텃새,

결합하면 합성어(논밭, 검푸르다 등)라 한다. 그런데 합성어의 의미는 합성어를 이루고 있는 어근의 실질적인 의미와 연관이 많지만 어근의 본래 의미를 상실하고 새로운 의미를 가진 하나의 단어가 되는 경우도 있다. 예를 들면 '춘추', '넘어가다'에서 각각 '봄, 가을', '(산을) 넘어가다'의 뜻으로 쓰이는 경우도 있지만, '나이', '속다'의 뜻으로 쓰이기도 한다. 그리고 합성어는 두 개 이상의 단어가 합쳐져 있지만 대부분 하나의 새로운 의미를 가진 단어로 된다. '시내'와 '가'는 두 개의 단어이다. 그러나 합성어로 '시냇가'가 됨으로써 '시내'와 '가' 둘 다를 말하지 않고, '시냇가'라는 의미의 하나의 단어가 된 것이다.

가. 파생어

국어의 파생은 접두사가 어근에 결합하여 형성된 접두파생과 접미사가 어근에 결합하여 형성된 접미파생이 있다. 접두파생법과 접미파생법의 파생어를 살펴보자.

(1) 파생어

가. 접두파생어
   파생명사: 맨손, 돌배, 개나리, 날고기, 한겨울, 갓스물
   파생동사: 덧나다, 엿듣다, 짓밟다, 들볶다
   파생형용사: 드높다, 새빨갛다, 얄밉다, 샛노랗다

나. 접미파생어
   파생명사: 잠, 너희, 기쁨, 잎사귀, 모가지, 눈치

시냇가'는 합성어로 위 경우와는 다르다. 합성어 및 사이시옷(ㅅ) 사용에 대해서는 한글맞춤법 제30항을 참조할 것.

파생동사: 먹이다, 공부하다, 좁히다, 굽실굽실하다
파생형용사: 높다랗다, 가난하다, 거무잡잡하다, 놀랍다
파생부사: 자연히, 마주, 없이
파생조사: 밖에, 부터, 조차

접두파생명사 '맨손, 돌배, 개나리, 날고기, 한겨울, 갓스물'은 '손, 배, 나리, 고기, 겨울, 스물'에 접두사 '맨-, 돌-, 개-, 날-, 한-, 갓-'이 결합하여 이루어졌다. 접두파생동사 '덧나다, 엿듣다, 짓밟다, 들볶다'는 동사 '나다, 듣다, 밟다, 볶다'에 접두사 '덧-, 엿-, 짓-, 들-'이 결합하여 이루어졌다. 그리고 접두파생형용사 '드높다, 새빨갛다, 얄밉다, 샛노랗다'는 형용사 '높다, 빨갛다, 밉다, 노랗다'에 접두사 '드-, 새-, 얄-, 새-'가 결합하여 이루어졌다.

그리고 접미파생명사 '잠, 너희, 기쁨, 잎사귀, 모가지, 눈치'는 동사 '자-'에 파생명사 접미사 '-ㅁ'[14], 명사 '너'에 복수를 나타내는 접미사 '-희', 형용사 '기쁘-'에 파생명사 접미사 '-ㅁ', 명사 '잎'에 접미사 '-사귀', 명사 '목'에 접미사 '-아지', 명사 '눈'에 접미사 '-치'가 결합하여 이루어졌다. 접미파생동사 '먹이다, 공부하다, 좁히다, 굽실굽실하다'는 동사 '먹-'에 파생접미사 '-이-', 명사 '공부'에 접미사 '-하-', 형용사 '좁-'에 파생접미사 '-히-', 부사 '굽실굽실'에 접미사 '-하-'가 결합하여 이루어졌다. 접미파생형용사 '높다랗다, 가난하다, 거무잡잡하다[15], 놀랍다'는 형용사 '높-'에 접미사 '-다랗-', 명사 '가난'에 접미사 '-하-', '거무잡잡하다'의 어근 '거무잡잡'에 접미사 '-하-', 동사 '놀라-'에 접미사 '-ㅂ-'이 결합하여 이루어졌다. 접미파생부사 '자연히, 마주, 없이'는

---

14) 파생접사가 어근과 결합하여 새로운 단어를 만들 때에는 어근의 품사를 바꾸기도 하고(웃음, 가난하다), 바꾸지 않기도 한다(풋사랑, 잠꾸러기). 어근의 품사를 바꾸는 접사를 지배적 접사라 하고, 안 바꾸는 접사를 한정적 접사라 한다.

15) 이러한 종류로 '붉으스레하다, 푸르뎅뎅하다, 노르스름하다' 등이 있다.

명사 '자연'에 접미사 '-히', 동사 '맞-'에 접미사 '-우', 형용사 '없-'에 접미사 '-이'가 결합하여 이루어졌다. 접미파생조사 '밖에, 부터, 조차'는 명사 '밖'에 접미사 '-에', 동사 '붙-'에 접미사 '-어', 동사 '좇-'에 접미사 '-아'가 결합하여 이루어졌다.

나. 합성어

합성어에는 구성성분의 배열 방식이 정상적인 단어 배열법과 같은 합성어(통사적 합성어: 밤낮, 작은집 등)와 정상적인 단어 배열법에 어긋나는 합성어(비통사적 합성어: 늦더위, 검붉다 등)가 있다. 이러한 배열법에 따라 형성된 합성어에는 명사, 동사, 형용사, 관형사, 부사, 반복합성어 등이 있다.

(2) 합성어
    가. 합성명사: 논밭, 텃밭, 오솔길, 늦더위, 잘못, 어린이, 갈림길
    나. 합성동사: 힘들다, 앞서다, 잘되다, 들어가다, 쓸어버리다, 깨물다, 파고들다
    다. 합성형용사: 손쉽다, 남부끄럽다, 남다르다, 높푸르다, 검붉다, 게을러빠지다, 깎아지르다, 하고많다, 다시없다
    라. 합성관형사: 한두, 서너
    마. 합성부사: 밤낮, 이른바, 오늘날, 여기저기, 잘못, 어느새, 요즈음
    바. 반복합성어: 사람사람, 두고두고, 구석구석, 두루두루

(2가) 합성명사 '논밭, 텃밭, 오솔길, 늦더위'는 명사 '논'과 '밭', '터'와 '밭', 형용사 어근 '오솔'과 '길', 형용사 '늦-'과 명사 '더위'가 결합하여 이루어졌고, '잘못'은 부사 '잘'과 부사 '못'이 결합하여 이루어진 합성명사이다. '어린이'나 '갈림길'은 용언의 관형사형, 명사형의 활용형과

명사의 합성어이다. (2나) 합성동사 '힘들다, 앞서다, 잘되다'는 명사 '힘'과 동사 '들다', 명사 '앞'과 동사 '서다', 부사 '잘'과 동사 '되다'가 결합하여 이루어졌다. '들어가다'는 연결어미 '-어'를 매개로 '가다'와 결합된 합성동사이다. '쓸어버리다'는 연결어미 '-어'를 매개로 하여 결합된 합성동사이다. '파고들다'는 '-고' '넘어다보다'는 '-어다'를 매개로 한 합성동사이다.16) '깨물다'는 '깨-'와 '물다'가 합성된 동사이다. '들어가다, 알아듣다, 쓸어버리다' 등이 통사적 합성어인데 반해 '깨물다, 굶주리다, 뛰놀다, 붙잡다'는 비통사적 합성어이다. 그리고 (2다) 합성형용사 '손쉽다, 남부끄럽다, 남다르다'는 명사 '손'과 형용사 '쉽다', 명사 '남'과 형용사 '부끄럽다', 명사 '남'과 형용사 '다르다'가 결합하여 이루어졌고, (2라) 합성관형사 '한두, 서너'는 관형사 '한'과 '두', '서'와 '너'가 결합하여 이루어졌다. (2마) 합성부사 '밤낮, 이른바, 오늘날'은 명사 '밤'과 '낮', 동사 '이르다'의 관형사형 '이른'과 의존명사 '바', 명사 '오늘'과 '날'이 결합하여 이루어졌고, '여기저기'나 '잘못'은 부사와 부사가 합성된 파생부사이다.17) '어느새, 요즈음'은 관형사와 명사가 결합한 합성부사이다. (2바) 반복합성어 '사람사람, 두고두고, 구석구석'은 명사 '사람'과 '사람', 동사 '두고'와 '두고', 명사 '구석'과 '구석'이 결합하여 이루어졌다.

---

16) 여기에서 주의할 점은 두 개의 동사로 이루어진 동사가 합성동사인가 아니면 구인가를 판별하는 일이다. 그러한 기준으로 보조사 '-서'를 두 동사 사이에 넣어서 말이 성립되면 구로 보고, 그렇지 않으면 합성동사로 보는 것이다. 위의 '들어가다'는 '*들어서 가다'가 안 되므로 복합동사이고, '깎아 먹다'는 '깎아서 먹다'가 되므로 두 동사가 별개로 존재하는 구이다. 이때는 붙여 쓰지 않고 '깎아 먹다'와 같이 띄어 써야 한다. 그러나 같은 단어라도 의미상의 차이에 의해 복합동사로 쓰이기도 하고, 구로 쓰이는 경우도 있다. '날아 간다'는 '제비가 날아 간다.'에서는 '날아서 간다'가 되므로 구이고, '희망이 날아간다.'는 '*날아서 간다'가 안 되므로 복합동사이다(고영근·구본관 2008:230-232 참조).

17) '잘못'은 명사로 쓰일 때가 있고(잘못이 많다.), 부사로 쓰일 때가 있다(잘못 보았습니다.).

다. 합성어의 파생

합성어를 이룬 후에 다시 파생어를 이룬 단어가 있다.

(3) 합성어의 파생어
  가. 피돌기, 앞차기, 끝맺음, 감옥살이, 달맞이, 몸가짐
  나. 나들이, 여닫이, 미닫이, 다달이, 집집이

(3가) '피돌기'는 '피'와 '돌다'가 결합하여 합성어 '피돌다'가 된 후, 이 합성어의 어근 '피돌-'에 파생접미사 '-기'가 결합하여 '피돌기'가 파생되었다. '앞차기, 끝맺음, 감옥살이, 달맞이, 몸가짐'도 마찬가지의 합성 및 파생 과정을 거쳐 이루어졌다. (3나) '나들이, 여닫이, 미닫이'는 비통사적 합성어로 비통사적합성어근 '나들-, 여닫-, 미닫-'에 접미사 '-이'가 붙어 명사로 파생된 말이다. '다달이, 집집이'는 반복합성명사 '다달, 집집'에 접미사 '-이'가 붙어 부사로 파생된 말이다.

라. 한자어 단어 형성법

남기심 · 고영근(1985:215-221) 및 고영근 · 구본관(2008:243-251)에 따라 한자어의 단어 형성법을 보기로 한다.

1) 한자어 파생법

한자어는 '한자로 표기할 수 있고, 이를 한국 한자음으로 읽는 단어'를 말한다. 그러므로 '국가(國家), 학생(學生)'은 한자어이고, '붓(筆), 배추(白菜)'나 '라면(拉麵), 난자완스(南煎丸子)' 등은 한자어가 아니다. 그리

고 대부분의 한자어는 중국에서 만들어졌지만 일본(차용(借用), 보관(保管), 유행(流行), 사망(死亡), 출입(出入) 등)이나 우리나라에서 만들어진 것(삼촌(三寸), 시댁(媤宅), 대지(垈地) 등)도 있다.

가) 접두파생법

한자어 접두파생어는 '접사+단어(실질형태소)' 구조이다. (4가)의 '시누이, 시댁, 시어머니'는 접두사 '시'가 단어(실질형태소) '누이, 댁, 어머니'과 결합하여 이루어진 단어이다. (4나-차)도 같은 방식의 접두파생어다. (4카,타)는 접두파생어로 보기 어렵기도 하지만 (4차)의 '양-'과 대립적인 관점에서 접두파생어로 보기도 한다.

(4) 가. 시(媤)-: 시누이, 시댁, 시어머니
　　나. 외(外)-: 외가, 외삼촌, 외할머니
　　다. 친(親)-: 친누이, 친아들, 친어머니
　　라. 불(不)-: 불규칙, 불성실
　　마. 비(非)-: 비매품, 비금속
　　바. 생(生)-: 생머리, 생고기
　　사. 왕(王)-: 왕방울, 왕벌
　　아. 최(最)-: 최고참, 최상품
　　자. 준(準)-: 준우승, 준결승
　　차. 양(洋)-: 양배추, 양딸기
　　카. 한(韓)-: 한복, 한식, 한옥
　　타. 국(國)-: 국궁, 국악

나) 접미파생법

접미파생어는 '단어(실질형태소)+접사' 구조로 되어 있다. (5가)의

'기술자, 과학자'는 단어(실질형태소) '기술, 과학'에 접미사 '-자'가 결합하여 이루어진 것이다. (5나-자)도 같은 방식의 결합으로 이루어진 단어이다. 접미사는 접두사에 비해 수도 많고, 그 기능도 다양하다.

(5) 가. -자(者): 기술자, 과학자
　　나. -가(家): 소설가, 예술가
　　다. -사(師): 사진사, 미용사
　　라. -수(手): 소방수, 소총수
　　마. -적(的): 과학적, 인간적
　　바. -성(性): 유동성, 확실성
　　사. -화(化): 사회화, 민주화
　　아. -시(視): 영웅시, 확실시
　　자. -연(然): 학자연, 군자연

2) 한자어 합성법

한자어 합성은 매우 생산적이다. 합성법은 실질 형태소끼리 결합하여 합성어를 만드는 단어 형성 방법으로 어근과 어근, 단어와 어근, 단어와 단어가 결합하여 합성어를 이룬다. '인간, 인류(이상 어근+어근), 인정(어근+단어)'에서는 '인(人)'은 앞에서 어근으로 사용되었고, '위인, 거인, 미인(이상 어근+어근)'의 '인(人)'은 뒤에서 어근으로 사용되어 합성어를 이루었다. '한국인, 일본인'의 '인(人)'은 뒤에서 어근으로 사용되어 '단어+어근'의 구성을 이루었다. 한자어가 반복합성어를 만들 때에는 고유어(알롱달롱, 울긋불긋)와 같은 구성을 이루기도 하지만(순간순간, 요소요소), 그와는 달리 같은 글자가 반복하기도 한다(사사건건, 시시각각, 명명백백).

가) 합성어의 구조 1

한자어 합성어는 구성 요소 각각이 국어에서 어떤 자격을 가지고 있는 것인지에 따라 다음과 같이 분류해 볼 수 있다.

(6) 가. 단어+단어: 책상, 창문, 고등학교
    나. 단어+어근: 상장, 차비, 단편집(短篇集)
    다. 어근+단어: 우정, 대문, 모법(母法)
    라. 어근+어근: 노인, 안경, 부모

나) 합성어의 구조 2

합성어는 위 (6)과 같이 하나의 단어를 이루기도 하지만 아래 (7)처럼 하나의 문장 형태로 나타나기도 한다.

(7) 가. 주어+서술어: 家貧, 夜深, 山高
    나. 부사어+서술어: 北送, 西向, 南行
    다. 서술어+부사어: 下山, 下車, 落下
    라. 서술어+목적어: 讀書, 求職, 問病

다) 합성어의 유형적 특징

한자어 합성어는 위의 예처럼 대부분 명사이거나 명사에 준하는 어근으로 쓰인다. 일부 파생어를 포함하여 명사가 아닌 예만을 제시하면 (8가-바)와 같다. 한자어를 품사로 분류하면 (8가-사)와 같으나 한자어의 합성어는 대부분 명사이거나 명사에 준하는 어근으로 쓰이므로 한자어를 품사로 분류하는 것은 큰 의미가 없다.

(8) 가. 어차피(於此彼), 심지어(甚至於)(부사)

　　나. 급(急)히, 속(速)히(접미사가 결합된 부사)

　　다. 가(可)하다, 증가(增加)하다(접미사가 결합된 동사)

　　라. 이(利)롭다, 의(義)롭다(접미사가 결합된 형용사)

　　마. 가증(可憎)스럽다, 복(福)스럽다(접미사가 결합된 형용사)

　　바. 일, 이, 삼, 사(수사)

　　사. 책상, 창문(명사)

5. 틀리기 쉬운 맞춤법

제1항 한글 맞춤법은 표준어를 소리대로 적되, 어법에 맞도록 함을
　　　원칙으로 한다.

제2항 문장의 각 단어는 띄어 씀을 원칙으로 한다.

제3항 외래어는 '외래어 표기법'에 따라 적는다.

제15항　<붙임2> 종결형에 사용되는 어미 '-오'는 '요'로 소리 나는
　　　　　경우가 있더라도 그 원형을 밝혀 '오'로 적는다.(이
　　　　　것은 책이오.(o), 이것은 책이요.(x))

　　　　<붙임3> 연결형에 사용되는 '이요'는 '이요'로 적는다.(이것
　　　　　은 책이요, 저것은 붓이다.(o), 이것은 책이오, 저것
　　　　　은 붓이다.(x))

제30항 사이시옷은 다음과 같은 경우에 받치어 적는다.

　1. 순 우리말로 된 합성어로서 앞말이 모음으로 끝난 경우

　　(1) 뒷말의 첫소리가 된소리로 나는 것

　　　　고랫재　귓밥　모깃불　선짓국　핏대

　　(2) 뒷말의 첫소리 'ㄴ, ㅁ' 앞에서 'ㄴ' 소리가 덧나는 것

멧나물 아랫니 냇물 빗물 텃마당

   (3) 뒷말의 첫소리 모음 앞에서 'ㄴㄴ' 소리가 덧나는 것

      도리깻열 뒷윷 두렛일 나뭇잎 댓잎

2. 순 우리말과 한자말로 된 합성어로서 앞말이 모음으로 끝난 경우

   (1) 뒷말의 첫소리가 된소리로 나는 것

      귓병 머릿방 전셋집 찻잔 횟가루

   (2) 뒷말의 첫소리 'ㄴ, ㅁ' 앞에서 'ㄴ' 소리가 덧나는 것

      곗날 제삿날 훗날 툇마루 양칫물

   (3) 뒷말의 첫소리 모음 앞에서 'ㄴㄴ' 소리가 덧나는 것

      가욋일 사삿일 예삿일 훗일

3. 두 음절로 된 다음 한자어

   곳간 셋방 숫자 찻간 툇간 횟수

제41항 조사는 그 앞말에 붙여 쓴다.

    꽃에서부터 어디까지나 멀리는 꽃입니다

제42항 의존명사는 띄어 쓴다.

    먹을 만큼 먹어라. 그가 떠난 지가 오래다.

제43항 단위를 나타내는 명사는 띄어 쓴다.

    한 개 열 살 한 자루

    다만 순서를 나타내는 경우나 숫자와 어울리어 쓰이는 경우
에는 붙여 쓸 수 있다.

    두시 삼십분 오초 제일과 삼학년 10개

제44항 수를 적을 적에는 만 단위로 띄어 쓴다.

    십이억 오만 칠천팔백구 12억 5만 7809

제45항 두 말을 이어 주거나 열거할 적에 쓰이는 말들은 띄어 쓴다.

    국장 겸 과장 이사장 및 과장

제46항 단음절로 된 단어가 연이어 나타날 적에는 붙여 쓸 수 있다.

그때 그곳 좀더 큰것 이말 저말 한잎 두잎

제48항 성과 이름, 성과 호 등은 붙여 쓰고, 이에 덧붙는 호칭어, 관직명 등은 띄어 쓴다.

김양수 서화담 채영신 씨 최치원 선생 남궁억/남궁 억(가능)

제49항 성명 이외의 고유명사는 단어별로 띄어 씀을 원칙으로 하되, 단위별로 띄어 쓸 수 있다.

대한 중학교/ 대한중학교

제50항 전문용어는 단어별로 띄어씀을 원칙으로 하되, 붙여 쓸 수 있다.

중거리 탄도 유도탄/중거리탄도유도탄

제51항 부사의 끝 음절이 분명히 '이'로만 나는 것은 '-이'로 적고, '히'로만 나거나 '이'나 '히'로 나는 것은 '-히'로 적는다.

깨끗이 따뜻이 가까이 고이 날카로이('이'로 나는 것)

극히 급히 정확히 작히 족히('히'로 나는 것)

솔직히 가만히 상당히 고요히('이'나 '히'로 나는 것)

제56항 지난 일을 나타내는 어미는 '-더라, -던', 물건이나 일의 내용을 가리지 아니하는 뜻의 조사와 어미는 '(-)든지'로 적는다.

지난 겨울은 몹시 춥더라. 오든지 가든지 마음대로 하라.

* 기타 자세한 내용은 부록의 한글맞춤법을 참조할 것.

6. 단어 교육 방법

의미를 가진 단위는 형태소에서부터 시작된다. 형태소가 의미를 가진 최소 단위이고, 단어는 자립적 의미를 가진 최소 단위이다. 그런데 형태소가 비록 의미를 가지고 있으나 자립적으로는 쓰이지 않는 형태소가 있기 때문에 의미 전달은 단어에서부터 이루어진다고 할 수 있겠다. 그래서 단어는 의사소통 활동에 있어서 대단히 중요한 요소이다.

단어는 명사, 대명사, 수사, 관형사, 부사, 감탄사, 조사 등과 같이 그 형태가 변하지 않고 사용되는 것이 있는가 하면, 동사나 형용사처럼 그 모양을 바꾸어 활용하는 것이 있어 이에 대한 교육으로 원활한 의사소통 활동을 돕도록 해야 할 것이다. 또 단어는 위에서 본 바와 같이 단일어가 있는가 하면 합성어, 파생어가 있어 이러한 단어에 대한 교육으로 언어활동을 원활하게 할 수 있도록 해야 할 것이다. 그리고 여기에서 더 나아가 우리말의 단어에 대한 여러 가지 현상을 탐구해 보는 탐구력 신장 학습을 해 보는 것도 단어 교육의 큰 목적이 될 것이다.

단어 교육과 관련된 초등학교에서의 지도 내용 범주는 다음과 같이 설정해 볼 수 있다.

· 국어 품사
· 용언의 굴절과 기본형
· 단일어, 합성어, 파생어

이제 이들에 대한 지도 방법을 알아보자.

가. 국어 품사 지도

초등학교 단계에서 품사의 종류는 어떤 것이 있으며, 각 품사의 의미는 무엇인가? 등과 같이 문법적인 관점에서 지도한다는 것은 바람직하지 않다. 다만 우리말에는 여러 종류의 단어가 있는데, 이름을 나타내는 말이 있고, 움직임을 나타내는 말이 있으며, 수를 나타내는 말이 있다는 정도의 품사 지도는 가능하다. 지도 방법의 예를 들어 보자.

- 다음 낱말 중에서 사물의 이름을 나타내는 말은 □, 움직임을 나타내는 말은 ○, 수를 나타내는 말은 △로 표시해 보시오.

| 책상 | 달리다 | 먹었다 | 하나 | 옷 | 셋 |
| 이십 이 | 자동차 | 눈사람 | 공부한다 | 구멍가게 | 백 |

나. 용언 굴절, 기본형 지도

먼저 우리말에는 모양이 바뀌는 단어와 바뀌지 않는 단어가 있다는 것을 알게 한다.

- 다음 단어 중에서 모양이 바뀌는 말은 □, 모양이 바뀌지 않는 말은 ○표 하시오.

| 책상 | 달리고 | 먹었는데 | 하나 | 옷 | 셋 |
| 넷 | 자동차 | 눈사람 | 공부하였다니까 | 구멍가게 | |

- 위에서 □표를 한 모양이 바뀌는 낱말을 가지고 마음껏 모양을 바꾸어 보시오.

달리고 - (달렸다), (달리니), (　　　), (　　　), (　　　)

먹었는데 - (먹었다), (먹어서), (　　　), (　　　), (　　　)

공부하였다니까 - (공부하고), (공부하였고), (　　　), (　　　)

- 위 모양이 바뀐 낱말에서 모양이 바뀐 부분과 바뀌지 않는 부분을 찾아본다.

	변하지 않는 부분	변하는 부분	'-다'를 붙인 부분
달리고	달리	고	
달렸다(달리었다)			
달리니			
달려서(달리어서)			

- 위 낱말 '달리다'의 여러 가지 변한 형태 및 '-다'를 붙인 형태를 사전에서 찾아본다. 어떤 낱말이 사전에 나와 있는지 알아낸다. 그리고 그 의미도 알아본다.

사전에 오른 단어	의미

- '먹었는데', '공부하였다니까'를 비롯한 모양이 변한 낱말을 교과서에서 찾아 으뜸꼴을 쓰고, 그 의미를 써 본다.

	으뜸꼴	의미
먹었는데		
공부하였다니까		

- 여러 가지 활용형을 사용하는 활동을 해 본다. '먹다'의 여러 가지 변한 모양을 사용하여 짧은 글을 지어 보게 한다. 모둠원들끼리 한 문장씩 말하여 이어가 보면 흥미로운 활동을 할 수 있을 것이다.

  나는 아침에 밥을 너무 많이 먹어서 배가 아팠다. 그러나 피자를 보고 또_____. 그런데 시간이 지나니 …

다. 합성어 파생어 지도

낱말의 구조상 국어에는 단일어, 파생어, 합성어가 있는데, 이러한 낱말들을 수집하여 낱말 구조에 대한 조사 연구 활동을 통하여 탐구력을 신장시킨다. 그리고 창조적 언어 파생 및 합성 교육을 통하여 풍부하고 창조적인 언어생활을 하도록 해야 할 것이다. 지도 방법의 예를 들어 보자.

- 다음 단어들을 하나의 낱말(단일어), 덧붙이는 말이 붙어 된 낱말(파생어), 두 개 이상의 낱말이 모여 하나의 낱말이 된 말(합성어)로 구분하여 보자.

| 조개 | 나뭇잎 | 틀니 | 깊이 | 개살구 | 책상 | 지우개 |

하나의 낱말 : _____
덧붙이는 말이 붙어 된 낱말 : _____
두 개 이상의 낱말이 모여 하나의 낱말이 된 말 : _____

- 덧붙는 말 사전 만들기
  학생들에게 교과서의 일정한 부분에 나타난 덧붙는 말, 즉 접두사나 접미사가 있는 말을 찾아보도록 한 다음 그 정확한 의미를 사전에서 찾아보도록 하고, 같은 덧붙는 말이 있는 파생어에는 어떤 종류의 말이 있는지 찾아 사전을 만들어 본다. 다음과 같이 할 수 있을 것이다.

1) 조별로 사전 만들 공책을 준비한다.
2) 교과서를 읽어 보고, 덧붙는 말을 찾는다.
3) 찾아낸 덧붙는 말을 공책의 윗부분에 적은 후 사전에서 그 의미를 찾아 바로 밑에 있는 줄에 쓴다.
4) 같은 덧붙는 말이 붙은 파생어를 같은 쪽에 적고, 예문을 적는다.
5) 다른 파생어에 대해서도 같은 방법으로 한다.

예 덧붙는 말 : 개-
　　1) 일부 명사 앞에 붙어 '야생 상태'의 또는 '질이 떨어지는'의 뜻을 나타내는 말
　　　개살구: 우리 고향에는 개살구나무가 많다.
　　　개나리: 지금은 개나리가 활짝 피었겠다.
　　2) 일부 명사 앞에 붙어 '헛된', '쓸 데 없는'의 뜻을 나타내는 말
　　　개꿈: 돼지꿈을 꾸어 좋은 일이 있을 줄 알았더니만 개꿈이었어.
　　　개소리: 개소리 좀 그만 해.
　　3) 부정적 뜻을 가진 일부 명사 앞에 붙어 '정도가 심한'의 뜻을 나타내는 말
　　　개망신: 그런 주장을 했다가 개망신을 당했다.

• 두 낱말 이상의 말이 하나의 낱말이 된 말(합성어) 사전 만들기
　　학생들에게 교과서의 일정한 부분에 나타난 합성어를 찾아보도록 한 다음 그 정확한 의미를 사전에서 찾아보도록 한다. 그리고 같은 낱말이 붙어 이루어진 합성어에는 어떤 말이 있는지 찾아 사전을 만들어 본다. 다음과 같이 할 수 있을 것이다.

1) 조별로 사전 만들 공책을 준비한다.
2) 교과서를 읽어 보고, 합성어를 찾는다.
3) 찾아낸 합성어의 앞 말을 공책의 윗부분에 적은 후 사전에서 그

의미를 찾아 쓴다.

4) 같은 낱말이 붙은 합성어를 적고, 의미를 쓰고, 예문을 적는다.
5) 다른 합성어에 대해서도 같은 방법으로 한다.

예 합성어의 앞 말 : 물

바다, 강, 시내, 지하에 액체 형태로 널리 분포하는 물질
물-개: 물갯과의 바다짐승
동물원에서 많은 물개를 보았다.
물-거품: 물이 다른 물이나 물체에 부딪혀 생기는 거품
파도가 치니 수많은 물거품이 생겼다.
물-결: 물이 움직여 그 표면이 올라갔다 내려왔다 하는 운동 또는 그 모양
배가 지나가니 많은 물결이 생겨났다.

• 빙고 게임하기

빙고 게임을 통하여 파생어와 합성어 지도를 한다.

1) 학생들에게 가로 3줄, 세로 3줄의 9칸 종이를 나누어준다.
2) 게임에 사용할 대표적인 말을 제시한다. **예** 물
3) 주어진 낱말과 결합하여 쓰이는 파생어 또는 합성어를 한 칸에 한 낱말씩 적도록 한다. **예** 물개, 물거품, 물결
4) 한 학생씩 돌아가면서 자기가 적은 낱말을 말하게 하고, 그 낱말이 있는 학생은 자기 표에서 그 낱말을 지워나간다.
5) 가로 또는 세로 또는 대각선으로 먼저 낱말을 지운 학생은 '빙고'라고 소리치고 승자가 된다.

• 문장 이어 글짓기

합성어 또는 파생어를 활용하여 조별로 글짓기를 한다. 모든 학생은 합성어나 파생어를 넣어 한 문장씩 말하면서 글을 지어간다. 합성어나 파생어를 사용하는 놀이이므로 앞뒤 문장의 의미소통이 잘 되지 않더라도 문제 삼지 않는다. 먼저 한 학생이 한 문장을 말하면 다음 학생이 문맥을 생각하면서 또 한 문장을 이어 말한다.

바닷가에 갔다. 바닷물을 보았다. 수많은 물거품이 일었다. …

라. 교육과정 지도 내용

초등학교 교육과정에서 단어와 교육 관련 지도 내용은 아래와 같다.

제4차 교육과정

- 낱말에는 모양이 바뀌는 것과 바뀌지 않는 것이 있음을 안다.(3)
- 모양이 바뀌는 말에서 바뀌지 않는 부분과 바뀌는 부분을 구별하고, 그 으뜸이 되는 말을 찾는다.(4)
- 낱말에는 이름을 나타내는 것과 그 말을 대신하는 것이 있음을 안다.(5)
- 낱말에는 한 음절로 된 것과 여러 음절로 된 것, 두 낱말이 합쳐져서 한 낱말로 된 것이 있음을 안다.(6)

제5차 교육과정

- 모양이 바뀌는 낱말과 바뀌지 않는 낱말을 구별하고, 그 모양이 바뀌는 낱말의 으뜸이 되는 말을 사전에서 찾는다.(4)
- 낱말을 몇 개의 요소로 나누어 보고, 어느 한 요소를 바꾸어 새로운 낱말을 만든다.(5,6)

제6차 교육과정

- 모양이 바뀌지 않는 낱말과 모양이 바뀌는 낱말을 구별하고, 그 모양이 바뀌는 낱말의 으뜸이 되는 말을 사전에서 찾는다.(4)
- 낱말과 낱말이 합해져서 새로운 낱말이 만들어짐을 알고, 그러한 낱말을 찾는다.(4)

- 낱말을 몇 개의 요소로 나누어 보고, 그러한 요소들이 들어 있는 낱말을 찾는다.(5)
- 낱말을 몇 개의 요소로 나누어 보고, 어느 한 요소를 바꾸어 새로운 낱말을 만든다.(6)

제7차 교육과정
- 용언의 기본형을 안다.(4)

2007 개정 교육과정
- 표기와 소리가 다른 낱말을 정확하게 표기한다.(2)
- 국어사전에서 낱말 찾는 방법을 안다.(3)

2009 개정 교육과정
- 국어 낱말의 확장 방법을 알고 다양한 어휘를 익힌다.(3-4)
- 낱말들을 분류해 보고 국어사전에서 낱말을 찾아본다.(3-4)
- 발음과 표기, 띄어쓰기가 혼동되는 낱말을 올바르게 익힌다.(5-6)
- 단어의 짜임을 분석하고 새말이 만들어지는 원리를 이해한다.(중 1-3)
- 품사의 개념과 특성을 이해하고 단어를 적절하게 사용한다.(중1-3)

2015 개정 교육과정
- [4국04-01] 낱말을 분류하고 국어사전에서 찾는다.(3-4학년군)
- [6국04-02] 국어의 낱말 확장 방법을 탐구하고 어휘력을 높이는 데에 적용한다.(5-6학년군)
- [9국04-03] 단어를 정확하게 발음하고 표기한다.(중1-3학년군)
- [9국04-04] 품사의 종류를 알고 그 특성을 이해한다.(중1-3학년군)

제 VI 장 문장과 교육

1. 문장의 성분

문장을 구성하고 있는 성분에는 주어(임자말), 서술어(풀이말), 목적어(부림말), 보어(기움말), 관형어(매김말), 부사어(어찌말), 독립어(홀로말) 등 일곱 가지가 있다. 이 중 주어, 서술어, 목적어, 보어는 문장에 따라 꼭 필요한 주성분이며, 관형어, 부사어는 문장 성분에 필수적으로는 요구되지 않는 부속 성분이다. 그리고 독립어는 다른 문장 성분과 관계없이 독립적으로 쓰일 수 있는 독립 성분이다.

가. 주어

주어는 '무엇이 어찌한다, 무엇이 어떠하다, 무엇이 무엇이다'의 '무엇이'에 해당하는 말로서 풀이말의 주체 역할을 한다. 이 주어에는 (1가-라)처럼 주격 조사 '-이, -가, -께서, -에서, -서'가 쓰인다. 이 주어는 (1다-마)처럼 단어 외에 때로는 구나 절, 문장이 주어의 역할을 하기도 한다. 그리고 (1바)처럼 주어가 생략된 경우도 있다. (1사)와 같은 보조사가 쓰인 경우에는 주격조사가 표면에 드러나 있지 않으나 '철수는∅ 착하다'처럼 생략된 채 내면에 존재하는 것으로 보아야 한다.[1]

(1) 가. <u>철수가</u> 학교에 간다.

　　나. <u>학교에서</u> 부모님을 모시고 오라고 합니다.

　　다. <u>나무의 크기가</u> 키보다 크다.

　　라. <u>나는 국어 공부를 하는 것이</u> 제일 재미있다.

　　마. <u>"내가 했다"가</u> 아니다.

　　바. <u>빨리</u> 오너라.

　　사. <u>철수는</u> 착하다. <u>철수만</u> 착하다.

통사론적으로 볼 때 주어는 그 나름의 특징을 지니고 있다. 첫째, 어순 상 첫머리에 온다. 둘째, 존칭의 주어 명사구는 서술어를 존칭 표현으로 바꾼다(어머니께서 <u>오신다</u>). 셋째, 재귀칭은 일반적으로 반복되는 주어 명사(구)를 대용한다(영희는 <u>자기</u>를 사랑한다).

나. 서술어

서술어는 주어에 대하여 '어찌한다, 어떠하다, 무엇이다'라고 풀이하는 말이다. (2가-다)에서 보는 바처럼 동사, 형용사, 그리고 서술격 조사 '-이다'가 붙어 쓰인 말이 서술어에 해당된다. 이 서술어도 주어와 마찬가지로 한 단어가 서술어로 쓰이기도 하지만, (2라)처럼 절 곧, 서술절이 서술어로 쓰이기도 한다. 접사 '-하다'나 조사 '-이다'가 붙어서 서술어가 된 것은 (2마)처럼 '-하다'나 '-이다'가 생략된 경우도 있다. 또 서술어는 종결형으로 쓰이기도 하지만 (2바-아)처럼 연결형, 관형사형, 명사형으로 쓰이기도 한다. 그러나 이 서술어는 문장 전체의 서술어가 아니고,

---

1) 격조사가 내면에 존재한다는 것은 '철수만이 너를 좋아한다, 네가 철수만을 좋아한다'에서 보조사 '-만' 다음에 주격조사나 목적격조사를 볼 수 있는 바와 같이 '철수는' 다음에도 주격조사 '-이'가 존재하여 주어임을 표시하여야 하나 어떤 이유로 생략되었다는 것을 짐작할 수 있다.

해당 절 내에서의 서술어이다.

(2) 가. 말이 <u>달린다</u>.
　　나. 꽃이 <u>예쁘다</u>.
　　다. 이것은 <u>책상이다</u>.
　　라. 고양이는 <u>밤눈이 밝다</u>.
　　마. 우리는 조국의 <u>방패</u>
　　바. 비가 <u>오니까</u> 길이 질다.
　　사. 나는 시가 <u>아름다운</u> 것을 몰랐다.
　　아. 빛이 <u>희기</u>가 눈 같다.

다. 목적어

목적어는 타동사에 의해 표현되는 행위의 대상을 나타내는 문장 성분
이다. 목적어는 (3가)처럼 단일어뿐만 아니라 (3나,다)처럼 구나 절 또한
목적어가 된다. 이 목적어는 '-을/를/ㄹ' 격조사로 나타나나 격조사가
생략된 경우도 있다. 그리고 목적어는 (3라)처럼 한 문장 내에서 두
개일 경우도 있다. 그런데 이 때에는 보통 둘째 목적어가 첫째 목적어의
한 부분이거나 한 종류 또는 그 수량을 나타낸다. (3마)의 '영웅전은'은
목적격조사가 생략된 형태로 '영웅전은Ø'로 볼 수 있고, (3바)의 '잠을'
은 '잠에서'라는 말로 대체할 수 있다. '깨다'라는 동사가 목적어를 요구
하지 않는다.2) (3바)와 같이 부사격 조사나 목적격 조사를 취사선택하는
목적어를 의사목적어라 한다.

---

2) 개별동사에 그 동사가 문장을 구성하면서 요구하는 논항의 수가 있다. '꽃이 피다'의
'피다'는 '꽃이'라는 하나의 논항을 요구하고 있고, '구름이 비로 변했다'의 '변하다'는
'구름이'와 '비로'라는 두 개의 논항을 요구하고 있다. '철수가 동생에게 물을 주었다'의
'주다'는 세 개의 논항을 요구하고 있다. 그런데 '움직이다'는 '기차가 움직이다', '철수
가 바위를 움직인다'에서 볼 수 있는 바와 같이 논항을 하나, 또는 둘을 요구하고
있는데, 이러한 동사를 '능격동사'라고 한다.

(3) 가. 나는 <u>밥을</u> 먹었다.

나. 나는 <u>그의 근무지를</u> 알지 못한다.

다. 나는 <u>과일이 익기를</u> 기다렸다.

라. 철수는 <u>영희를</u> 팔을 당겼다.

마. 동생은 <u>영웅전은</u> 읽는다.

바. 동생은 <u>잠을</u> 깼다.

라. 보어

보어는 동사 '되다'나 형용사 '아니다'가 쓰일 때에 체언, 명사구, 명사절에 조사 '-이/가'가 붙어서 이루어진 말이다.

(4) 가. 네가 벌써 <u>어른이</u> 되었구나.

나. 저것은 <u>고양이가</u> 아니오.

다. 저것은 <u>내가 어제 산 고양이가</u> 아니오

마. 관형어

관형어는 주어, 목적어 같은 체언 앞에 붙어서 그것을 수식해 주는 성분으로 (5가-라)처럼 관형사, 용언의 관형사형, 체언, 체언 구실을 하는 말에 조사 '-의'가 붙은 것 등으로 이루어진다. 용언의 관형사형은 관형사형 어미 '-는, -(으)ㄴ, -(으)ㄹ' 중의 하나를 취하여 형성된다.3)

---

3) 관형사절을 이루는 방법은 세 가지가 있다.

(1) 관계절(관계관형사절): 영희가 지은 시는 좋다.(영희가 <u>시를</u> 짓다., 그 <u>시는</u> 좋다.) '동시'라는 공통된 논항을 공유한다.

(2) 보문절(보문관형사절, 동격 관형사절): 너는 영수가 결석한 <u>사실을</u> 모르느냐?('영수가 결석하다'가 관형사절로 되어 '사실'을 보충해 준다.) '영수가 결석하다.'에는 '사실'이라는 논항이 없다. 다만 '영수가 결석한 것'과 '사실'은 동격(같은 기능(의

(5라)의 '나라의'라는 관형어는 '보배다'라는 서술어를 수식해 주는 것이 아니라 '보배'라는 체언을 수식해 주고 있다. 문장 구성상으로 '무엇이 무엇이다'의 구성인데, '무엇이다'의 '무엇'에 해당하는 말이 '나라의 보배'라고 볼 수 있다. 관형어는 (5마)처럼 겹쳐 쓰일 경우도 있다. 이때에는 '이, 그, 저' 같은 지시 관형어가 제일 먼저 쓰이고, 다음에 수량 관형어, 그 다음에 모양이나 순서를 나타내는 관형어가 쓰인다.

(5) 가. 철수는 <u>새</u> 옷을 입었다.
　　나. <u>철수가 지은</u> 시
　　다. 길에서 <u>고향</u> 친구를 만났다.
　　라. 어린이는 <u>나라의</u> 보배다.
　　마. <u>저</u> <u>두</u> <u>벽돌</u> 집

바. 부사어

부사어는 서술어에 덧붙어서 그 뜻을 한정해 주는 말이다. 이 부사어에는 (6가-다)처럼 부사와 체언과 구에 여러 가지 부사격 조사 '-에게, -에, -로, -와, -보다' 등이 붙어서 이루어진 말이 있다. 부사어는 (6가-다)처럼 서술어를 꾸며 주는 것이 있는가 하면 특수한 경우는 (6라)처럼 문장 전체를 한정해 주는 문장 부사어도 있고, (6마)처럼 체언을 꾸며 주는 경우도 있다. (6바)처럼 다른 부사를 꾸며 주기도 한다. (6사)의 '눈을 감은 채로'는 '그때 일을 회상했다'를 꾸며 주며, (6아)의 '배 없이'는 '건너가기가 어렵다'를 꾸며 준다.

미))이다.
(3) 연계절(연계관형사절): 그가 온 후에도 좋아진 것이 없다. '후'라는 공통된 논항도 없고, '그가 온'과 '후'가 동격도 아니며, 다만 '그가 온'이 '후에도 좋아진…'에 연결되어 있을 뿐이다.

(6) 가. 오늘은 매우 춥다.

　　나. 철수에게 가 보아라.

　　다. 형의 키가 아우의 키와 같다.

　　라. 과연 그가 올까?

　　마. 겨우 둘이 왔구나!

　　바. 아주 빨리 왔구나!

　　사. 그는 눈을 감은 채로 그때 일을 회상했다.

　　아. 배 없이 건너가기가 어렵다.

사. 독립어

　독립어는 문장 중의 어느 성분과도 직접적인 관련이 없는 성분으로서 (7가)처럼 감탄사, (7나)처럼 체언에 호격 조사가 붙은 것, (7다)처럼 접속부사로서 문장 첫머리에 쓰이는 것이 있다. 접속부사 중에서 문장의 첫머리에 쓰인 것만 독립어로 본다.4) 그러나 '너 그리고 나, 너 및 나, 너 또는 나'의 '그리고, 및, 또는' 등과 같이 단어를 접속시키는 접속부사는 독립어가 되지 못한다.5) (7라)의 '돈'처럼 문장 첫머리에 제시된 말도 독립어이다.

　(7) 가. 아, 아이구, (미안합니다.)

　　나. 철수야, 신이시여, (우리를 도우소서.)

　　다. 그리고, 그래서, 그런데 (그는 어디에 갔느냐?)

　　라. 돈, (그것의 힘이 엄청났다.)

---

4) 한글맞춤법 문장부호 사용법에 따르면 반점(,)을 쓰는 경우로 '문장 첫머리의 접속이나 연결을 나타내는 말 다음에 쓴다.'고 하였는데(예: 첫째, 몸이 튼튼해야 한다. 아무튼, 나는 집에 돌아가겠다.), 예외적으로 일반적으로 쓰이는 접속어(그러나, 그러므로, 그리고, 그런데, 등) 뒤에는 쓰지 않음을 원칙으로 한다고 하였다(예: 그러나 너는 실망할 필요가 없다).

5) '너와 나, 옷이며 신, 머루하고 다래'에서 '-와, -이며, -하고'도 접속조사로서 독립어가 아니다.

2. 피동문과 사동문

어떤 행위의 참여자 사이의 관계 즉, 주어와 동사 간의 주술관계를
비롯하여 목적어나 동사의 관계 및 이들에 긴밀하게 관련되는 다른
체언(동작주)과의 관계 등을 나타내는 동사의 형태를 태(態, Voice)라
한다. 어떤 동작을 일으키는 동작주를 주어로 삼고, 그 동작을 서술하는
능동태(能動態)와 어떤 동작을 입는 대상을 주어로 삼고, 그에 가해지는
동작의 양상을 나타내는 피동태(被動態), 어떤 동작을 하게 하는 대상을
주어로 삼고, 주어가 어떤 행위자로 하여금 어떤 행위를 하도록 시키는
사동태(使動態)가 있다.

가. 피동문

피동이란 어떤 행위를 주어 스스로 하지 않고, 남에 의해서 이루어진
행위를 말한다. 피동 표현에는 피동사에 의한 피동법, 조동사 '-어지다'
에 의한 피동법이 있다. 피동사에 의한 피동법은 능동사 어간에 피동
접미사 '-이-, -기-, -히-, -리-'가 결합되어 이루어진 피동사가 피동문
형식에 쓰임으로써 이루어진다. 다음과 같은 피동사가 있다.

-이-: 보이다, 파이다, 쓰이다, 섞이다, 놓이다
-기-: 안기다, 감기다, 끊기다, 찢기다, 쫓기다
-히-: 먹히다, 닫히다, 꽂히다, 잡히다, 박히다
-리-: 풀리다, 팔리다, 들리다, 눌리다, 물리다[6]

---

[6] '물리다, 잡히다' 등은 동일한 형태로 사동사로도 쓰인다. '경찰이 도둑의 입에 재갈을
물렸다.', '시계를 전당포에 저당 <u>잡혔다</u>'와 같은 문장에서 '물리다, 잡히다'는 사동사로
쓰인 경우이다. 이러한 동사에는 '보이다, 업히다, 들리다(듣다), 안기다' 등 여러 가지가
있다.

피동문은 능동문이 의미 변화 없이 변형에 의해 이루어진 것이라고 본다. 변형될 때에는 (1가,나)에서처럼 능동문의 주어 '순경이'는 조사 '-에게, -한테'가 붙어 피동문에서 여격 부사어 '순경에게'가 되거나 (1다) 같이 '순경에 의해'로 쓰여 행동주로서 역할을 한다. (1가) 능동문의 목적어 '도둑을'은 피동문에서 주어 '도둑이'가 된다.[7] 그리고 능동사 '잡았다'는 피동사 '잡혔다'가 된다.

   (1) 가. 순경이 도둑을 잡았다.
       나. 도둑이 순경에게 잡혔다.
       다. 도둑이 순경에 의해 잡혔다.

조동사 '-어지다'에 의한 피동은 대부분의 동사에 제약 없이 쓰인다. 능동문의 피동문으로의 변형은 위의 피동사가 결합될 때의 변형 방법과 마찬가지이다. 다만 능동사 '풀었다'가 '풀어졌다'로 된다.

   (2) 가. 철수가 끈을 풀었다.
       나. 끈이 철수에 의해 풀어졌다.

위 (1)과 같은 접미사 피동을 단형 피동이라 하기도 하고, (2)와 같은 조동사 피동을 장형 피동이라 하기도 한다.[8]

---

7) 그런데 능동문과 피동문이 대응이 되지 않는 경우도 있다. 피동사는 파생동사이어서 그 나름대로 독특한 뜻을 지니기 때문이다. '날씨가 풀렸다. 열매가 열렸다. 결실이 맺혔다'는 대응되는 능동문이 없다.
8) 학자에 따라서는 피동문에 위의 피동사 피동문, '-어 지다' 피동문과 더불어 '-되다'류 피동문이 있다고도 한다.
  (1) 가. 그는 그 일을 걱정하였다.
     나'. 그 일이 그에게 걱정되었다.
  (2) 가. 학생들이 선생님을 존경하였다.
     나'. 선생님이 학생들에게 존경받았다.

나. 사동문

사동이란 남으로 하여금 어떤 동작을 하게 하는 행위를 말한다. 이러한 사동 표현은 용언 어근에 사동 접미사가 결합된 사동사에 의한 방법과 조동사 '-게 하다'가 결합된 사동 형식에 의한 방법이 있다.

먼저 사동사에 의한 사동법을 알아보자. 사동사는 주동사인 타동사, 자동사, 형용사 어근에 사동 접미사 '-이-, -기-, -히-, -리-, -우-(-ㅣ우-), -구-, -추-, -애-, -으키-'가 결합하여 이루어진다. 사동 접미사가 결합된 사동사의 예를 들면 다음과 같다.

-이-: 보이다, 먹이다, 죽이다, 줄이다, 높이다
-기-: 옮기다, 굶기다, 웃기다, 숨기다, 벗기다
-히-: 좁히다, 넓히다, 입히다, 읽히다, 밝히다
-리-: 날리다, 돌리다, 놀리다, 물리다, 울리다
-우-(-ㅣ우-): 비우다, 깨우다, 세우다, 재우다
-구-: 돋구다, 솟구다
-추-: 낮추다, 늦추다
-애-: 없애다
-으키-: 일으키다

주동문이 사동문으로 되는 경우도 접미사 사동사에 의한 경우와 '-게 하다' 조동사에 의한 경우가 있다. 먼저 접미사 사동사에 의한 사동문을 세 가지로 나누어 보면 다음과 같다. 첫째로 타동사문이 사동문으로 된 경우를 보자.

(3) 가. 아기가 밥을 먹었다.
　　 나. 엄마가 아기에게 밥을 먹였다.

(3가)와 같은 주동문(타동사문)이 (3나)와 같은 사동문으로 되었는데, 주동문(타동사문)의 주어 '아기'는 사동문에서는 여격 부사어 '아기에게'가 되고, 타동사 '먹었다'는 사동사 '먹였다'가 되며, 사동문에는 주동문에 없던 새로운 주어(사동주) '엄마'가 등장하여 사동문 (3나)가 되었다.

둘째로 자동사문이 사동문으로 된 경우를 보자.

(4) 가. 새가 난다.
　　나. 아이가 새를 날렸다.

(4가)는 주동문(자동사문)이고, (4나)는 (4가)의 사동문이다. 이 때 주동문(자동사문)의 주어 '새'는 사동문에서는 목적어 '새를'이 되고, 자동사 '난다'는 사동사 '날렸다'가 되며, 주동문(자동사문)에 없던 '아이'가 새로운 주어(사동주)로 등장하여 사동문 (4나)가 되었다.

셋째로 형용사문이 사동문으로 된 경우를 보자.

(5) 가. 길이 좁다.
　　나. 사람들이 길을 좁혔다.

형용사문 (5가)가 (5나)와 같은 사동문이 되었다. 이 때 형용사문의 주어 '길이'는 사동문에서 목적어 '길을'이 되고, '좁다'는 사동사 '좁히다'가 되고, 주동문에 없던 주어(사동주) '사람들'이 사동문에 등장하여 사동문 (5나)가 되었다.

다음으로 조동사 '-게 하다'가 결합된 사동문을 보자. 사동 접미사가 결합될 수 있는 용언은 한정적인데 반하여 '-게 하다'의 결합은 자유롭다. 그래서 '가다'의 경우는 사동접미사가 결합된 사동사에 의한 사동문

은 (6가)처럼 될 수 없지만, '-게 하다'에 의한 사동문은 (6나)처럼 이루어
진다.

(6) 가. *선생님께서 학생들을 집에 <u>가이다</u>.
    나. 선생님께서 학생들을 집에 <u>가게 했다</u>.

'-게 하다'에 의한 사동법은 주동사에 어미 '-게'를 붙이고 조동사
'하다'를 써서 사동의 뜻을 나타내는 사동법으로 사동문으로 되는 과정
은 접미사 사동법이나 마찬가지이다. (7)은 주동문이고, (7')는 '-게 하다'
사동문이다.[9]

(7) 가. 철수가 웃었다.
    나. 철수가 밥을 먹었다.
    다. 영희가 예쁘다.

(7') 가. 친구들은 철수를 웃게 했다.
     나. 엄마가 철수에게 밥을 먹게 했다.
     다. 화장이 영희를 예쁘게 했다.

위와 같은 접미사 사동을 단형 사동이라 하기도 하고, 조동사 사동을
장형 사동이라 하기도 한데, 단형 사동과 장형 사동의 의미나 기능의
동질성과 이질성에 대한 논의가 있다.

---

9) 학자들에 따라서는 '-게 하다' 형태로 '-게 만들다, -도록 만들다, -게 시키다'사동문도
   있다고도 한다. 아래와 같다.
   (1) 가. 꽃이 붉다.
       나. 아이가 공부를 한다.
   (1') 가. 하나님이 꽃을 붉게 만들었다.
        나. 아버지가 아이를 공부하게 시킨다.

3. 시제와 동작상

시제(時制, Tense)란 용언에서의 시간적 관계를 표시하는 문법범주를 말한다. 보통 현재를 분기점으로 하여 과거와 미래로 구분한다. 동작상 또는 상(相, Aspect)은 진행, 완료와 같은 동작의 양상이 일정한 형태로 표시되는 현상을 말한다.

우리말의 시제 형태는 시간적으로 보면 시제이면서 움직임으로 보면 동작상이다. 또 같은 형태 즉, 시제나 동작상을 표시하는 형태에 화자의 심리적 태도가 곁들인 말이 있어 서법 및 양태10)를 나타내기도 한다. 여기에서는 남기심 · 고영근(1985)에 바탕을 두고 시제와 동작상에 대해 알아보겠다.

(1) 가. 나는 지금 학교에 <u>간다</u>.
나. 나는 어제 학교에 <u>갔다</u>.
다. 나는 내일 학교에 <u>가겠다</u>.
라. 나는 어제 학교에 <u>가는</u> 순이를 보았다.

---

10) 양태(modality)란 동사의 서법범주에 나타난 화자의 심리적 태도와 관련된 의미특성으로 말하는 사람의 확신, 추측, 바람, 의도나 행위를 하는 사람의 의무, 능력 등의 의미를 나타내는 문법 범주이다.
(1) 가. 눈이 오겠다.(화자가 문장 사실에 대한 가능성 확인, 추측)
나. 영수는 벌써 갔을걸.(화자가 문장 사실을 현재 상황에서 추측)
다. 영수는 벌써 갔구나.(화자가 문장 사실을 몰랐다가 알게 됨.)
라. 영수는 벌써 갔지? (화자와 청자가 문장 사실을 알고 있다고 확신하며, 청자에게 확인함.)

시제란 발화시를 중심으로 하여 (1가)처럼 발화시 현재를 현재 시제라 하고, (1나)처럼 발화시 이전을 과거 시제, (1다)처럼 발화시 이후를 미래 시제라 한다. 여기에서 현재 시제 형태는 '-ㄴ/는-'으로, 과거 시제는 '-았-'으로, 미래 시제는 '-겠-'으로 표시되었다. 이러한 시제는 발화시를 기준으로 하는 절대 시제에 의한 것이다. 그런데 우리말은 반드시 발화시만을 기준으로 할 때에는 시제를 판별하기 곤란한 면이 있다. 예를 들어 (1라) 문장에서 '가는'이라고 하는 말은 '-는'이라는 시제 형태만 보면 현재 시제이나 전체 문장으로 보면 과거의 일이다. 그래서 혼돈이 일어나게 되는데, 이를 해결하기 위해서는 상대 시제란 개념을 도입해야 한다. '가는'은 상대 시제로서 사건이 일어나는 사건시를 기준으로 보아서 사건시 현재에 현재 시제인 것이다. 이러한 상대 시제는 주로 관형사형에 나타난다. 이제 각 시제에 대해 구체적으로 알아보자.

가. 현재 시제

(2) 가. 먹는다, 본다, 바쁘다, 대표이다
     나. 나는 내일 학교에 안 <u>간다</u>.
     다. 지구는 <u>돈다</u>.
     라. 인간은 만물의 <u>영장이다</u>.
     마. <u>공부하는</u> 아이들로 만원이었다.
     바. <u>튼튼한</u> 아이들이 있었다.
     사. <u>교육자인</u> 박 선생님께서 계셨다.

현재 시제의 종결형에 나타나는 형태는 (2가)처럼 동사의 경우에는 '-는-/-ㄴ'(먹는다, 본다)으로 표시되고, 형용사나 서술격 조사가 붙어 서술을 나타내는 경우에는 시제 형태가 없다(바쁘다, 대표이다). 현재 시제 형태 '-는/-ㄴ'은 반드시 발화시의 현재 시제만을 나타낸 것은 아니다. (2나) 문장에서는 '간다'가 현재 시제 형태로 쓰였지만, '간다'는 발화시로는 미래를, '가는' 사건시로는 현재를 나타낸다. (2다-라) 문장에서 '돈다, 영장이다'는 현재 시제와 같은 형태로 쓰였지만 변함없는 사실이나 진리를 나타내는 것으로 무시제를 나타낸 것이다. 과거나 현재나 미래에도 변함없는 사실이기 때문이다. (2가)의 '대표이다'는 현재는 대표이지만 훗날 보면 '철수는 우리 반 대표였다.'로 쓰일 수 있기 때문에 무시제가 아니다. 현재 시제 표지가 안 쓰였을 뿐이다.

현재 시제의 관형사형 형태는 주로 상대 시제로 쓰이는데, 주문장의 사건시 현재를 나타낸다. (2마-사)에서 관형사형 시제 형태는 동사에서는 '-는'으로, 형용사와 서술격 조사에서는 '-ㄴ'으로 나타났으나 이때의 시제는 사건시 기준으로 현재이며, 발화시 현재로는 과거이다.

나. 과거 시제

과거 시제의 종결형 형태는 (3가)처럼 동사, 형용사, 서술격 조사 모두에 '-었-'이 붙는다. 그러나 '-었-'이 붙었다 하여 모두가 다 발화시를 기준으로 볼 때에는 과거인 것은 아니다. (3나-다)와 같은 문장에서 '왔다'는 '오는' 동작의 완료가 일어난 사건시가 발화시보다 앞선 과거를 나타내고, '갔다'는 미래의 일이지만 사건이 일어나는 미래로 가서 '가는' 행동이 완료되는 과거의 일을 나타내기도 한다. 관형사형에서의 과거 형태로는 (3라)처럼 '-ㄴ'이 쓰인다. (3마)처럼 과거를 표시하는 형태로 '-었었-'이 쓰이기도 하는데, 이때 선행 '-었-'은 과거를 나타내고, 후행 '-었-'은 현재와의 단절 또는 완료를 나타낸다. 또 '-더-'라는 특수 형태가 (3바)처럼 과거의 일을 나타내는 데 쓰이기도 한다. 그러나 이

'-더-'는 단순한 과거가 아니라 과거 경험을 회상하는 '-더-'로서 서법성을 띠고 있다.

(3) 가. 읽었다, 예뻤다, 책상이었다.
　　나. 철수가 지금 학교에 <u>왔다</u>.
　　다. 너는 앞으로 학교에 다 <u>갔다</u>.
　　라. 여기 <u>앉으신</u> 선생님은 방금 오셨다.
　　마. 선생님께서 여기에 <u>앉았었다</u>.
　　바. 철수가 어제 학교에 <u>가더라</u>.

다. 미래 시제

미래 시제를 나타내는 형태는 '-겠-, -리-'가 있다. 그러나 이 '-겠-'과 '-리-'는 단순한 미래가 아니라 양태성(modality, 樣態性)을 겸하고 있다. '-겠-, -리-'는 추측, 의지, 가능성 등의 양태 의미를 갖고 있다. 미래 시제의 관형사 형태는 (4다)처럼 '-(으)ㄹ'에 의해 표시된다. (4라)의 '-었겠-'의 시제는 '-었'에 의한 과거이고, '-겠-'은 미래를 나타낸 것이 아니라 추측의 양태를 나타낸 것이다.

(4) 가. 나는 내일 학교에 <u>가겠다</u>.
　　나. 나는 내일 학교에 <u>가리라</u>.
　　다. 앞으로 <u>할</u> 일이 많다.
　　라. 오늘도 수업이 <u>재미있었겠습니다</u>.

라. 동작상

동작상은 상(相, aspect)이라 불리는 것인데, 진행, 완료와 같은 동작의 양상이 일정한 형태로 표시되는 현상을 말한다. 보조적 연결어미와 보조 동사의 결합에 의해 표시되며, 연결어미에 의해서도 표시될 수 있다.

1) 완료상

완료상이란 동작의 완료를 나타낸 것으로 '-어 있다, -어 버리다, -서'와 같은 형태로 나타난다. 이것이 시제 형태와 만나 '앉아 있다'가 되면 현재 완료상, '앉아 있었다'가 되면 과거 완료상, '앉아 있겠다'가 되면 미래 완료상이 된다. 이러한 부류의 완료상 형태는 '-어 지다, -어 두다, -어 놓다, -어 내다' 및 연결어미에 의한 완료상 형태인 '-어서, -다가, -자마자' 등이 있다.

(5) 앉아 있다,   벗어 버리다,   종소리를 듣고서 학교에 갔다.

2) 진행상

진행상은 현재 진행되고 있는 동작의 양상으로서 '-고 있다'가 대표적이다. '읽고 있다'는 현재 진행상, '읽고 있었다'는 과거 진행상, '읽고 있겠다'는 미래 진행상을 나타낸다. 이러한 진행상에는 습관적인 동작의 반복을 표시하는 '-곤 하다'나 연결 어미 '-(으)락~(으)락'도 포함시킬 수 있을 것이다.

(6) 읽고 있다 읽고 있었다 읽고 있겠다 읽곤한다 들락 날락

3) 예정상

동작이 예정되어 있음을 나타내는 동작의 양상을 예정상이라 한다. '-게 되다, -게 하다, -고자' 등이 예정상의 형태이다. (19가)의 '살게 되었다'는 과거에 어느 장소에 사는 일이 예정되어 있음을 표시하고, '가게 한다'는 사동적 표현으로서 현재에 있어서의 예정된 일을 표시한다. '가고자 합니다'는 현재에 있어서의 예정된 일을 표시하는데, 이곳에서는 화자의 의지도 들어 있다.

(7) 살게 되었다   가게 한다   저도 같이 가고자 합니다.

4. 서법

가. 서법의 개념

남기심·고영근(1985)에 의하면 화자는 사태를 현실적, 또는 비현실적으로 파악할 수 있고, 경우에 따라서는 현실화시키고자 하는 의지가 수반되기도 한다. 이러한 의미 특성을 심리적 태도라 하는데, 그것이 일정한 활용 형태에 의하여 표시될 때 이를 서법(敍法, Mood)이라고 한다.

(1) 가. 너는 무엇을 주었느냐?
    나. 철수가 그것을 벌써 주었을까?
    다. 너부터 먼저 읽어라.

화자가 보는 태도에 있어 (1가)는 현실적, 객관적이다(敍實法, fact-mood). (1나)는 비현실적 또는 주관적이다(敍想法, thought-mood). (1다)는 화자가 청자의 행동을 실현시키려는 의지가 있다(敍意.法 , will-mood). 서실법과 서상법은 무의지적 서법으로 선어말어미에 의해 표현되고, 서의법은 의지적 서법으로 어말어미에 의해 표현된다. 무의지적 서법에는 기본서법(직설법, 부정법, 회상법, 추측법)과 부차서법(원칙법, 확인법)이 있는데, 부차서법은 달리 강조법이라고도 불린다. 의지적 서법에는 명령법, 청유법, 약속법, 경계법이 있다. 이는 문체법(문장종결법)에서 따로 다루고, 여기에서는 무의지적 서법만 다루어 본다.

나. 서법 형태

1) 기본 서법(무의지적 서법)

가) 직설법

직설법의 형태는 체계적으로 나타나지 않으나 '하느냐, 합니까, 하는'에서 '-느-, -니-'로 나타난다. '하네'에서는 'Ø' 형태로 나타나는 것으로 본다. 직설법은 화자가 발화시점에서 사태를 단순히 파악할 때 사용한다.

나) 부정법

부정법은 체계가 가시적으로 드러나지 않으나 '읽은, 붉은'의 '-(으)ㄴ'은 '읽는, 읽던, 붉던'의 '-는, -던'과 비교했을 때 'Ø'을 설정해 볼 수 있을 것이다.

다) 회상법

이 형태는 '가더라, 갑디다'에서 '-더-, -디-'로 비교적 활발하게 나타난다.

라) 추측법

'하리라, 하리, 하오리까, 할까, 할, 할지, 하려니와'에서 '-리-, -(으)ㄹ'가 추측법 형태이다. '보았으리라'에서 '-리-'는 과거시제 '-었-'과 결합하여 '미래'의 시제적 의미는 사라지고 추측의 의미만 파악된다.

2) 부차서법

가) 원칙법

원칙법은 화자가 사태를 불변적, 기정적인 것으로 파악하여 타이르거나 객관적인 앎을 일깨워줌으로써 그것에 주의가 집중되기를 바라는 화자의 의도가 작용할 때 쓰인다. 직설법과 회상법에 후행한다. '하느니라, 하느니'에서 직설법 '-느-' 다음에서 '-니-', '합닌다'에서 직설법 '-니-' 다음에 '-ㄴ-'으로 실현된다.

나) 확인법

해라체의 평서법에만 나타난다. '하것다, 하렷다'의 '-것-, -엇-'이 분석된다. '하것다'는 직설확인법이고, '하렷다'는 추측확인법이다.

5. 높임법

높임법은 공손법, 대우법, 존경법, 겸손법, 겸양법, 공대법, 경어법, 존대법 등처럼 논자에 따라 명칭 및 높임 등급의 분류 등에 있어서 많은 차이가 난다. 여기에서는 높임법이라 칭하고, 이에 대해 알아보기로 하겠다.

국어의 높임법은 국어의 규칙적인 용언의 활용에 의한 문법적인 것과 높임을 나타내는 특수한 어휘에 의한 것이 있다. 그리고 용언의 활용에 의한 높임법은 화자가 그 문장의 행위, 상태, 존재, 환언의 주체를 높이는 주체 높임법과 화자가 청자를 높이거나 낮추는 상대높임법이 있다. 그리고 청자에게 화자의 공손한 뜻을 나타내는 겸양법과 객체를 높이는 객체높임법이 있다. 주체높임법은 '-시-'를 붙여서 표현하며, 상대높임법은 '합쇼, 하오, 하게, 해라, 해'체의 어느 하나를 선택하여 사용한다. 객체높임법은 중세어에서 활발히 사용되었으나 현대어에서는 '드리다' 등의 어휘를 사용하여 객체를 높인다. 겸양법의 '-옵-' 등은 주로 문어체에서 쓰이고 구어체에서는 별로 쓰이지 않는다.

가. 주체 높임법

(1가) 문장에서 화자는 청자에게 문장의 주어인 '선생님'을 높여서 '안 오셨다'라고 말한다. 이처럼 주체 높임법은 '-시-'를 사용하여 문장의 주체를 높여서 말하는 것인데, 대화 상황에 화자, 청자, 문장 주체 이 삼자가 관여되기 때문에 어느 때든지 다 '-시-'가 쓰이지는 않는다. (1나)를 말할 때에는 청자가 '할아버지'이기 때문에 문장 주체가 '아버지'이지만 '안 오셨습니다'라는 말을 쓰지 않는다. 그리고 주체 높임법에

는 간접 존대가 있다. 그래서 (1다)처럼 말할 때에는 주체가 비록 '머리'
이지만 '그 분'을 높인다는 의미에서 '머리가 세셨다'라고 말한다.

   (1) 가. 선생님께서 학교에 안 <u>오셨다</u>.
      나. 할아버지, 아버지가 아직 안 <u>왔습니다</u>.
      다. 그 분이 머리가 하얗게 <u>세셨다</u>.

  조사에 의한 주체높임법으로 '-께서'(할아버지<u>께서</u>(는), '-여 또는 -이
시여'(그대<u>여</u>(그대<u>시여</u>), 나를 잊지 마시오)가 쓰였고, 접사에 의한 주체
높임법으로는 '아버<u>님</u>은, 철수 <u>씨</u>가, <u>귀</u>사, <u>옥</u>고, <u>영</u>부인'과 같다. 그리고
'진지, 치아, 주무시다, 잡수시다, 계시다' 등은 주체를 높이는 어휘이다.
'선생님께서 <u>주무십니다</u>.' '할아버지께서 <u>진지</u>를 <u>잡수십니다</u>.'와 같다.

나. 상대 높임법

  상대 높임법은 말하는 이가 특정한 종결어미를 씀으로써 말 듣는
이를 높이거나 낮추어 말하는 법으로서 종결어미는 그 높임의 정도에
따라 아주 높임(합쇼체:-하십시오), 예사 높임(하오체:-하오), 예사 낮춤
(하게체:-하게), 아주 낮춤(해라체:-하라), 두루 높임(해요체:-해요), 두루
낮춤(해체:-해) 등으로 구분한다. 아래 (2)와 같다.

   (2) 가. 어서 일을 하십시오.
      나. 어서 일을 하오.
      다. 어서 일을 하게.
      라. 어서 일을 하여라.
      마. 어서 일을 해요.
      바. 어서 일을 해.

다. 겸양법과 객체높임법

먼저 겸양법에 대하여 알아보자. 문장에서는 (3가)처럼 '-옵/으오-'(하옵니다), '-삽/사옵/사오-'(듣사오니), '-잡/자옵/자오-'(받잡고) 등의 선어말어미가 있어 청자에게 화자의 겸손한 뜻을 나타낸다. 이를 겸양법이라 한다. 이 어미는 주로 문어체에서 쓰이고 구어체에서는 별로 쓰이지 않는다. 특수 어휘에 기댄 겸양법(겸손법)으로 표시되는 말은 (3나,다)와 같이 '말씀, 저, 저희; 졸저, 졸고, 소생, 배상(拜上), 소인; , 뵙다, 여쭙다, 아뢰다, 모시고, 기망(欺罔)하다(속이다)' 등이 있다.

(3) 가. 제가 듣자오니 요즈음 할머니께서 편찮으시다고 하옵니다.
　　나. 제가 말씀 드리겠습니다.
　　다. 여기에서 선생님을 뵙습니다.

다음으로 객체높임법에 대해 알아보자. '드리다, 올리다, 바치다' 등의 어휘는 목적어나 부사어로 나타내는 인물, 곧 객체를 높이는 말이다. (4가)는 객체인 '선생님'을 높이는 말로 객체높임법에 해당된다.

(4) 가. 이 물건을 선생님께 드려라.

6. 문장 종결법

화자가 청자에게 자기의 생각을 표현할 때, 즉 평범하게 서술하거나 묻거나 명령하거나 권유하거나 감탄을 표시할 때에는 문장의 종결어미에 의지하여 표현하게 되는데, 이러한 표현법을 문장 종결법 또는 문체법이라 한다. 국어의 문장 종결법에 의한 문장은 일반적으로 평서문, 의문문, 명령문, 청유문, 감탄문 등 다섯으로 구분한다.[11]

가. 평서문

평서문은 평범하게 화자의 생각을 진술하는 문장으로서 문장 종결 형태는 (1가)처럼 '-다'로 끝난다. 그리고 '-다'는 높임법 체계에 따라 '-는다, -네, -오, -ㅂ니다' 형태로 바뀌어 나타낸다. '-다'는 '-더-, -리-, -니-' 뒤에서는 (1나)처럼 '-라'로 교체되기도 한다. 그리고 (1다·라)처럼 두루낮춤(해체)으로 '-어', 두루높임(해요체)으로 '-어요'가 쓰인다. (1 마)와 같은 '-마' 문장은 해라체의 특수한 평서문으로 약속평서문이라고 부른다. 문법가에 따라서는 따로 분류하여 약속법이라 부르기도 한다. 약속법은 높임법 체계에 따라 '-마, -ㅁ세, [-리라], [-오리다]'로 나타나기 도 한다. (1바)와 같은 '-ㄹ라'는 염려(경계)를 나타내는 평서문 어미이 다. 이것도 학자에 따라 따로 분리하여 경계법이라 부르기도 한다. '조심

---

11) 문장 종결법(문체법)은 걸어법에 속한데, 걸어법에는 이 문체법 외에 높임법(존비법) 이 있다. 이 둘은 결합하여 종결어미로 문장을 끝맺는다. 문체법은 문장을 기능적으로 끝맺는 걸어법이고, 존비법은 문장을 사회적으로 끝맺는 걸어법이다. 다섯 개 외에 약속법, 허락법, 경계법을 더 분류한 걸어법 체계를 보자(고영근·구본관, 2008:426). (표의 ( ) 속의 말은 이 책의 저자의 말임)

	해라	하게	하오	합쇼	요-결락형	요-통합형
평서법	-는다	-네	-오	-ㅂ니다	-어	-어요
감탄법	-는구나	-는구먼	-는구려	0	-어	-어요
의문법	-느냐	-는가	-오	-ㅂ니까	-어	-어요
명령법	-어라	-게	-오	-ㅂ시오	-어	-어요
청유법	-자	-세	[-ㅂ시다]	[-시지요]	-어	-어요
약속법	-마	-ㅁ세	[-리다]	[-오리다]	(약속 평서문)	
허락법	-려무나	-게나	-구려	0	(허락 명령문)	
경계법	-ㄹ라	[-리]	[-리다]	0	(경계, 염려 평서문)	

해라. 다칠라.(조심해라. 다친다.)', '잘 두어라. 고양이가 먹을라.(잘 두어라. 고양이가 먹는다.)'에서 볼 수 있는 바와 같이 염려 또는 경계를 나타낸다. 약속법, 경계법은 문장 종결법을 다섯 가지로 분류할 때에는 평서법 문체에 속한다.

(1) 가. 순이가 학교에 <u>간다</u>.(가네, 가오, 갑니다)
　　나. 순이가 학교에 <u>가더라</u>.
　　다. 순이가 학교에 <u>가</u>.
　　라. 순이가 학교에 <u>가요</u>.
　　마. 내일 학교에 <u>가마</u>.
　　바. 잘못하다 <u>다칠라</u>.

나. 감탄문

감탄문은 화자가 청자를 별로 의식하지 않거나 독백하는 상황에서 자기의 느낌을 표현하는 문장 유형인데 감탄 형태로 나타난다. 이 감탄 형태는 (2가)처럼 '-구나'가 대표적 형태이다. 이 '-구나'는 해라체이고, 하게체에서는 '-구먼', 하오체에서는 '-구료'가 쓰인다. 그리고 (2나)처럼 '-구나'가 줄어진 '-군'도 있는데 이것은 두루낮춤(해체, '-요' 결락형)이고, 이 '-군'에 '-요'가 붙은 '-군요'는 두루높임(해요체, '-요' 통합형)으로 쓰인다. (2다)와 같은 '아이고! 추워라!'의 '-어라'는 상대방을 고려하지 않은 독백에 국한된 형용사와 결합된 감탄 어미이다. 또 (2라)와 같은 '-어라' 형태의 해체 '-어'와 해요체 '-어요'도 있는데, 이때에는 느낌표를 붙여야 된다. 그리고 '-어라'는 '예뻐라, 추워라'처럼 주로 형용사 어간에 결합하여 쓰이지만 시(詩)에서는 (2마)처럼 형용사 이외에도 쓰인 경우가 있다.

이외에 (2바)처럼 '-는걸, -는데, -거든, -(으)ㄹ꺼나' 어미가 있어 미묘한 감정을 표시하는 데 쓰이기도 한다. 느낌표(!)는 강한 느낌에만 쓴다.

(2) 가. 순이가 학교에 <u>가는구나!</u> (가는구먼!, 가는구료!)
　　나. <u>가는군!</u>, <u>가는군요!</u>
　　다. 아이고! <u>추워라!</u>
　　라. 아이고, <u>추워!</u> <u>추워요!</u>
　　마. <u>흘러라</u>, 별이어라
　　바. 코가 <u>예쁜 걸.</u> 이를 <u>어쩔꺼나.</u>

다. 의문문

화자가 청자에게 무엇인가 묻는 문장으로 '-냐, -까' 등이 주로 쓰인다. 높임법 등급에 따라서는 (3가라)처럼 쓰인다. (3마)처럼 격식적인 형태인 '-느냐' 대신에 친밀성을 띤 비격식적인 '-니'가 쓰이기도 하고, (3바)처럼 '-는가'가 줄어든 '-나'가 쓰이기도 한다. '-나'는 하게체이지만, 두루낮춤으로 쓰이기도 하고, '-요'를 붙여 '-나요'로 두루높임으로 쓰이기도 한다. 이외에 (3사-자)와 같이 형태는 의문문이지만 의미상으로는 의문문이 아닌 의문문이 있는데, 이를 수사 의문문이라 한다. 수사 의문문 어미로 '-게, -니, -람' 등이 쓰인다.

(3) 가. 어디로 <u>가느냐?</u>
　　나. 어디로 <u>가는가?</u>
　　다. 어디로 <u>가오?</u>
　　라. 어디로 <u>갑니까?</u>
　　마. 어디 <u>가니?</u>
　　바. 어디로 <u>가나?</u> (가나요?)

사. 큰 일 나게?

아. 비가 오다니?

자. 이것이 무엇이람?

라. 명령문

화자가 청자에게 무엇을 해주기를 요구하는 문장으로 (4가)처럼 '-어라'가 종결 어미로 쓰인다. 그리고 변이형태로서 '(가)거라, (오)너라, (하)여라'가 쓰인다. 상대 높임법에 따라 (4가-라)처럼 '-어라, -게, -오, -ㅂ시오'가 쓰인다. 비격식체로 (4마)처럼 해체 '-어'와 해요체 '-어요'가 쓰인다. 명령문 종결어미인데 (4바)처럼 허락의 의미를 가진 '-려무나' 등이 쓰인 문장을 허락문이라 하고, 그 문체법(문장 종결법)을 허락법이라 하여 따로 분리하기도 한다. 그러나 학교 문법에 따라 문장 종결법을 다섯 가지로 분류할 때에는 명령법에 속한다. 높임법 등급에 따라 해라체에 '-려무나', 하게체에 '-게나', 하오체에 '-구려'가 쓰인다.

(4) 가. 밥을 먹어라. 이리 오너라. 저리 가거라. 이것을 하여라.
　　나. 밥을 먹게.
　　다. 밥을 먹으오.
　　라. 밥을 먹으십시오.
　　마. 밥을 먹어.(먹어요)
　　바. 밥을 먹으려무나.　밥을 먹게나.　밥을 먹구려.

마. 청유문

화자가 청자에게 같이 행동해 줄 것을 요청하거나 제안하는 문장인데,

종결어미로는 '-자'가 주로 쓰인다. 의미상으로는 명령문이라 할 수 있으나 문장 구성 방식이 다르다. 청유문의 주어 명사구는 화자와 청자의 합동이다. 그리고 청유문의 종결어미는 높임에 따라 (5가-라)와 같이 '-자, -세, -ㅂ시다, -시지요'와 같은 형태가 쓰인다. (5마·바)와 같은 두루 낮춤과 두루 높임체도 쓰인다.

(5) 가. 학교에 <u>가자</u>.
　　나. 학교에 <u>가세</u>.
　　다. 학교에 <u>갑시다</u>.
　　라. 학교에 <u>가시지요</u>.
　　마. 학교에 <u>가</u>.
　　바. 학교에 <u>가요</u>.

7. 부정문

부정문의 표현은 (1나,라)와 같이 부사 '아니(안), 못'을 쓰거나 (1다, 마, 바)와 같이 용언 '(-지) 아니하다(않다), (-지) 못하다, (-지) 말다'를 써서 나타낸다. 그리고 (2나)와 같이 '아니다' 부정이 있는데, 이는 (2가) 처럼 서술격 조사 '-이다'가 쓰인 문장의 부정문으로 쓰인다.

(1) 가. 학교에 갔다.
　　나. 학교에 <u>안</u> 갔다.
　　다. 학교에 <u>가지 않았다</u>.
　　라. 학교에 <u>못</u> 갔다.
　　마. 학교에 <u>가지 못했다</u>.
　　바. 학교에 <u>가지 말아라</u>.

(2) 가. 이것은 책상이다.

　　나. 이것은 책상이 <u>아니다</u>.

　위 외에 부정적인 의미를 담고 있는 문장 '그는 아직 <u>미성년이다</u>.', '그것은 <u>비교육적이다</u>.', '수중에 돈이 <u>없다</u>' 등과 같은 문장이 있다. 그런데 이러한 문장은 의미상으로는 부정을 표시하나 문장에 부정소 포함 여부가 명확하지 않아 통사적으로 부정문에 포함할 수 있을지는 판단키 어려운 문장이다. '제가 어찌 감히 그 일을 할 수 있겠습니까?'는 의미상으로는 부정문이지만 통사적으로 부정문이 아니다. '그가 그 일을 못 하지는 않는다.'는 이중부정으로 긍정의 의미를 가지나 통사적으로는 부정문이다.

　위 (1)에서 보인 짧은 부정문 (1나,라)와 긴 부정문 (1다,마)는 대체적으로 의미적인 차이가 없다. 하지만 경우에 따라서는 의미 차이를 가지는 것으로 보이기도 한다. (3가)와 (3나)를 비교해 보면 (3가)는 '안'이 '먹다'를 부정하는데, (3나)의 '먹고 가지는 않았다'는 '않았다'가 '먹다'를 부정할 수도 있고, '가다'를 부정할 수도 있다. 또 짧은 부정문은 긴 부정문에 비해 제약이 심하다. (3다)는 비문이나 (3라)는 적격한 문장이다.

(3) 가. 그는 밥을 안 먹고 간다.

　　나. 그는 밥을 먹고 <u>가지는 않았다</u>.

　　다. *그는 나를 안 추천했다.

　　라. 그는 나를 <u>추천하지는 않았다</u>.

　그리고 '아니, 못' 부정은 평서문, 감탄문, 의문문에 쓰이고, '말다' 부정은 명령문, 청유문에 쓰인다. (4가-마)와 같다.

(4) 가. 철수는 극장에 안(못) 갔다.

　　나. 철수는 극장에 안(못) 가는구나!

　　다. 철수는 극장에 안(못) 가느냐?

　　라. 철수야, 극장에 가지 말아라.

　　마. 철수야, 극장에 가지 말자.

8. 문장의 짜임

가. 문장 속의 문장

한 문장 안에 주어와 서술어의 관계가 두 번 이상 이루어진 문장으로서 어떤 문장이 다른 문장 속에 한 성분으로 들어가 안긴문장을 문장 속의 문장, 또는 안긴 문장이라 한다. 그리고 이 안긴 문장을 절이라고 한다. 이러한 절에는 명사절, 서술절, 관형절, 부사절, 인용절이 있다. 명사절은 (1가,나)처럼 안긴문장의 서술어가 '-(으)ㅁ, -기, 것'을 취하여 형성된다. 서술절은 (1다)처럼 한 문장이 서술어의 기능을 한다. 관형절은 (1라)처럼 안긴문장이 관형사형 어미 '-는(/-ㄴ, -ㄹ)'을 취하여 이루어진다. 관형사절을 가진 안은 문장은 (1라)처럼 보문절을 가진 안은 문장이 있는가 하면, '광희가 지은 시는 많은 사람들을 감동시켰다.'와 같은 관계절을 가진 안은 문장이 있고, '내가 안 가는 대신 아들을 보내겠소.'와 같이 연계절[12]을 가진 안은 문장으로 구분할 수 있다. (1마)처럼 부사절로 안긴 문장('말이 없다'의 부사절 형태)도 있다. '-이' 부사절 외에 (1바-아)에서 볼 수 있는 바와 같이 '-게, -수록, -다시피'와 같은 부사절로 안긴 문장도 있다. 인용절로 안긴 경우는 (1자, 차)처럼 '-고,

---

12) 특수한 명사와 어울려 선행절을 후행절에 연결시켜주는 역할을 하는 관형사절이다. '집에 간 다음에 말하자.', '비가 온 후에도 계속 더웠다.' 등

-라고'가 붙어서 이루어진다. 인용절은 직접인용절과 간접인용절이 있다. (1자)는 간접인용절이고, (1차)는 직접인용절이다.

(1) 가. <u>그가 돈이 많음이</u> 분명하다.
　　나. <u>지구가 둥글다는 것은</u> 증명되었다.
　　다. 철수가 <u>키가 크다.</u>
　　라. 나는 <u>그가 착한 사람이라는</u> 생각이 들었다.
　　마. 그 사람이 <u>말도 없이</u> 떠나 버렸구나!
　　바. 진달래가 <u>빛깔이 곱게</u> 피었다.
　　사. <u>세월이 갈수록</u> 인생의 무상함을 느낀다.
　　아. 이것은 <u>네가 알다시피</u> 진주다.
　　자. 우리는 <u>그가 옳지 않은 일을 한다고</u> 판단했다.
　　차. 우리는 <u>"그가 옳지 않은 일을 한다."</u>라고 판단했다.

나. 이어진 문장

겹문장에는 안은문장 외에 둘 이상의 문장들이 나란히 이어져서 더 큰 문장을 이루는 것이 있는데 이를 이어진 문장이라고 한다. 이때 이어진 문장 하나하나는 절이 된다. 여기에는 두 절이 대등하게 이어지거나 종속적으로 이어지는 경우가 있는데, 대등하게 이어진 경우는 (2가,나)처럼 '-고, -면서(순접의 대등적 연결 어미)'가 쓰인다. 이 외에 (2다) 같은 '-지만(역접의 대등적 연결 어미) 등이 쓰인다. 종속적으로 이어진 경우는 그 외 대부분이다. 많이 쓰인 어미는 (2라,마)와 같이 '-아서'가 쓰인 경우와 '-니(이유, 원인), -면(조건, 가정), -러(목적)'가 쓰인 경우가 있다. (2바)처럼 대등절과 종속절의 구성이 혼합된 경우도 있다.

(2) 가. 나는 <u>웃고</u>, 그는 울었다.

　　나. 그는 과자를 <u>먹으면서</u>, 학교에 간다.

　　다. 비가 <u>오지만</u>, 학교에 간다.

　　라. 비가 <u>와서</u>, 홍수가 났다.

　　마. 밥을 <u>먹으러</u>, 집에 간다.

　　바. 어제는 비가 <u>와서</u> 학교에 못 <u>갔고</u>, 오늘은 배가 <u>아파서</u> 학교에
　　　　못 간다.

　대등절로 이어진 문장과 종속적으로 이어진 문장을 구별하는 방법에
는 다음과 같은 방법이 있다. 첫째, (3가)처럼 대등적으로 이어진 문장은
앞뒤 절의 자리를 바꾸어도 의미상 큰 차이가 없다. 그러나 종속적으로
이어진 문장은 (3나)처럼 의미 변화가 발생한다. 둘째, (3다)처럼 대등적
으로 이어진 문장은 후행절의 요소(철수)를 선행절에서 재귀 대명사(자
기)로 나타낼 수 없다. 그러나 종속적으로 이어진 문장은 (3라)처럼
후행절의 요소(철수)를 선행절에서 재귀 대명사(자기)로 나타낼 수 있
다. 셋째, (3마)처럼 대등적으로 이어진 문장은 선행절과 후행절에 '대
조'나 '주제'의 보조사 '-는/은'이 결합될 수 있다. 그러나 종속적으로
이어진 문장은 '-는/은'이 결합될 수 없다. 넷째, (3바)처럼 대등적으로
이어진 문장은 선행절을 후행절 속으로 자유롭게 이동시킬 수 없다.
그러나 종속적으로 이어진 문장은 이동이 가능하다.

(3) 가. 예술은 길고, 인생은 짧다./ 인생은 짧고, 예술은 길다.

　　나. 봄이 오면 꽃이 핀다./ *꽃이 피면, 봄이 온다.

　　다. *<u>자기</u> 동생은 열심히 일했고, <u>철수</u>는 놀기만 한다.

　　라. <u>자기</u> 동생은 열심히 일해서, <u>철수</u>는 놀기만 한다.

　　마. 인생<u>은</u> 짧고, 예술<u>은</u> 길다./*봄<u>은</u> 오면, 꽃<u>은</u> 핀다.

　　바. *인생은, 예술은 길고, 짧다./꽃이, 봄이 오면, 핀다.

(4가)는 '와/과'에 의해 이어진 문장이다. '철수는 어제 파리로 떠났다.'와 '영희는 어제 파리로 떠났다.'가 대등적으로 이어진 문장이라고 본다. (4나)도 '철수는 용감하다.'와 '철수는 씩씩하다.'가 대등적으로 이어진 문장이라 본다.

    (4) 가. 철수와 영희는 어제 파리로 떠났다.
       나. 철수는 용감하고 씩씩하다.

9. 문장 부호

문장 부호에는 마침표로서 온점(.), 물음표(?), 느낌표(!)가 있다. 쉼표에는 반점(,), 가운뎃점(·), 쌍점(:), 빗금(/)이 있다. 그리고 따옴표에는 큰따옴표(" "), 작은따옴표(' ')가 있으며, 묶음표에는 소괄호(( )), 중괄호({ }), 대괄호([ ])가 있다. 이음표에는 줄표(—), 붙임표(-), 물결표(~)가 있다. 드러냄표에는 드러냄표(˙ , ˚), 안드러냄표(XX, OO), 빠짐표(□□), 줄임표(…)가 있다. 몇 가지만 아래에 예시해 두기로 한다. 자세한 사항은 부록의 한글맞춤법을 참조하기 바란다.

- 근면, 검소, 협동은 우리 겨레의 미덕이다.
- 3 · 15
- 일시: 1984년 10월 15일 10시
- 3/4분기
- 예로부터 "민심은 천심이다."라고 하였다.
- "여러분! '하늘이 무너져도 솟아날 구멍이 있다'고 하였습니다."
- '무정(無情)'은 춘원(6 · 25 때 납북)의 작품이다.

10. 문장 교육 방법

인간의 사고가 의미를 가진 최소자립형태인 단어에 의해서도 표현되고 이해되지만 단어만으로는 정확하고, 올바르고, 효과적으로 표현되고 이해될 수 없다. '학교'라는 말만 했다면, '학교에 갔다'를 의미하는지, '학교가 좋다'를 의미하는지 알 수 없다. 물론 담화 상황에 따라 의미 파악이 될 수도 있겠지만 모든 의사소통을 단어로만 한다면 매우 불완전할 것이다. 그러나 의사소통을 문장 단위로 한다면 정확하고 효과적으로 할 수 있다. 그래서 완성된 의사표현의 최소단위인 문장에 대해서 정확하게 안다는 것이 중요하다. 여기에 의사표현을 할 때에 필요한 문장 단위의 여러 요소들 곧 어순, 문장의 확대 및 축소, 시제, 경어법 등 문법적 요소들에 대하여 교육을 해야 할 필요성이 있다.

문장과 관련된 초등학교에서의 지도 내용을 범주화해 보면 다음과 같다.

- 문장 성분
- 어순
- 수식어와 피수식어
- 문장의 연결
- 문장의 확대와 축소
- 문장의 종류
- 시제
- 경어법
- 피동문과 사동문
- 부정문
- 문장 부호

가. 문장 성분 지도

문장 성분의 개념과 종류 및 기능을 알도록 하여 문장 구성 능력을 신장시키도록 해야 한다. 먼저 문장을 몇 개의 성분으로 나누고 각 성분이 문장에서 어떤 기능을 하는지 알게 한다. 나아가 여러 문장에서 같은 기능을 하는 성분을 찾아보는 활동을 하여 문장 구성 능력의 기초를 다지게 한다. 지도 방법의 예를 들어 보자.

• 다음 네모 속에 있는 문장을 아래의 문장 성분에 따라 써 보고 물음에
  답해 봅시다.

---
1. 꽃이 예쁘다.   2. 친구는 운동을 한다.   3. 아버지는 농부이시다.
4. 동생은 운동화를 신고 있다.   5. 동생은 새 운동화를 신고 있다.
6. 동생은 심부름을 한다.   7. 착한 동생은 심부름을 잘 한다.

주어:
목적어:
서술어:

1) 주어, 목적어, 서술어는 문장에서 각각 어떤 역할을 합니까?
2) 문장 4번과 5번, 6번과 7번은 어떤 차이점이 있습니까? 문장 성분상
   의 차이점과 표현의 정확성의 차이점을 말해봅시다.
3) '무엇이 무엇이다.'에 해당하는 문장은 어떤 문장입니까?
4) '무엇이 어떠하다.'에 해당하는 문장은 어떤 문장입니까?
5) '무엇이 어찌한다.'에 해당하는 문장은 어떤 문장입니까?

• 모둠별로 교과서나 동화책의 똑같은 쪽을 펴고, 주어, 서술어, 목적
  어에 해당하는 성분과 이들을 수식해주는 관형어, 부사어 등을 찾아
  보자.

나. 어순 지도

문장은 앞에서 살펴 본 바와 같이 그 기능에 따라 몇 가지의 성분으로 이루어져 있다. 그러나 의사소통이 잘 이루어지려면 각 성분들이 순서에 맞게 잘 나열되어야 한다. '나는 학교에 간다.'라고 말해야 할 것을 '간다 학교에 나는'이라고 한다면 어찌 올바르게 의사소통이 이루어지겠는 가? 그래서 각 문장의 성분을 그 기능에 적절하게 순서에 맞게 사용해야 할 것이다.

- 다음 문장의 성분을 어색하지 않는 문장이 되도록 바른 순서로 써봅 시다.
  1) 아빠! 저기, 보여요, 우리, 집이, 잘

  _____

  2) 내일이면, 끝난다, 방학이, 즐거운

  _____

- 문장에는 문장 성분의 순서를 바꾸어도 되는 것과 되지 않는 것이 있다. 다음 문장 중에서 순서를 바꾸어도 어색하지 않은 문장은 어느 문장일까요?
  1) 열심히 공부를 한다. - 공부를 열심히 한다.
  2) 매우 빨리 밥을 먹는다. - 매우 밥을 빨리 먹는다.

다. 수식어 피수식어 지도

말을 효과적이고 정확하게 표현하기 위해서는 피수식어에 잘 어울리 는 수식어를 사용하여 표현할 줄도 알아야 한다.

- 보기와 같이 꾸며주는 말을 넣어 자세한 문장을 만들어 봅시다.

그리고 꾸며 주는 말이 없을 때와 있을 때 뜻이 어떻게 다른지 말해봅시다.

보기

눈이 산에 왔습니다.
→ 하얀 눈이 높은 산에 많이 왔습니다.
→ 아름답고 하얀 눈이 매우 높은 산에 매우 많이 왔습니다.

1) 나비가 날아갑니다.
→
→

2) 구름이 흘러갑니다.
→
→

• 다음 문장에서 꾸며주는 말은 어떤 말인지 찾아보고, 꾸며주는 말이란 어떤 역할을 하는지 말해봅시다.

바람이 지나가자 노란 해바라기가 무거운 고개를 흔들흔들 움직였습니다. 그때 조그마한 꿀벌 한 마리가 윙 날아왔습니다.
"해바라기 아저씨, 왜 고개를 흔들흔들 움직이지요?"

라. 문장 연결 지도

의사소통을 할 때에는 여러 개의 문장을 연결어를 사용하여 이어간다. 이러한 문장 연결에 대한 교육이 이루어져야 정확하고 폭넓고 효과적인 언어생활을 할 수 있다.

• 다음 문장에서 이어주는 말을 찾아보고, 각각의 이어주는 말은 어떤 역할을 하고 있는지 말해봅시다.

> 바람이 지나갔습니다. 그러자 노란 해바라기가 무거운 고개를 흔들흔들 움직였습니다. 그런데 그때 조그마한 꿀벌 한 마리가 윙 날아왔습니다. 그리고 말했습니다.
> "해바라기 아저씨, 왜 고개를 흔들흔들 움직이지요?"
> "왜냐하면 고개가 무거워서 그렇지."

• 끝말잇기처럼 이어주는 말을 사용하여 모둠이 하나의 이야기를 만들어 보자.
  1) 한 학생이 문장 하나를 말한다.
  2) 다음 학생이 이어주는 말을 한다.
  3) 다음 학생이 알맞은 문장을 말한다.
  4) 다음 학생이 또 이어주는 말, 그 다음 학생이 알맞은 문장을 말한다.
  5) 이야기를 다 만든 후 이어주는 말을 잘 썼는지 평가한다.

• 이어주는 말을 사용하여 모둠이 하나의 이야기를 만드는 '내용 연결하기 놀이'를 해 보자.
  1) 모둠에서 한 학생이 하나의 문장과 이어주는 말을 한다.
  2) 다음 학생은 그 내용에 알맞은 뒷문장과 이어주는 말을 제시한다.
  3) 하나의 내용 연결하기가 끝날 때까지 해보고, 내용 연결하기가 잘 되었는지 평가한다.

• '왜냐하면'을 사용하여 '주장 발표하기' 놀이를 해본다.
  1) 모둠에서 한 학생이 하나의 주장을 말한다.
  2) 다음 학생은 '왜냐하면'이란 말로 시작하여 그 주장에 맞는 근거를 제시한다.
  3) 다음 학생이 주장을 하면, 그 다음 학생은 또다시 '왜냐하면'이란

말로 시작하여 그 주장에 맞는 근거를 제시한다.

4) 근거 제시가 내용에 어울리게 잘 되었는지 평가한다.

마. 문장 확대 축소 지도

의사소통을 할 때에는 여러 개의 문장을 연결어미를 사용하여 하나의 문장(중문 또는 복문)으로 사용한다. 이를 문장의 확대라 하고, 연결어미를 사용한 하나의 문장(중문 또는 복문)을 연결어를 사용하여 두 개 이상의 문장으로 만들어 사용하기도 한다. 이를 문장의 축소라 한다. 이러한 문장의 사용에 대한 교육이 이루어져야 정확하고 효과적인 언어 생활을 할 수 있을 것이다.13)

- 다음에 제시된 문장을 두 문장은 한 문장으로, 한 문장은 두 문장으로 만들어 봅시다.

  1) 바람이 지나갔습니다. 그러자 노란 해바라기가 무거운 고개를 흔들흔들 움직였습니다.

     →

  2) 노란 해바라기가 무거운 고개를 흔들흔들 움직였는데, 그때 조그마한 꿀벌 한 마리가 윙 날아왔습니다.

     →

- 문형틀을 이용하여 안긴문장으로 확장된 문장을 써 봅시다.

얼굴이 예쁜		색깔이 노란		
	지영이가		고양이를	안고 있다

---

13) 문장의 확대는 수식어를 통한 확대, 안긴문장을 통한 확대, 대등적 연결어미를 통한 확대, 종속적 연결어미를 통한 확대로 이루어질 수 있다. 이에 대한 자세한 사항은 신헌재 외(2005:419-420)를 참조할 것.

바. 문장 종류 지도

문장은 사상이나 감정의 완결된 언어 표현의 최소 단위이다. 사상이나 감정의 표현은 크게 풀이하는 방법, 묻는 방법, 시키는 방법, 느낌을 나타내는 방법, 제안하는 방법으로 이루어지는데, 이 때 사용하는 문장 표현 방법이 각각 다르다. 이제 문장 종류에 대한 지도 방법을 알아보자.

- 다음 문장을 보고, 풀이하는 문장은 '풀', 묻는 문장은 '묻', 시키는 문장은 '시', 권유하는 문장은 '권', 감탄을 나타내는 문장은 '감'이라 써 보세요.
  1) 빨리 학교에 가라. (　　)
  2) 빨리 학교에 가자. (　　)
  3) 빨리 학교에 간다. (　　)
  4) 빨리 학교에 가는구나! (　　)
  5) 빨리 학교에 가니? (　　)

- 다음 제시된 문장은 풀이하는 문장입니다. 문장 부호에 주의하면서 묻는 문장, 시키는 문장, 권유하는 문장, 감탄을 나타내는 문장으로 고쳐 보세요.

풀이하는 문장	운동장에서 축구를 한다.
묻는 문장	
시키는 문장	
권유하는 문장	
감탄을 나타내는 문장	

- 다음 대화의 빈 문장을 풀이하는 문장, 묻는 문장, 시키는 문장, 권유하는 문장, 감탄을 나타내는 문장으로 채워 써 보세요.

학1: 그게 뭐니?
학2:

학1:
학2: 아직도 비가 와.

학1:
학2: 그래, 같이 우산을 쓰고 가자.

학1: 비가 개면 무엇을 할까?
학2:

학1: 그런데 주머니에 보이는 것이 무엇이야?
학2: 내 동생 사진이야.
학1:

• 모둠원들이 좋아하는 시나 이야기를 골라 여러 가지 종류의 문장이
  들어가는 극 대본으로 바꾸어 실연해 보자.

사. 시제 지도

우리말에는 시간을 표현하는 말이 있는데, 학생들이 시간 표현의 체계
를 알고, 잘 사용할 수 있도록 해야 한다. 먼저 시간 표현의 말을 구분하
여 알 수 있고, 또 잘 사용할 수 있도록 해야 할 것이다.

• 다음 글에서 과거, 현재, 미래를 나타내는 말을 찾아 써보세요.

나는 지금 초등학교 5학년이다. 지금은 내 몸이 매우 건강하지만 아주 어릴 때에는 몹시 아팠다. 그러나 부모님의 극진한 간호로 무사히 건강해졌다. 어제는 이사를 했는데, 무거운 물건들도 거뜬히 날랐다. 어제 일을 해서인지 오늘은 몸이 몹시 피곤하다. 아마 내일까지 몸이 풀리지 않을 것 같다. 모레는 개학날이어서 학교에 가서 생활을 잘 해야 할 텐데 조금은 걱정이 된다.

1) 과거를 나타낸 말:
2) 현재를 나타낸 말:
3) 미래를 나타낸 말:

• 가족의 과거 중요했던 사건, 일, 현재 가족들의 사진, 미래의 가족들의 모습을 상상한 내용 등을 담은 '가족 신문'을 만들어 보자. 그리고 신문에 나타난 과거, 현재, 미래를 나타내는 말에 각각 다른 색을 칠해 보자.

00의 가족 신문

아. 경어법 지도

우리말에는 높임법이 있어서 학생들이 예절바른 언어생활을 하도록 하기 위해서는 높임말을 지도해야 한다. 그래서 학생들이 웃어른과 말을 할 때에는 공경하는 마음을 나타내는 높임말을 써서 말하도록 해야 한다. 높임말 지도는 먼저 예사말과 짝이 되는 높임말을 찾아 아는 활동을 해 보고, 다음으로 높임말을 사용하는 활동을 해 보도록 해야 한다.

- '높임말 골든벨' 활동을 하여 높임말 인지도를 높인다. 쉬운 단어에 서부터 시작하여 어려운 문장까지 출제한다.

  1) 나이
  2) 아프다
  3) 가다
  4) 먹는다
  5) 김 선생이 온다.
  6) 순이야, 선생님이 너 교무실로 오라고 한다.

- 할머니, 할아버지에게 전화를 하거나 이웃집에 사는 아저씨, 아주머 니께 엄마의 심부름을 하는 활동을 역할놀이 해 보자.

- 지난 해 나를 가르쳐 준 선생님께 고마운 편지를 써 보자.

자. 피동문 사동문 지도

세계 여러 나라 말과 같이 우리말에도 능동문과 피동문, 주동문과 사동문이 있다. 초등학교 단계에서는 이러한 문장에 대한 이론적인 내용 보다는 문장의 호응[14])과 관련지어 능동문에 쓰이는 동사와 피동문에 쓰이는 동사, 주동문에 쓰이는 동사와 사동문에 쓰이는 동사가 서로 다름을 인식하고, 잘 사용할 수 있도록 지도해야 할 것이다.

---

14) 문장의 호응은 '만약 ~이라면, 마치 ~처럼' 등과 같은 호응이 있기도 하지만 크게 보면 시제, 경어법, 피동문과 사동문, 부정문 등에서 문장 속의 성분들 사이의 호응까지 를 말한다. '어제'란 말을 썼다면 '갔다'와 같은 과거 형태의 동사가 와야 하는 것과 같다. 자세한 사항은 신헌재 외(2005:421) 참조할 것.

• 다음 문장에 맞는 동사에 ○표 하시오.
  1) 철수는 나무 위에 있는 인형을 (보았다, 보였다).
  2) 나무 위에 있는 인형이 (보았다, 보였다).

  1) 철수는 인형을 (보았다, 보였다).
  2) 영희는 철수에게 인형을 (보았다, 보였다).

• 다음 동사에 맞는 문장을 써 보시오.
  1) (먹다)
  2) (먹히다)
  3) (굶다)
  4) (굶기다)

• 위와 같은 동사를 더 찾아 문장을 만들어 보시오.
  1)
  2)
  3)
  4)

차. 부정문 지도

우리말에는 긍정문이 있는가 하면 그 긍정을 부정하는 부정문이 있다. 언어생활을 할 때 항상 긍정문만 사용할 수는 없다. 그래서 부정문의 형태를 알고, 필요에 따라 부정문을 효과적으로 사용할 수 있도록 지도해야 할 것이다.

• 다음 말을 '안'이 들어 간 부정문과 '-지 않다'가 들어간 부정문으로 고치시오.

(긍정문) 나는 탁구를 쳤다.

('안' 부정문) 나는 탁구를 안 쳤다.

('-지 않다' 부정문) 나는 탁구를 치지 않았다.

1) 나는 농구를 했다.

　('안' 부정문)

　('-지 않다' 부정문)

2) 나는 어머니 심부름을 했다.

　('안' 부정문)

　('-지 않다' 부정문)

카. 문장 부호 지도

초등학교에서 주로 쓰이는 문장부호는 마침표로 온점(.), 물음표(?), 느낌표(!)가 쓰이고, 쉼표로 반점(,), 가운뎃점(·), 쌍점(:)이 쓰인다. 그리고 따옴표로 큰따옴표(" "), 작은따옴표(' ')가 쓰이고, 묶음표로 소괄호(( ))가 주로 쓰인다. 그리고 이음표로 줄표(—)와 붙임표(-)가 주로 쓰인다. 이러한 문장 부호는 쓰기 활동을 할 때에는 반드시 필요하다. 꼭 익혀 잘 쓸 수 있도록 지도해야 할 것이다.

• 다음 □ 안에 알맞은 문장 부호를 써 넣으시오.

1) 엄마, 형 언제 왔어요□

2) 엄마□ 형 왔어요□

3) 형 왔구나□

4) 엄마, 형 오면 □나 먼저 간다□라고 전해 주세요.

5) 엄마, 저는 갈 것이고□형은 올 거예요□

6) 엄마는 □형은 안 올 거야□라고 생각하고 있다.

• 문장 부호를 바르게 사용하면서 친구에게 편지를 써 보세요.

타. 교육과정 지도 내용

초등학교 교육과정에서 문장 교육 관련 지도 내용은 아래와 같다.

제4차 교육과정

• 낱말이 일정한 순서로 모여야 문장이 됨을 안다.(3)
• 문장은 크게 두 부분으로 이루어짐을 안다.(3)
• 문장에는 풀이하는 문장, 묻는 문장, 시키는 문장이 있음을 안다.(3)
• 두 문장이 이어져 한 문장이 될 수 있음을 안다.(3)
• 낱말에는 높임을 나타내는 것이 있음을 안다.(5)
• 문장이 확장됨을 안다.(4)
• 문장의 두 큰 부분이 의미상으로 어울려야 함을 안다.(4)
• 문장에는 풀이하는 문장, 묻는 문장, 시키는 문장, 감탄을 나타내는 문장, 권유하는 문장이 있음을 안다.(4)
• 두 문장이 이어져 한 문장이 되거나, 한 문장이 나뉘어 두 문장이 될 수 있음을 안다(4)
• 문장이 확장됨과 문장의 각 부분이 다른 말로 대치될 수 있음을

안다.(5)
- 문장의 두 큰 부분이 시간상으로 어울려야 함을 안다.(5)
- 문장에는 풀이하는 문장, 묻는 문장, 시키는 문장, 감탄을 나타내는 문장, 권유하는 문장, 약속하는 문장이 있음을 안다.(5)
- 문장의 두 큰 부분이 높임과 낮춤이나 논리상으로 어울려야 함을 안다.(6)
- 문장에는 꾸미는 부분이 있음을 안다.(6)

제5차 교육과정

- 문장은 크게 두 부분으로 이루어짐을 알고, 두 부분을 바르게 연결하여 문장을 만든다.(1)
- 주어진 문장에 꾸미는 말을 덧붙여 긴 문장으로 만든다.(1)
- 높임을 나타내는 말을 찾아 예사말과 짝지어 보고, 언어예절에 대하여 이야기한다.(3)
- 문장은 크게 두 부분으로 이루어짐을 알고, 두 부분을 바르게 연결하여 문장을 만든다.(2)
- 주어진 문장에 꾸미는 말을 덧붙여 긴 문장으로 만든다.(2)
- 풀이하는 문장, 묻는 문장, 시키는 문장, 감탄을 나타내는 문장, 권유하는 문장 등을 찾아보고, 그 차이를 밝힌다.(3)
- 한 문장에 쓰인 낱말의 순서를 바꾸어 보고, 낱말이 일정한 순서로 모여야 문장이 됨을 안다.(4)
- 풀이하는 문장, 묻는 문장, 시키는 문장, 감탄을 나타내는 문장, 권유하는 문장 등을 찾아보고, 그 차이를 밝힌다.(4)
- 문장을 몇 개의 부분으로 나누어 보고, 각 부분을 다른 말로 대치하여 새로운 문장을 만든다.(4)
- 두 문장을 이어주는 말의 기능을 알고 활용한다.(5)
- 문장을 몇 개의 부분으로 나누어 보고, 문장의 각 부분을 다른 말로 대치하여 새로운 문장을 만든다.(5)
- 두 문장을 한 문장으로, 또는 한 문장을 두 문장으로 만들면서, 문장

- 을 축소시키거나 확장시킨다.(5)
- 의미, 시간, 높임이나 낮춤 등의 호응관계를 알고, 문장이나 글에서 잘못된 부분이 있는지 찾는다.(6)
- 두 문장을 한 문장으로, 또는 한 문장을 두 문장으로 만들면서, 문장을 축소시키거나 확장시킨다.(6)
- 주어진 글의 각 문장들을 두 부분으로 나누고, 문장 사이의 연결 관계를 살핀다.(6)

제6차 교육과정

- 문장에 꾸미는 말을 덧붙여 자세한 문장을 만든다(1).
- 문장은 크게 두 부분으로 이루어짐을 알고, 두 부분을 바르게 연결하여 문장을 만든다.(2)
- 문장에 꾸미는 말들을 넣어보고, 각 문장의 뜻의 차이를 말한다.(2)
- 높임을 나타내는 말을 찾아 예사말과 짝지어 보고, 그 말을 사용하여 예절바르게 말한다.(3)
- 한 문장에 쓰인 낱말의 순서를 바꾸어 보고, 낱말이 일정한 순서로 모여야 바른 문장이 됨을 안다.(3)
- 문장에는 풀이하는 문장, 묻는 문장, 감탄을 나타내는 문장이 있음을 알고, 이를 표시하는 문장 부호도 안다.(3)
- 문장을 몇 부분으로 나누어 보고, 각 부분에 다른 말을 대치하여 새로운 문장을 만든다.(4)
- 풀이하는 문장, 묻는 문장, 감탄을 나타내는 문장, 시키는 문장, 권유하는 문장을 구분하고, 그 차이를 비교한다(4)
- 높임이나 낮춤의 호응관계를 알고, 말이나 글에서 바르게 사용한다.(4)
- 문장을 몇 부분으로 나누어 보고, 각 부분에 다른 말을 대치하여 새로운 문장을 만든다.(5)
- 이어 주는 말의 기능을 알고, 두 문장을 한 문장으로, 또는 한 문장을 두 문장으로 만든다.(5)

- 문장에서 시간 표현과 관계된 부분을 찾아보고, 말이나 글에서 바르게 사용한다.(5)
- 두 문장을 한 문장으로, 또는 한 문장을 두 문장으로 바꾸어 문장을 여러 가지로 만든다.(6)
- 각 문장에서 전달하고자 하는 내용을 말하여 보고, 문장 사이의 연결관계를 살핀다.(6)
- 뜻이 바르게 전달되지 않는 문장을 찾아 그 이유를 말해보고, 바른 문장으로 고친다.(6)

제7차 교육과정

- 문장 안에서 꾸며 주는 말의 기능을 안다.(2)
- 우리말에는 어순이 있음을 안다.(3)
- 우리말에는 높임법이 있음을 안다.(3)
- 이어 주는 말의 기능을 안다(3).
- 문장의 종류를 안다.(4)
- 우리말에는 시간을 표현하는 말이 있음을 안다.(5)
- 문장성분의 개념과 기능을 안다.(5)
- 어법에 맞지 않는 말을 찾아보고, 국어에는 일정한 규칙이 있음을 안다.(5)
- 문장과 문장 사이의 연결 관계를 안다.(6)

2007 개정 교육과정

- 문장부호의 이름과 쓰임을 안다(1)
- 의도에 따라 여러 종류의 문장으로 표현할 수 있음을 설명한다.(3)
- 국어 높임법을 이해한다.(4)
- 문장을 구성하는 성분을 분석한다.(4)
- 시간 표현 방식을 이해한다.(5)
- 문장의 연결 관계를 이해한다.(6)
- 문장에 쓰인 호응 관계의 적절성을 판단한다.(6)

2009 개정 교육과정

- 문장의 기본 구조를 이해하고 문장 부호를 바르게 쓴다.(1-2)
- 문장을 끝내는 다양한 방식을 알고 자신의 의도에 맞게 문장을 사용할 수 있다.(3-4)
- 높임법을 알고 언어 예절에 맞게 사용한다.(3-4)
- 절을 연결하는 다양한 방식을 알고 표현 의도에 맞게 문장을 구성한다.(5-6)
- 국어의 기본적인 문장 성분을 이해하고 성분 사이의 호응 관계가 올바른 문장을 구성한다.(5-6)
- 문장의 구조를 탐구하고 자신의 생각을 다양한 구조의 문장으로 표현할 수 있다.(중1-3)
- 문법적 기능을 담당하는 요소들의 특징을 이해하고 담화 상황에 맞게 사용할 수 있다.(중1-3)

2015 개정 교육과정

- [2국04-03] 문장에 따라 알맞은 문장 부호를 사용한다.(1-2학년군)
- [4국04-03] 기본적인 문장의 짜임을 이해하고 사용한다.(3-4학년군)
- [4국04-04] 높임법을 알고 언어 예절에 맞게 사용한다.(3-4학년군)
- [6국04-05] 국어의 문장 성분을 이해하고 호응 관계가 올바른 문장을 구성한다.(5-6학년군)
- [9국04-06] 문장의 짜임과 양상을 탐구하고 활용한다.(중1-3학년군)

제 VII 장 어휘와 교육

　어휘란 단어와는 다르다. 단어가 개체적인 것이라면 어휘는 집합적인 것이다. 다시 말하자면 어휘란 지칭하는 것의 일정한 범위 안에 쓰이는 단어의 집합인 것이다. 그리고 이러한 어휘라는 집합 속의 하나하나의 요소를 어휘소라 한다. 어휘론의 대상은 한 언어가 갖고 있는 어휘는 물론 어휘적 기능으로 쓰이는 속담, 관용구 등 외형적으로는 단어를 벗어나나 실제적으로는 단어에 상당하는 의미로 쓰인 형태도 포함된다.

　어휘론의 연구 분야는 김종택(1992:17-20)에 의하면 크게 어휘 자료론, 어휘 체계론, 어휘 형성론, 어휘 어원론, 어휘 의미론, 어휘 변천사 등이 있다. 어휘 자료론은 각 시대, 각 지역, 각 문헌별로 어휘를 조사 발굴하여 형태적, 의미적 특징은 물론 그 분포 내용을 기술하고, 설명하는 것이다. 어휘 체계론은 어휘의 다른 어휘와의 체계 내적 관계를 연구하는 것이다. 어휘장 또는 의미장과 관련된 연구가 이에 해당된다. 예를 들면 "'아버지'는 '가족'이란 어휘장(또는 의미장) 속에 어떤 위치(체계 내 존재)에 존재하는가?"와 같은 것이다. 어휘 형성론은 어휘의 구조 곧, 동사+명사(예: 뜬구름), 명사+동사(예: 일보다) 등처럼 어휘의 형성 구조에 관한 연구이다. 어휘 어원론은 어휘 발생 과정에 대한 체계적인 인식을 바탕으로 어휘의 분화, 발달의 과정을 알고, 본래의 의미를 찾는 것이다. 예를 들면 '신다, 밟다, 묽다'는 '신, 발, 물'이란 명사에서 파생된 것이라는 것과 같다. 어휘 의미론은 어휘소의 의미뿐만 아니라 동음이의어, 다의어, 관용어 등의 어휘 의미에 관한 연구이다. 어휘 변천사는 어휘의 변천 과정을 역사적으로 탐구해 보는 것이다. '고>코' 등의 연구가 이에 해당된다.

이제 초등학교 어휘 교육과 관련된 내용 몇 가지에 대하여 고찰해 보기로 하자.

1. 고유어와 외래어

국어의 어휘는 크게 고유어와 외래어로 구분할 수 있고, 외래어는 다시 한자어, 몽고, 일본, 서구에서 들어와 이루어진 외래어 등으로 구분해 볼 수 있다. 국어의 어휘는 맨 처음 한자가 유입되기 전에는 순수 고유어만으로 사용되었을 것이나 그 시기는 한사군 설치 이전(108년 이전)이었을 것이다. 한자가 서기 108년부터 유입된 후 삼국 시대에는 태학 등 교육 기관에서 한자를 매개로 한 교육이 실시되었고, 특히 신라에서는 경덕왕 때(757~759년) 지명, 관직명의 한자어로의 개칭이 이루어진 것으로 보아 이때에는 이미 한자어의 사용이 활발하게 이루어졌던 것으로 보인다. 이렇게 고유어와 한자어의 이원체계였던 어휘는 고려 말에 몽고어의 대량적인 유입으로 인하여 삼원체계를 이루었다. 몽고어는 왕족들의 몽고식 이름, 말, 매, 군사 용어, 옷, 음식, 관직명에서 많이 쓰였다. 그 후 개화기가 되면서부터 일본어가 유입되어 사용 어휘는 사원체계를 이루다가 서구어가 들어오면서 오원체계를 이루게 되었다.[1] 이러한 몽고어, 일본어, 서구어는 국어 음운체계 및 형태, 통사구조

---

1) 몽고어의 사용은 극히 약해져 '보라매, 수라'와 같은 몇몇 어휘만 남아 있어 외래어 사용 체계 속에 산입하지 않을 수도 있을 것이다.

에 따라 변화되어 가면서 외래어로 정착하게 되었다.[2] 1957년 한글학회에서 편찬한 「큰사전」에 의하면 총 어휘 164,125어휘 중 고유어가 74,612어휘(45.46%)이고, 한자어가 85,527어휘(52.11%)이며, 외래어가 3,986어휘(2.43%)이고, 1961년 초에 편찬한 「국어대사전」(이희승 편)에 의하면 전체 257,853어휘 중 고유어가 62,912어휘(24.4%), 한자어가 178,745어휘(69.32%), 외래어가 16,196어휘(6.28%)이다.[3] 1999년도에 국립국어연구원에서 간행된 표준국어대사전에는 최호성(2000)에 따르면 전체 508,771어휘 중 고유어 131,970어휘(25.9%), 한자어 297,916어휘(58.5%), 외래어 23,361어휘(4.7%), 혼종어 55,523어휘(10.9%)이다. 혼종어는 '고유어+한자어', '한자어+외래어', '고유어+한자어+외래어'와 같이 여러 어휘가 혼합된 어휘를 말한다.

세계화 시대를 맞이하여 매스미디어의 발달 및 컴퓨터 문명의 발달로 인하여 이러한 외래어 증가 추세는 갈수록 심화될 것 같다. 이러한 때일수록 더욱 고유어를 아끼고 사랑하여 고유어 사용 어휘수를 늘려서 민족 주체성과 자주성을 높임과 아울러 민족 공동체로서의 공감대 형성은 물론이려니와 원활한 언어생활을 하도록 해야 할 것이다.

2. 방언

의사소통의 불편을 해소하기 위하여 여러 방언 중의 하나를 선정하여 이를 주축으로 전 국민이 공통적으로 사용하는 공용어를 정하게 되는데 이를 표준어라고 한다. 그리고 이 표준어는 교과서, 신문, 방송 및 공공의

---

2) 외래어와 외국어의 차이점은 외래어는 우리말이기 때문에 국어 사전에 등재되어 있지만 외국어는 우리말이 아니기 때문에 국어사전에 등재되어 있지 않는다는 점이다.
3) 자세한 사항은 김광해(1993)를 참조할 것.

자리에서 사용하는 공용어로서 쓰이게 된다.

방언은 표준어에 대립된 말로써 지역에 따라 표준어와 동일한 말도 있지만 표준어와는 다른 말이 쓰이고 있기도 하다. '계집애'를 지역에 따라 '가시나, 가수나, 가순내' 등으로 쓰고 있는데 '가시나, 가수나, 가순내' 등이 '계집애'의 방언이다. 표준어 '계집애'와 동일한 말을 지방에서 사용한다면 '계집애'는 표준어이면서도 그 지방의 방언이 된다.

우리나라의 방언은 크게 중부 방언, 호남 방언, 영남 방언, 제주도 방언, 평안 방언, 함경 방언 등으로 나누이나 더 작은 지역으로 구분할 수도 있다. 방언은 이와 같은 지역 방언 이외에 사회적 방언도 있다. 사회계층, 연령, 성별, 종교 등에 따라 나누이기도 한다. 궁중어, 노동어, 여성어, 아동어, 무술어 등은 사회적 방언으로서의 이름들이다.

언어는 분열과 통일이라는 두 가지 변화가 일어나는데, 방언은 그 중에서 분열의 대표적인 예이다.

3. 은어와 속어

은어는 어떤 사회 집단이 주위의 다른 언어 사회와는 다른 비밀을 유지하려는 목적에서 만들어진 언어이다. 이러한 은어가 발생하게 된 배경은 방어적 동기, 상업적 동기, 직업적 동기, 종교적 동기가 있다. 방어적 동기에 의해 만들어진 은어는 (1가)처럼 주로 비행, 범죄 집단이 비밀어로 사용하는 언어이다. 상업적 동기에 의해 만들어진 은어는 이득을 챙기려는 목적에서 만들어진 언어이다. (1나)와 같다. 직업적 동기에 의해 만들어진 은어는 (1다)처럼 직업상 특수한 직업에 종사한 사람끼리 사용함으로써 나타난 언어이다. 종교적 동기에 의해 만들어진 은어는 초인간적 존재, 행운 축원의 능력을 보이기 위하여 만들어진 언어이다. (1라)와 같다.

속어는 흔히 은어와 혼동되기도 하나 비밀성이 없다는 점에서 은어와는 다르다. 속어는 일상 언어의 진부성에서 배태 생성된 것이므로 신선감이 떨어지면 소멸되고 만다. 그래서 속어는 유행어와 교차되는 점이 있지만 유행어는 기존의 어휘와 대응이 되지 않은 경우를 말하고, 속어는 기존의 어휘소와 대응된 경우를 말한다. (1마)와 같다.

> (1) 가. 돈→똥, 좀도둑질→뚜룩, 폭행치사→폭사, 가짜→짜가 등
>   나. 50→적은질러, 100→너머짝, 150→너머잘러 등(우시장)
>   다. 산삼→심/심메, 산삼 채취인→심메꾼/심메마니/신채머니 등
>   라. 굿→저/증/어증, 입→피새집, 귀→지우리(무당 언어) 등
>   마. 저능아→저력있고 능력있는 아이, AIDS→아이 더 살기 싫어, 시들시들→C, D만 있는 학생 등

4. 속담

속담은 몇 개의 단어가 모여 특수한 의미를 나타내는 것으로 보통 한 개의 어휘와 같은 의미를 가진다. 속담은 (2가-마)에서 알 수 있는 바와 같이 나타내고자 하는 의미를 간략히 몇 개의 어휘를 운율성을 최대한 살려 표현한다. 그러나 그 의미는 매우 함축적이다. 이러한 속담은 민족적인 정서와 사상과 애환이 배경이 되어 형성된 것으로 동일 문화권의 독특한 이미지가 담겨 있는 것이다.

(2) 가. 누울 자리보고 발 뻗는다.

　　나. 그림의 떡

　　다. 앉아서 주고 서서 받는다.

　　라. 고기는 씹어야 맛이 나고, 님은 품어야 맛이 난다.

　　마. 금강산도 식후경

5. 관용 표현

관용 표현은 몇 개의 단어가 모여 전혀 새로운 의미를 나타내는 것으로 비유적인 표현이 여러 사람들에 의해 공유되다가 그 언어 사회에서 하나의 의미를 가진 말로 굳어진 형태이다. (3가)는 진실된 모습을 보지 않고, 이상하고 다르게 본다는 의미를 나타내고, (3나)는 관계를 끊고 남남이 된다거나 배신한다는 의미를 가진 말로 굳어진 형태이다. (3다)는 사교적이어서 아는 사람이 많다는 의미로 쓰인 관용구이다. 속담이 옛날부터 전해 내려온 조상의 지혜나 생활 모습이 담겨져 있고, 속담을 구성하고 있는 말에서 그 의미를 쉽게 찾을 수 있는데 비해 관용 표현은 속담보다는 역사성이 얕고, 구성하고 있는 단어가 적으며, 구성하고 있는 말 속에서 그 의미를 쉽게 찾을 수 없고 비유적으로 생각해야 그 의미를 찾을 수 있다.[4]

---

4) 격언은 오랜 역사 생활 체험을 통하여 이루어진 인생에 대한 교훈이나 경계 따위를 간결하게 표현한 글이다. 예) 시간은 금이다. 노동은 신성하다. 금언(金言)은 삶에 본보기가 될 만한 귀중한 내용을 담고 있는 짤막한 어휘를 말한다. 예) '피로 쓰라'고 한 니체의 말은 글 쓰는 자가 명심해야 할 금언이다. '큰 부자는 하늘에 달렸지만 작은 부자는 부지런에 달렸다.'는 금언이 있으니(국립국어연구원의 표준국어대사전에서 재인용)

(3) 가. 색안경을 끼고 본다.

　　나. 등을 돌린다.

　　다. 발이 넓다.

6. 틀리기 쉬운 표준어

표준어 사정 원칙

1) 총칙 제1항

표준어는 교양 있는 사람들이 두루 쓰는 현대 서울말로 정함을 원칙으로 한다.

2) 틀리기 쉬운 표준어

①(제3항)　~녘: 동녘, 새벽녘 ('~녁'은 버림)

　　　　　　~칸: 칸막이, 빈칸('~간'은 버림)

②(제5항) 어원에서 멀어진 형태: 사글세, 강낭콩('삭월세, 강남콩'은 버림)

③(제6항) 서수: 둘째, 셋째, 넷째, 열두째, 스물두째

　　* 열둘째, 스물둘째: 열두 개째, 스물두 개째의 뜻(열둘째 아들)

④(제7항) 수컷: 수꿩, 수나사, 수놈, 수소(황소), 수캉아지, 수캐, 수컷, 수퇘지, 수평아리, 수탉, 수키와

　　예외) 숫양, 숫염소, 숫쥐(수+양, 수+염소, 수+쥐를 발음할 때에는 발음상 '사이 ㅅ'이 들어간 단어의 발음과 같은 소리([순녕], [순념소], [수쮜/숟쮜])가 난다고 판단하여 'ㅅ'을 붙인 '숫'의 형태를 취함.)

⑤(제8항) 양성 모음이 음성 모음으로 굳어진 것

　　깡충깡충(깡총깡총×), 오뚝이(오똑이×), 주추(柱礎), 주춧돌(주초, 주춧돌×)

⑥(제9항) 'ㅣ'모음 역행 동화 현상에 의한 발음은 원칙적으로 표준 발음으로 인정하지 아니하되(예: 손잡이, 먹이다), 다만 다음 단어

들은 동화가 적용된 형태를 표준어로 삼음: 서울내기, 시골내기, 냄비

⑦(제9항) 기술자에게는 '-장이', 그 외에는 '-쟁이'

미장이, 유기장이, 멋쟁이, 소금쟁이, 담쟁이덩굴

⑧(제12항) 윗: 윗넓이, 윗눈썹, 윗니, 윗도리

다만1) 된소리나 거센소리 앞에서는 '위-'로 한다.

위짝, 위쪽, 위층, 위치마, 위턱

다만2) '아래, 위'의 대립이 없는 것은 '웃-'

웃돈, 웃어른, 웃옷

⑨(제13항) 句: 구법(句法), 구절(句節), 문구(文句)

예외) 귀글, 글귀

⑩(제14항) 준말: 귀찮다, 똬리, 무, 샘, 생쥐, 온갖, 장사치

⑪(제16항) 본디말과 준말 다 표준어

거짓부리:거짓불, 노을:놀, 막대기:막대, 시누이:시뉘/시누, 찌꺼기: 찌끼

⑫(제17항) 비슷한 발음의 형태

꼭두각시, 너돈(너말), 넉냥(넉되, 넉섬, 넉자), 댑싸리, 서돈(서말, 서푼), 석냥(석되, 석삼, 석자)

⑬(제18항) 복수 표준어(( ) 속의 말 허용)

네(예), 쇠가죽(소가죽), 쇠고기(소고기), 쇠뼈(소뼈)

⑭(제23항) 방언이던 단어가 표준어보다 더 널리 쓰이게 된 것은 그것을 표준어로 삼고, 원래의 표준어는 그대로 표준어로 남겨둔다.

(( ) 속의 말은 그대로 표준어로 남겨둔 말)

멍게(우렁쉥이), 물방개(선두리), 애순(어린순)

⑮(제24항) 방언을 표준어로 삼고, 원래 표준어는 버림. (( ) 속의 말 버림)

귀밑머리(귓머리), 빈대떡(빈자떡), 코주부(코보)

⑯(제26항) 복수 표준어: 한 가지 의미를 나타내는 형태 몇 가지가 널리 쓰이며 표준어 규정에 맞으면 그 모두를 표준어로 삼는다.

가는허리/잔허리, -거리다/-대다, 극성떨다/극성부리다, -뜨리다/-트

리다, 벌레/버러지, 철따구니/철딱서니/철딱지

⑰(한글맞춤법 제40항) 어간의 끝 음절 '하'의 'ㅏ'가 줄고 'ㅎ'이 다음 음절의 첫소리와 어울려 거센소리로 될 적에는 거센소리를 적는다.

예) 간편케(간편하게), 연구토록(연구하도록), 가타(가하다), 다정타
　　(다정하다), 흔타(흔하다), 정결타(정결하다)

그러나 어간 끝 음절 '하'가 아주 줄 적에는 준 대로 적는다.

예) 거북지(거북하지), 생각건대(생각하건대), 생각다 못해(생각하
　　다 못해), 깨끗지 않다(깨끗하지 않다), 못지 않다(못하지 않다),
　　섭섭지 않다(섭섭하지 않다), 익숙지 않다(익숙하지 않다)
　　＊ 이들 '하'가 줄어진 형태는 안울림소리 받침 뒤이다.
　　'이러하다, 그러하다, 아니하다' 등은 'ㅏ'가 줄고, 'ㅎ'이 앞말의
　　받침으로 줄어져 '이렇다, 그렇다, 않다'로 쓰인다.

7. 어휘 교육 방법

　다양한 어휘, 풍부한 어휘를 갖고 언어생활을 한다는 것은 곧, 언어생활을 윤택하고, 폭넓게 하는 것이다. 그래서 초등학교 때부터 어휘 교육을 하여 정확하고 효과적인 의사소통을 하게 할 필요가 있다. 어휘 교육의 첫째 목표는 바로 이러한 어휘력 신장을 통한 원활한 의사소통에 두어야 할 것이다. 다음으로 초등학교에서의 어휘 교육 중 좀더 관심을 두어야 하는 할 부문은 표준어와 방언, 고유어와 외래어, 속담이나 관용어, 은어나 속어 표현이다. 올바르고, 효과적인 언어생활을 위해서 필요한 담화 상황에서 표준어와 방언을 사용하여 말하고, 고유어, 외래어, 외국어에 대한 개념을 알고, 고유어를 찾아 사용하게 하고, 은어나 속어, 속담이나 관용어 등을 익혀 적절한 활용을 통해 언어생활이 원활히 이루어지도록 해야 한다.

어휘와 관련된 초등학교에서의 지도 내용을 범주화해 보면 다음과
같다.

- 어휘 의미 파악
- 어휘력 신장
- 표준어, 방언
- 고유어, 한자어, 외래어, 외국어
- 은어, 속어, 속담, 관용어

가. 어휘 의미 지도

어휘 의미를 파악하게 하는 방법은 먼저 사전을 찾지 않고, 앞뒤
문장과 문맥을 보고 추측해 내게 하는 방법이 있다. 사전 찾는 번거로움
이 없으나 정확한 의미를 알 수 없는 단점이 있다. 어휘의 정확한 의미를
알아야 할 경우에는 다음 단계로 사전에서 의미를 찾는 방법을 사용한
다. 고전적이고 확실한 방법이다. 사전을 찾아 알아 낸 어휘의 의미를
기억하고 잘 활용하게 하기 위해서는 해당 어휘가 들어 있는 문장 및
텍스트와 관련지어 어휘의 의미를 생각해 보고, 쓰기나 말하기 활동을
통하여 잘 활용하도록 해야 한다.5)

---

5) 어휘의 개념에 대한 지도는 인지적 어휘 지도로 의미 자질 분석하기, 의미지도 그리기,
   의미 구조도 그리기 방법을 통하여 할 수 있다. 개념 형성은 어휘소 하나만의 독자적인
   의미만을 인지하도록 지도하는 것이 아니라 다른 낱말과의 관계 속에서 의미를 생각하
   고, 다른 낱말과의 관계성을 생각하도록 지도하는 것이다. 자세한 사항은 신헌재 외
   (2005:404-411)를 참조할 것.

• 다음 문장에서 '보다'의 의미를 말해 보시오.

> 나는 어머니와 시장에 장을 <u>보러</u> 갔다. 콩나물도 사고, 과일도 사고, 옷도 샀다.

1) 문맥상의 '보다'의 의미를 써 보시오.
2) 사전을 찾아 정확한 의미를 써 보시오.
3) '장을 보다'란 말을 넣어 시장에 간 경험을 말해 보시오.

나. 어휘력 신장 지도

먼저 어휘력을 신장하기 위하여 책읽기 활동을 많이 하도록 해야 한다. 책은 다양하다. 종류가 다양하고, 수준이 다양하다. 그래서 많은 어휘를 접할 수 있고, 인지할 수 있다. 다음으로 다양한 듣기나 보기 활동을 하게 해야 한다. 라디오 듣기, 텔레비전 보기, 이야기 듣기, 연극이나 영화 보기 등은 어휘력을 신장시키는 좋은 방법이다. 세 번째는 글쓰기나 이야기하기 활동을 많이 하게 해야 한다. 일기, 논설문, 견학기록물, 독후감, 편지, 동시, 극본 쓰기를 하고, 또 이를 이야기하게 하여 어휘력을 신장시킨다. 네 번째는 말놀이 활동을 통하여 어휘력을 확대시키는 활동을 한다. 끝말 이어가기, 흉내말 놀이하기, 반대말, 비슷한 말 놀이하기, 낱말 퍼즐 맞추기 등을 통하여 어휘력을 신장시킨다. 다섯 번째는 주제어와 관련된 어휘표를 만들고, 표의 빈 칸에 적절한 어휘를 써 넣은 다음 주제와 관련된 글쓰기나 말하기 활동을 하게 한다. 마지막으로는 자기 사전 만들기 활동을 통하여 어휘력을 신장하게 한다. 어려운 말이나 아름다운 말을 보면 바로 자기 사전에 올리고 필요할 때 사용하도록 한다.

- 비슷한 말, 반대말 빙고 게임

  가로 세 칸, 세로 세 칸의 표를 그리고 각각의 작은 네모 안에 비슷한 말이나 반대말을 한 단어씩 쓴다. 그리고 모둠원들끼리 돌아가면서 자기가 생각한 말을 설명하면 다른 학생들은 그 단어가 있을 경우에는 지워 나간다. 지워진 칸이 가로나 세로, 대각선이 되면 '빙고'하고 외친다.

- 다음 운동 어휘표를 완성하고, 좋아하는 운동에 대해 글쓰기나 말하기 활동을 해 보시오.6)

운동 어휘표

운동명	장소	운동 기구	점수	동사/명사	기타
축구		축구공			자살골
배구			1:0, 1:15		
탁구				서브, 옆줄	

다. 표준어 방언 지도

우리말의 표준어와 방언의 개념 및 표준어와 방언의 관계를 알게 하고, 상황에 따라 표준어와 방언을 적절히 사용하여 공적 및 사적인 언어생활을 바르고 재미있게 하도록 한다.

- 표준어는 어떤 말일까요?

  1) 지역적으로 (서울, 지방)

  2) 시대적으로 (과거, 현대, 미래)

---

6) 자세한 사항은 신헌재 외(2005:411-413)를 참조할 것.

3) 사람은? (교양 있는 사람, 아무나)

- 표준어를 사용할 때와 방언을 사용할 때의 차이점에 대하여 써 보시오.

언어	주로 사용하는 상황	사용할 때 좋은 점
표준어		
방언		

- 다음은 표준어를 경상도, 전라도, 충청도 방언으로 바꾼 것입니다. 표준어는 무엇인지 써 보시오.

경상도	전라도	충청도	표준말
억수로 시원타	겁나게 시원해 부러	엄청 선해유	
퍼뜩 오이소	날래 오랑깨	빨와유	

- 표준어로 된 동시를 한 편 찾아 자기 지역 또는 특정한 지역 방언으로 바꾸어보자. 그리고 그 방언으로 대사를 만들어 짤막한 역할극을 꾸며보자.

1) 선택한 동시
2) 사용할 방언
3) 방언으로 시 쓰기
4) 역할극 대본 만들기
5) 실연하기
6) 평가하기

라. 고유어, 한자어, 외래어, 외국어 지도

우리가 쓰고 있는 말에는 고유어, 한자어, 외래어, 외국어가 혼합되어 있다. 이러한 말의 개념과 어휘를 알게 하고, 고유어로 바꾸어 쓸 수 있는 말은 가능하면 고유어로 바꾸어 쓰려는 의식을 갖고 바꾸어 쓰게 한다.

• 다음은 고유어, 한자어, 외래어, 외국어의 예와 의미이다. 해당되는 것을 선으로 이어보세요.

○고유어　○굿모닝, 선데이　○한자를 바탕으로 만들어진 말
○한자어　○커피, 컴퓨터, 잉크　○다른 나라의 말
○외래어　○어머니, 아버지, 하늘　○다른 나라에서 빌려 와서 우리
　　　　　　　　　　　　　　　　　　말로 쓰이는 말
○외국어　○학교, 책상, 축구　○본디 우리말 또는 그 말에 기
　　　　　　　　　　　　　　　　　　초하여 만들어진 말

• 다음 이야기를 읽고, 밑줄 친 말을 고유어, 한자어, 외래어, 외국어로 구분해 적어 보세요.

> 주희는 과제를 해결하기 위하여 인터넷 피시방에 갔다. 흰 투피스에 검은 모자를 쓰고 갔다. 모자 위에는 로즈 모양의 리본이 매어 있었다. 피시방에는 많은 사람들이 게임을 하고 있었다.

　1) 고유어:
　2) 한자어:
　3) 외래어:
　4) 외국어:

- 가게 이름 간판이나 학용품이나 사탕이나 과자 등의 이름 중에서 한 가지를 정하여 그 이름들을 조사한 후 고유어, 한자어, 외래어, 외국어로 분류해 보고, 아름다운 고유어 이름으로 바꾸어 보자.
  1) 조사하기로 한 것
  2) 조사한 내용을 써 보자.
  3) 조사한 내용을 고유어, 한자어, 외래어, 외국어로 분류해 보자.
  4) 한자어, 외래어, 외국어를 고유어로 바꾸어 보자.

- 방송이나 인터넷에서 사용되는 말을 보고, 한자어, 외래어, 외국어는 고유어로 바꾸어 써보자. 이렇게 할 때 좋은 점은 무엇인가에 대해서도 알아보자.

마. 은어 속어 속담 관용어 지도

우리가 쓰는 말 중에서 은어와 속어를 찾아보고, 그 뜻을 알며, 이를 활용해 보도록 한다. 또 잘못된 은어와 속어는 올바르게 고쳐 쓰도록 한다. 그리고 속담이나 관용어 표현도 익혀 언어생활에서 잘 활용하여 표현할 줄 알게 해야 한다.

- 다음은 은어, 속어, 속담의 예와 의미이다. 해당되는 것을 선으로 이어보세요.

은어		앉아서 주고 서서 받는다. 금강산도 식후경	몇 개의 단어가 모여 특수한 의미를 나타내는 것으로 보통 한 개의 어휘와 같은 의미
속어		똥(돈), 심(산삼), 너머짝(100)	일상 언어의 진부성에서 배태 생성된 것으로 주로 단위 집단에서 사용하는 말인데 비밀성은 없다.

관용어	등을 돌린다. 발이 넓다.	몇 개의 단어가 모여 새로운 의미를 나타내는 말로 비유성이 속담보다 강하다.
속담	저능아(저력 있고 능력 있는 아이), AIDS(아이 더 살기 싫어),	어떤 사회 집단이 주위의 다른 언어 사회와는 다른 비밀을 유지하려는 목적에서 만들어진 언어

- 텔레비전 방송에서 속담을 사용하여 말하는 경우를 찾아보세요. 그리고 친구에게 속담을 넣어 편지를 써보세요.

텔레비전에서 속담을 사용한 프로그램 이름: 사용한 속담
다정한 친구에게

바. 교육과정 지도 내용

초등학교 교육과정에서 어휘 교육 관련 지도 내용은 아래와 같다.

제4차 교육과정

- 낱말에는 옛날부터 있어 온 것과 다른 나라에서 들어 온 것이 있음을 안다.(6)

제5차 교육과정

- 표준어와 방언을 비교해 보고, 표준어의 필요성에 관하여 이야기한
  다.(3)

제6차 교육과정

- 다른 나라에서 들어와 쓰이는 말들을 찾아보고, 우리말을 아끼고
  널리 쓰려는 태도를 가진다.(3)
- 표준어나 방언을 비교하며 들어보고, 필요한 경우에 표준어로 말하
  려는 태도를 가진다.(4)

제7차 교육과정

- 어휘의 개념을 안다.(4)
- 표준어와 방언의 개념을 안다.(5)
- 공식적인 상황에서 표준어를 사용한다.(5)
- 상황에 따라 방언과 표준어를 구별해서 사용하려는 태도를 지닌
  다.(5)
- 고유어, 한자어, 외래어, 외국어의 개념을 안다.(6)

2007 개정 교육과정

- 표준어와 방언의 사용 양상을 이해한다.(4)
- 고유어, 한자어, 외래어, 외국어의 개념을 알고 국어 어휘의 특징을
  이해한다.(6)

2009 개정 교육과정

- 다양한 고유어(토박이말)를 익히고 소중히 여기는 태도를 기른
  다.(1-2)
- 표준어와 방언의 가치를 알고 상황에 따라 효과적으로 사용한
  다.(3-4)

- 고유어, 한자어, 외래어의 개념과 특성을 알고 국어 어휘의 특징을 이해한다.(5-6)
- 관용 표현의 특징을 알고 담화 상황에 맞게 사용한다.(5-6)
- 어문 규범의 기본 원리와 내용을 이해한다.(중1-3)
- 어휘의 유형과 의미 관계를 이해하고 활용한다.(중1-3)

2015 개정 교육과정

- [6국04-04] 관용 표현을 이해하고 적절하게 활용한다.(5-6학년군)
- [9국04-05] 어휘의 체계와 양상을 탐구하고 활용한다.(중1-3학년군)

제 VIII 장 의미와 교육

1. 유의어

두 개 이상의 낱말이 소리는 다르나 의미가 같으면 동의어라 하고, 비슷하면 유의어(비슷한 말)라 한다. 그러나 동의어가 비록 기본적인 의미는 같다 할지라도 연상적 의미까지는 모두 같지 않기 때문에 이들을 모두 다 유의어 곧, 비슷한 말이라고 할 수 있다. 예를 들어 '변소·화장실·뒷간'은 기본 의미는 같지만 연상 의미가 다르기 때문에 동의어라 하기보다는 유의어라 할 수 있다. 유의어는 (1가)와 같은 방언적 차이에 의한 유의어, (1나)와 같은 사회 계층적 차이에 의한 유의어, (1다)와 같은 화자의 태도 차이에 의한 유의어 등으로 분류해 볼 수 있다.

(1) 가. 고깃간 : 푸줏간 : 육고간,　　옥수수 : 강냉이
　　 나. 소변 : 소피 : 오줌,　　　　　교도소 : 감옥소 : 빵간
　　 다. 일본사람 : 왜놈 : 쪽발이

2. 반의어

　반의어(반대말)는 두 말이 의미상 서로 반대되는 말을 말한다. 그런데 기실 두 말이 대립하거나 상대는 될 수 있어도 반대는 될 수 없다고 하여 반대말을 대립어, 상대어, 짝말, 맞섬말 등으로 말하기도 한다. 그러나 이들은 의미상 동일한 것을 지칭한다.

　반대말이란 한 쌍의 두 낱말이 의미적으로 유사성을 가지고 있으면서 하나의 의미적 요소가 다른 말을 말한다. 즉 '소년'과 '소녀'는 두 낱말이 공히 [+인간][+미혼][-성인]이란 공통 요소를 가지고 있는 데 반해 [성]이라는 하나의 요소가 다름으로 인해 반대말이 된 것이다. 물론 여기에는 그 두 낱말에 대하여 그 언어 사회에서 심리적으로 동시 연상이 가능한 공존쌍이라는 전제가 있어야 한다.

　반대말은 일반적으로 상보적 반대말, 등급적 반대말, 상관적 반대말로 구분하기도 한다. 상보적 반대말은 (2가)와 같은 말로 '남자가 아니다=여자'처럼 한 낱말의 부정형이 그 반대말과 동의어가 되는 말이다. (2나) '뜨겁다 : 차갑다'는 '뜨겁다-따뜻하다-미지근하다-시원하다-차갑다'와 같이 두 말 사이에 중간 형태를 갖는데, 이와 같은 말을 등급적 반대말이라고 한다. 상관적 반대말은 (2다)처럼 두 낱말이 의미상 서로 대칭 관계를 이루는 말을 말한다.

(2) 가. 남자 : 여자　　　기혼 : 미혼　　　살다 : 죽다
　　나. 뜨겁다 : 차갑다　　높다 : 낮다　　　행복 : 불행
　　다. 주다 : 받다　　　　팔다 : 사다　　　스승 : 제자

3. 낱말밭

낱말들은 독자적으로 존재하고 있는 것 같으면서도, 서로 대립관계 또는 포함관계를 이루면서 존재하는데, 이 중 의미적으로 공통성을 지니고 있는 어휘 집단을 낱말밭이라 한다. 그런데 이러한 낱말밭도 한 낱말밭 내부에 부분적 낱말 집단을 가지고 있는데, 이를 부분적 낱말밭이라고 한다.

빨강, 파랑, 노랑 등은 서로 계열적 관계를 지니고 있는 어휘 집단이고, 또 이들은 '빛깔'이라는 어휘의 부분적 낱말밭이 되면서 '빛깔'과 통합관계를 이루고 있다. '아버지, 어머니, 형, 동생, 오빠'는 '가족'의 부분적 낱말밭이다. 그리고 '가족'과 통합관계를 맺고 있다.

그런데 우리는 통합관계에 있어서 상위어(색깔/가족)를 의미상 상의어라 하고, 하위어(빨강, 파랑, 노랑 / 아버지, 어머니, 형, 동생, 오빠)를 의미상 하의어라 한다. 그리고 상의어와 그의 하의어 사이의 의미 관계를 하의관계라 한다.

4. 동음이의어

두 단어 사이에 음은 같으나 의미가 다른 단어를 동음이의어라고 한다. 동음이의어의 발생은 첫째, 다의어에서 의미 분화가 극심해져 언어 대중이 원래 하나의 복합의미로부터 분화되었다는 사실을 깨닫지 못할 때 발생한다. '널'은 본래 판자를 가리키는데, 관곽(棺槨)도 널이라 한다. 둘째, 음운변화의 결과로 생기기도 한다. 눈(眼)과 눈(雪), 밤(夜)과 밤(栗)은 음장에 의해서 구분이 되기도 하나 신세대 사람들의 발음은 구별이 잘 안 된다. 그 결과 음장 소멸이라는 음운변화에 의해서 동음이의어가 된 것이다. 셋째, 한자어의 사용에 의하여 발생하였다. 비(雨)와 비(碑), 가로(橫)와 가로(街路) 등이 그 예이다.

5. 다의어

다의어는 하나의 명칭(N)의 본 의미에서 연유하여 파생된 여러 개의 관련된 의미(S1, S2, S3, S4,...)를 가진 단어들을 말한다. '다리'는 원래 신체 부위를 나타내는 말이었었는데, 여기에서 연유하여 '(책상) 다리' 등으로 의미 파생되어 '다리'라는 다의어가 생겼고, '손님'도 원래는 '다른 곳에서 집에 찾아 온 사람'으로 반갑기도 하였지만 먹을 것 없이 살던 시대에 가난한 사람들에게는 손님은 두려움의 대상이었다. 이러한 것에 연유하여 질병인 '마마병'도 그 병에 대한 두려움으로 '손님'이라 칭하게 되었고, 그로 인해 '손님'이라는 다의어가 생겼다.

6. 음성 상징어

상징어(象徵語, symbolic word)는 명칭과 의미의 결합이 유연적(有緣的)인 언어를 말한다. '불'이란 단어는 무언가 흔들리면서('ㄹ' 때문) 위로 불꽃이 솟아 올라가는 듯한 느낌('ㅂ' 때문)이 들고, '물'과 같은 경우는 무언가 흐르는 것이 있지만('ㄹ' 때문) 갇혀 있는 듯한 느낌('ㅁ' 때문)이 든다. '뿔'과 같은 경우는 무언가 움직이는 듯하면서('ㄹ' 때문) 날카로운 것이 위로 솟아 있는 듯('ㅃ' 때문)하다. 이러한 상징적인 요소가 명칭과 의미의 결합에 어느 정도 유연적으로 작용하기도 하지만 일반적인 원리로 정립하기에는 애매한 점도 있다.[1] 그러나 소리를 상징하여 명칭과 의미를 결합한 국어의 의성어의 경우는 유연성이 매우 강하다. 그래서 이들을 음성 상징어라 하는데, 이러한 음성 상징어는 자음 또는 모음의 교체로 인하여 중심 의미는 같으나 어감 또는 느낌이 달라지기도 한다.

가. 모음 교체를 통한 음성 상징어

양성모음으로 이루어진 의성어는 가볍고, 밝고, 얕고, 맑고, 가깝고, 작고, 적고, 급하고, 짧고, 강한 느낌을 주는 데 반해, 음성 모음으로 이루어진 의성어는 무겁고, 어둡고, 깊고, 흐리고, 멀고, 크고, 많고, 느리고, 길고, 둔한 느낌을 준다.

(3) 졸졸 : 줄줄   소곤소곤 : 수군수군   찰랑찰랑 : 철렁철렁 : 출렁출렁

나. 자음 교체를 통한 음성 상징어

평음이 경음이 되면 세고, 짙고, 무거운 느낌이 들며, 격음으로 될 때에는 거세고, 격한 느낌이 든다.

---

1) 천시권 · 김종택(1977:125)에서는 국어에서 음상징에 의하여 말이 형성될 때에는 다음과 같은 조어 형식을 취하고 있다고 하였다.
상징소(상징부)+문법적인 형태소→상징어
예) 부석(푸석)+지다→부서지다
   (상징부)   (형태부)

(4) 수군수군 : 쑤군쑤군   졸졸 : 쫄쫄   달랑달랑 : 딸랑딸랑

다. 음운 자체에서의 느낌 차이

받침이 (5가)처럼 'ㅇ'이 많이 들어가는 말은 부드러운 느낌을 주며, (5나)처럼 'ㄹ'이 많이 들어가는 말은 움직이는 듯한 느낌을 갖는다. 그에 반해 폐쇄적인 받침 'ㄱ, ㄷ, ㅂ' 등이 들어간 (5다)와 같은 말은 경직된 느낌을 준다. (5라)처럼 모음으로 끝난 말은 개방적 여운이 남는 느낌을 준다.

(5) 가. 퐁당퐁당   야옹야옹
　　나. 딸랑딸랑   졸졸   쫄쫄
　　다. 박박   쩝쩝
　　라. 애개개   에게게

7. 의성어와 의태어

의성어와 의태어는 상징어(symbolic word)로서 국어에 매우 발달되어 있다. 의성어는 소리를, 의태어는 모양을 음성으로 상징하여 나타낸 말들이다. 이러한 의성어, 의태어의 현상을 정리해 보면 첫째, (6가)처럼 모음조화 현상이 두드러진다. 이때 양성모음으로 이루어진 의성어, 의태어는 가볍고, 밝고, 얕고, 맑고, 가깝고, 작고, 적고, 급하고, 짧고, 강한 느낌을 주는 데 반해, 음성 모음으로 이루어진 의성어, 의태어는 무겁고, 어둡고, 깊고, 흐리고, 멀고, 크고, 많고, 느리고, 길고, 둔한 느낌을 준다. 둘째, (6나)처럼 자음 교체에 의해서 순한 소리, 된소리, 거센소리의

대립을 이루고 있다. 셋째, 의성어나 의태어는 주로 반복된 첩어를 이루고 있다. (6다)처럼 완전히 동일한 첩어가 있는가 하면, (6라)처럼 다른 형태의 첩어도 있다. 그리고 (6마)처럼 변형된 말의 첩어도 있고, (6바)처럼 변형된 어조의 합성으로 이루어진 첩어가 있다.

(6) 가. 도란도란/두런두런   촐랑촐랑/출렁출렁
    나. 뱅뱅/뺑뺑/팽팽   동당동당/똥당똥당/통당통당
    다. 싱글싱글   벙글벙글
    라. 싱글벙글   알뜰살뜰
    마. 두둥실
    바. 붉으락푸르락   오락가락

8. 의미 교육 방법

의사소통은 자신의 생각 곧 생각하고 있는 바의 의미를 전달하고, 전달 받은 의미를 파악해서 이해하고, 다시 의미를 생성하여 전달하는 행위이다. 그렇기 때문에 생각을 효과적으로 전달하고, 이해하기 위해서는 단어와 문장 그리고 텍스트의 의미를 잘 생성하여 전달하고 이해해야 되는데, 그러기 위해서 의미에 대한 교육이 필요하다.

의미와 관련된 초등학교에서의 지도 내용을 범주화해 보면 다음과 같다.

- 단어, 문장, 텍스트의 의미
- 의성어, 의태어
- 음성상징어
- 유의어, 반의어

- 낱말밭(하의어)
- 동음이의어, 다의어

가. 단어, 문장, 텍스트 의미 지도

하나의 어휘 곧 단어의 의미 파악은 전술했던 바와 같이 앞뒤 문맥을 보고 파악하는 방법과 사전을 찾아보고 파악하는 방법이 있다. 하나의 문장은 여러 개의 단어가 모여 이루어진 것이므로 문장의 의미를 파악하는 것도 먼저 개별 단어의 의미를 파악하게 하고, 그 의미들을 결합하여 문장 의미를 파악하게 해야 한다. 그러나 문장의 의미는 앞뒤 문장과의 관계 곧 문맥에 따라 전혀 다르게 사용될 수 있다. 그러므로 문맥에 따른 문장 의미 파악하게 해야 한다. 텍스트의 의미도 문장이 모여 이루어진 텍스트이기 때문에 문장의 의미와 문장과 문장의 결속구조를 잘 고려하면서 파악하게 해야 한다. 단어 지도의 예는 앞 어휘 교육에서 보였기 때문에 그리고 텍스트의 의미는 뒤 담화 교육에서 보일 것이기 때문에 여기에서 문장 의미에 대해서만 간략히 제시하겠다.

- 다음 텍스트에서 밑줄 친 문장의 의미를 말해 보세요.

> 나는 늦게 일어나 아침도 제대로 먹지 못했다. 점심도 제 때를 훨씬 지나서 먹었다. 어머니와 시장에 장을 보러 갔다가 장을 다 본 후에 먹었기 때문이다. 나는 너무나 맛있게 밥을 먹었다. <u>어머니는 시장이 반찬이라고 말씀하셨다.</u>

나. 의성어, 의태어 지도

의성어나 의태어는 소리나 모양을 반복적으로 또는 운율을 살려 재미 있게 표현할 수 있는 말이다. 먼저 의성어나 의태어가 무엇인가 알아본다. 다음으로 글에서 의성어나 의태어를 찾아 느낌을 말해보게 한다. 마지막으로는 의성어나 의태어를 사용하여 재미있게 표현해 보게 한다.

• 다음 글에서 소리나 모양을 흉내 내는 말을 찾아보고, 그 말의 느낌을 말해 보세요.

수돗물이 쏴아 나온다.
수돗물이 콸콸 나온다.
수돗물이 쫄쫄 나온다.

---

1) 흉내 내는 말
2) 느낌

• 다음 소리나 모양을 흉내 내는 말을 넣어 짧은 글을 지어 보세요.

색색   쿨쿨   드르렁 드르렁   콜콜   새근새근

다. 음성 상징어 지도

자음 또는 모음을 교체하여 어감이나 느낌이 달라지는 말인 음성상징 어의 개념을 알고, 그러한 음성상징어를 말이나 글에서 찾아 느낌을 말할 수 있으며, 이를 활용하여 잘 표현할 수 있도록 지도해야 한다.

• 다음 글에서 음성상징어를 찾아보고, 느낌을 말해 보세요.

> 수돗물이 졸졸 나온다./ 수돗물이 줄줄 나온다.
> 하늘이 부옇다./ 하늘이 뿌옇다.

1) 음성상징어
2) 느낌

• 다음 음성상징어를 넣어 짧은 글을 지어 보세요.

> 쿨쿨/콜콜   소곤소곤/수군수군   곰실곰실/굼실굼실

라. 유의어, 반의어 지도

낱말과 낱말 사이의 관계를 아는 학생들이 어휘력 확장 속도가 빠르다. 그래서 학생들이 유의어나 반의어의 개념을 알게 하고, 유의어나 반의어를 찾아 알 수 있게 해야 한다. 아울러 유의어나 반의어를 이용하여 짧은 글을 써보게 하여 어휘력을 확장시켜야 한다.

• 다음 문장에서 밑줄 친 단어의 비슷한 말을 써 보세요.
  1) 두 사람은 서로 바라보고 있다.
  2) 모든 학생들이 의자에 앉아 있다.

• 다음 문장에서 밑줄 친 단어의 반대말을 써 보세요.
  1) 두 사람 모두 빵을 좋아한다.
  2) 두 학생이 앉아 있다.

• 스피드 퀴즈 놀이를 합니다. 한 학생이 하나의 낱말 뜻을 설명하면

다른 학생들은 그 낱말을 맞추고, 그 낱말의 비슷한 말과 반대말을 말한다.

1) 학생들이 앉아서 공부나 일을 하는 데 사용하는 앉은 물건

　　낱말: (　　　　　　　　　)

　　비슷한 말: (　　　　　　　　　)

　　반대말: (　　　　　　　　　)

- <보기>와 같이 반대말이 들어가는 짧은 글을 지어 보세요.

보기

아침에는 비가 조금 오더니 저녁에는 매우 많이 온다. 작은 시내를 흘러간 물은 큰 강에 모여 흐른다. 물은 큰 희망을 갖고, 넓은 바다로 간다. 절망 속에 있던 나의 좁은 마음이 물을 보고 새 힘을 얻는다.

마. 낱말밭 지도

유의어, 반의어에서와 마찬가지로 낱말과 낱말 사이의 관계를 아는 학생들이 어휘력 확장 속도가 빠르다. 그래서 학생들이 하의관계에 있는 하의어를 찾아 알 수 있게 하고, 하의어를 사용하여 언어생활을 할 수 있도록 하여 어휘력을 확장시키도록 해야 한다.

- '채소'에 속한 낱말을 나열해 보세요.

- '아버지, 어머니, 할아버지, 할머니, 형, 여동생'을 대표할 수 있는 낱말은 무엇인가요?

- 다음은 '비'에 대한 동시의 일부분이다. '비'에 속한 낱말을 넣어

시를 완성해 보세요.

> 비
>
> 개나리가 피었다.
> 그 위로 보슬보슬 보슬비가 내린다.
> 개나리가 가려워 피식피식 웃으니

바. 동음이의어, 다의어 지도

단어와 단어는 서로 무관하게 존재하기도 하지만 많은 단어들은 서로 관련성을 맺고 있다. 유의어, 반의어, 하의어도 그렇지만 음은 같으나 의미가 다른 동음이의어나 하나의 형태의 낱말이지만 여러 의미를 가진 다의어도 그렇다. 그래서 동음이의어나 다의어의 개념을 알고 언어생활 에서 잘 사용할 수 있도록 지도하여 어휘력을 확장시켜야 한다.

- 다음 문장에서 밑줄 친 말의 의미를 써 보세요.
  1) 비가 오는 날 비가 서 있는 묘지 옆을 지나갔다.
  2) 눈에 눈이 들어가니 눈물인가 눈물인가?

- 다음 문장에서 밑줄 친 말의 의미를 써 보세요.
  1) 다리 위에 사람 열 명이 지나가면 다리가 몇 개인가?
  2) 손 쓸 겨를도 없을 정도로 많은 손들이 찾아 왔다.

- 동음이의어나 다의어를 사용하여 짧은 문장을 써 보세요.

사. 교육과정 지도 내용

초등학교 교육과정에서 의미 교육 관련 지도 내용은 아래와 같다.

제4차 교육과정

- 낱말에는 소리나 모양을 시늉하는 것이 있음을 안다.(6)
- 낱말에는 뜻이 같고 느낌이 다른 것이 있음을 안다.(6)

제5차 교육과정

- 소리나 모양을 시늉하는 말을 찾아 짧은글을 짓는다.(2)
- 자음이나 모음이 바뀜으로써 뜻은 같으나 느낌이 달라지는 낱말을 찾는다.(3)

제6차 교육과정

- 소리나 모양을 흉내내는 말을 찾아보고, 그 말을 활용하여 생각이나 느낌을 재미있게 표현한다.(2)

제7차 교육과정

- 낱말과 낱말 사이의 유의관계, 반의관계, 하의관계를 안다.(4)

2007 개정 교육과정

- 낱말과 낱말 간의 의미 관계를 이해한다.(2)
- 소리가 동일한 낱말들이 여러 가지 의미로 사용되는 현상을 분석한다.(3)
- 단어의 사전적 의미와 문맥적 의미를 구별하고 효과적으로 사용한다.(5)

- 낱말과 낱말의 의미 관계를 알고 활용한다.(1-2)
- 낱말이 상황에 따라 다양하게 해석됨을 이해하고 효과적으로 표현할 수 있다.(5-6)

- [4국04-02] 낱말과 낱말의 의미 관계를 파악한다.(3-4학년군)
- [6국04-03] 낱말이 상황에 따라 다양하게 해석됨을 탐구한다.(5-6학년군)

제 IX 장 담화와 교육

1. 담화의 정의

인간의 언어생활은 말과 글을 통하여 이루어진다. 말을 매체로 화자와 청자 사이에 이루어지는 언어행위를 대화, 회화, 담소, 입말 등이라 한다. 그리고 글을 매체로 필자와 독자 사이에서 이루어지는 언어행위에 대해서는 필자와 독자 쌍방향적 명칭은 아니지만 독자 중심의 명칭으로 독서가 있다. 물론 글로써 대화를 하는 필담 및 전자매체를 통한 문자 대화(카카오톡 등의 채팅)가 있고, 또 상호간의 의사소통을 전제로 하는 편지, 전자우편(이메일) 등의 형태가 있기도 하다. 말과 글 전체를 통하여 이루어지고 있는 의사소통 행위는 담화라 하고, 담화에 사용된 말과 글은 텍스트라 한다.[1]

2. 담화 텍스트 유형

위에서 언급한 바와 같이 담화는 구어와 문어로 이루어진 모든 텍스트

---

[1] 2007 개정 교육과정에서는 구분의 편의상 말하기와 듣기(구어) 관련 내용을 '담화'라 하고, 읽기와 쓰기(문어) 관련 내용을 '글'이라 칭하기로 하였다.

를 포함한다. 고영근(1998)에 의하면 텍스트를 용법에 따라 세 가지로 구분하였다. 그리고 그 중에서 언어학에서는 세 번째 용법에 중점을 둔다고 하였다. 용법 세 가지를 제시하여 보겠다.

첫째, 텍스트를 단순히 문장의 상위 단위로 보는 관점으로 미시적이고, 언어현상 설명에 별로 도움이 되지 못한다.

(1) 가. "너 어제 어디 갔다 왔나?" "내장산에 갔다 왔어."
    나. 날씨가 몹시 추웠다. 그런데도 철수는 내의를 입지 않았다.

둘째, 사람의 행위 자체를 텍스트로 보는 관점이다. 최근에 관심을 많이 보인 관점으로 인간의 의도적인 정치적, 사회적, 문화적 모든 산물을 모두 텍스트로 본다.

(2) 갑오경장, 새마을 운동, 전람회, 그림, 수학기호, 악보 등등

셋째, 언어로 표현되어 있거나 언어로 옮길 수 있는 의도적 표현으로 보는 관점이다.

(3) 한마디 발화(도둑이야), 문장, 단락, 문단, 절, 장, 한 편의 작품,
    한 권의 저서, 표어나 그림을 동반한 포스터, 시위대의 플랭카드,
    교통신호(언어로 옮길 수 있다) 등

위 예에서는 '한 마디의 발화'를 제외하면 주로 문어적인 것에 집중되어 있다. 그래서 위 예들에 따라 담화를 유형화하기는 어렵다.

담화의 유형에는 대화, 토의, 토론, 회의, 수필, 소설 등 다양하다. 그런데 이러한 담화를 유형화하기에는 범위 및 대상의 폭이 너무 넓다.

담화를 유형화하기 위해서는 담화 유형화 기준이 필요하다. 벨리히의 담화유형론에서는 담화유형에 근본적인 것으로 생각되는 다섯 개의 기본적 또는 이상적 형태를 구분하고, 또 이를 제시 방법에 의해 주관적인 것과 객관적인 것으로 구분하였다. 이들을 보이면 다음과 같다.(쟌 렌케마(이원표 역, 1997:148-150)에서 재인용)

Werlich의 담화 유형

기본형태	주관적	객관적
(1) 기술적(descriptive)	인상에 의한 기술	전문적인 기술
(2) 이야기체(narrative)	보고서	뉴스 기사
(3) 설명적(explanatory)	수필	해설
(4) 논증적(argumentative)	논평	논증
(5) 지시적(instructive)	지시	명령,규칙,규정,법령

위와 같은 벨리히의 구분은 본유적인 범주화 가능성을 증명하기가 힘들다. 이런 이유로 인해 다른 기준에 근거하여 구분하려는 시도가 있었는데 스테거 등의 시도가 그것이다. 스테거 등은 구술 담화를 담화 상황에 따라 제시, 메시지, 보고, 공개 토론, 대화, 면담 등으로 나누고 그들의 구별을 여러 가지 특징적 요소들에 의해 구분했다. 이를 보이면 다음과 같다

스테거 등에 의한 분류

		1	2	3	4	5	6
화자수	단일 화자	+	+	+			
	복수 화자				+	+	+
지위	평등				+	+	
	불평등	+	+	+			+
주제의 고정	미리 결정된 주제	+	+	+	+		+
	미리 결정되지 않은 주제					+	
주제의 취급	기술적		+	+			
방법	논증적	+			+		+
	연상적					+	

1. 제시 2. 메시지 3. 보고 4. 공개토론 5. 대화 6. 면담

　이러한 분류는 먼저 여섯 가지의 분류 즉, 제시, 메시지, 보고, 공개토론, 대화, 면담 등으로의 분류가 모든 담화 유형을 포괄적으로 제시한 분류가 되지 못한다는 것이다. 또 분류기준 즉, 화자 수, 지위, 주제의 고정, 주제의 취급 방법 및 그들의 하위 영역에 대한 변인 설정 방법 및 내용의 적절성이 부족하다. 말과 글에 대한 분류가 이루어지지 않았으며, 일방향적인지 쌍방향적인지에 대한 변인이 없다.

　담화를 유형화할 때에는 먼저 구어인지 문어인지를 구별할 필요가 있다. 말과 글은 여러 가지 차이가 있기 때문이다. 먼저 말은 한 번 들으면 또다시 듣기가 어려운 일회성인데 반해, 글은 다시 반복해서 읽어 볼 수 있는 다회성이다. 그리고 말은 말하는 시간에 있어서 순간에 일어나는 순간성인데 반해, 글은 지속해서 볼 수 있는 지속성을 갖고 있다. 또 말은 소리의 전달 범위에 따른 공간상의 제약성이 있는데 반해, 글은 공간상의 제약이 없다. 이러한 차이점 등에 의해 담화를 표현 수단의 기준에서 음성언어인 말과 문자언어인 글로 구별할 필요가 있겠다. 그리고 말과 글 모두 방향성의 기준에서는 말과 글 모두 일방향적과 쌍방향적으로 변별될 수 있다. 이를 정리해 보면 다음과 같다.

담화 유형

1) 말

① 일방향적: 강연, 강의, 식사, 설교, 훈시, 연설, 만담, 테이블 스피치, 발표, 방송, 구연동화, 웅변

② 쌍방향적: 대화(문답, 상담, 의논, 간담, 좌담(대담, 정담, 좌담회), 면접, 인터뷰), 토론(이인 토론, 직파 토론, 반대 심문식 토론), 토의(심포지움, 패널 토의, 포럼, 원탁 토의, 계발식 토의), 회의, 소개

2) 글

① 일방향적 : 운문 - 시(동시 포함), 시조, 민요 가사

　　　　　　　산문 - 수필, 소설(전설, 민담, 설화, 동화 등 포함), 희곡

　　　　　　　비문학적인 글 - 논설문, 기행문, 견학기록문, 설명문, 생활문(일기문 포함), 전기문, 편지글, 보고서

② 쌍방향적: 필담, 전자매체를 통한 문자 대화(채팅)

위에서 볼 수 있는 바와 같이 담화의 범주에 들어 갈 수 있는 유형들은 다양하다. 그런데 이러한 담화들은 텍스트로 이루어졌기 때문에 텍스트가 갖추어야 할 텍스트성을 유지하고 있어야 한다.

3. 담화 및 담화 텍스트 요소

가. 담화 요소

담화가 그 기능을 수행하기 위해서는 담화 요소가 상호 작용을 하여야 한다. 담화 요소는 담화를 주관적으로 사용하는 사용자 곧 화자나 필자

가 있으며, 이를 수용하는 수용자 곧 청자나 독자가 있다. 그리고 사용자와 수용자가 매개물로써 사용하는 텍스트(말 또는 글)가 있다. 그리고 또 다른 담화 요소로 담화 상황이 있다. 담화 사용자나 수용자가 텍스트를 가지고 담화 활동을 하더라도 담화 상황에 따라 텍스트의 의미가 달라질 수 있다.

(1) 가. 저기 개가 있다.
　　나. 아이, 무서워. 저리 돌아가자.
　　다. 그래 잡아 볼까. 너는 이 쪽을 맡아, 나는 저 쪽을 맡을 테니까.

한 발화자가 (1가)와 같이 발화하였다고 보자. 그 때 그 말을 받은 다른 청자는 (1나)와 같이 발화할 수도 있고, (1다)와 같이 발화할 수도 있다. 왜 (1가)와 같은 동일한 발화 내용에 (1나)와 같이 발화할 수 있는가 하면 (1다)와 같이 발화할 수 있겠는가? 그것은 담화요소 곧, 화자와 청자, 그리고 담화 상황이 다르기 때문이다. 그렇기 때문에 의사소통을 할 때에는 반드시 담화 요소가 고려되어야 올바른 의사소통을 할 수 있다.

나. 담화 텍스트 요소

담화에는 위와 같은 담화 요소 외에 담화 텍스트가 성립되기 위해서 텍스트성이라고 하는 담화 텍스트 요소가 있다. 먼저 담화 텍스트 요소와 기능을 알아보자.

1) 결속 구조와 결속성

텍스트는 텍스트 내부적 구조와 관련하여 텍스트 구성 요소들이 서로 간에 외적으로 구조적 결속 관계를 가지고 있어야 하며, 또 텍스트 구성 요소들 사이에 내적으로 의미적 결속 관계를 가지고 있어야 텍스트로서 기능을 수행할 수 있다. 텍스트 내부적 구성 요소들 사이의 외적 결속 관계를 결속 구조라 하며, 내적 결속 관계를 결속성이라 한다.

결속 구조는 텍스트 구성 요소들 사이의 문법적 관계를 말하는 것으로 서 이들의 예는 대명사와 선행사의 관계 및 지시 관계가 있는데, 지시 관계로는 대치, 지시, 생략 등이 있다. 또 중요한 결속 수단으로 접속이 있는데, 이는 문장들 사이의 인과 관계나 시간 관계를 특징지은 것이다. 또 결속 구조 수단의 문법 요소로 시제를 들기도 한다. 그러나 결속 구조는 문장이나 문(text)의 부분적인 문법 요소로 보기보다는 문장 또는 문의 문법적 구조 전체적인 의미로서 보아야 할 것이다.

결속성은 넓은 의미로 보면 문법적 관계와 의미적 관계를 모두 포괄하지만 좁은 의미에서 보면 문법적인 관계를 제외한 텍스트 표현을 통한 의미 결속 관계를 말하는데, 우리가 말하고자 하는 결속성은 바로 좁은 의미의 결속성을 말한다. 즉 텍스트의 결속 구조에 바탕을 둔 텍스트의 내용적, 의미론적, 화용론적 의미 관계를 말한다.

2) 의도성과 용인성

담화를 사용하는 사람과 관련하여서는 텍스트를 생산하는 생산자와 능동적이든 피동적이든 텍스트를 수용하는 수용자가 있다. 텍스트를 생산하는 생산자는 담화 의도를 충족시키려는 의도에서 결속성을 가진 텍스트를 생산하려는 의도를 가지고 있는데, 이것이 의도성이다. 그리고 용인성은 지식을 습득하거나 어떤 계획에 협력하기 위하여 텍스트 수용자에게 유용한 또는 텍스트적 적합성을 기대하는 수용자의 입장 또는 태도이다.

이러한 의도성과 용인성은 텍스트 자체의 기본적 요소는 아니고 화행론적 개념일 수 있다. 그렇기 때문에 여기에는 그라이스가 말한 협동의 원리와 함께 대화의 격률2)에 적합한 의도성과 용인성이 제공되어야 텍스트로서 적절할 것이다.

3) 정보성

정보성은 하나의 발화가 일어 날 때에 그 발화가 무언가 전하고자 하는 정보를 가지고 있다는 것이다. 그리고 그 정보는 사용자와 수용자 사이에 구정보일 수도 있고, 신정보일 수도 있다. 그리고 예측 가능한 정보일 수도 있고, 예측 불가능한 정보일 수도 있다. 또 확실한 정보일 수도 있고, 불확실한 정보일 수도 있다. 아무튼 담화는 어떠한 정보이든 간에 정보성을 띠고 있다.

---

2) 협동의 원리: 당신이 나누고 있는 대화가 지금 이루어지고 있는 그 상태에서 지향한다고 인정되는 목적이나 방향의 요청에 맞도록 기여하게 만들라.
   대화의 격률: 언어 철학자 폴 그라이스가 자연스러운 대화가 이루어질 수 있도록 지켜야 하는 제안한 수량, 질, 관계, 방법의 네 범주인데, 대화의 격률 네 가지를 제시하면 다음과 같다(김태옥·이현호, 1995:20-21에서 재인용).
   1. 질(quality)의 격률: 진실을 말하라. 네가 거짓이라고 믿는 것을 말하지 말라. 적절한 증거가 없는 것을 말하지 말라.
   2. 양의 격률: 정보를 제공하라. 대화의 현재 목적에 요구되는 것만큼의 정보를 제공하라. 너의 말이 필요 이상으로 많은 정보를 담지 않게 하라.
   3. 관련성의 격률: 관련성 있게 말하라.
   4. 방법(태도)의 격률: 명료하게 말하라. 모호한 표현을 피하라. 중의성을 피하라. 간결하게 말하라. 불필요하고 장황한 대화를 피하라. 논리정연하게 말하라.

4) 상호 텍스트성

텍스트와 텍스트와의 관계와 관련하여 상호 텍스트성을 생각해 볼수 있다. 상호 텍스트성은 사용자가 텍스트를 생산할 때나 수용자가텍스트를 이해할 때 자신이 기존에 알고 있던 텍스트와 새로 현재 접하는 텍스트가 상호 작용하여 산출된다는 것이다. 이것은 텍스트에 대한기존한 스키마가 현재의 텍스트에 상호 작용한다는 말과 같다고 볼수 있다. 이 외에도 하나의 텍스트 내에서 작은 단위의 텍스트들끼리상호 작용하는 것까지도 포함될 수 있을 것이다.

5) 상황성

텍스트 내외적 요소와 관련하여 내적 요소를 현재 또는 복원 가능한담화 상황에 적절하게 연관시켜 주는 요소를 상황성 곧, 콘텍스트성이라한다. 콘텍스트성에는 문맥, 전후 관계, 정황·배경·환경이 있는데,모든 담화는 텍스트 요소만 의존해서는 올바른 해석을 할 수 없고, 같은말이라 하더라도 사용자와 수용자 및 상황에 따라 의미가 달라지기때문에 콘텍스트성을 고려하여 의미를 해석해야 한다.

4. 담화 교육 방법

초등학교에서의 담화 교육의 지도 내용 범주의 대부분을 다른 영역의지도 범주로 이양을 해 주고 난 후의 담화와 관련된 지도 내용 범주는다음과 같다.

- 담화 요소 인지
- 담화 상황에 어울리는 언어생활

가. 담화 상황 지도

말하기나 듣기를 할 때, 또는 글쓰기나 글을 읽을 때 담화 요소나 담화 상황에 따라 표현하고 이해하는 활동을 해야만 하는 경우가 많다. 같은 의미를 가진 인사말이라도 친구들끼리 하는 인사말과 어른에게 하는 인사말이 다르며, 이러한 일상 언어생활에서 더 나아가 문학작품의 창작 및 감상에 이르기까지 화자, 청자, 상황에 따라 같은 내용이라도 다르게 표현해야 하고, 이해해야 하는 학습이 이루어져야 한다.

- 담화 상황에는 화자와 청자와 내용과 주변 환경의 요소가 있다. 다음 상황일 경우 어떻게 언어를 사용해야 할까요?

  1) 동생과 이야기할 경우
  2) 웃어른과 이야기할 경우
  3) 여러 사람 앞에서 이야기할 경우
  4) 친구와 단 둘이 비밀스런 이야기를 할 경우
  5) 칭찬을 받을 경우
  6) 여러 사람이 있을 때 친구에게 화가 날 경우

나. 담화 텍스트 지도

앞에 제시된 예문 (1)을 예로 하여 텍스트성에 관하여 알아보자. (1가)와 (1나) 사이의 대화글에는 발화의 결속 곧, 개에 대한 두려움을 표현하는 결속성이 존재하며, 화자의 개에 대한 두려움과 회피성이라는 의도성과 청자의 용인성이 존재한다. 또 화자가 청자에게 개가 있다고 알리는 정보성이 있으며, (1가)의 발화에 청자인 (1나)의 화자는 '저기 개가 있다'라는 말의 '개에 대한 두려움'이라는 스키마가 이미 형성되어 있어 (1나)라는 발화를 할 수 있었다. 상호 텍스트성이 있는 것이다. 그런데 이 때 (1나)라는 적합한 발화를 하게 된 또 하나의 이유는 (1나)가 화자와 청자 사이에 존재한 상황성에 적절한 발화라는 것이다. 이러한 (1가)와 (1나)의 담화 적절성의 성취는 담화 텍스트 요소 곧 결속구조, 결속성, 의도성, 용인성, 정보성, 상호 텍스트성, 상황성 등이 그 기능을 적절히 수행하였기 때문에 이루어진 것이다.

이러한 담화와 관련된 교과 지도내용은 (2가-파)에서 볼 수 있는 바와 같이 국어과 모든 영역에 걸쳐 있다.

(2) 가. 화제에 알맞은 내용을 선정하여 말하기
    나. 원인과 결과가 잘 드러나게 내용을 전개하여 말하기
    다. 내용의 연결관계 파악하며 듣기
    라. 들을 때 상황 고려하기
    마. 지식과 경험이 글의 내용을 이해하는 데 중요함을 알기
    바. 원인과 결과가 드러나게 글 쓰기
    사. 쓰기 상황에는 주제, 목적, 예상 독자 등이 관련되어 있음을 알기
    아. 이어주는 말의 기능 알기
    자. 문자와 문장 사이의 연결 관계 알기
    차. 이어질 내용 상상하기
    카. 작품의 사건 전개 과정 알기.
    타. 작품 분위기 살려 낭독하기
    파. 작품은 읽는 이에 따라 수용이 다를 수 있음을 알기

이러한 담화 지도와 관련된 예들은 말하기, 듣기, 읽기, 쓰기, 문법,

문학 영역 모두에 걸쳐 더 많은 지도 내용들이 존재하나 이들을 더 이상 제시하지는 않겠다.

　이제 읽기나 쓰기 영역 및 문법 영역의 내용을 예로 들어 담화 관련 교육에 대한 것을 알아보자. 먼저 읽기나 쓰기 영역의 예를 보자.

　　오늘은 4월 5일, 식목일입니다. 나무를 심기에 아주 좋은 날입니다. 오늘은 우리나라 곳곳에서 나무를 심습니다.
　　"인수야, 우리도 뒷산에 나무를 심으러 가자."
　　아버지께서 말씀하셨습니다.
　　나는 가기가 싫었습니다. 아이들과 마을에서 놀고 싶었기 때문입니다. 그래도 나는 아버지를 따라 산으로 갔습니다.

　　--- 중략 ---

　　나는 묘목을 붙들기도 하고, 흙을 밟아 다지기도 하였습니다.

　　---- 중략 ---

　　아버지를 따라 산에 오기를 잘 했다고 생각하였습니다.
　　파란 하늘에는 하얀 구름 한 덩이가 떠 있었습니다. 산과 들과 마을이 아름다워 보였습니다.
　　오늘은 식목일, 즐겁고 보람 있는 날이었습니다.
　　(제7차 교육과정에 의한 2-1, 읽기 '5. 자라는 우리' 단원의 '나무를 심고'에서)

　위와 같은 글을 읽거나 썼다고 해 보자. 이때 담화 요소인 독자나 필자는 일정하게 지정되지 않는 범상황적 환경에서 위와 같은 텍스트를 일정하게 정해지지 않는 필자나 독자와 상호 의사소통하는 것이다.

위 글은 최후의 '즐겁고 보람 있는 날'이라는 결론을 향해 글을 이끌고 가기 위해 처음 '오늘은 식목일' 그러나 '가기 싫었다'와 같은 말로 시작했지만 결국에 가서는 '즐겁고 보람 있는 날'로 매듭지어져 반어적 결속성을 유지하고 있다. 뿐만 아니라 문법적으로 결속성을 유지하는 문장의 결속구조를 가진 문장들로 형성되어 있다. 또 필자는 전체적으로 식목이 보람 있는 일이라는 의도성을 드러내고 있으며, 독자는 그러한 의도성을 인정한다고 가정했을 때 위 글을 용인하는 용인성을 가지고 있다. 또 위 글에는 식목하는 일은 힘들지만 보람된 일이라는 것을 알리려는 정보성이 있으며, 위 글 전체의 문단과 문단 텍스트가 반어적 또는 주제 지향적 상호 텍스트성을 유지하고 있다. 그리고 필자나 독자가 기존에 알고 있는 텍스트 즉, 노는 것은 즐거운 일이라는 것과 식목은 힘들지만 하고 난 후에는 보람 있는 일이라는 스키마와 작자가 이 글을 통해 나타내려는 주제와의 상호 텍스트성이 쉽게 발견된다. 상황에 따라 변하는 상황성에 의존하려는 내용은 특별히 없는 가운데 글을 비상황 의존적으로 기록된 사실을 그대로 받아들일 수 있는 텍스트이다.

다음으로 문법 영역의 담화 교육 예를 알아보자.

문법 교육에 있어서도 담화 교육은 필요하다. 담화의 결속 구조는 바로 문장의 통사 구조 및 문장과 문장 사이의 접속구조와 관련되어 있기 때문이다. 문장의 통사구조가 잘못되었을 경우에나 문장과 문장 사이의 접속 관계가 잘못되었을 경우에는 담화의 결속 구조는 성립될 수 없을 뿐만 아니라 담화의 결속성 또한 성립되지 않는다.

(3) 가. 나는 학생이다.
　　 나. 학생 나는 이다.
　　 다. 나는 학생이다. 그러므로 나는 학교에 간다.
　　 라. 나는 학생이다. 그러나 나는 학교에 간다.

위 예에서 (3가)처럼 한 문장이 정문이 되었을 때 담화의 결속구조가 성립될 수 있는 것이지, (3나)처럼 비문이 될 경우에는 담화의 결속구조 자체가 성립되지 않는다. 두 문장의 결속구조도 (3다)처럼 '그러므로'란 순접 관계의 접속어가 두 문장을 연결해 주었을 때 결속구조가 성립되지, (3라)처럼 두 문장 사이에 역접의 접속어 '그러나'가 접속되어서는 결속구조가 성립되지 않는다. 이런 사실은 바로 문법 교육이 담화교육에 있어 필수적으로 전제되어야 한다는 것을 입증해 준다.

또 문법 내용 차원에서 한 문장 또는 여러 문장이 결합된 문에 대한 의미는 화용론적 의미를 제외하더라도 화자(또는 작자)가 전하고자 하는 의미를 나타내는 의도성을 내포하고 있고, 청자(또는 독자)가 그 문장에서 그 의도를 용인할 수 있는 용인성을 갖추고 있다. 뿐만 아니라 그러한 문장은 나타내고자 하는 정보를 갖고 있어 정보성을 띠게 된다. 뿐만 아니라 문장 사이에 의미의 연결이 이루어지려면 상호 텍스트성이 존재해야 한다. 화용론적 차원에서 상황 의존적 의미의 파악도 필요하다. 결국 문법 교육 차원에서도 담화 교육적 차원의 학습이 필요한 것이다. 특히 문장의 도치, 반어법적 표현, 중복된 표현이나 생략 표현, 속담 풀이 등의 문법 교육은 담화 교육적 차원의 교육이 꼭 필요하다.

위와 같이 담화와 관련된 지도내용들은 그 범위가 넓다. 그러나 현재 우리나라 교육과정은 텍스트 위주의 교육과정이 아니고, 각 영역 중심의 교육과정이므로 담화와 관련된 지도내용들을 각 영역에서 지도하도록 되어 있다. 그리하여 담화와 관련된 내용이 대부분 각 영역의 지도내용에 제시되어 있다. 문법영역에서 담화를 하위지도요소로 설정하여 놓고 있지만 담화관련 지도내용은 초등학교의 경우 '상황에 따른 말하기'(상황에 따른 표준어와 방언 사용, 상황에 어울리는 말 등)에 국한된다.

다. 교육과정 지도 내용

초등학교 교육과정에서 담화 교육 관련 지도 내용은 아래와 같다.

제6차 교육과정

- 상황에 어울리지 않게 쓰인 말의 예를 들어 보고, 효과적으로 말하려는 태도를 가진다.(5)

2007 개정 교육과정

- 말하는 이, 듣는 이, 상황, 매체 등에 따라 언어 사용 방식이 달라짐을 안다.(5)

2009 개정 교육과정

- 담화의 개념과 특성을 이해하고 담화 상황에 적합한 국어 생활을 한다.(중1-3)

2015 개정 교육과정

- [9국04-07] 담화의 개념과 특성을 이해한다.(중1-3학년군)

제X장 문법 교수·학습 모형

문법 교육은 단순히 언어생활을 위한 기반 지식 제공 차원의 교육에 머무르지 않는다. 국어 현상 그 자체에 있는 원리나 규칙을 탐구하게 하여 국어에 대한 올바른 이해와 활용을 하게 함은 물론 탐구력을 신장시켜 국어에 대한 탐구 정신을 갖게 만든다. 나아가 국어 연구와 활용에 힘 써 새로운 국어문화를 창조해 내는 일익을 담당하게 하고, 변화하는 시대에 능동적이고, 창조적인 인간을 형성해 나아가게 한다.

그렇기 때문에 문법 교육을 통한 다양한 능력을 함양하기 위해서는 그 능력 함양에 적합한 방법의 교수·학습이 이루어져야 한다. 그런데 이러한 효율성 있는 교수·학습 방법에는 하나의 발문에서부터 수업 전체를 하는 수업 방법의 활용 등에 이르기까지 이론적, 실제적인 면에서 여러 가지 방법들이 있다. 이러한 접근 방법 중의 하나가 교수·학습 모형을 활용한 방법이다.

교수·학습 모형은 교수·학습을 목적 지향적으로 구성해 주는 틀로써 글레이저의 4단계 교수·학습 모형(목표설정→진단→교수·학습→평가)처럼 크게 범교과적, 또는 동일 교과라 할지라도 범 영역적 틀을 제공해 주는 모형이 있는가 하면, 신헌재 외(2005:45)의 직접 교수 모형(설명하기→시범 보이기→질문하기→활동하기)처럼 한 차시 또는 한 단원을 지도하려는 목적 지향적인 모형이 있다. 여기에서는 국어과 문법 영역의 내용 중 한 차시나 한 단원의 내용을 효과적으로 교수·학습하기 위해서는 어떤 모형을 적용하여 교수·학습해야 하겠는가를 탐구해 보기로 하겠다.

지금까지 문법 교육을 위한 교수·학습 모형에 대한 연구는 그렇게 많이 이루어지지 않았다. 박영목 외(1995:248)의 모형 '목표 설정(목표의 확인 및 방향 설정) - 기본 학습(지식의 제공) - 탐구 학습(사실의 분석) - 발전 학습(가치관 및 태도의 변화) - 평가(결과의 확인)'가 있으며, 아래와 같은 김광해(1997:121)의 탐구 학습의 과정이 있는데, 이 과정은 김광해(1997:119)에서 말한 바와 같이 Barry K. Beyer(한면회 외 역, 1988)의 사회과 탐구 학습 이론에 제시된 내용을 요약한 것이다.

① 문제의 정의 - 문제, 의문사항의 인식, 문제에 의미 부여, 문제의
   처리 방법 모색
② 가설 설정 - 유용한 자료 조사, 추리, 관계 파악, 가설 세우기
③ 가설의 검증 - 증거 수집, 증거 정리, 증거 분석
④ 결론 도출 - 증거와 가설 사이의 관계 검토, 결론 추출
⑤ 결론의 적용 및 일반화 - 새로운 자료에 결론 적용, 결과의 일반화
   시도

이상에서 살펴 본 바와 같이 문법 교육을 위한 교수·학습 모형에 대한 연구는 거의 이루어지지 않았다. 그리고 그것도 문법 교육 중 탐구 학습 내용에 대해서만 국한하여 언급되어 있다. 그러나 문법 교육 내용은 탐구 학습 내용만 존재하고 있는 것이 아니라 지식 습득, 지식 활용, 태도 및 가치관 형성과 관련된 내용들도 있다. 그러므로 문법 영역의 교수·학습 모형에 대한 연구는 먼저 문법 교육 내용에는 무엇이 있는가를 알아보고, 그에 따른 모형을 설정해야 할 것이다.

1. 문법 교육의 범주

문법 교육의 범주에는 국어와 관련된 제반 내용들이 모두 다 포함된다. 순수 국어 학문적인 내용은 물론 국어 관련 응용 학문 내용까지도 포함된다. 단순한 하나의 소리에 관한 것에서부터 많은 양의 텍스트에 이르기까지 포괄된다. 그러나 여기에서 고찰해 볼 문법 교육의 범주는 초등학교 문법 교육 관련 내용에 국한된다.

먼저 초등학교 교육과정에 나타난 문법 교육 영역의 목표와 지도 내용들은 무엇인가를 살펴보고, 또 더 지도되어야 할 내용들은 없는지 알아보고 난 후 이 내용들을 몇 가지 범주별로 분류하여 보기로 하겠다.

문법 영역 지도 목표를 알아보자. 문법(언어, 국어 지식) 영역이 설정된 교육과정은 제4차 교육과정부터다. 이때의 언어 영역 관련 목표는 '국어에 관한 초보적인 이해를 가지게 한다.'이다. 제5차 교육과정에서는 '국어에 관한 초보적인 지식을 익히고, 국어를 올바르게 사용하게 한다.'이며, 제6차 교육과정에서도 '국어에 관한 초보적인 지식을 익히고, 국어를 바르게 사용하게 한다.'이다. 제7차 교육과정에서도 이러한 기조는 계속 유지된다. 그러나 4-6차 교육과정에서와는 달리 제7차 교육과정에서는 각 영역별로 분류된 목표는 없다. 그러므로 문법 영역 독자적인 목표도 없다. 다만 전체 영역에 걸쳐 통합적인 목표가 있는데, 이 중 문법 영역과 관련지어 문법 교육의 목표를 추출해 보면, '언어 현상을 탐구하며, 국어 발전과 국어 문화를 창조하는 태도를 갖도록 한다.'라고 볼 수 있다. 이러한 현상은 2007 개정, 2009 개정, 2015 개정 국어과 교육과정에서도 마찬가지이다. 문법 지식의 이해, 활용, 탐구, 국어 발전과 문화 창조 태도를 갖도록 하였다.

지금까지 제시된 내용에 따르면 초등학교에서 문법 영역의 지도 목표는 다음과 같이 정리될 수 있다.

1. 문법에 관한 기본적인 지식을 익힌다.
2. 문법 지식을 올바르게 사용하게 한다.
3. 문법을 탐구하게 한다.
4. 국어문화를 창조하는 태도를 갖는다.

위의 지도목표는 1번이 '문법 지식 인지'와 관련된 내용이고, 2번이 '문법 지식의 사용'과 관련된 내용이다. 그리고 3번은 '문법 탐구'와 관련된 내용이고, 4번은 '태도'와 관련된 내용이다.

다음으로 제4차부터 2015 개정 국어과 교육과정에 제시된 각 학년별 지도 내용들을 자모, 음절 등의 범주로 요약 정리해 보면 다음과 같다.

1. 한글 자모(모양, 이름, 순서 등)
2. 음절(짜임, 글자와 발음 등)
3. 낱말(기본형, 짜임, 의미 등)
4. 어휘(고유어, 한자어, 외래어, 외국어 등)
5. 문장(짜임, 종류, 호응, 확장, 축소 등)
6. 규범(표준어 및 방언, 표준 발음, 맞춤법, 문법 등)
7. 언어 및 국어 일반론(중요성, 특성, 변천 등)
8. 태도(습관 및 가치, 문화유산 등)
9. 담화(담화 상황, 텍스트 등)

이러한 지도 내용도 위 목표에서 분류된 '문법 지식 인지, 문법 지식 사용, 문법 탐구, 국어 문화 창조 태도'의 네 가지로 분류하면 '문법 지식 인지'에 해당하는 내용은 '한글 자모, 음절, 낱말, 어휘, 문장, 규범, 언어 및 국어 일반론, 태도, 담화'로 위의 모든 내용이 해당되고, '지식 사용'에 해당되는 내용은 '한글 자모, 음절, 낱말, 어휘, 문장, 규범, 담화' 등이 해당된다. '탐구'에 해당되는 내용은 '한글 자모, 음절, 낱말, 어휘,

문장, 태도, 담화'가 해당되며, '태도'에 해당되는 내용은 '규범, 태도, 담화' 등이 해당된다.

박정수(1998)에 의하면 일본의 초등학교 국어과 교육에 있어서도 언어(문법) 영역은 중시되고 있다. 일본의 국어과 교육과정은 표현 영역(말하기, 쓰기), 이해 영역(듣기, 읽기), 언어 영역으로 구분되어 있는데, 언어 사항에 대해서는 기초적인 국어의 힘을 기르기 위해 지도 내용의 적시성과 계통성 등을 고려하고, 학년마다의 지도 사항을 제시한다고 하였다. 이를 보면 문법 지도는 근본적으로 '기초적인 국어의 힘을 기르기 위해서' 이다. 이는 국어과 교육과정의 지도 목표 중의 하나인 '국어에 관한 초보적이고 기본적인 지식을 익힌다.'와 같은 것이다.

일본의 언어 영역의 내용 체계 구성요소를 보면 다음과 같다.

ㄱ. 언어 사항(1)
 · 발음 및 발성에 관한 사항
 · 문자에 관한 사항
 · 언어 사용에 관한 지도 사항
 · 어구에 관한 사항
 · 문 및 문장의 구성에 관한 사항
 · 표기에 관한 사항
ㄴ. 언어 사항(2)
 · 습자에 관한 지도 사항

위의 구성 요소를 보면 '언어 사항(2)'인 '습자에 관한 지도 사항'이 있는데, 이는 우리나라의 교육과정에서는 쓰기에 포함되어 있다. 이것을 제외하면 우리나라 교육과정의 문법 영역의 지도 내용과 크게 다르지 않다.

미국 오하이오주의 교육과정에서는 언어 영역이 따로 분리되어 있지 않고, 읽기/문학 영역에 '언어 연구', 글짓기 영역에 '문자(단어) 편집' 등처럼 약간 언급되어 있을 뿐 특별히 문법 영역에 관한 목표 및 내용이 없다. 우리나라나 일본의 문법 영역에 관한 언급이 비교적 구체적으로 제시되어 있다.

지금까지 살펴본 문법 영역의 목표와 지도 내용들을 재구성하여 문법 교육의 지도 범주를 설정하여 보면 아래와 같이 네 가지로 분류해 볼 수 있다.

1. 지식 인지 범주
2. 지식 활용 범주
3. 지식 탐구 범주
4. 가치 형성 범주

2. 문법 교수 · 학습 모형

위에서 고찰해 본 문법 교육의 지도 범주의 내용들을 효과적으로 교수 · 학습하는 방법의 하나로써 각 범주별 교수 · 학습 모형을 이용한 교수 · 학습 전략이 있는데, 이제 위에 제시된 네 가지 지도 범주별 교수 · 학습 모형을 제작하여 효과적으로 교수 · 학습하는 방법을 알아 보기로 하겠다.

가. 지식 인지 교수 · 학습 모형

먼저 지식 인지 교수 · 학습 모형을 구안하기 위해서는 지식 인지에 해당되는 지도 내용이 무엇인지 알아보고, 이러한 내용을 지도하기 위해서 어떤 교수 · 학습의 틀이 적절한지 생각해 그 모형을 구안해야 한다. 지식 인지 유형에 속하는 학습 내용은 국어에 관한 초보적이고 기본적인 지식으로서 한글 자모, 음절, 낱말, 어휘, 문장, 규범, 언어 및 국어 일반론, 태도, 담화에 관한 인지적 사항들이다. 이러한 내용들을 인지한다는 것은 그 내용들을 이해하고, 나아가 구조화하여 기억한다는 것이다.

그렇다면 이러한 내용들은 어떻게 이해하고 기억해야 가장 효과적으로 하는 것일까? 이용남 · 박분희 외(1993:115-163)에 따르면 지식의 획득은 기존의 지식을 활성화시키고, 나아가 새로운 지식을 명제망 속에 저장함으로써 이루어진다고 하였다. 그렇기 때문에 이러한 지식 습득 활동을 원활히 하기 위해서는 먼저 인지할 내용의 배경지식을 활성화하는 활동을 해야 할 것이다. 둘째로 새로운 지식을 명제망 속에 저장하기 위해서는 먼저 인지할 내용을 미리 추론하여 새로운 지식의 인지 활동이 원활히 일어나게 하는 것이 좋다. 셋째로 새로운 지식을 제공하여 인지 활동을 한다. 그리고 일단 새로운 지식이 명제망 속에 저장된 뒤에는 이를 다시 정교화하고, 조직화해야 한다. 정교화란 새로운 지식에 관련된 지식을 부가하는 과정이다. 부가되는 것은 논리적 추론, 정보의 연장, 예, 세부사항 등이다. 조직화는 지식을 하위 집합으로 나누고 그들 사이의 관계를 정립하는 과정이다. 이렇게 조직화함으로써 그 지식이 장기기억 속에서 활성화의 확산을 유지하고, 작동기억에서 장기기억의 관련 영역으로의 위치(point)를 제공할 수 있고, 기억 속에서 무엇인가를 더 찾아 볼 수 있는 인출 단서의 원천을 제공하기도 한다.

지금까지 지식의 습득 과정에 대한 주요과정을 알아보았는데, 이제 한 차시 또는 한 단원의 학습과 관련지어 지식 인지의 과정을 알아보자. 먼저 교사가 학습목표를 알려 주고, 이러한 학습목표에 도달하기 위하여 동기를 유발시키는 도입 활동을 한다. 둘째로 위와 같은 학습 목표에 쉽게 도달하기 위한 예비 활동으로서 학습 문제 해결 활동 전에 학습 문제와 관련된 배경 지식을 활성화하고 확장하는 학습 활동을 한다. 관련 분야의 책을 읽거나 토의하기를 하거나 그림이나 영화를 보거나 인터넷 등을 활용한 관련된 자료를 찾아보거나 전시 학습을 상기해 보는 등의 배경지식 활성화 학습 활동을 한다. 셋째로는 학습 문제와 관련하여 인지해야 할 내용에 대하여 미리 짐작해 보는 활동 곧, 예측해 보는 활동을 통하여 지식을 보다 쉽게 인지할 수 있는 조건을 만들어 간다.[1] 예측을 해 봄으로써 자신의 예측이 맞았는지 틀렸는지에 대한 기대감 때문에 수업에 집중할 수도 있다. 넷째로는 인지 조작 활동으로 교사가 학습 문제와 관련된 인지 내용을 주지시켜 주는 활동을 한다. 그리고 외부로부터 유입된 인지 내용을 배경 지식과 결합하게 하고 관련 부가 사항들을 유입하여 정교화하는 활동을 한다. 나아가서는 새 지식과 기존 지식과의 관계화를 정립하는 조직화 활동을 한다. 마지막으로는 학습한 내용을 정리하고, 형성평가를 하며, 그 결과에 따라 되먹이 학습을 한다. 그 후 과제제시 및 차시예고를 하고 학습을 마무리한다.

예를 들어 문장의 짜임에 대해 교수·학습 활동을 한다면 먼저 학습목표를 인지시키고, 동기를 유발시킨다. 둘째로 학습자는 자기가 갖고 있던 문장의 짜임에 대한 배경지식을 확장시켜 주는 활동을 한다. 셋째로 학습목표가 추구하는 문장의 짜임에 대한 학습할 내용을 예측해 보게 한다. 넷째로는 관련 문장의 짜임에 대한 인지 사항들을 제시하여 인지하게 하고, 문장의 짜임에 대한 인지 내용을 정교화한다. 그리고 문장의 짜임 및 그와 관련된 지식 내용을 재조직 곧, 인지를 구조화하여 장기 기억 속에 저장한다. 다섯째로는 배운 지식을 정리하고, 인지한 지식 내용이 잘 형성되었는지 평가한다. 만약 평가 결과 부정적인 결과

---

[1] 다른 학습 방법에 있어서도 배경지식의 확장이나 예측은 중요한 학습요소이기는 하지만, 특히 이 모형에서는 경험적 활동이 없이 교사가 제시해 주는 내용을 인지해야 하기 때문에 이러한 배경지식 확장이나 예측 활동이 중시된다.

가 나왔으면 되먹이 학습을 하여 학습목표 도달에 충족하도록 해야 할 것이다. 그런데 이러한 평가는 학습 내용 전체에 대한 평가이고, 학습 진행 단계마다 수시로 점검하여 목표에 도달하지 못할 경우에는 앞 단계 학습에 대한 되먹이 학습을 해야 한다. 형성 평가시에 목표에 도달하면 과제 제시 및 차시 예고를 하고 교수·학습을 마무리한다. 지금까지 논한 내용을 그림으로 정리하면 다음과 같다.

지식 인지 교수·학습 모형

도 입	배경지식확장	예 측	인지 조작	정 리
· 학습목표 인지 · 동기유발	· 책읽기, 토의 활동 · 전시학습 상기	· 인지할 내용 예측	· 새 지식 제시 · 정교화 · 조직화	· 정리 · 형성평가 · 차시예고

위의 모형에 따른 학습지도안의 범례를 제시하면 아래와 같다.

지식 인지 학습지도안 범례

학년		단원명		차시	
과정	주요학습요소	교수·학습 활동		시량	준비물, 유의점
도 입	· 학습목표 인지 · 동기유발	· 본 차시 학습목표 인지 · 동기를 유발한다		5	
배경지식 확장	· 책읽기 · 토의하기 · 전시학습상기	· 전시 학습을 상기해 본다든가, 책읽기, 토의, 기타 활동을 하여 배경 지식을 확장한다.		5	
예 측	· 인지 내용 예측	· 인지할 내용을 예측해 본다.		5	

인지조작	· 새 지식 제시 · 정교화 · 조직화	· 학습목표와 관련된 새로운 지식을 제시한다. · 새 지식을 체계적이고 정교하게 조직화하여 장기 기억 속에 저장한다.	20	
정 리	· 정리 · 형성평가 · 차시예고	· 정리, 형성평가, 차시예고를 한다. 과제물도 제시한다.	5	평가지 준비

나. 지식 활용 교수·학습 모형

　지식 활용 모형은 문법 지식을 올바르고 효과적으로 사용하게 하는 것을 목적으로 한다. 지도 내용은 한글 자모, 음절, 낱말, 어휘, 문장, 규범, 담화 등이다. 지식 활용이란 문법 지식을 인지하는 것에 머무르지 않고 이들을 언어생활에 어떻게 적용하여 사용하게 하느냐에 관련된다. 그렇기 때문에 이 학습은 그 내용을 인지하고 난 후, 이를 사용할 수 있는 원리를 익혀 반복 연습해 봄으로써 사용 기능을 숙달하여 언어 사용 활동을 하게 해야 한다.

　이러한 학습을 교과 수업에서 실현하기 위해서는 먼저 도입 활동을 한다. 학습 목표를 인지시키고, 학습 동기를 유발시키며, 배경 지식을 활성화시키는 도입 활동을 한다. 둘째로 인지 학습을 한다. 배울 내용에 대한 예측 활동을 해본 후 문법 지식 인지학습을 한다. 셋째로는 원리 학습을 한다. 지식을 사용하는 원리, 규칙, 방법 등을 가르쳐주고, 시범을 보여 주어 지식을 사용하는 원리 학습을 한다. 넷째로 적용 학습을 한다. 반복적이고 지속적인 자동화 학습을 시키고, 이를 확장 적용시키는 적용 학습을 한다. 마지막으로 정리하고, 형성 평가를 하고, 차시 예고를 하는 정리 학습을 하되, 형성 평가 결과 잘못된 결과가 나오면 되먹이 학습을 하여 바른 결과가 나오게 한다. 그런데 이러한 평가는 학습 내용 전체에 대한 평가이고, 학습 진행 단계마다 수시로 점검하여 목표 도달도에 미치지 못할 경우에는 앞 단계 학습에 대한 되먹이 학습을 해야 한다.

예를 들어 외래어 또는 외국어를 고유어로 바꾸어 사용하는 어휘 사용 학습을 한다고 하자. 먼저 학습 목표를 인지하고 동기 유발 및 배경 지식을 확장시킨다. 다음으로 고유어와 외래어 및 외국어가 무엇인지 예측해 보게 하고, 고유어와 외래어 및 외국어 내용을 인지하는 학습을 한다. 셋째, 지식 사용의 원리 학습으로 외래어 또는 외국어를 고유어로 바꾸는 원리, 원칙, 방법 및 유의점 등을 익힌다. 교사나 모범적으로 그 기능을 수행할 수 있는 학생의 언어 사용 방법 등에 대한 시범도 보여 준다. 넷째로는 위와 같은 사항들을 고려하면서 외래어 또는 외국어를 고유어로 바꾸어 사용하는 적용 학습을 한다. 마지막으로 정리한다.

지금까지의 내용을 정리하여 지식 활용 교수 · 학습을 위한 모형을 구안해 보면 다음과 같다.

지식 활용 교수 · 학습 모형

도 입		인지 학습		원리 학습		적용학습		정 리
· 학습목표 인지 · 동기유발 · 배경지식 확장	→	· 예측 · 지식 내용 인지	→	· 지식 사용 원리, 규칙, 방법 인지 · 시범 보이기	→	· 반복 자동화 학습 · 확장 적용 활동	→	· 정리 · 형성평가 · 차시예고

위의 모형에 따른 학습지도안의 범례를 제시하면 아래와 같다.

지식 활용 학습지도안 범례

학년		단원명		차시	
과정	주요학습요소	교수·학습 활동		시량	준비물, 유의점
도 입	· 학습 목표 인지 · 동기유발 · 배경 지식 확장	· 본 차시 학습목표 인지 · 동기를 유발한다. · 전시학습, 기타 활동으로 배경 지식을 확장한다.		5	
인지학습	· 인지 내용 예측 · 지식 내용 인지	· 인지할 내용을 예측해 본다. · 내용 인지 학습을 한다.		10	
원리학습	· 지식 사용 원 리, 규칙, 방법 인지 · 시범 보이기	· 인지한 지식의 사용 원리, 규칙, 방법을 인지시킨다. · 지식 사용 원리 등을 시범 보이는 학습을 한다.		10	
적용학습	· 반복 자동화 학습 · 확장 적용 활동	· 반복 자동화 학습을 하여 원리를 완전히 익힌다. · 배운 원리를 확장된 활동에 적용 해 본다.		10	
정 리	· 정리 · 형성평가 · 차시예고	· 정리, 형성평가, 차시예고를 한 다. 과제물도 제시한다.		5	평가지 준비

위에 제시한 지식 활용 교수·학습 모형과 관련하여 문법 지식을 활용할 수 있는 교수·학습 모형은 직접 교수 모형이 있다. 국어과 교사용 지도서에 제시된 직접 교수 모형은 언어 수행에 필요한 특정 학습 내용이나 과제 해결을 명시적이고 단계적으로 지도하는 데 초점을 두는 교사 중심의 교수 모형이다. 과정과 활동은 다음과 같다.

직접 교수 모형

과정	주요 활동
설명하기	- 동기 유발 - 학습 문제 제시 - 학습의 필요성 또는 중요성 안내 - 학습의 방법 또는 절차 안내
시범보이기	- 적용 사례 또는 예시 제시 - 방법 또는 절차 시범
질문하기	- 세부 단계별 질문하기 - 학습 내용 및 방법 재확인
활동하기	- 적용 - 반복 연습

이 교수 모형은 원리(방법 또는 절차)를 익히는데 좋은 모형이다. 원리를 시범 보일 때에는 사고구술법(think-aloud) 등을 활용하면 좋다. 주의할 점은 교사 주도적으로 가지 않도록 하기 위해서 활동하기 과정에서는 학생들이 주도적으로 활동하도록 해야 한다.

국어 문법 학습을 귀납법과 연역법 학습으로 구분하여 보면 위와 같은 지식 활용 교수·학습 모형이나 직접 교수 모형은 연역법적 교수법에 해당된다. 먼저 원리(방법, 절차, 전략)를 가르쳐 주고, 그 원리를 이용하여 다른 문제를 해결하는 적용 학습을 하기 때문이다.

다. 지식 탐구 교수·학습 모형

문법 영역과 관련하여 지도해야 할 내용에는 국어 현상에 대한 탐구력을 신장시키는 활동 내용이 필요하다. 단순히 국어를 사용하는 것에서 떠나 국어에 대한 제반 현상이 왜 그렇게 일어났고, 또 일어나는지에 대하여 공시적 및 통시적 입장에서 탐구해 보는 활동이 필요하다. 뿐만 아니라 국어와 관련된 국어 교육학, 심리 언어학, 국어 정책 등의 제반 응용 학문에 대한 관심과 더불어 가능한 범위 내에서의 탐구활동도 필요하다. 초등학교에서 탐구 학습을 할 수 있는 내용은 한글 자모, 발음, 음절, 낱말, 어휘, 문장, 태도, 담화 등이다. 예를 들어 '천령'은 왜 '철령'으로 발음되는가를 생각해 본다든가, 왜 방언이란 말을 사용하는가를 생각해 보고, 우리 지역에서 쓰는 방언에는 어떤 방언이 있는가를 조사해 보는 것 등이다.

이러한 탐구 학습의 개념은 학습자 스스로 문제 해결 경험 활동을 통하여 학습 문제를 해결해 가는 학습을 말한다. 구안 학습2), 문제 해결 학습3), 발견 학습4)' 등이 탐구 학습의 일종이다. 이들은 모두 주입식, 암기식 학습이 아니라 학습자가 학습의 주체가 되어 문제를 해결해 가는 학습이다. 그렇기 때문에 이들은 모두 탐구 학습에 해당된다고 볼 수 있다.

김광해(1997:119-121)에 인용된 탐구 학습의 단계인 Barry K. Beyer의 사회과 탐구학습 과정 즉, 탐구 목표(문제)의 정의, 가설의 설정, 가설의 검증, 결론 도출, 결론의 적용 및 일반화 과정도 크게는 위 구안 학습,

---

2) 구안 학습의 과정은 목적, 계획, 실행, 판단의 4단계이다.
3) 문제 해결 학습의 과정은 여러 가지 있으나 일반적으로 문제 파악, 문제 해결 계획, 문제 해결 활동, 결과 검토의 단계를 거친다(류성기, 1998:55-58 참조). 박병학 · 신윤철 · 한각수(1994:440-442)에 의하면 문제 해결 학습 과정을 문제의식 발생 단계, 문제 해결을 위한 준비 단계, 문제 해결을 위한 가설의 설정 단계, 문제 해결의 실천 단계, 결과의 반성 단계로 두고 있다. 그리고 이러한 과정은 모든 문제 해결자와 모든 문제에 동일하게 적용되지 않을 수도 있다고 하였다. 즉 문제 해결자의 태도와 문제의 성질에 따라 귀납적 문제 해결 방법과 연역적 문제 해결 방법으로 문제를 해결할 수 있는데, 귀납적 문제 해결 방법은 문제 인식, 자료 수집, 수집된 자료의 취사선택 및 비교, 개괄(결론 및 검증)의 과정을 거쳐 문제를 해결하고, 연역적 문제 해결 방법은 문제 인식, 자료 수집(사실을 설명하는 데 필요한 법칙과 원리 발견), 문제 해결에 적용할 제 원리의 재검토, 검증(문제해결의 시안이 객관성과 타당성을 띠고 있는가의 여부 검증)의 과정을 거쳐 문제를 해결한다고 하였다.
4) 발견 학습의 과정은 문제 파악, 가설 설정, 가설 검증, 실제 적용의 4단계이다.

문제 해결 학습, 발견 학습과 유사하다고도 볼 수 있다.

　이제 위에서 제시된 여러 가지 사항들을 참고로 하여 지식 탐구 교수·학습 모형을 구안하여 보기로 하겠다. 교수·학습 활동에서 사용될 모형을 필요로 하기 때문에 교수·학습 활동과 관련지어 알아보기로 하겠다. 먼저 학습 문제가 무엇인지를 파악하는 단계가 필요하다. 그 차시 또는 그 단원에서 해결해야 할 문제가 무엇인가를 정확히 파악해야 그에 대한 해결책을 생각할 수 있기 때문이다. 둘째로 문제의 성격에 따라 다르겠지만 해결해야 할 문제의 결과가 어떻게 될지 예측해 보는 활동이 필요하다. 이러한 예측은 문제의 결과를 도출해 내는데 사고 활동을 목적 지향적으로 원활하게 해 줄 것이다. 셋째로는 문제 해결 계획을 세우는 활동을 한다. 어떤 순서, 방법, 자료를 활용하여 어떻게 문제를 해결할 것인가를 계획해 보는 활동을 하는 것이다. 넷째로는 문제 해결 계획을 세운 대로 해결 활동을 시행해 보는 것이다. 다섯째로는 문제 해결 활동의 결과가 예측한 대로 또는 올바르게 도출되었는지, 그렇지 않은지를 검토하여 보는 활동을 하는 것이다. 올바르게 도출되지 않았다면 되먹이 학습을 하여 무엇이 잘못되었는지를 찾아 그 단계로 돌아가 다시 활동을 하여야 할 것이다. 그런데 이러한 되먹이 학습은 굳이 결과 검토 단계에서만 이루어지는 것은 아니고, 문제 해결 계획 단계, 문제 해결 활동 단계에서도 앞 단계 또는 당해 단계의 내용들이 되먹이 학습의 대상이 되어 이루어질 수 있다. 결과 검토의 결과 올바른 결론에 도달했다면, 여섯째로 교수·학습 활동을 정리한다. 과제 제시 및 차시 예고 활동도 한다.

　가령 '낱말의 짜임'에서 '낱말의 파생'에 대하여 위와 같은 단계에 따라 학습한다고 해 보자. 먼저 문제 파악 단계에서는 교재를 보고 학습 문제(탐구 문제)를 찾아보게 한다. 예를 들면 학습 목표가 '접두사나 접미사의 특성을 찾을 수 있다.'라면, 여기에서 '접두사나 접미사의 특성이 무엇인지 찾아낸다.'와 같은 탐구 문제를 파악해 내게 한다. 이와 더불어 동기 유발, 배경 지식 확장 등의 활동을 한다. 둘째 단계인 결과 예측 단계에서는 접두사나 접미사가 들어 있는 몇 개의 예를 제시하여 접두사나 접미사의 특성을 예측해보게 한다. 셋째로 문제 해결 계획을 세워 본다. 계획은 먼저 접두사나 접미사가 들어 있는 자료를 수집하고, 다음으로 이들을 분석, 종합하여 접두사나 접미사의 특성을 찾아내는 것으로 한다. 넷째 단계에서는 앞의 계획대로 자료를 수집하는 활동을 하고, 이를 분석하고 종합하는 활동들을 시행한다. 그리하여 접두사와 접미사의 특성을 찾아낸다. 이러한 활동을 함에 있어 토의, 탐방, 현장조사, 역할 놀이 등의 다양한 학습 활동을 활용할 수 있다. 다섯째 단계로 문제 해결 활동에서 찾아낸 결론이 올바르게 도출되었는지 검토하여 보고, 잘못되었을 경우에는 되먹이 학습을 하여 다시 올바른 결론을 도출한다. 그리고 예측한 내용과 맞는지도 확인해 본다. 여섯째로 정리 활동 곧, 정리, 과제 제시, 차시 예고 활동을 한다.

지금까지의 내용을 정리하여 그림으로 제시하면 다음과 같다.

지식 탐구 교수 · 학습 모형

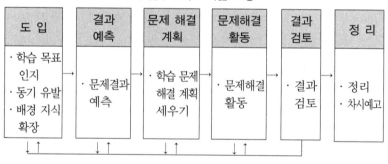

위의 모형에 따른 학습지도안의 범례를 제시하면 아래와 같다.

지식 탐구 학습지도안 범례

학년		단원명		차시	
과정	주요학습요소	교수·학습 활동		시량	준비물, 유의점
도입	· 학습목표 인지 · 동기유발 · 배경지식 확장	· 본 차시 학습목표 인지 · 동기를 유발한다. · 전시학습, 기타 활동으로 배경 지식을 확장한다.		5	
결과 예측	· 문제 결과 예측	· 문제를 해결했을 때의 결과를 예측해 본다.		5	가능한 학생중심 활동이 되고, 교사는 안내하는 활동을 한다.
문제 해결 계획	· 학습문제 해결 계획 세우기	· 학습문제를 어떤 절차에 따라 어떻게 해결할 것인지 계획을 세운다.		5	
문제 해결 활동	· 문제 해결 활동	· 세운 해결 계획에 따라 문제를 해결해 보는 활동을 한다.		10	
결과 검토	· 결과 검토	· 해결 문제의 결과가 바르게 나 왔는지 검토한다.		10	
정리	· 정리 · 형성평가 · 차시예고	· 정리, 형성평가, 차시예고를 한 다. 과제물도 제시한다.		5	평가지 준비

위에 제시한 지식 탐구 교수·학습 모형과 관련하여 문법 지식을 탐구할 수 있는 교수·학습 모형은 위의 제시한 모형 외에도 국어과 교사용 지도서에 몇 가지 더 제시되어 있다.

첫째, 문제 해결 학습 모형이다. 이 모형은 학습자 주도의 문제 해결 과정을 강조하는 학습자 중심의 학습 모형이다. 엄격한 가설 검증과 일반화를 통한 결과에 초점을 두기보다는 그 결과에 도달하기까지의 과정에 초점을 둔다. 절차는 다음과 같다.

문제 해결 학습 모형

과정	주요 활동
문제 확인하기	- 동기 유발 - 학습 문제 확인 - 학습의 필요성 또는 중요성 확인
문제 해결 방법 찾기	- 문제 해결 방법 탐색 - 학습 계획 및 절차 확인
문제 해결하기	- 문제 해결 - 원리 습득 또는 재구성
일반화하기	- 적용 및 연습 - 점검 및 정착

이 모형에 의해 학습지도를 할 때 주의할 점은 '문제 해결 방법 찾기' 와 '문제 해결하기' 단계에서 교사의 직접적인 개입을 최대한 줄이고 학습자들의 자발적인 탐구 활동을 최대한 강조해야 한다는 점이다. 그러나 학습자에게 '해 보라'고만 하는 방관자로서 있는 것이 아니라 학습자의 사고를 자극하고 탐구를 지원하는 적극적인 중재자로서 활동을 해야 한다. 그리고 저학년에 이 모형을 적용할 경우에는 이 과정의 활동 중 일부의 내용만을 문제 해결 활동을 하도록 해야 한다.

둘째, 창의성 계발 학습 모형이다. 이 모형은 창의적 문법 사용 능력을 계발하는 데 초점을 두는 모형이다. 문법 사용 능력은 국어 문법의 구조와 기능을 이해하고 이 문법을 통합적으로 사용할 수 있는 능력인데, 이를 창의적으로 사용한다는 것은 언어 수행 과정에서 문법을 융통성 있고도 유창하고도 독창성 있게 사용한다는 것이다. 그래서 이 모형은 문제를 해결하기 위하여 정답을 요구하기보다는 학습자의 독창적이고 다양한 아이디어나 문제 해결 방법을 존중하여야 한다. 절차는 다음과 같다.

창의성 계발 학습 모형

과정	주요 활동
문제 발견하기	- 동기 유발 - 학습 문제 확인 - 학습의 필요성 또는 중요성 확인 - 학습 과제 분석
아이디어 생성하기	- 문제 또는 과제를 다른 각도에서 검토 - 문제 해결을 위한 다양한 아이디어 산출
아이디어 선택하기	- 아이디어 비교하기 - 최선의 아이디어 선택하기
아이디어 적용하기	- 아이디어 적용 결과 발표하기 - 아이디어 적용 결과 평가하기

이 모형은 창의적인 아이디어 생성이나 적용이 많이 요구되는 표현 영역, 비판적 이해 영역, 문학 창작 및 감상 영역에 적합한 모형이라고 할 수 있는데, 문법 영역에서도 탐구력을 신장하기 위해서 필요한 모형이다. 다양한 파생어나 합성어 만들어 보기, 외국어를 고유어로 만들어 보기, 고유어 이름 짓기, 하나의 의미를 가진 다양한 문장 만들어 보기, 하나의 문장을 다양한 담화 상황에서 사용하기, 속담 만들기 등 사용 범위가 다양하다. 이 모형을 사용할 때에는 저학년 단계에서는 풍부하고 다양한 아이디어를 생성하는 데 초점을 두고, 학년이 올라갈수록 점차적으로 그 아이디어를 검증하고 다듬어 나가는 단계에 이르도록 한다.

셋째, 지식 탐구 학습 모형이다. 이 모형은 구체적인 국어사용 사례나 자료의 검토를 통하여 국어 생활에 일반화할 수 있는 개념이나 규칙을 발견하는 데 초점을 두는 학습자 중심의 모형이다. 교사는 학습 과제를 제시하고 학습자가 자발적으로 주어진 맥락에서 다양한 언어 자료를 탐구하고, 그 속에서 일반화할 수 있는 개념이나 규칙을 발견하도록 권장한다. 절차는 다음과 같다.

과정	주요 활동
문제 확인하기	- 동기 유발 - 학습 문제 확인 - 학습의 필요성 또는 중요성 확인
자료 탐색하기	- 기본 자료 또는 사례 탐구 - 추가 자료 또는 사례 탐구
지식 발견하기	- 자료 또는 사례 비교 - 지식의 발견 및 정리
지식 적용하기	- 지식의 적용 - 지식의 일반화

이 모형을 적용하는 교사는 학생이 지식을 발견할 때까지 무작정 기다리는 것이 아니라, 적절한 자료를 제공하고 학습자가 적극적으로 학습에 참여할 수 있도록 유도하는 것이 필요하다.

위와 같은 지식 탐구 교수·학습 모형, 문제 해결 학습 모형, 창의성 계발 학습 모형, 지식 탐구 학습 모형은 귀납법적 교수법에 해당된다. 먼저 자료나 사례를 찾아보고, 다음에 그들을 비교하여 원리나 지식을 발견한다. 그리고 그 원리나 지식을 적용하여 다른 문제를 해결하는 학습을 하기 때문이다.

라. 가치 형성 교수·학습 모형

가치 형성과 관련된 교수·학습 내용에 관한 것이다. 가치란 어떤 사람이 갖고 있는 사람, 물건, 사건 등에 대한 내적 태도를 말한다. 가치와 관련된 내용은 고운말 쓰기, 바른말 쓰기, 우리말 소중히 여기고 쓰기, 좋은 국어 문화를 창조하는 태도 갖기 등이 있다. 이러한 가치 학습은 인간 내면의 심리 상태를 바람직한 방향으로 변화시키고, 가치관을 형성하게 함은 물론 행동의 변화까지 유도해야 한다.

이러한 가치관을 형성하기 위한 교수·학습 활동은 먼저 도달해야 할 학습 목표를 인지하게 하고, 동기 유발 및 배경 지식을 확장시켜 학습활동이 원활하게 이루어지도록 해야 한다. 다음으로는 형성시켜야 할 가치와 관련된 지식 곧, 인지해야 할 선언적 지식을 인지하는 활동을 시킨다. 셋째로는 가치를 변화시키는 활동을 한다. 어떤 사람, 사물, 사건에 대한 가치를 갖게 하거나 가지고 있던 기존의 가치관을 변화시키는 활동을 한다. 이러한 활동은 고전적 조건화, 강화, 인간 모델링 활동에 의하여 이루어진다. 고전적 조건화는 조건에 따라 반응이 달라진다는 것으로 가치를 어떤 방향으로 형성시킬 것인가에 따라 조건을 주어 학습한다는 것이다. 그리고 강화는 긍정적인 반응을 주거나 얻게 하여 이루어지며, 인간 모델링은 모방하고 싶은 인간의 가치 행동을 제시하여 그와 동일시되려는 가치 행동 양식을 얻게 하는 것이다. 넷째로 위와 같이 가치 태도에 대한 변화를 꾀한 다음에는 그러한 가치를 내면화시키는 교수·학습 활동이 이루어져야 한다. 가치의 내면화는 가치의 조직화와 성격화에 의해 이루어진다. 전성연·김수동(1998:284-285)에 의하면 가치의 내면화는 수용하는 감수 단계를 거쳐 반응과 가치화의 범주에 이르게 되고, 마지막으로 가치의 복합체에 의한 조직화와 성격화에 이르게 된다고 하였다. 즉 단순히 감수하는 단계에서 가치화하는 단계를 거쳐 마지막 자기화하는 단계로 조직화와 성격화가 이루어진다는 것이다. 조직화는 어떤 가치가 다른 가치보다 더 우월한 하나의 가치 체계로 개인의 내면에 조직되는 것이고, 성격화는 내면화 과정이 정점에 이르면 양심의 발달, 행동 양식, 생활 철학이 반영되어 가치가 일반화되는 틀로 규정되어지는 것을 말한다.

이제 고운 말 사용의 가치 학습을 예로 들어 가치 형성 교수·학습 활동을 알아보기로 하자. 첫째 단계는 도입 단계로 학습 목표 인지 및 동기 유발, 배경 지식 확장 활동을 한다. 둘째 단계는 지식 인지 단계로 고운 말의 개념, 고운 말 사용의 장, 단점 등을 인지시킨다. 셋째 단계인 가치 변화 단계에서는 고전적 조건화 학습으로 고운 말을 사용할 때와 거친 말을 사용했을 때의 결과에 대한 학습을 시킴과 동시에 강화 활동과 모델링을 제시하여 고운 말 사용에 대한 감수 활동 및 가치화 활동을 한다. 넷째 단계인 가치의 내면화 단계에서는 그렇게 조성된 고운 말 사용에 대한 가치를 자기 내면 깊이 조직하고 또 앞으로의 언어생활에 대한 각오를 말해보게 하여 성격화 시킨다. 마지막 단계로 교수·학습한 것을 정리하되, 학습목표에 도달하지 못하였을 경우에는 되먹이 학습을 한다. 되먹이 학습은 각 단계에서 다 일어날 수 있다. 지금까지의 논의를 정리하여 모형으로 제시하면 다음과 같다.

가치 형성 교수·학습 모형

도 입	지식인지	가치 변화	가치 내면화	정 리
·학습목표 인지 ·동기유발 ·배경지식 확장	→ ·관련 지식 인지 →	·고전적 조건화 ·강화 ·모델제시 →	·가치 조직화 ·가치 성격화 →	·정리 ·형성평가 ·차시예고

위의 모형에 따른 학습지도안의 범례를 제시하면 아래와 같다.

가치 형성 학습지도안 범례

학년		단원명		차시	
과정	주요학습요소	교수·학습 활동		시량	준비물, 유의점
도 입	· 학습목표 인지 · 동기유발 · 배경지식 확장	· 본 차시 학습목표 인지 · 동기를 유발한다 · 전시학습, 기타 활동으로 배경지식을 확장한다.		5	
지식인지	· 관련 지식 인지	· 본시의 학습 내용의 가치를 인지시킨다.		5	
가치변화	· 고전적 조건화 · 강화 · 모델제시	· 고전적 조건화나 강화 활동, 모델을 제시하여 가치를 변화시킨다.		5	
가치 내면화	· 가치 조직화 · 가치 성격화	· 가치를 자기 내면에 조직화하고, 행동까지 변화하도록 성격화한다.		10	
정 리	· 정리 · 형성평가 · 차시예고	· 정리, 형성평가, 차시예고를 한다. 과제물도 제시한다.		5	평가지 준비

위에 제시한 가치 형성 교수·학습 모형과 관련하여 가치를 형성할 수 있는 교수·학습 모형은 위에 제시한 모형 외에 국어과 교사용 지도서에 가치 탐구 학습 모형이 제시되어 있다.

교사용 지도서에 의하면 이 가치 탐구 학습 모형은 학습자가 언어에 내재된 가치를 탐구하고 자신의 관점에서 분석하고 비판적으로 수용함으로써 다양한 가치에 대한 이해심과 비판적 사고 능력을 길러주기 위한 모형이다. 언어에 내재된 가치를 발견하고 분석하고 이를 재해석하는 과정에서 학습자는 능동적으로 학습에 참여하게 되고 자신의 가치를 명료화하며 긍정적인 자아 개념을 형성할 수 있다. 도덕과와 달리 국어과에서 가치를 다루는 목적은 합의된 가치를 이끌어 내거나 내면화하는

데 있는 것이 아니라, 오히려 다양한 가치를 접하고 이를 입증하는 근거와 그것의 타당성을 탐구하고 평가하는 과정에 초점을 둔다고 하였다. 그러나 탐구나 평가에 그쳐서는 안 되고, 마음과 행동의 변화까지 이끌어내야 진정한 가치 탐구 학습이 될 것이다. 절차는 다음과 같다.

가치 탐구 학습 모형

과정	주요 활동
문제 분석하기	- 동기 유발 - 학습 문제 확인 - 학습의 필요성 또는 중요성 확인 - 문제 상황 분석
가치 확인하기	- 가치 발견 또는 추출 - 발견 또는 추출한 가치의 근거 확인
가치 평가하기	- 가치의 비교 및 평가 - 가치의 선택
가치 일반화	- 가치의 적용 - 가치의 재평가

이 모형은 국어사용 영역, 문학 영역, 문법 영역의 수업에 적합한 모형이다. 문법의 경우 바람직한 국어사용 태도나 문화를 탐구할 때 적용할 수 있다. 이 모형의 적용 과정에서 토의·토론 활동을 적절히 활용하는 것이 좋다. 학습자는 토의·토론 활동을 통하여 다양한 가치에 대하여 보다 정교하고 깊이 있게 접근할 수 있고, 자신의 가치 평가가 타당한가에 대하여 성찰할 수 있게 된다.

마. 모형을 사용할 때의 유의점

교과서는 교사용 지도서에 제시된 교수·학습 모형을 적용하여 한 차시 또는 두 차시 학습 내용을 구성하기도 하고, 또 굳이 모형을 생각하지 않고 구성하기도 한다. 그래서 교사는 이러한 모형을 고려하면서 지도하면 목적 지향적인 수업을 할 수 있다. 그런데 모형을 적용하여 지도할 시에는 몇 가지 유의하며 지도해야 할 것이다.

첫째, 각 차시에서 모형 선택 시 차시 성격, 차시 목표, 학습 난이도, 교수 능력 및 학습 능력, 활동 형태 등을 고려해야 한다.

둘째, 교수·학습 모형 적용을 위해서는 각 교수·학습 모형의 특성, 절차, 활용에 대한 충분한 이해와 장단점에 대한 고려가 필요하다.

셋째, 각 모형에 제시된 절차는 실제 수업 운영 시 구동되는 교수·학습의 절차이므로, 교과서 구성 절차와 다를 수 있다. 다시 말하자면 교과서 구성에는 한두 가지 교수·학습 절차나 주요 활동이 제외되거나 추가 될 수 있고, 한두 가지 '교수·학습 절차'만 집중적으로 제시될 수도 있다. 해당 모형의 주요 특성이나 본질이 훼손되지 않는 범위 내에서 구성될 수 있다는 것이다.

제XI장 문법 교육 집단 학습법

문법 교육의 활동을 효과적으로 하기 위해서는 앞의 각 장의 교육 방법에서 본 바와 같은 미시적인 학습 주제에 대한 학습지도 방법이 있는가 하면 앞 장에서 본 바와 같이 모형을 적용하여 교수·학습 활동을 하는 거시적 학습지도 방법이 있다. 그런데 이와 같은 것 외에도 수업을 진행하는 과정 중에 부분적으로 소집단 학습, 협동 학습, 토의나 토론 학습, 역할놀이 학습 등의 집단 학습을 하여 학습 효과를 더욱 높일 수 있는 방법도 있다. 이 장에서는 이러한 집단을 이용한 문법 학습지도 방법에 대하여 알아보기로 하겠다. 그리고 창의적 문법 사용 능력을 신장시키기 위해서는 어떻게 학습지도를 해야 하는지도 알아보 겠다.

1. 소집단 학습

소집단 학습은 학급의 아동을 수업상의 목적에 따라 작은 하위 단위 집단으로 나누어 지도하는 형태이다. 문법 학습을 할 때에도 소집단으로 나누어 학습할 수 있다. 예를 들어 우리가 사용하는 말 중에 고유어, 외래어, 외국어를 찾아보고, 외국어를 우리말로 바꾸기 활동을 한다면 이러한 활동을 전체적으로 교사 주도적으로 할 수도 있겠지만 소집단으로 나누어 학습자 주도적으로 학습을 할 수도 있다. 이제 이 학습법에 대하여 알아보자.

집단을 나눌 때에는 학생들을 동질 집단으로 나눌 수도 있고 이질 집단으로 나눌 수도 있으나 교우관계, 취미, 특기, 기초 학력, 신체 조건 등을 고려하여 이질 집단으로 편성하는 것이 협동 정신과 개성을 발휘하여 활동할 수 있어서 좋다. 그러나 교과 내용에 따라 때로는 동질 집단을 활용하는 것이 좋을 때도 있다. 예를 들어 표준어와 방언에 대한 학습을 한다면 부모님이나 조부모님의 출신지별로 동질 소집단을 구성할 수 있는 것과 같다.

소집단 학생 수는 4인 1조로 하는 방법이 좋으나, 학습 내용에 따라 다양하게 할 수 있다. 그리고 수업 과정의 집단 형태는 처음부터 소집단으로 할 수도 있으나 '전체-소집단-전체', '전체-개인-소집단-전체' 등처럼 개인 활동, 소집단 활동, 전체 활동을 융통성 있게 적용할 수 있다. '각 지역 방언의 특징을 알 수 있다.'는 주제로 소집단 활동 학습을 예시하면 다음과 같다. 집단의 변화는 '전체-전체-개인-소집단-전체-전체'로 된다.

1단계: 전체 학습

·학습 목표 제시 및 확인   ·동기유발
· 학습 목표를 제시하거나 학생 스스로 찾아 알게 한다.
· '각 지역 방언의 특징을 알 수 있다.'
· 방언 사용 동영상이나 일상생활에서의 예시를 통해 동기 유발시킨다.
· 학습 문제에 저항감을 주어 탐구심과 학습 의욕을 유발한다.

2단계: 전체 학습

·학습 의욕 환기	·예습 과제 해결 내용 확인

- 방언에 대한 예습 과제 결과를 발표시켜 긍정적 강화를 한다. 과제 학습은 책임감을 기르고, 자기 힘에 의한 자기 학력 신장과 직결되기 때문에 의도적인 지도를 가하고, 교사의 직접적인 점검이 있어야 한다.
- 본시에 학습하게 될 방언 학습 내용에 대해서 안내한다.
- 소집단끼리의 방언 특성 알기 과제 내용을 확인한다.

3단계: 개인 학습

·학습문제 해결 위한 개인 학습 자료 준비

- 예습 과제 때 해결하지 못한 내용이나 더 필요한 내용을 준비한다.
- 발표 자료 준비를 완전히 하고, 자료를 분류하는 등 생각을 정리한다.
- 방언에 대해 모르는 내용을 학습장에 정리, 기록하였다가 소집단 학습 때에 해결하도록 한다.

4단계: 소집단 학습

·문제 해결 활동

- 방언에 대한 개인 학습에서 장애가 되었던 점, 의문점, 새로 발견된 것 등을 방언 자료와 함께 제시하면서 발표하고 해결해 나간다.
- 발표를 잘 한 소집단에게는 긍정적 강화 활동을 한다.
- 교사는 소집단에서 안내자, 조언자로 참여한다.
- 개방적인 분위기를 조성하고, 협력 방법, 경청하는 능력, 발표하는 능력, 방언을 조사하고, 분류하고, 정리하고, 표현하는 과학적인 사고 능력과 행동 양식을 내면화한다.

5단계: 전체 학습

·전체적 문제 해결 활동	·비교 검토

- 방언에 대해 조사 연구하고 정리한 자기 소집단의 내용을 발표하며, 다른 집단의 방언의 특징과 비교 대조케 한다.
- 방언 학습 내용을 지역별로 특징과 표현법을 정리하여 결론을 짓는다.
- 각 지역 방언을 사용하여 표현하는 연습을 통하여 심화 및 강화한다.

6단계: 전체 학습

·요약 정리 ·형성평가 ·차시예고 및 예습 과제 제시
·학습한 결과를 요약하여 정리하면서 방언 사용을 자기화 시킨다. ·방언의 특징에 대한 형성 평가를 실시하여 되먹이 학습을 한다. ·반성하고 칭찬하며 성취 의욕을 강화해 준다. ·차시에 할 핵심적인 내용을 과제로 잡아 제시한다.

2. 협동학습

이 학습법은 학생들이 공통의 과제를 해결하기 위하여 함께 활동하고, 서로 돕고, 서로 격려하며, 다양한 기능이 존중되고, 이질적 능력을 지닌 모든 구성원이 서로 기여하면서 상호 협력적으로 문제를 해결해 나가는 방법이다. 이 학습법은 집단 형성이 소집단과 같으나 문제 해결의 성격 상으로는 소집단과 다르다. 신헌재·이주섭(1999:27-28)은 존슨 외 (Johnson, et al)의 연구에 따라 전통적 소집단 학습과 협동학습의 차이점을 제시해 놓고 있는데 간략히 제시하면 다음과 같다.

첫째, 협동학습은 개별적 책무성을 반드시 요구한다. 그러나 전통적 소집단 학습은 능력 우수자에게 의존하는 경우가 많다.

셋째, 집단 구성에서 협동 학습은 이질적 구성으로 한다. 전통적 소집단 학습에서는 특별한 관심을 가지지 않는다.

넷째, 협동학습에서는 모든 구성원이 리더쉽을 가질 기회가 공평하지만 전통적 소집단 학습에서는 우수한 학생이 독점하는 경우가 많다.

다섯째, 협동학습에서 구성원들은 다른 구성원의 학습에 대하여 책임을 나누어 갖고 도와주고 격려하지만 전통적 소집단 학습에서는 대체로 상대방의 학습에 대해 책임의식이 미약하다.

여섯째, 협동학습에서는 과제 해결뿐만 아니라 구성원들의 지속적인 협력 관계를 유지하는 데 초점을 두지만 전통적 소집단 학습에서는 과제 해결 동안만 관심을 둔다.

일곱째, 협동학습에서는 문제 해결 과정에서 리더쉽, 의사소통 능력, 신뢰, 갈등 조정 등의 기능을 배우지만 전통적 소집단 학습에서는 그러한 기능들이 형성되어 있다고 가정한 상태에서 학습을 한다.

여덟째, 협동학습에서는 진행을 진단하는 과정에서 교사는 관찰, 분석, 조정하고 적절한 피드백을 제공하지만, 전통적 소집단 학습에서는 교사의 진단과 피드백이 거의 없다.

아홉째, 협동학습에서는 효율적 운영을 위해 교사가 학습 구조의 과정이나 절차를 구조화해서 제시하고 구성원들은 활발히 상호작용하지만 전통적 소집단 학습에서는 집단이 활동하고 있는가 있지 않는가에 관심을 둔다.

소집단 학습이 위에 제시된 바와 같은 단점이 반드시 존재하는 것은 아니다 교사의 지도 여하에 따라 다를 것이다. 그렇지만 협동학습을 하면 위와 같은 장점들이 있다. 이러한 협동학습은 문법 학습에 있어서 매우 유용하다. 서로 협력하여 언어 현상을 탐구해 보고, 국어의 발음 규칙을 협력적으로 찾아보고, 단어의 형태의 다양성을 알아보며, 문장의 규칙을 찾아내며, 여러 어휘 사용에 대한 공동 연구 등 다양한 분야에서 이 학습법을 활용할 수 있다.

가. 협동학습의 형태

신헌재 외(2003:47-48)에 의하면 협동학습의 모형은 집단간 협동에 초점을 두느냐, 집단 간 경쟁에 초점을 두느냐에 따라 '학생 팀 학습 유형'과 '협동적 프로젝트 유형'으로 구분할 수 있다.

'학생 팀 학습 유형'은 팀 내에서 협동을, 팀 사이에는 경쟁 체제를 적용한다. 이 유형에는 팀 성취도 배분 학습[1], 토너먼트 게임식 학습, 팀 보조 개별 학습, 직소 II[2], 읽기 쓰기 통합 학습의 다섯 가지 모형이 있다. '협동적 프로젝트 유형'은 집단 내 협동뿐만 아니라 집단 간에도 협동을 하도록 하고 있다. 직소 I, 집단 탐구, 공동체 학습법[3], 직소 II를 수정한 직소 III, 집단 탐구 모형을 정교화시킨 자율적 협동학습 모형[4], 독서클럽[5] 등이 있다. 이와 같은 유형 이외에 협동학습이 필요한 활동은 다양하다. 짝 활동, 돌아가며 말하기나 쓰기, 마인드맵핑, 춤과 활동, 비평하기, 시각 자료 활용하기, 극화 읽기, 팀 인터뷰하기, 생각-짝-나누기, 장점과 단점, 짝과 함께 읽기, 분류하기, 벤다이어그램, 협의하기, 탐색 활동 등이 있다.

위의 여러 가지 협동학습법 중에서 팀 성취도 배분 학습을 문법 학습에 적용하여 보자. 높임말 알기에 대한 팀 성취도 배분 학습을 해보자. 먼저 팀을 구성한다. 다음으로 예사말과 높임말에 대한 진단평가를 하여

---

1) 절차는 학습 목표 설정, 진단 평가 실시, 소집단 구성 및 역할 분담, 소집단 활동하기, 평가하기, 집단별 점수 산출 및 보상의 순서이다.
2) 직소 모형 I, II, III의 학습 단계

		1단계	모집단: 과제 분담하기
직소 III	직소 II	직소 I	2단계	전문가 집단: 전문가 활동
		3단계	모집단: 상호 교수 및 질문 응답
	4단계	모집단: 평가
	5단계	일정 기간 경과
	6단계	모집단 재소집: 평가 대비 공부
	7단계	평가 실시(팀성취도 배분 학습 평가 방법 사용)

3) 구성원들이 자료를 같이 보고, 같이 이야기하며, 생각을 서로 교환하는 학습법이다.
4) 절차는 학습 주제 소개와 토론, 소집단 구성, 하위 주제의 정교화·소주제 분업, 개별 학습과 소주제 발표, 소집단별 발표, 평가와 반성 순으로 진행된다.
5) 독서 클럽의 공동체 공유, 읽기, 쓰기, 토의 순으로 진행된다.

평균 점수를 낸다. 셋째로 예사말과 높임말에 대한 전체 학습을 한다. 넷째로 서로 가르쳐주기나 다른 방법으로 협동하여 학습을 한다. 다섯째로 다시 평가를 하여 팀의 평균 점수를 낸 후 진단평가한 점수보다 많이 향상된 팀에게 보상을 한다. 이러한 학습 과정에서 팀원들은 각자 책임감을 가지며, 서로 협동하여 학습을 하게 된다.

교사용 지도서에는 협동학습의 한 형태라고 할 수 있는 전문가 협동학습 모형이 제시되어 있다. 특정한 주제를 맡은 학습자들끼리 모여 그 주제에 대해 깊이 있게 연구한 다음, 원래의 집단으로 돌아가서 서로를 가르치는 방법이다. 절차는 다음과 같다.

과정	주요 활동
계획하기 (모집단)	- 동기 유발　　　- 학습 문제 및 소 주제 확인 - 역할 분담
탐구하기 (전문가 집단)	- 주제 해결 방법 탐색　　- 주제 해결 - 상호 교수 방법 탐구
서로 가르치기 (모집단)	- 상호 교수　　- 질의 및 응답
발표 및 정리하기	- 전체 발표　　- 문제점 확인 및 정리

이 절차에 따라 '각 지역 방언의 특징에 대해 알아보자.'란 주제로 학습을 한다면 먼저 모집단에서 이 대주제의 소주제를 나눈다. 예를 들면 전라도 방언의 특징, 경상도 방언의 특징, 충청도 방언의 특징, 강원도 방언의 특징, 제주도 방언의 특징 등과 같다. 그리고 각 모집단의 학생들이 각각 하나의 소주제를 맡는다. 그 후 같은 소주제를 맡은 학생들끼리 전문가 집단을 만들어 동일한 소주제를 가지고 깊이 있게 탐구한 다음 모집단으로 가서 가르칠 준비까지 한다. 그 후 모집단으로 가서 자기가 연구한 내용을 가르치고, 또 다른 학생들이 연구한 내용을 배운

다. 발표 및 정리하기 단계에서는 모집단별로 활동 결과를 발표하고, 전문가 집단 및 모집단 활동이 잘 이루어졌는지 평가하고, 점검 및 정리를 한다.

이 학습법은 특정한 주제에 대해 깊이 있게 공부하게 할 때 적용할 수 있다. 특히, 국어 문법 영역에 해당하는 것이나, 언어 사용 기능 영역 중에서 지식이나 개념을 학습하는 데 적합하다.

나. 교사의 역할

협동학습이 성공적으로 이루어지기 위해서는 교사는 '명시적 교수자 → 중재자 → 촉진자 → 참여자'로 역할을 변화시켜 가야 한다. 명시적 교수자로서 교사는 학습 목표와 협동학습 절차와 주의할 점을 명시적으로 제시한다. 중재자로서는 문제 해결에 어려움을 겪고 있는 학생에게 비계를 설정해 준다. 촉진자로서는 협동학습이 가능하도록 허용적 환경을 만들어준다. 참여자로서는 특정 소집단의 학습 과정에 참여하여 구성원의 한명으로서 의견을 듣거나 의견을 제시한다.

교사는 학생들이 무엇을 할 것인지 분명하게 알려 주고, 학생들이 활동할 때의 갈등을 자연스러운 현상이라고 보고, 이러한 갈등 곧, 불일치를 통해 학습하는 방법을 배울 필요성을 인식시킨다.

다. 유의점

교사는 먼저 어떤 학습에 협동학습을 적용할지 범위를 설정해야 한다. 그리고 여러 가지 협동학습 형태 중에서 배울 내용에 가장 적합한 형태를 선택해야 한다. 그리고 서로 도움을 주고, 서로 허용적인 태도를 갖도록 분위기를 조성해야 한다. 협동학습이 잘 이루어지게 하려면 서로 책임감을 갖고 수업에 임하도록 해야 하며, 적극적인 학습 활동 곧, 적극적인 토론, 토의, 질의, 설명 등을 하도록 해야 한다.

3. 토의학습

토의학습은 소집단 학습, 협동학습, 탐구학습, 가치 학습, 극화 학습, 조사 학습 등에 유용한 방법이다. 문법 학습에서는 낱말의 짜임, 높임말, 고유어나 외국어, 표준어와 방언, 속담, 동음이의어와 다의어 등의 다양한 탐구학습에 활용할 수 있다.

가. 토의 집단 편성

토의 집단은 4~6명으로 이질 집단이 좋다. 그리고 지능, 학력, 흥미, 성격, 교우 관계, 사회성 등을 고려하여 한 집단 안에서 이질 집단이 되게 하되, 집단 상호간에는 동질 집단이 되게 한다. 조장 및 역할 분담자의 선출은 각 집단마다 자율적으로 정하는 것을 원칙으로 하되, 저학년의 경우 담임교사의 임명도 가능하다.

나. 토의학습의 일반적 절차

(1) 토의 주제 선정

학생들의 관심, 요구, 능력 등을 고려하여 교사가 토의할 주제를 선정하거나 학생들과 협의하여 결정한다. 주제가 선정되면 토의할 수 있는 내용에 대하여 조사하고 연구할 수 있는 기회를 제공한다.

(2) 토의 활동 전개

내용에 적합한 토의 활동을 전개한다. 토의 형식은 이미 정해진 방식에 따른다. 토의를 전개할 때에는 발표자나 일반 학생들이 모두 자유롭고 개방적인 분위기 속에서 의사를 충분히 교환할 수 있게 한다.

(3) 정리, 반성

토의한 내용을 교사와 학생들이 협의하고 정리하여 민주적으로 토의가 이루어졌는지 반성한다.

다. 토의 집단에서의 역할 분담

교사는 토의에 가능한 참견하지 않고 조력자 내지는 추진자 역할을 한다. 그리고 순회하면서 활동 내용과 방법을 지도하고 고립된 어린이가 있으면 발견하여 지도한다. 학생들은 구성원 각자가 긍지를 갖고 학습 활동에 참여하도록 토의집단 전원이 역할을 분담하고, 주 1회 또는 월 1회 임무를 교체하여 전 영역을 고루 담당하는 기회를 갖도록 한다. 각 역할자와 활동 내용은 다음과 같다.

토의학습의 담당 역할과 활동 내용

역할＼내용	활 동 내 용
조장	전체 통괄, 의견 조정, 발표 내용 파악
부조장	조장 부재시 대리, 집단 내 분위기 조성
기록계	실험 관찰 결과, 집단 협의 내용 기록
자료계	각종 자료 배부, 수합 제출, 관리
발표계	집단 협의를 종합하여 발표
연락계	타 집단과의 정보 교환

조장과 발표자의 역할을 좀 더 구체적으로 알아보면, 조장은 전체를 통괄하면서 토의할 문제나 내용을 명확히 해 주고, 구성원들이 발표할 기회를 고르게 주며, 소집단 토의의 규칙을 지키도록 환기시켜야 한다. 그리고 발표자는 토의 집단명을 밝히고 토의한 내용을 발표하며, 창의적인 아이디어는 제안자의 이름도 소개해 준다. 그리고 설득력 있는 자료나 사례를 들어 발표해야 한다.

라. 토의 결과를 나타내는 여러 가지 방법

토의 결과는 짧은 보고서 형식으로 발표하거나 아동들이 같은 내용을 반복해서 발표할 경우 지루함을 막고, 보다 오래 기억할 수 있게 간단한 극 대본, 공익 광고 문구, 인터뷰, 일기, 편지글 등의 형식을 이용하여 발표한다. 토의 공책에 정리하여 제출할 수도 있다.

마. 토의학습의 평가

토의를 통한 평가는 자신의 의견을 똑똑하게 이야기하고 다른 의견에 대하여도 적절히 응답하는가, 아동의 주체성이나 집단의식, 문제의식이 적절하게 내면화되는가, 말하기, 듣기 등 언어 기능이 향상되었는가, 태도가 진지하고 남을 존중하는 자세가 갖추어져 있는가, 교사의 지도 조언이 적절하여 공동 사고에 의한 결론이 나올 수 있는가 등의 관점에서 학생과 교사에 대한 평가 및 토의 수업 자체에 대한 평가를 해 볼 수 있겠다. 이러한 토의수업 평가 방법으로는 관찰평가, 체크리스트법, 토의 내용 정리 노트검사법 등으로 교사평가, 자기평가 및 상호평가법으로 평가해 볼 수 있다.

바. 토의학습법의 장점과 단점

토의학습의 장점으로는 자기 의견을 표현하는 능력을 기를 수 있고, 타인의 의견 존중 및 타인을 이해할 기회를 가지게 되며, 자기 생각에 대한 타당성을 재검증하여 확신을 가질 수 있게 된다. 타인의 의견을 듣고 자기의 생각을 심화 보충 확대해 볼 수 있으며, 집단의 의견을 따르는 민주적 질서 의식을 배우게 되고, 집단의 의견을 주장할 때 필요한 설득력, 타협 등의 합의 기술을 배우게 된다. 그리고 소속 집단에 대한 유대 관계 및 긍정적 태도를 갖게 되며, 타인의 의견을 경청하는 일이 발표하는 것과 동등하게 중요하다는 사실을 배울 수 있다. 단점으로는 토의법이 자료 파악, 정보 제공, 지식 축적을 위해서는 최상의 방법이 아니며, 토의에 익숙지 않는 교사나 학생의 경우 토의 과정이나 결과에 대해 쉽게 좌절할 수 있다. 그리고 수동적으로 앉아 교사의 지시에 따르는 수업 방법이 오히려 더 편하고 더 잘 적응할 수 있다고 믿고 있는 학생에게는 그 효과가 의외로 적을 수 있다.

사. 유의점

토의학습 때에는 주제를 모든 학생들에게 의미가 있고 흥미로운 것으로 해야 하며, 토의 전에 토의의 필요성과 토의 예법 및 사회자나 발표자를 위한 지도가 필요하다. 교사는 교사의 역할을 분명히 알아야 하며, 토의가 끝난 후 토의 전반에 대한 논평을 해 주어야 한다. 좌석 배치와 분단 편성도 적절히 해 주어야 하며, 토의 시간에는 직접 교수를 할 필요는 없고, 아동의 부족한 면을 알아내어 나중에 모아 필요한 교육을 시켜야 한다.

4. 토론학습

토론이란 하나의 논제를 놓고, 그 논제에 대해 찬성자와 반대자가, 논리적 근거를 바탕으로 하여, 자기주장의 정당성 또는 효율성과 상대편 주장의 부당성 또는 비효율성을 제시하여 자기의 주장을 관철하려는 화법이다. 그러나 토론은 논쟁만을 하는 것은 아니다. 토론은 문제를 해결하기 위해서 필요한 것이다. 어떻게 하면 바람직한 방향으로 문제를 해결할 것인가에 대하여 서로 다른 두 의견을 제시하여 그 중에 합리적인 의견을 선택하는 방법인 것이다.

토론 학습은 의사소통 능력뿐만 아니라 국어과 교육의 종국적인 목표인 사고력 신장 및 좋은 언어문화 형성을 위해서 좋은 수업 기제가 된다. 상대편의 주장을 분석하여 이해해야 함으로써 분석력과 이해력이 신장되고, 또 상대편의 주장을 비판하고, 종합해야 함으로써 비판적 사고력, 종합력이 신장될 수 있다. 또 자기의 주장을 논리적으로 제시해야 하기 때문에 논리적 사고력을 신장할 수 있고, 상대방 주장에 적절히 대응하기 위해서는 융통성, 유창성 있는 논리 전개가 필요해서 창의적 사고력을 신장할 수 있다.

또 토론은 인간 중시의 태도를 형성할 수 있다. 우리는 지금까지 상대편이 자기의 주장과 다르면 그것을 잘 수용하지 못하고 그 자리를 박차고 일어서는 모습, 고함치는 모습, 안색이 변하는 모습 등을 보기도 했다. 그러나 토론 교육을 통하여 상대편의 주장이 합리적이라면 그것을 기꺼이 수용할 수 있는 합리적인 사고를 갖추게 하고, 또 다른 사람의 의견도 존중할 줄 아는 태도를 갖추게 하여 좋은 언어문화를 형성해 나갈 수 있는 것이다.

문법 교육과 관련지어 볼 때 토론 학습은 언어생활 문화, 고유어와 한자어, 외래어, 외국어 사용, 은어와 속어의 사용이나 표준어와 방언의 사용 등의 국어 가치에 대한 토론을 할 수 있고, 국어 문법 현상에 대한 내용을 탐구적 관점에서 토론할 수 있다.

가. 토론의 요소

토론에는 네 가지 요소, 곧 토론의 논제, 토론자, 심판(또는 청중), 토론 규칙을 갖추고 있어야 한다. 토론의 논제는 '-해야 한다'나 '-이다'와 같이 찬성과 반대의 입장이 분명히 서도록 해야 한다. '어떻게 할 것인가?'와 같은 논제는 토의의 논제는 될 수 있어도 토론의 논제는 되지 못한다. 찬성과 반대의 입장을 나타낼 수 없는 논제이기 때문이다. 토론자는 논점을 분명히 알고, 거기에 대해 논리적 근거를 제시하며 말할 수 있어야 한다. 그리고 상대방 주장의 잘못된 점은 논박하되,

올바른 점은 수용해 가면서 주장을 할 수 있어야 한다. 그리고 끝까지 화내지 않고, 침착하게 말할 수 있어야 한다. 사회자는 편견을 갖지 않아야 하고, 위압적이지 않아야 한다. 또 토론이 논점에서 벗어나지 않도록 해야 하며, 토론의 진행을 돕는 질문과 요약을 삽입하기도 하고, 결론에 이르면 정리해서 토론을 끝마칠 수 있어야 한다. 심판(또는 청중)은 토론을 규칙에 맞게 하는가, 주장을 위한 논거는 정확하고 적절한가, 주장하는 내용의 질적 수준은 어느 정도인가를 생각하며 판정해야 한다. 자못 도덕적 가치 판단에만 기준점을 두어서는 안 된다. 토론 심판의 기준은 아래와 같다.

토론 심판의 기준

1. 논제는 정확하게 이해하고 있는가?
2. 토론은 논제와 일치되게 진행해 가는가?
3. 주장 및 논박은 정확하고 충분한 근거에 의해 설득력 있게 하는가?
4. 토론의 규칙에 따라 토론하는가?
5. 끝까지 침착하고도, 친절하게 토론하는가?
6. 목소리의 크기, 용어의 적절성, 자세는 적절한가?

토론 심판 결정표의 한 예를 보이면 다음과 같다.

토론 심판 결정표

심판 결정표	
	심판 이름 :
토론 주제 :	
제1 긍정자 이름:	제1 부정자 이름:
제2 긍정자 이름:	제2 부정자 이름:

제1 긍정자 토론
 토론 기준에 따른 토론 내용(   )
 점수 (1, 2, 3, 4, 5 점)
제2 긍정자 토론
 토론 기준에 따른 토론 내용(   )
 점수 (1, 2, 3, 4, 5 점)
제1 부정자 토론
 토론 기준에 따른 토론 내용 (   )
 점수 (1, 2, 3, 4, 5 점)
제2 부정자 토론
 토론 기준에 따른 토론 내용 (   )
 점수 (1, 2, 3, 4, 5 점)

긍정자측 총점 (   )점, 부정자측 총점 (   )점
따라서 (긍정, 부정) 측의 승리를 인정함

나. 토론 규칙

토론 규칙에는 논제, 발언 시간의 제한, 발언 순서 규정, 토론 후
판정에 대한 규칙이 있다. 논제는 하나의 주장을 내포하고 있는 긍정
명제로 한다. 예를 들면 '고유어를 써야 한다.'와 같이 하나의 주장과
긍정 명제로 해야 한다. '고유어를 써야 하고, 방언을 써야 한다.'와
같이 두 가지 명제로 하거나, '고유어를 쓰지 말아야 한다.'와 같이 부정
명제로 하는 것은 바람직하지 않다. 발언 시간은 긍정자와 부정자 모두
동량의 시간으로 한다. 발언 순서는 긍정자가 먼저 하되, 마지막도 긍정
자가 한다. 긍정자가 먼저 하고, 부정자가 마지막을 하면 긍정자가 불리
하기 때문이다. 토론 후 판정은 위의 심판 기준과 같다.

다. 토론의 형태

토론에는 이인 토론, 직파 토론, 반대 심문식 토론, CEDA 방식 토론, 변형 아카데미 방식 토론, 퍼블릭 포럼 토론 등 다양하다.[6] 그런데 토론의 형태는 고정되어 있는 것은 아니다. 필요에 따라 변형하여 사용할 수 있는 것이다. 또 학습지도를 할 때에 학습의 효과를 높이기 위하여 토론 형태를 띠었으나 앞에서 제시한 토론과 같은 격식을 갖춘 형태가 아니라 다양한 형태로 응용한 비형식적 토론(학습에서는 형식적 토론을 활용한 다양한 변형을 사용할 수 있기 때문에 '유사토론' 또는 '학습토론'이라 부를 수도 있다.)을 사용할 수도 있다. 초등학교 교실에서는 류성기(2012ㄱ, 2012ㄴ)에 제시된 바와 같이 학생들의 토론 능력 발달 단계가 있기 때문에 저학년이나 중학년에서는 비형식적 토론으로 '까닭 말하기'나 '유사토론'을 활용한 토론을 할 수 있겠다. 고학년에 가서는 유사토론과 '주장 펼치기-수용 및 반론하기-주장 다지기'와 같은 기초적인 토론 형식을 갖춘 토론을 할 수 있다. 그러다가 토론 능력을 어느 정도 갖추었을 때 CEDA 방식 등의 형식적 토론을 해 갈 수 있을 것이다. 이제 비형식적 토론인 유사 토론과 형식적 토론에 대해 알아보자.

1) 비형식적 토론(유사토론 또는 학습토론)

가) 하부르타 토론[7]

(1) 하부르타의 뜻

---

6) CEDA 방식은 Cross Examination Debate Association의 약자로 교차조사방식 토론 협회를 말한다. 'CEDA 방식 토론'이란 이름은 이 협회(교차조사토론협회)에서 시행한 토론 방식에서 온 이름이다. 여기에 제시된 토론 이외에도 칼 포퍼(Karl Popper) 방식 토론, 프닉스식 토론, 변형 아카데미식 토론, 퍼블릭 포럼 토론 등이 잘 알려져 있다.
7) 하부르타 교육에 대한 자세한 내용은 전성수(2012)를 참조할 것.

'하부르타'는 히브리어로 '친구'를 뜻하는 '하베르'에서 왔다. 유대인에게 '친구'는 '서로 효율적으로 가르치고 배우는 관계'를 의미한다. 그래서 '하브루타'는 '함께 토론하는 파트너'를 일컫는 말이다. 그러다가 '짝을 지어 토론하는 교육 방법'으로 확대되었다.

(2) 하브루타 토론이 성공하려면?

하브루타는 하루 이틀, 1-2년 만에 효과를 얻을 수 있는 것은 아니다. 원리는 간단하지만 성공여부는 '지속성'에 달려 있다. 유대인은 가정에서부터 끊임없는 질문을 하고, 이에 대한 대답을 하고, 또 질문을 하는 생활이 일상화되어 있다. 그리고 대답이 틀렸다고 해도 틀렸다고 지적하고 정답을 말해 주기보다는 왜 그렇게 생각하는지를 물어본다. 그리고 그 생각을 존중해 준다. 그래서 유대인의 학교에서는 질문하고 대답하고, 또 질문하고 대답하는 교육 곧, 하부르타 교육 방법이 효용성 있게 활용될 수 있는 것이다. 그러나 한국의 교육 현장에서는 이러한 바탕이 이루어지지 않았기 때문에 지속적으로 하부르타 토론을 해야만 이러한 교육이 성공할 수 있다. 유대인 교육은 '무엇을 배웠느냐'가 아니라 '무슨 질문을 하였느냐'이다. 마침표의 수업 대화가 아니라 물음표의 수업 대화이다. 그래서 아이들이 학교에서 집에 돌아오면 한국인의 어머니는 '오늘 학교에서 무얼 배웠어?'라고 물어보지만, 유대인의 어머니는 '오늘 학교에서 무슨 질문을 했어?'라고 물어본다. 하부르타 교육이 성공하려면 '무얼 배웠냐?'고 물어보는 교육 풍토에서는 정착하기 어려울지 모르겠지만 그래도 이러한 하부르타 교육이 성공하려면 이 교육의 '지속성'이 열쇠인 것 같다. 끊임없이 지속적으로 이러한 교육을 하다보면 교실 사회의 인식도 바뀌고, 가정 및 사회적 교육 풍토도 바뀌어 하부르타 교육이 생활화되지 않을까 생각해 본다.

그렇다면 하부르타 교육을 위한 질문은 어떻게 할까?

(3) 질문의 종류

질문의 종류는 학자들에 따라 여러 가지 종류, 용어, 방법으로 주장하기도 하지만 편하게 다음과 같이 세 가지로 구분해 볼 수 있을 것이다. '콩쥐팥쥐' 대 '신데릴라'를 대상으로 하부르타를 위한 질문들의 예를 들어 보면 다음과 같다.

(가) 내용 확인 질문
 콩쥐 부모가 콩쥐라고 이름을 지은 이유?
 신데릴라의 어머니는 왜 돌아가셨을까?

(나) 사고력을 자극하기 위한 질문
 '콩쥐팥쥐'와 '신데릴라'의 공통점은 무엇인가?
 신데릴라의 유리구두는 왜 안 깨졌을까?
 원님과 결혼한 콩쥐는 행복했을까?
 콩쥐팥쥐와 신데릴라 이야기를 비판한다면?

(다) 적용을 위한 질문
 콩쥐팥쥐와 신데릴라는 현대에 일어날 수 있는 이야기일까?
 현재 나에게 선녀와 요정할머니는 무엇인가?

(4) 하부르타 수업 방법
(가) 다음 네모 안의 '말하기 듣기 가치'에 대한 글을 읽고, 위에 제시된 3가지 형태의 질문을 30가지 정도 만들어 보자.

사람들은 말하기 듣기를 통하여 의사소통을 하면서 생활해 간다. 말하기 듣기 활동을 통하여 생각을 한다. 말하기 듣기 활동을 통하여 인간관계를 형성하면서 살아간다. 과연 말하기 듣기에는 어떤 가치들이 있으며, 그 가치는 우리에게, 그리고 교육을 하는 데 있어서는 어떤 의미가 있을까?

(나) 만든 질문을 가지고 친구(짝)와 대화(토론)해 보자. 맨 마지막 대화를 제외한 대화의 마지막은 마침표로 끝나서는 안 된다. 반드시 물음표로 마쳐야 한다.

(다) '말하기 듣기 가치'에 대해 친구(짝)와 함께 공부한 것을 정리해서 전체 앞에서 발표해 보자.

나) 따로 또 같이 토론[8]

(1) 주제를 제시한다.

(2) 두 명이 짝끼리 주제에 대해 토론한다.

(3) 두 명 짝끼리 다른 짝과 만나 4명이 되어 앞 서 두 명이 한 이야기를 설명하고 토론한다.

(4) 4명씩 두 모둠 곧, 8명이 모여 이전의 자기 모둠의 이야기를 하고 그 후 다시 의견을 덧붙여 가며 토론한다. 1명을 대표로 뽑는다.

(5) 각 모둠 대표가 토론 결과를 발표한다.

(6) 지금까지 토론한 내용을 정리하여 발표해 본다.

다) 악마의 대변자 게임 토론

(1) 주제를 말한다.

(2) 악마(청중)와 맞설 2명의 도전자와 2명의 수호천사를 뽑는다.

(3) 도전자는 앞에 나와 앉는다.

(4) 도전자가 주제에 대하여 입장을 말한다.

(5) 악마(청중)는 계속 질문하고, 도전자는 답변하여 설득한다.

---

8) 여기부터의 유사토론에 대한 것은 구정화(2009:170-227) 및 박현희(2011:92-98, 158)를 참고하고, 필요에 따라 약간 수정하여 수업에서 활용할 수 있는 유사토론을 제시하면 다음과 같다.

(6) 도전자가 어려움에 빠지면 수호천사의 도움을 요청한다.

(7) 전체 학생들은 토론한 내용을 듣고 난 후 정리하여 발표해 본다.

라) 신호등 토론

한 반 전체가 공동으로 하는 토론 형태로 자리는 'U'자 모양으로 만든다. 'U'자 모양의 자리에 빨강 신호등을 든 사람은 왼쪽, 파랑은 오른쪽, 노랑은 아래쪽으로 앉힐 수 있도록 한다. 진행 방법은 다음과 같다.

(1) 주제 관련 질문 목록 및 신호등 카드(빨, 파, 노)를 3세트씩 준비하여 지급한다.

(2) 질문 전 빨강, 파랑, 노랑의 의미를 제시한다. '빨-반대, 파-찬성, 노-모름'일 때 든다고 설명한다.

(3) 교사가 논제를 제시한다.

(4) 학생은 자신의 생각에 맞게 카드를 들고 정해진 자리로 간다.

(5) 교사는 각 카드를 든 학생 중 1-2명을 선정하여 그렇게 생각한 이유를 발표시킨다. 그리고 서로 반박한다.

(6) 그런 후 교사는 생각이 바뀐 학생이 있다면 신호등 카드를 들고 자리를 옮기도록 한다.

(7) 교사는 자리를 옮긴 학생에게 자리를 옮긴 이유를 말하도록 한다.

(8) 교사는 이런 절차를 3-4번 한다.

(9) 마지막으로 지금까지 토론한 내용을 가지고, 논제에 대해 생각을 정리하여 발표한다.

마) 문법 교육에서 유사토론 사용 방법

2007 개정 교육과정에 의한 교과서 6-1, 읽기 '5. 사실과 관점' 단원의 '우리말과 외국어'를 읽고, 우리말과 외국어 사용에 대한 학습을 토론하기로 활용해 본다. 토론 주제는 '외국어 사용 이대로 좋은가?'로 가치 판단의 주제다. 유사 토론 방법은 '따로 또 같이'를 활용한다. 먼저 주제 '외국어 사용 이대로 좋은가?'를 제시한다. 둘째, 두 명의 짝끼리 토론한다. 셋째, 두 명 짝이 다른 두 명 짝을 만나 4명이 토론한다. 넷째, 네 명이 다른 4명의 짝과 만나 8명이 모여 토론한다. 대표 1명을 선발하여 토론한 내용을 발표해 보게 한다. 다섯째, 전체 학생들은 토론한 내용을 듣고, 논제에 대해 정리하여 발표해 본다. 학생들이 토론을 잘 이끌지 못하거나 판정하기 힘들어하면 교사가 사회를 보고, 판정할 수 있겠으나 학생들이 토론에 익숙해지면 학생들이 사회를 보고, 판정도 하게 한다.

2) 형식적 토론

다음으로 형식적 토론하기에 대하여 알아보자. 형식적 토론은 수업 시간에 수업 내용과 관련지어 할 수도 있고, 재량 활동이나 클럽 활동 시간과 같이 일반 교과 수업 시간과 관계없이 할 수도 있다. 여기에서는 먼저 수업에서 활용할 수 있는 방법과 다음으로 수업과 관계없이 토론을 즐기기 위하여 특별 활동, 재량 활동 시간 등을 이용한 토론하기 활동 방법을 알아보기로 하겠다.

가) 수업 시간 활용 토론

2007 개정 교육과정에 의한 5-1. 듣·말·쓰 '3. 생각과 판단' 단원에 제시된 토론 절차는 '주장 펼치기-반론하기-주장 다지기-판정하기'이다.

그런데 이와 같은 토론의 절차는 상대편의 주장을 수용하는 점이 전혀 제시되지 않았다. 그래서 상대편을 배려하면서 토론하는 문화의 형성을 위해 상대편의 내용 중 타당하다고 인정되는 내용을 수용하면서 자신의 주장을 할 줄 아는 태도를 기를 필요가 있다. 그래서 반론을 제기할 때 상대편의 이야기를 수용하면서 반론하도록 하여 '주장하기→수용 및 반론하기→주장 다지기→판정하기' 절차에 따라 토론하도록 해야 한다. 절차와 주요 학습 내용을 보이면 다음과 같다.

절차	순서	말할 내용
주장 펼치기	사회자-찬성편-반대편	▷토론의 주제 소개, 말하는 순서 및 시간, 지켜야 할 점 안내 ▷토론의 논제는 생활 주변의 학생에게 친밀한 주제로 한다. ▷찬성이나 반대 주장과 근거 펼치기
수용 및 반론하기	사-반-찬	▷반론하기 단계 소개, 시간 안내 ▷주장 펼치기에서 제시한 근거가 논리적인지 따져본다. ▷근거가 믿을 만한 것인지 살펴본다. ▷상대편의 좋은 점을 수용하며, 부적절한 점을 반박한다. ▷반론에 간단한 근거를 제시한다.
주장 다지기	사-반-찬	▷반론하기에서 인정된 근거 및 상대의 반론에 대한 반론 내용을 근거로 하여 주장을 다진다.
판정하기	사회자-판정인	▷판정하기 단계 소개 ▷각 단계에서 잘된 점을 중심으로 평가하고 판정하기

나) 특별 시간 활용 토론

격식을 갖춘 토론은 이인 토론, 직파 토론, 반대심문식 토론과 김주환(2009)에 제시된 변형 아카데미식 토론, 서현석(2011ㄴ)에 제시된 S시 초등학생 토론 대회에서 활용한 CEDA 방식 토론, 케빈 리(2011)에 제시된 초등학교 4학년부터 지도가 가능하다고 한 퍼블릭 포럼 토론 등이 있지만 여기에서는 CEDA 방식 토론, 퍼블릭 포럼 토론에 대하여 알아보기로 하겠다.

(1) CEDA 방식 토론

고전적 토론의 입론 단계에서 바로 앞 토론자에 대한 반대 심문을 추가한 것으로 질문에 해당하는 '교차조사'(cross examination)가 특징이므로 교차조사 방식이라고 불리기도 한다. 먼저 긍정측 토론자 1이 논제에 대한 자신의 주장을 근거를 제시하면서 입론(주장하기)을 하면, 부정측 토론자 2가 그 입론에 대하여 교차조사 곧, 질문을 한다. 다음으로는 부정측 토론자 1이 논제에 대한 부정측 입론을 한다. 그러면 긍정측 1이 거기에 대해 질문을 한다. 이렇게 아래 표에 제시된 바처럼 모든 토론자가 입론과 교차조사를 한 후 다시 모든 토론자가 서로 반박을 한다. 토론을 이렇게 한 후 심판이 주장은 명료하며, 근거는 타당하고, 깊이가 있으며, 설득력이 있고, 토론의 규칙을 지키며 하는가 등의 판정 기준에 따라 판정한다. 자세한 순서는 아래 표와 같다.

SEDA 방식 토론 절차

긍정측		부정측	
토론자 1	토론자 2	토론자 1	토론자 2
①입론(8분)			②교차조사(3분)
④교차조사(3분)		③입론(8분)	
	⑤입론(8분)	⑥교차조사(3분)	
	⑧교차조사(3분)		⑦입론(8분)
⑩반박(4분)		⑨반박(4분)	
	⑫반박(4분)		⑪반박(4분)

(2) 퍼블릭 포럼 토론

미국에서 가장 유명한 디베이트 조직인 NFL(National Forensic League)
이 2009년 10월 개정한 퍼블릭 포럼 디베이트의 최신 진행 방법은 아래
표와 같다. 전체 37분 동안에 토론을 한다. 먼저 찬성측과 반대측 토론자
1이 입안(주장하기)을 한다. 그리고 1번 토론자들끼리 서로 질의를 한다.
그 후 2번 토론자들이 상대편이 입안한 내용에 대하여 반박한다. 그
후 2번 토론자들끼리 교차 질의한다. 그런 후 찬성측 1과 반대측 1이
요약하여 자신의 주장을 발표한다. 다음으로는 토론자 전원이 교차질의
한다. 마지막으로 토론자 2들이 마지막 초점이 되는 내용을 주장한다.
준비하는 시간은 각 팀 2분씩 준다.

퍼블릭 포럼 토론 절차

입안(Constructive Speech by First Speaker)	4분
입안(Constructive Speech by First Speaker)	4분
교차질의(Crossfire between First Speaker)	3분
반박(Rebuttal by Second Speaker)	4분
반박(Rebuttal by Second Speaker)	4분
교차질의(Crossfire between Second Speaker)	3분
요약(Summary by First Speaker)	2분
요약(Summary by First Speaker)	2분
전원 교차질의(Grand Crossfire by All Speaker)	3분
마지막 초점(Final Focus by Second Speaker)	2분
마지막 초점(Final Focus by Second Speaker)	2분
*준비 시간(Prep Time)	팀당 2분

(케빈 리(2011:25-28), 대한민국 교육을 바꾼다 Debate, 한겨레 에듀. 중에서
인용)

그런데 위와 같은 토론을 함에 있어 토론 주제는 1주일 전에 제시를 하고, 1주일 동안 찬성과 반대의 모든 입장에서 자료를 조사하게 한 후 토론 전에 동전던지기로 하여 찬성편과 반대편을 가른 후 토론을 한다. 그렇기 때문에 토론에 참가한 학생들은 미리 모든 입장에서 자료를 찾아야 하고, 찬성 입장과 반대 입장으로 자료를 분류하여 정리해야 한다. 이러한 활동은 학생들로 하여금 해당 주제에 대한 많은 지식을 얻게 하며, 자료를 분류할 수 있는 능력을 갖게 하고, 그 자료에 대한 비판적 능력을 갖게 하기 때문에 학습 능력을 신장시킬 수 있는 좋은 학습 기제가 된다.

다) 문법 교육에서 형식적 토론 사용 방법

먼저 문법 지도 내용 중에 토론 활동의 필요성이 있는 내용을 찾아낸다. 그리고 토론의 주제를 무엇으로 할 것인가를 결정한다. 문법 교육과 관련된 토론 주제는 표준어와 방언의 가치, 고유어와 외국어의 가치, 높임말 사용, 속어나 비어 사용 등이 있다. 둘째로는 토론의 형태를 결정해야 한다. 곧, 교과서에 제시된 방식으로 할 것인지, SEDA 방식으로 할 것인지, 퍼블릭 포럼 방식으로 할 것인지를 결정해야 한다. 셋째로 소집단을 구성하여 각 소집단별로 사회자, 찬성자, 반대자 및 심판의 역할을 배정한다. 또는 찬성 반대 두 입장에서 모두 준비할 수 있도록 찬성자 반대자를 따로 정하지 않을 수 있다. 이때에는 토론자로만 정한다. 넷째로 토론 준비하기를 한다. 토론자는 토론할 내용을 준비하고, 사회자는 사회 준비, 심판(또는 청중)은 심판 기록표 등을 준비하여 적극적 참관자로서 임하도록 한다. 필요하다면 간단한 소품도 준비할 필요가 있다. 다섯째로는 토론 활동, 참관 및 평가 활동하기를 한다. 사회자 및 토론자는 정해진 규칙에 따라 토론 활동을 하고, 심판은 토론에 대한 비판적 관점에서 평가 기준에 따라 평가를 한다. 가치가 옳고 그름이 아니라 토론 자체를 누가 잘 했는지 평가해야 한다. 그리고 심판 장은 심판원의 의견을 수렴하여 판정을 내린다. 여섯째는 토론 학습에 대한 평가하기를 한다. 심판의 평가를 중심으로 토론에 대한 분석이 이루어지나 사회자나 토론자의 자기평가나 상호평가와 더불어 이루어 질 수 있다.

지금까지 논한 바를 정리하여 토론 학습의 절차를 제시하면 다음과 같다.9)

토론 학습의 절차

과 정	주 요 활 동
논제 정하기	· 토론의 필요성 인식하기　· 논제 정하기
토론 형태 정하기	· 토론 형태 정하기　· 토론 형태에 따른 소집단 나누기
역할 분담하기	· 소집단별 사회자, 토론자, 청중 등 역할 분담하기
토론 준비하기	· 토론 자료 준비하기　　　· 사회 자료 준비하기 · 심판 평가 자료 준비하기
토론하기	· 토론하기　　　· 평가하기(심판)
평가하기	· 심판의 평가 결과 발표 및 토론 학습 평가 · 사회자, 토론자의 자기 및 상호평가하기

---

9) 국어 교사용 지도서에 제시된 토의·토론 학습 모형은 다음과 같다.

과정	주요 활동
주제 확인하기	- 동기 유발　- 학습 문제 확인　- 토의·토론 목적 및 주제 확인
토의·토론 준비하기	- 주제에 대한 자신의 입장 정하기　- 주제에 대한 자료 수집 및 정리 - 토의·토론 방법 및 절차 확인
토의·토론하기	- 각자 의견 발표　- 반대 또는 찬성 의견 제시
정리, 평가하기	- 토의·토론 결과 정리　- 토의·토론 평가

5. 역할놀이 학습

가. 역할놀이 학습의 필요성

역할놀이 학습은 교육 연극 학습의 한 가지이다. 국어과에서 이 학습법은 주로 말하기와 듣기 교육에서 활용하고 있다. 말하고 듣는 행동 기능 습득에 이 역할놀이 학습이 절대 필요하다. 실제 상황과 유사한 상황 속에서 언어 경험을 해 보게 하여 언어 기능을 습득하게 함으로써 학습의 효과를 높일 수 있기 때문이다. 그러나 본래 이 학습법은 도덕과에서 많이 활용된다. 학생들에게 하나의 상황에서 다양한 경험을 체험해 보게 함으로써 자신의 가치와 의견을 분명히 깨닫게 하고, 사람들이 어떻게 타인의 행동에 영향을 미치는가를 보다 잘 이해할 수 있도록 하기 위해서 사용한다. 국어 문법 교육에서 이 학습법을 활용함은 국어 가치 교육과 관련된 학습을 할 수 있기 때문이다. 문법에 맞는 국어의 올바른 사용, 국어와 외국어 사용, 고운말 사용 등의 바른 태도 갖기, 높임말 사용 태도 갖기, 표준어와 방언의 사용 등에 있어서의 바른 태도 갖기 교육에 이 학습법이 잘 활용될 수 있다.

나. 역할놀이 학습 절차

역할놀이 학습은 다음과 같은 절차에 따라 학습할 수 있다.

역할놀이 학습 절차

과 정	주 요 활 동	비고
상황 선정하기	· 역할놀이 실현 가치 판단 상황 선정	
실연자 선정 및 연습	· 실연자 선정 및 연습	참관자 평가지 준비
실연하기	· 실연하기	참관자 평가
평가하기	· 전체 평가하기	

　먼저 무엇을 역할놀이로 할 것인지, 그리고 그것을 역할놀이 학습으로 해야 할 가치가 있는지를 결정해야 한다. 둘째로는 실연자를 선정하고 연습을 한다. 참관자로 결정된 자는 평가지를 준비한다. 셋째로는 실연자는 실연을 하고, 참관자는 평가를 한다. 그런데 실연은 전체 학생이 교대로 다 해 보는 것이 좋다. 가치에 대한 체험을 통해 태도에 변화를 가져올 수 있기 때문이다. 넷째로 실연한 후에는 평가가 있어야 한다. 조별로 실연을 한 경우에는 조별로, 전체 집단 단위 차원에서 실연을 한 경우에는 전체 단위에서 평가한다. 자기평가, 상호평가, 교사평가, 동료평가 등의 방법으로 평가해 볼 수 있다.10)

---

10) 다음은 국어 교사용 지도서에 제시된 역할 수행 학습 모형이다.

과정	주요 활동
상황 설정하기	－ 동기 유발　　－ 학습 문제 확인 － 학습의 필요성 또는 중요성 확인　　－ 상황 분석 및 설정
준비 및 연습하기	－ 역할 분석 및 선정　　－ 역할 수행 연습
실연하기	－ 실연 준비하기　　－ 실연하기
평가하기	－ 평가하기　　－ 정리하기

다. 유의점

역할 놀이학습을 할 때 유의해야 할 점은 역할놀이를 통해 무엇을 가르치고 배울 것인지를 분명히 해야 한다는 것이다. 그렇지 않으면 유희에 지나지 않게 된다. 그리고 이 학습을 할 때에는 교실이 소란스러울 가능성이 있기 때문에, 교사가 수업 전에 준비를 철저히 하고, 또 수업 시에 학생 관리를 잘 하여 효율적으로 수업을 진행해 가야 한다.

6. 창의적 문법 능력 신장 학습

문법 능력이란 문법을 잘 알고, 문법을 활용하여 언어활동을 정확하고 효과적으로 하며, 언어의 문법 현상에 대한 탐구 의욕을 갖고 탐구하여 언어 현상을 밝혀낼 뿐만 아니라 언어를 소중히 여기며 바르게 사용할 수 있는 능력을 말한다. 그리고 창의적 문법 능력이란 문법을 창의적으로 활용하는 능력, 창의적으로 탐구하여 문법 현상의 원리를 발견해 내는 능력 및 바른 문법 사용 문화를 창조해 가는 능력을 말한다. 그런데 문법을 창의적으로 활용하는 능력, 창의적으로 탐구하여 문법 현상의 원리를 발견해 내는 능력에서 창의적이란 과연 어떻게 하는 것인가. 창의력을 형성하고 있는 인지적 요소를 바탕으로 하여 알아보기로 하자.

허경철 외(1991:65-86)에 의하면 창의력의 인지적 능력을 나타내는 요소에는 민감성, 유창성, 융통성, 독창성, 정교성이 있고, 정의적 특성을 나타내는 요소에는 자발성, 독자성, 집착성 및 호기심이 있다고 하였다. 이 중 정의적 특성은 내면의 정신과 관련이 깊으므로 논외로 하고, 인지적 능력과 창의적 문법 능력을 관련지어 알아보기로 한다.

가. 민감성과 문법 능력

민감성이란 주변의 환경에 대해 민감한 관심을 보이고, 이를 통해 새로운 탐색 영역을 넓히는 능력이다. 자명한 듯한 현상에서 문제를 찾아 내 보기(하늘은 왜 푸른가?), 이상한 것을 친밀한 것으로 생각해 보기(친숙하지 않는 대상(예, 무용, 뱀 등)을 친숙한 것으로 생각해 본다.) 등이 있다. 사람들이 문법 능력이 발달하지 못한 근본 이유는 바로 문법에 대한 민감성이 떨어지기 때문이다. 우선 문법하면 어렵게 생각하고 아예 생각을 하지 않으려 한다. 우리가 문법을 활용하여 언어생활을 하고 있는데, 언어생활에 적용되는 법칙이 무엇인지는 생각하기 싫어한다. 그래서 문법을 언어생활에 꼭 필요한 것, 알면 알수록 바르고 효과적인 언어생활을 할 수 있는 것으로 생각하여 친숙하게 여기도록 해야 한다. 그리고 우리가 사용하는 말과 글에서 문제가 있다고 생각하는 것이 있으면 곧바로 '왜 그럴까' 하고 생각해 보아야 한다. 민감하게 반응을 해 보아야 한다는 것이다. 예를 들어 사람 이름 '김영희'를 부를 때 [김영히]라고 부른다면 '왜 [김영희]라고 부르지 않고, [김영히]라고 부를까'라고 민감하게 반응해 보아야 한다는 것이다. 이러한 민감한 반응은 일상 언어생활에서뿐만 아니라 문법 수업 시간에도 보여야 한다. 예를 들어 시제 공부를 할 때 '갔다'는 과거, '간다'는 현재, '가겠다, 갈 것이다'는 미래를 나타내는데, '나는 내일 학교에 안 간다.'라는 문장에서는 '서술어가 '가겠다'나 '갈 것이다'가 오지 않고, 왜 '간다'가 왔을까'라고 민감한 반응을 보여야 한다. 이러한 민감한 반응이 창의적인 문법 능력을 생성해 준다.

나. 유창성과 문법 능력

유창성이란 특정한 문제 상황에서 가능한 한 많은 양의 아이디어를 산출하는 것이다. 어떤 대상(언어, 도형)이나 현상들로부터 가능한 많은 것을 연상해 보기(어머니란 단어를 보고 떠오르는 단어 쓰기), 특정한 문제 상황에서 가능한 해결 방안을 될 수 있는 대로 많이 제시해 보기(교통 체증 해소 방안을 여러 가지로 생각해 보기) 등이 있다. 문법 능력에 있어서도 유창성은 언어생활을 유창하게 하게 만들며, 언어 탐구를 할 때에도 탐구를 잘 할 수 있게 만든다. 언어 상황에 맞는 가능한 많은 어휘를 찾아 가장 적절한 어휘를 선택하여 사용할 수 있으며, 하나의 상황에서 다양한 문장을 사용할 수 있는데, 그러한 다양한 문장을 생성해 내고, 그 다양한 문장 중에서 효과적인 문장을 선택하여 사용할 수 있어야 유창한 표현을 할 수 있는 것이다. 그리고 문법 탐구 활동을 하는데 있어서도 유창성이 절대적으로 필요하다. 예를 들어 '외국어를 우리말로 고쳐보자'라는 학습을 한다면 먼저 외국어를 우리말로 고칠 수 있는 방법을 많이 생각해 보고, 다음으로 외국어에 해당하는 수많은 우리말 어휘들을 생각한 다음 가장 적절한 어휘를 선택하게 되는데, 이때 유창성이 필요한 것이다.

다. 융통성과 문법 능력

융통성이란 고정적인 사고방식이나 시각 자체를 변환시켜 다양한 해결책을 찾아내는 것이다. 서로 관계없는 듯한 사물이나 현상들 간의 관련성 찾기(전화기와 바퀴를 관련시켜 새로운 용도 생각해 보기), 사물이나 현상의 여러 가지 속성들을 추출하고 추출된 속성별로 생각하기(벽돌의 쓰임새를 찾을 때 무게, 크기, 색, 재질 등의 속성별로 쓰임새를 찾아보기), 발상 자체를 전환시켜 다양한 관점을 적용시키기(자동차 튜브의 펑크를 해결하기 위해 튜브 자체를 없애기) 등이 있다. 이러한 융통성도 문법 학습을 할 때에 필요하다. 예를 들어 '잘 한다'는 문장을 사용하는데 있어, 언어 상황에 따라 다양한 의미로 사용할 수 있다. 정말로 잘 했을 때와 정말로 잘못 했을 때, 잘 못하지만 사기를 돋우어 주려고 할 때, 인사치레로 말할 때 등 다양하게 사용할 수 있다. 또 문장 중의 하나의 의미를 강조하기 위하여 하나의 성분을 도치하거나 하나의 성분 뒤에 보조사 '만, 도, 는, 뿐'을 사용하는 것은 융통성을 활용한 문법의 사용인 것이다.

라. 독창성과 문법 능력

독창성은 기존의 것에서 탈피하여 참신하고 독특한 아이디어를 산출하는 것이다. 다른 사람과 같지 않은 생각하기(나만이 아는 비밀일기 쓰는 법 생각하기), 기존의 생각이나 사물의 가치를 부정하고 생각하기(편리한 운동화 만들어 보기), 기존의 생각이나 사물을 새로운 상황에 적용하여 생각해 보기(냉장고의 원리를 이용하여 에어컨 만들기) 등이 있다. 문법을 사용하는 데 있어서도 독창적인 문법 사용 능력이 필요하다. 예를 들어 파생어나 합성어를 배우고, 새로운 파생어나 합성어 만들어 보기를 한다면 자기만의 독창적인 파생어나 합성어를 만들어본다든지 의성어나 의태어 표현을 한다면 항상 전에 쓰였던 의성어나 의태어를 쓸 것이 아니라 그 상황에 적절한 의성어나 의태어를 만들어 표현해 보는 활동을 하는데 독창성이 필요하다. 이는 어휘의 표현과 관련이 있지만 하나의 사건나 감정을 표현 문장에 있어서도 독창성이 필요하고, 하나의 담화 텍스트를 생산해 내는데 있어서도 독창성이 필요하다. 독창성은 담화를 창작해 내는데 있어서 필수적인 것이다.

마. 정교성과 문법 능력

정교성은 다듬어지지 않은 기존의 아이디어를 보다 치밀한 것으로 발전시키는 것이다. 은연중에 떠오르는 거친 생각을 구체화하기(식사 중에 떠오르는 거친 생각을 정리하고 발전시키기), 잘 다듬어 지지 않은 아이디어를 그것의 신체적 가치를 고려하여 발전시키기(보다 더 편리하고 아름다운 책가방을 구상한 후 이의 실제 제작 가능성을 염두에 두고 다듬기) 등이 있다. 문법 학습을 하는데 있어서도 정교성은 필요하다. 문법이란 하나의 법칙이다. 법칙은 정교한 것이다. 그러나 우리의 생각은 항상 정교한 것은 아니다. 언뜻언뜻 생각난 아이디어도 있고, 생각이 나서 정리해 놓았다 해도 정교하지 않는 경유가 많다. 그래서 정교하게 생각을 해 내고, 또 다듬고 고쳐서 정교하게 만들어야 한다. 앞에서 살펴 본 '김영희'를 왜 [김영히]라 발음할까라는 생각이 떠올랐다면 이와 관련된 내용인 발음법을 학습 또는 연구하여 그 이유를 알아야 한다. 그래야 생각히 정교해진다. 또 의성어나 의태어의 경우도 눈을 밟을 때 나는 소리가 항상 '뽀드득 뽀드득'은 아니다. 어떻게 소리가 나는가를 다양하게 생각해 보아 좀 더 비슷한 소리로 정교하게 표현해 내야 한다. 또 산에 올라 산들이 첩첩히 이어져 있고, 이들 사이에 안개가 덮여 있는 아름다운 광경을 보고 아름다움의 감정을 표현하는 텍스트로 '골마다 안개가 덮여 있는 모습이 포근한 느낌을 준다.'라는 문장을 메모해 두었다면 그 문장에 의미를 정교하게 더하여 '골골마다 자욱한 안개로 감싸여 어머니의 포근함을 느낀다.'라는 문장으로 텍스트를 정교하게 해 낼 수 있다. '골'을 첩어로 '골골'이라고 하고, '안개가' 앞에는 수식어를 넣어 '자욱한 안개가'로 하며, '포근한'도 수식어를 넣어 '어머니의 포근함'으로 정교화 하였다. 이처럼 정교화는 창의적으로 문법을 사용할 수 있는 능력을 생성해 낸다.

지금까지 살펴본 바와 같이 창의적 문법 능력을 신장시키기 위해서는 문법에 대하여 민감하게 반응하게 하고, 유창하게 문법을 사용하게 하며, 융통성 있고 독창적인 문법 사고를 갖고, 문법에 대한 생각을 정교하게 다듬어 낼 수 있도록 해야 한다.

바. 창의적 문법 교수법

창의적 문법 능력 신장 수업을 하기 위해서는 교사 중심의 수업에서 학습자 중심의 수업, 교사 주도적 수업에서 교사는 안내자로 활동하고 학습자가 주도적으로 참여하는 수업, 내용 중심의 수업에서 방법, 과정, 전략 중심의 수업, 인지 중심의 수업에서 점검과 조절 능력을 키워주는 상위 인지 학습을 적극 활용해야 한다. 학습법도 발견학습, 문제해결학습, 탐구학습을 적극 활용해야 한다. 문제해결학습은 연역적 방법이 있고, 귀납적 방법이 있는데, 연역적인 방법은 원리와 방법을 가르쳐 주고 이 원리나 방법에 따라 문제를 해결해 가는 방법이다. 국어과에서 많이 활용하는 직접교수법은 연역적 방법에 의한 교수법이다. 귀납적 방법은 많은 자료에서 원리를 찾아내며, 그 원리로 다른 문제도 해결해 가는 학습법이다. 국어과 교사용 지도서에 제시된 문제해결학습법은 이 귀납법에 의한 교수법이 많다. 연역적 방법이 하나의 원리를 가르쳐 주어 열 가지, 백 가지 문제를 해결하게 하는 방법이라면 귀납적 방법은 그 하나의 원리마저도 가르쳐 주지 않고, 그 하나의 원리를 찾은 다음 그것을 이용하여 열 가지, 백 가지 문제를 해결하게 하는 방법이다.

문법 학습 내용에 따라 여러 가지 학습법을 적절하게 활용하며, 거기에 더 나아가 창의력 인지적 특성이 잘 반영된 수업을 진행하여 창의적 문법 능력이 신장되도록 해야 할 것이다.

제 XII 장 문법 교육의 평가 방법

평가란 '가치를 평한다.' 또는 '가치를 측정한다.'란 뜻을 가진 말이다. 가치란 어떠한 사물이 지니고 있는 본질의 값어치를 말하는 것이고, 교육의 경우 본질은 교육 목표 속에 내포되어 있다. 그렇기 때문에, '문법 교육의 평가'란 '문법 교육 목표 도달도를 측정하는 것'이라고 말할 수 있겠다. 그런데 이러한 문법 교육의 평가는 문법 교육이라는 전체적 관점에서의 평가이다. 그런데 문법 교육에는 미시적으로 차시별 교육 목표(학습 목표)도 있기 때문에 문법 평가는 차시별 학습 목표 도달도를 평가하는 것에서부터 시작하여 거시적 문법 교육 목표 도달도를 측정하는 것까지를 망라하고 있다고 말할 수 있다.

평가를 통하여 학습자는 자신의 교육 목표(학습 목표) 도달도를 진단하여 부족함을 보완해 나가는 발판으로 삼아야 한다. 그리고 교사는 학생의 실태를 알고 결함을 발견하여 대처하되, 지도 계획이나 지도 방법 등의 개선에 참조하고, 가정이나 사회의 호응과 협조를 얻는 자료로 삼아야 한다. 그런데 현실적으로는 평가는 교육 목표에 종속된 것이라기보다는 교육 목표를 변질시키는 커다란 역할을 하기도 한다. 즉 평가가 교육 목표 도달도를 측정하는 것이 아니라 지식 암기 위주의 평가를 함으로 인하여 교수·학습도 학습 목표를 무시하고 평가를 대비하여 지식을 암기하는 교수와 학습을 하는 일이 많았다. 그러나 최근

들어 실기 평가나 수행평가의 중요성이 부각되면서 학교 평가도 이에 따라 이루어지기도 하여 점차 바람직한 방향으로의 평가가 이루어져 가고 있다.

그러면 이제 문법 평가는 어떤 방향을 지향해 가야 할 것인가와 어떤 방법으로 평가해야 하는가에 대하여 알아보고, 평가 도구를 작성해 보기로 하겠다.

1. 문법 교육의 평가 방향

문법 교육의 목표는 일차적으로는 문법 지식의 인지이고, 이차적으로는 문법 지식의 활용이다. 문법을 잘 활용하기 위해서는 먼저 문법 지식이 있어야 한다. 그렇기 때문에 문법 지식에 대한 학습이 필요하다. 그런데 문법 지식을 사용하지 않고, 알고만 있다면 의의가 없을 것이다. 이를 활용함으로써 인지한 내용에 대한 가치가 있는 것이다. 그래서 이를 잘 활용하도록 하는 지도가 필요하다. 그러나 문법 지식의 인지나 활용에만 그쳐서는 안 된다. 삼차적으로는 문법 그 자체에 흥미를 가지고, 탐구해 보는 활동이 있어야 한다. 문법은 그것을 탐구해 보는 활동 그 자체만으로도 매우 값진 일이며, 국어현상 중 몰랐던 사실을 알아내고, 원리를 찾아내는 활동은 국어 발전을 위해서 매우 중요한 일이다. 마지막으로는 국어에 대한 올바른 태도 곧, 올바른 가치를 형성하는 것이다. 좋은 국어 문화를 이루려면 어떻게 해야 하는가에 대하여 탐구해 보고, 이를 실천해 가는 태도를 가져야 한다.

문법 교육의 교육 목표가 위와 같다면 문법 교육의 평가가 지향해야 할 방향은 얼마나 많이, 그리고 올바르게 문법 지식을 인지하고 있으며,

이를 바르고 효율적으로 활용할 수 있는지를 평가해야 하고, 문법 그 자체에 대한 탐구력 및 바람직한 국어 문화 창조의 태도에 대한 평가가 이루어져야 한다.

2. 문법 교육 평가 방법

문법 교육의 평가는 문법 인지 능력과 문법 사용 능력, 그리고 문법 탐구 능력과 국어 문화 창조에 대한 평가가 이루어져야 한다. 그러기 위해서는 이들 각각의 능력을 올바르고 효과적으로 평가할 수 있는 방법에 따라 평가가 이루어져야 할 것이다. 문법 능력을 평가하기 위해서는 결과 평가로서 지필 평가 방법을 사용할 수 있을 것이며, 문법 활용 능력을 평가하기 위해서는 실생활의 언어활동 장면을 직접 관찰하거나 발표 장면이나 글쓰기 등의 활동 내용을 보면서 평가할 수 있을 것이다. 그리고 문법 탐구 능력은 문법 현상에 대한 호기심을 갖고, 또 거기에 존재하는 어떤 원리를 찾아보는 탐구 정신과 능력을 평가하기 때문에 관찰법이나 보고서법 등으로 평가할 수 있을 것이다. 국어 문화 창조 등의 태도(가치 형성) 평가는 고운말, 바른말, 품위 있는 말, 적합한 경어 사용, 표준어와 방언의 적절한 사용, 고유어와 외국어 사용 등의 새로운 화법 문화 창조적인 면을 평가해야 한다. 이러한 평가를 하기 위해서는 말하는 장면을 관찰해서 평가하는 방법과 우리말과 글에 대한 가치관에 대한 사항을 면접, 발표, 토론, 글쓰기 등을 통해서 평가할 수 있다.

위에서 제시한 여러 가지 평가는 지적 또는 기능적 능력의 결과를 평가하는 결과 평가와 화법 행위나 쓰기 행위가 일어나는 동안에 평가하

는 과정 평가로 구분해 볼 수 있다. 이제 이러한 평가 방법에 대하여
알아보기로 하자.

가. 결과 평가

결과 평가는 주로 지필 평가로 이루어진다. 그러나 실기 평가도 학습
과정 중에 평가되지 않고, 결과만을 평가한다면 결과 평가가 될 수밖에
없다. 여기에서는 결과 평가가 주로 지필 평가로 이루어지기 때문에
지필 평가에 대한 사항만을 알아보기로 하겠다. 이 평가 방법에는 평가
유형에 따라 글로 서술하는 서답형 평가와 정답을 선택하는 선택형
평가가 있다.

1) 서답형(書答型)

서답형 평가에는 논문형, 단답형, 완성형 등의 평가 유형이 있는데,
논문형은 '논하라, 설명하라, 비교하라, 해석하라, 결론을 들어라, 요약
하라, 예를 들라, 증명하라'와 같은 형태의 평가이고, 단답형은 자기
진술을 시키되 짧게 답을 요구하는 평가로 예를 들면 '한글 창제의
정신을 쓰시오. 한글 자모 24자를 쓰시오.'와 같은 형태의 평가이다.
완성형은 단답형보다 답의 길이를 더 제한해서 단어를 통해서 연결시키
든가 문자를 기입해서 연결을 맺기도 하는 형태의 평가로써, 예를 들면
'(   )-어제-오늘', '국어의 시간을 표현하는 말은 과거-현재-(   )가 있다.'와
같이 (   ) 속에 알맞은 말을 써넣는 것과 같다.

논문형 평가는 반응의 자유도가 크고, 고등 정신을 측정하는 데 적정
하며, 문항 제작이 쉽고, 학습자의 학습 태도를 개선해 주는 장점이

있다. 반면에 채점이 비객관적이고, 비신뢰적이기 쉽고, 문항의 표본이 제한되어 전 영역에 대한 평가 도구가 되지 않을 수 있으며, 채점에 시간, 노력이 많이 든다는 단점이 있다.

2) 선택형

선택형 평가에는 선다형, 진위형, 배합형 등의 평가 유형이 있는데, 선다형에는 최선답형, 정답형, 다답형, 미완형, 부정형, 대입형, 기호형 등이 있다. 그리고 진위형은 'O, X'로 정답을 표시하며, 배합형은 일련의 전제와 일련의 답지로 구성되어 있어 서로의 관계에 비추어 짝을 찾게 하는 방법이다. 배합형 평가의 예를 들면 다음과 같다.

서로 관련 있는 것을 찾아 ( ) 속에 그 번호를 써라.

인물	한 일
1. 세종대왕	( ) 이두 정리
2. 설총	( ) 한글 쓰기 운동 전개
3. 주시경	( ) 한글 창제
4. 최세진	( ) 한글 자모 명칭 정리
5. 정철	
6. 김시습	

이러한 선택형 도구의 장점으로는 채점의 객관성, 신뢰성이 유지되며, 문항의 타당성이 유지되고, 표집을 포괄적으로 할 수 있으며, 채점과 분석이 쉽다는 점이다. 단점으로는 단순한 암기력 측정에 빠질 수 있으며, 추측의 요인을 제거할 수 없고, 문항 제작에 시간과 노력이 많이 들고, 훈련이 필요하며, 표현과 창의의 기회가 부족하다는 점이 있다.

나. 과정 평가

문법 영역에서 효과적으로 사용할 수 있는 과정 평가 방법은 첫째로 평가 방법상 관찰법, 면접법, 문답법, 토론법, 연구 보고서법, 작품 분석법, 포트폴리오법 등이 있다. 둘째로 평가자와 관련지어서는 교사 평가, 자기 평가, 상호 평가가 있다. 셋째로 평가 과정 중의 기록 방법에 따라 검목법, 평정법, 서술법 등이 있다. 몇 가지 제시하여 보기로 한다.

1) 평가 방법에 따라

가) 관찰법(Observation Method)

태도나 습관, 기능을 교사의 관찰, 학생 상호간의 관찰, 학부모의 관찰 기록에 의해서 평가하는 방법이다. 이 관찰법의 유의점으로는 반드시 결과를 기록해야 하며, 관찰자의 편견이나 선입견은 버려야 한다는 점과 객관적인 척도를 만들어야 하고, 내용의 표집 착오를 하지 말아야 하며, 문법 영역의 학습 목표와 타 교과(도덕 등)의 학습목표를 혼동해서는 안 된다는 점이다.

나) 면접법(Interview Method)

특수한 학생이나 여러 사람 앞에서 말이 없는 학생을 면접을 통해서 심리적 성격이나 추리력, 사고력, 감상력, 판단력 등을 평가하는 방법이다. 객관적인 척도가 필요하다.

다) 문답법

교사가 미리 준비한 문제나 수업 시간 도중 학습과 관련된 문제를 가지고, 학습 성취 정도나 탐구 능력을 알아보기 위하여 교사가 질문하고, 학생이 답변하는 평가 방법이다. 짧은 내용을 단답형 형태로 묻고 답할 수도 있지만 문법 지식과 이의 활용 방법, 문법 탐구 방법 등을 평가자 앞에서 설명 또는 논해 보일 수 있다. 구술 방법으로 하므로 구술법이라고도 할 수 있다.

라) 토론법

문법 탐구나 가치와 관련된 내용을 주제로 삼아 토론을 하게 한다. 그리고 토론의 규칙을 잘 지키면서 토론을 하는가, 상대방을 존중하면서 토론을 하는가, 주제를 잘 파악하고 논점에 집중하여 토론하는가, 논리적 근거를 들어 토론하는가, 적극적으로 토론하는가, 상대방의 말을 잘 이해하고 토론하는가, 주어진 시간을 잘 준수하면서 토론하는가 등에 평가 기준을 두면서 평가한다. 교사는 채점 기준표나 녹음기, 비디오 등을 활용하여 평가할 수 있다.

마) 연구 보고서법

어떤 주제를 정하고 연구를 하게 한 후 그 결과를 보고서 형태로 제출하게 한 방법이다. 개인별 보고서를 작성하여 제출할 수도 있고, 조별로 연구한 후 보고서를 제출할 수도 있다. 보고서 형식을 잘 지키고 있는가, 내용은 주제와 밀접하게 관련되어 있는가, 내용은 전문성에 있어서 깊이가 있는가, 문법 규칙에 맞게 문장 및 텍스트가 구성되었는가, 조별 활동일 경우에는 조원들의 긴밀한 협력 관계 속에서 역할 분담이 잘 되어 연구되었는가 등에 기준을 두어 평가할 수 있다.

바) 작품 분석법(Analysis of Creative Products)

학생의 작품을 목적에 따라 체계적으로 분석 평가하는 방법으로 평가 척도가 있어야 한다. 쓰기 영역의 평가에 많이 쓰이나 작품 속의 음운, 낱말, 문장 등의 사용 내용을 분석하여 평가함으로써 문법에 대한 평가에도 쓰일 수 있다.

사) 포트폴리오법

어떤 과제를 해결하는 과정을 관찰, 면접, 보고서 등의 평가 방법을 활용하여 누가적으로 기록하고 정리하여 변화 과정을 알아보는 평가 방법이다. 예를 들어 문법 규칙에 맞게 글쓰기를 하는지를 평가한다면 학기 초의 글쓰기, 학기 중간의 글쓰기, 학기 말의 글쓰기 내용을 누가철해 가면서 발전 과정을 평가하는 것이다.

2) 평가자에 따라

가) 교사 평가

교사가 적절한 평가 척도에 따라 학생들의 문법 능력을 평가하는 방법이다.

나) 자기 평가

정해진 기준에 따라 자신의 문법 수행 내용을 자기가 평가하는 방법이다. 인지적, 활용적, 탐구적, 태도적인 내용을 기술하든가 아니면 다음과 같은 평가 척도에 의해 표시한다.

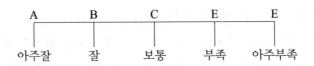

다) 상호 평가

학생 상호간에 평가해 주는 방법이다. 자기 평가와 더불어 상호 평가는 평가 신뢰도에 있어서 문제가 되기도 하나 형성 평가적인 면에서 진단 및 치료 학습의 자료로 사용하면 좋다.

이러한 평가 외에 학부모의 평가를 활용하면 좋은 점이 있다. 교사 평가의 보조적인 평가인데, 학부모가 학생의 문법 인지 능력이나 활용 능력 또는 탐구 능력이나 가치에 대한 사항을 관찰 또는 자녀와의 면담을 통하여 평가하는 것이다. 이렇게 하여 알게 된 사항을 교사에게 전하여 줌으로써 교사가 파악할 수 없는 학교 이외의 지역에서 특히 자기표현이 가장 자유로운 가정에서 학생의 언어생활을 평가할 수 있다. 실제적인 평가가 될 수 있다. 그러나 학생 지도의 자료로는 사용할 수 있겠으나 공적인 자료로 사용할 수는 없을 것이다.

3) 평가 기록 방법에 따라

가) 검목법(檢目法 Check List)

간단한 방법으로 관찰 결과나 어떠한 사실을 체크해 나가는 방법이다. 점수화도 가능하다.

(3) 말하기의 용의는　　되었다　　^ 안 되었다
　　메모 준비는　　　　^완전　　보통　　　불완전

나) 평정법(評定法 Rating Method)

행동의 증거를 과학적으로 제시하기 위해서 학습 활동의 과정 또는 결과를 일정한 양이나 등차 기준을 세워 거기에 따라 평가하는 방법이다. 이 방법에는 평가척(評價尺 Rating Scale)이 필요한데 이를 만들어 어느 개인이나 집단을 평가하는 것이다.

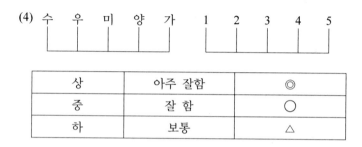

상	아주 잘함	◎
중	잘 함	○
하	보통	△

다) 서술법

평가 기준을 정해 놓고, 그 평가 기준에 따라 평가 내용을 서술해 가는 방법이다. 예를 들어 문법에 대한 연구 보고서를 쓰게 했다면 연구 주제는 어떠한가, 연구 방법은 합리적인가, 연구 내용은 전문성이 있는가, 결론 도출은 잘 하였는가, 보고서 형식에 맞게 보고서를 작성했는가 등의 평가 내용을 서술 형태로 기록해 가면서 평가하는 방법이다.

다. 평가 도구

이제 위와 같은 평가 방법에 따라 평가 도구를 제작해 보기로 하자.

1) 문법 인지 능력 평가

1. * 평가 목표: 문장을 두 부분으로 나누고, 또 문장의 일부분을
다른 말로 대치하여 새로운 문장을 만든다.

　* 평가 방법: 교사평가-지필평가-형성(또는 총괄)평가

　* 평가 도구

(1) 다음 문장을 두 부분으로 나눈다면 어떻게 나누는 것이 좋을까요?
그리고 '공부를'을 다른 말로 바꾸어 써 보세요.

```
                          철수가 공부를 잘 한다.
```

(가) 두 부분으로 나누어 쓰세요.

　　첫 부분 (　　　　　　　　　　　)

　　둘째 부분 (　　　　　　　　　　　)

(나) '공부를'을 다른 말로 써 넣어 문장을 만들어 보세요.

　　(　　　　　　　　　　　)

2. * 평가 목표 : 풀이하는 문장, 묻는 문장, 감탄하는 문장, 시키는
문장, 권유하는 문장을 구분할 줄 안다.

　* 평가 방법 : 교사평가-지필평가-형성(또는 총괄)평가

　* 평가 도구

(1) 다음 문장을 (　　) 속에 지시된 대로 써 보세요.

```
                    이 나무는 교문 옆에 심어야 돼.
```

(묻는 문장 : _____)

(권유하는 문장 : _____)

(시키는 문장 : _____)

2) 문법 활용 능력 평가

1. * 평가 목표 : 높임말, 예사말 및 낮춤말을 사용하여 예절바르게 말한다.

　* 평가 방법 : 교사평가-문답법(또는 관찰법)-형성평가

　* 평가 도구

(1) 다음 상황에서 높임법에 맞게 말해 보시오.

> 상황 : 수업 시작종이 쳤다. 아이들은 아직 자리에 앉지 않고, 교실을 돌아다닌다. 그때 한 학생이 선생님이 복도 저 쪽에 오고 있는 것을 보고 반 학생들에게 선생님이 오는 것을 알린다. 어떻게 알려야 할까?

(　　　　　　　　　　　　　　　　　　　　　　　　)

평가척도 : '-께서'와 '-시-'를 모두 사용하여 말해야 한다.

3) 문법 탐구 능력 평가

1. * 평가 목표 : 국어에 대한 탐구 정신을 갖고 탐구할 수 있다.

　* 평가 방법 : 교사평가-지필평가-형성평가

　* 평가 도구

(1) 우리가 사용하고 있는 말 중에서 방언을 찾아 이름을 나타내는 말, 움직임을 나타내는 말 등의 몇 가지 기준에 따라 분류하여 보자.

4) 문법 태도(가치 형성) 평가

1. * 평가 목표 : 필요한 경우에 표준어로 말하려는 태도를 갖는다.

　* 평가 방법 : 자기(또는 상호)평가-관찰법-형성평가

* 평가 도구

(1) 수업 시간이나 표준어만을 쓰는 날을 하루 정하여, 학생 상호간에 얼마나 방언을 쓰는가, 또 얼마나 표준어를 쓰려고 하는가를 관찰, 점검해 보게 한다.

· 사용한 방언 수 : (   ) 단어
· 표준어를 쓰려는 태도 : 상, 중, 하

라. 형성평가 누가 기록

평가를 함에 있어 형성평가를 할 때에는 그 때마다 기록을 해 두어야 한다. 이때에는 형성평가 누가 기록부를 활용한다.

형성평가 누가 기록부

구 분	평 가 요 소	평 가 방 법	학생명	
문법 인지	문장의 짜임	교사/지필/형성		
	문장의 종류	교사/지필/형성		
문법 활용	경어법 사용	교사/문답(관찰)/형성		
문법 탐구	방언조사	교사/지필/형성		
국어 태도	표준어 사용	교사(자기, 상호)/관찰/형성		
특기사항				

마. 평가 결과의 활용

평가는 고입 시험이나 대입 시험처럼 평가 결과 그 자체에 목적이 있는 평가가 있는가 하면, 학습을 위한 평가가 있다. 여기에서는 학습을 위한 평가에 대한 것이다. 그래서 교사는 평가 결과를 보고 학습자의 학습 목표 도달도를 진단하여, 교수·학습 방법, 교사나 학습자의 태도 등에 있어서의 문제점을 찾아내고, 이를 해결해야 할 것이다. 그리고 학습자, 학교 행정가, 학부모 등에게 필요한 사항은 연락하여 공동으로 문제를 해결해 가야 한다.

📖 참고문헌

고영근(1995), 단어 · 문장 · 텍스트, 한국문화사.

고영근(1997), '텍스트 이론과 문학 작품의 분석', 텍스트 언어학 4, 텍스트 언어학회.

고영근(1998), '좋은 텍스트를 만드는 길', 새국어생활(겨울), 국립국어연구원.

고영근 · 구본관(2008), 우리말 문법론, 집문당.

고춘화(2010), 국어교육을 위한 문법 교육론, 역락.

교육부(1997), 제7차 교육과정, 대한교과서주식회사.

교과부(2007), 국어과 교육과정 (개정 7차).

교과부(2008), 교과부 고시 제2007-79에 따른 초등학교 교육과정 해설(Ⅲ).

교과부(2012), 교과부 고시 제 2012-14호[별책 5] 국어과 교육과정.

교육부, 교육과정 및 교육과정 해설(교수요목기-제7차 교육과정)

교육부(2015), 교육부 고시 제2015-74호, 국어과 교육과정.

교육부(1998), 초등학교 교육과정 해설(Ⅲ).

구정화(2009), 학교 토론 수업의 이해와 실천, 교육과학사.

김광해(1993), 국어 어휘론 개설, 집문당.

김광해(1997), 국어지식 교육론, 서울대 출판부.

김규선(1994), 국어과 교수법, 학문사.

김상호(1989), 조선어 입말체 연구, 평양 : 사회과학출판사.

김영택 · 최종순(1998), '이인직 소설 <은세계>의 담론 특성', 국어교육 98, 한국국어교육연구회.

김재봉(1995), '문주제 중심의 텍스트 요약과 거시 규칙', 텍스트 언어학 3, 텍스트 언어학회.

김종택(1992), 국어 어휘론, 탑출판사.

김주환(2009), 교실 토론의 방법, 우리학교.

김태옥 · 이현호(1995), '담화 연구의 텍스트성 이론과 적합성 이론', 담화와 인지 1, 담화 · 인지 언어학회

김태자(1987), 발화분석의 화행의미론적 연구, 탑출판사.

김혜정(1994), ' "-겠- 표현"의 화용론적 분석 시고', 국어교육연구 63, 서울대 대학원 국어교육연구회.

남기심 · 고영근(1985), 표준 국어문법론, 탑출판사.

노석기(1989), 우리말 담화의 결속 관계 연구, 대구 : 형설출판사.

노은희(1993), '상황맥락의 도입을 통한 말하기 지도 연구', 서울대 대학원 국어교육과.

류성기(1996), 창의력 신장을 위한 국어과 교육', 한국초등국어교육 제12집, 한국초등국어교육학회.

류성기(1998), 국어과 교육의 실제화 연구, 교육과학사.

류성기(1998), 한국어 사동사 연구, 홍문각.

류성기(2000), '국어교육에서의 담화교육', 새국어교육 제59호, 한국국어교육학회.

류성기(2003), 초등 말하기 듣기 교육론, 박이정.

류성기(2012ㄱ), '초등 국어 교육에서의 단계적 토론 교육 방법', 화법연구 20, 한국화법학회.

류성기(2012ㄴ), '교사의 경험론적 판단에 근거한 초등학생 단계적 토론 능력', 한국초등국어교육 제50집, 한국초등국어교육학회.

류성기(2013), 개정판 초등 문법 교육의 내용과 방법, 박이정.

류성기 · 김기수(1999), '국어 음성언어 교육의 전략화를 위한 교수 · 학습 모형 연구', 한국초등국어교육 제15집, 한국초등국어교육학회.

문교부(1988), 국어어문규정집, 대한교과서(주).

박근우(1991), 영어담화문법, 한신문화사.

박미영(2011), 의사결정능력을 키워주는 유대인의 자녀교육, 국민출판사.

박여성(1994), '화행론적 텍스트 유형학을 위하여', 텍스트 언어학 2, 텍스트 언어학회.

박여성(1995), '간텍스트성의 문제: 현대 독일어의 실용 텍스트를 중심으로', 텍스트 언어학 3, 텍스트 언어학회.

박영순(1998), 한국어 문법 교육론, 박이정.

박용익(1998), 대화분석론, 한국문화사.

박정수(1998), '한국과 일본의 초등학교 국어과 교육과정 비교 연구', 어문학, 한국어문학회.

박종갑(1996), 토론식 강의를 위한 국어의미론, 박이정.

박채화(1993), '국어 담화의 주제 구조 연구', 서울대 국어교육과.

박현희(2011), 토론의 달인을 키우는 토론 수업, 즐거운 학교.

서덕현(1998), '조사의 의미와 그 교육 문제', 국어교육 98, 한국국어교육연구회.

서울교대·한국교원대 국정도서국어편찬위원회(2013), 국어 1-2 학년군 국어 1-가, 미래엔.

서울교대·한국교원대 국정도서국어편찬위원회(2013), 국어 1-2 학년군 국어 1 교사용 지도서, 미래엔.

서울대 국어교육연구소(1999), 국어교육학사전, 대교출판.

서혁(1997), '국어적 사고력과 텍스트의 주제적 이해', 국어교육학연구 7, 국어교육학회.

서혁(1998), '국어 교육적 관점에서의 텍스트 분석', 텍스트 언어학 5, 한국텍스트 언어학회.

서혁(1998), '초등학생 텍스트성 발달에 관한 사례 연구' 국어교육학연구 8, 국어교육학회.

서현석(2011ㄱ), 초등학교 토론 교육의 내용 체계 연구, 화법연구 18, 한국화법학회.

서현석(2011ㄴ), 초등학교 토론 대회에 대한 사례 연구, 화법연구 19, 한국화법학회.

신광재 외(2011), 토론을 알면 수업이 바뀐다, 창비.

신헌재 외(1996), 국어과 교수·학습 방법, 박이정.

신헌재 외(1003), 국어과 협동학습 방안, 박이정.

신헌재 외(2005), 초등 국어과 교수·학습 방법, 박이정.

신헌재·이주섭(1999:27-28), '국어교육과 협동학습', 한국초등국어교육 15, 한국초등국어교육학회.

신현숙(1989), '담화 대용표지의 의미 연구', 국어학 19, 국어학회.

심영택(1997), '고등학교 화법틀 연구', 국어교육학연구 7, 국어교육학회.

심재기(1982), 국어어휘론, 집문당.

심재기 · 이기용 · 이정민(1984), 의미론서설, 집문당.

윤석민(1994), "'-요'의 담화 기능', 텍스트 언어학 2, 텍스트 언어학회.

이기갑(1995), '한국어 담화표지 '이제'', 담화와 인지 1, 담화 · 인지언어학회.

이기문 · 김진우 · 이상억(1984), 국어음운론, 학연사.

이대희(2013), 인성과 창의력을 중시하는 유대인의 탈무드식 자녀교육법, 베이직북스.

이삼형(1994), '설명적 텍스트의 내용구조 분석 방법과 교육적 적용 연구', 서울대 대학원 국어교육과.

이상옥(1997), 시적 담화체계 연구, 보고사.

이성만(1992), '통합적 텍스트 언어학을 위한 테제', 주시경학보 9, 탑출판사.

이성만(1993), '텍스트 구조의 이해', 텍스트 언어학 1, 텍스트 언어학회.

이성만(1995), '언어학적 텍스트 이해의 의미론적 과제', 텍스트 언어학 3, 텍스트 언어학회.

이성영(1994), '표현의도의 표현 방식에 관한 화용론적 연구', 서울대 대학원 국어교육과.

이은희(1998), '텍스트 언어학의 국어 교육적 함의', 국어교육학연구 8, 국어교육학회.

이익섭(2000), 국어학개설(개정판), 학연사.

이익섭 · 임홍빈(1983), 국어문법론, 학연사.

이익환(1984), 현대의미론, 민음사.

이창덕(1991), '의문사문의 담화적 기능과 용법', 국어의 이해와 인식, 한국문화사.

이창덕(1994), '화용론과 국어생활', 한국초등국어교육 10, 한국초등국어교육학회.

이창덕(1998), '국어교육과 대화분석', 한국초등국어교육 14, 한국초등국어교육학회.

이창덕 외(2010), 화법교육론, 역락.

이현호 외(1997), 한국 현대 희곡의 텍스트 언어학적 연구, 한국문화사.

이효상(1993), '담화 · 화용론적 언어 분석과 국어 연구의 새 방향', 주시경학보 11, 탑출판사.

임규홍(1996), '국어의 담화 표지 '인자'에 대한 연구', 담화와 인지 2, 담화·인지언어학회.

임지룡 외(2010), 문법 교육론, 역락.

장석진 편저(1987), 오스틴, 서울대 출판부.

장석진(1985), 화용론 연구, 탑출판사.

장석진(1987), '한국어 화행동사의 분석과 분류, 어학연구23-3, 서울대 어학연구소.

전성수(2012), 질문하고 토론하는 하부르타 교육의 기적 부모라면 유대인처럼 하부르타로 교육하라, 예담.

전성수(2012), 유대인의 성공비결 질문과 토론이 가정을 살린다. 자녀교육 혁명 하부르타, 두란노.

정동화·이현복·최현섭(1984), 초중등 국어과 교육론, 선일문화사.

정문자(1993), '전제의 의사소통적 기능 연구', 국어교육연구 58, 서울대 대학원 국어교육연구회.

정소우(1996), '담화 표상 이론에서의 접근가능성에 대하여', 담화와 인지 2, 담화·인지언어학회.

정정덕(1996), 말·사람·삶, 영남서원.

정희자(1996), '영어 담화에서 담화 전략과 어순 변화', 담화와 인지 2, 담화·인지언어학회.

조규태(2000), 번역하고 풀이한 훈민정음, 한국문화사.

지인자(1995), '성공적인 의사소통의 전제들', 텍스트 언어학 3, 텍스트 언어학회.

천시권·김종택(1977), 국어의미론(증보판), 형설출판사.

최호성(2000), '<표준국어대사전> 수록 정보의 통계적 분석', 「새국어생활」 10-1, 국립국어연구원.

케빈 리(2011), 대한민국 교육을 바꾼다 Debate(디베이트), 한겨레 에듀.

하정애(1999), (석논) '초등학교 국어과 교육과정의 국어지식영역 연구', 진주교대 대학원.

한국교원대·서울교대 국정도서 국어편찬위원회(2008 ㄱ), 2007년 개정 국어과 교육과정에 따른 초등학교 3, 4학년 국어 국정도서 개발(3-1, 4-2)(집필진 회의 자료집), 교과부.

한국교원대 · 서울교대 국정도서 국어편찬위원회(2008 ㄴ), 2007년 개정 국어
　　과 교육과정에 따른 초등학교 3, 4학년 국어 국정도서 개발(3-1, 4-2)
　　(교사용 지도서 집필 안내 자료집), 교과부.
허경철 외(1991), 「사고력 신장을 위한 프로그램 개발 연구(Ⅴ)」, 한국교육개발원.
허용 외(2010), 개정판 외국어로서의 한국어 교육학 개론, 박이정.
허웅(1991), 국어학:-우리말의 오늘 · 어제-, 샘문화사.

A.뱅크, M.E.헤넬슨, L.유 저, *A Practical Guide to Program Planning:A*
　　Teaching Models Approach, 박성익 · 권낙원 편역(1989), 수업모형의 적
　　용기술, 성원사.
C.M.라이거루스 편저(1983), *Instructional-Design Theories and Models:An*
　　Overview of their Current Status, 박성익 · 임정훈 역(1993), 교수설계의
　　이론과 모형, 교육과학사.
엘렌 디. 가네(1985), *The Cognitive Psychology of School Learning*, 이용남 · 박
　　분희 외 역(1993), 인지심리와 교수-학습, 교육과학사.
H. Douglas Brown, Teaching by Principles, 권오량 · 김영숙 · 한문섭 공역
　　(2002), 원리에 의한 교수: 언어 교육에의 상호작용적 접근법, 갑우문화사.
Heinz Vater, *Einfuhrung in die Textlinguistik*, 이성만 역(1995), 텍스트 언어학
　　입문, 한국문화사.
Jan Renkema, *Discourse Studies -an introductory textbook*, 이원표 옮김(1997),
　　담화연구의 기초, 한국문화사.
John R. Searle, Speech Acts, 이건원 역(1987), 언화행위, 한국문화사.
K. Brinker(1992), *Linguistische Textanalyse*, 이성만 역(1994), 텍스트 언어학의
　　이해, 한국문화사.
Michael Stubbs(1983), *Discourse Analysis*, 송영주 역(1993), 담화분석, 한국문
　　화사.
Ohio Department of Education(1985), *English Language Arts Curriculum.*
로버트 엠. 가네, *The Conditions of Learning and Theory of Instruction*, 전성
　　연 · 김수동 역(1998), 교수-학습 이론, 학지사.
John Flowerdew & Lindsay Miller(2005), *Second Language Listening,*

Cambridge University Press.

Searle, J. R.(1969), *Speech Act*, Cambridge Univ. Press.

부 록

Ⅰ. 한글 맞춤법

제1장 총 칙

제1항 한글 맞춤법은 표준어를 소리대로 적되, 어법에 맞도록 함을 원칙으로 한다.
제2항 문장의 각 단어는 띄어 씀을 원칙으로 한다.
제3항 외래어는 '외래어 표기법'에 따라 적는다.

제2장 자 모

제4항 한글 자모의 수는 스물넉 자로 하고, 그 순서와 이름은 다음과 같이 정한다.

ㄱ(기역)	ㄴ(니은)	ㄷ(디귿)	ㄹ(리을)	ㅁ(미음)
ㅂ(비읍)	ㅅ(시옷)	ㅇ(이응)	ㅈ(지읒)	ㅊ(치읓)
ㅋ(키읔)	ㅌ(티읕)	ㅍ(피읖)	ㅎ(히읗)	
ㅏ(아)	ㅑ(야)	ㅓ(어)	ㅕ(여)	ㅗ(오)
ㅛ(요)	ㅜ(우)	ㅠ(유)	ㅡ(으)	ㅣ(이)

[붙임 1] 위의 자모로써 적을 수 없는 소리는 두 개 이상의 자모를 어울러
서 적되, 그 순서와 이름은 다음과 같이 정한다.

ㄲ(쌍기역)	ㄸ(쌍디귿)	ㅃ(쌍비읍)	ㅆ(쌍시옷)	ㅉ(쌍지읒)
ㅐ(애)	ㅒ(얘)	ㅔ(에)	ㅖ(예)	ㅘ(와)
ㅙ(왜)	ㅚ(외)	ㅝ(워)	ㅞ(웨)	ㅟ(위)
ㅢ(의)				

[붙임 2] 사전에 올릴 적의 자모 순서는 다음과 같이 정한다.

자음 ㄱ ㄲ ㄴ ㄷ ㄸ ㄹ ㅁ ㅂ ㅃ ㅅ ㅆ ㅇ ㅈ ㅉ ㅊ
　　　ㅋ ㅌ ㅍ ㅎ
모음 ㅏ ㅐ ㅑ ㅒ ㅓ ㅔ ㅕ ㅖ ㅗ ㅘ ㅙ ㅚ ㅛ ㅜ ㅝ
　　　ㅞ ㅟ ㅠ ㅡ ㅢ ㅣ

제 3 장   소리에 관한 것

제 1 절   된소리

제 5 항 한 단어 안에서 뚜렷한 까닭 없이 나는 된소리는 다음 음절의 첫소리를 된소리로 적는다.

　1. 두 모음 사이에서 나는 된소리

소쩍새	어깨	오빠	으뜸	아끼다	기쁘다
깨끗하다	어떠하다	해쓱하다	가끔	거꾸로	부썩
어찌	이따금				

　2. 'ㄴ, ㄹ, ㅁ, ㅇ' 받침 뒤에서 나는 된소리

산뜻하다	잔뜩	살짝	훨씬	담뿍	움찔
몽땅	엉뚱하다				

　다만, 'ㄱ, ㅂ' 받침 뒤에서 나는 된소리는, 같은 음절이나 비슷한 음절이 겹쳐나는 경우가 아니면 된소리로 적지 아니한다.

국수	깍두기	딱지	색시	싹둑(~싹둑)
법석	갑자기	몹시		

제 2 절   구개음화

제 6 항 'ㄷ, ㅌ' 받침 뒤에 종속적 관계를 가진 '-이(-)'나 '-히-'가 올 적에는 그 'ㄷ, ㅌ'이 'ㅈ, ㅊ'으로 소리나더라도 'ㄷ, ㅌ'으로 적는다. (ㄱ을 취하고, ㄴ을 버림.)

ㄱ	ㄴ		ㄱ	ㄴ
맏이	마지		핥이다	할치다
해돋이	해도지		걷히다	거치다
굳이	구지		닫히다	다치다
같이	가치		묻히다	무치다
끝이	끄치			

제3절 'ㄷ' 소리 받침

제 7 항 'ㄷ' 소리로 나는 받침 중에서 'ㄷ'으로 적을 근거가 없는 것은 'ㅅ'으로 적는다.

덧저고리	돗자리	엇셈	웃어른	핫옷	무릇	사뭇
얼핏	자칫하면	뭇[衆]	옛	첫	헛	

제 4 절 모음

제 8 항 '계, 례, 메, 폐, 혜'의 'ㅖ'는 'ㅔ'로 소리나는 경우가 있더라도 'ㅖ'로 적는다. (ㄱ을 취하고, ㄴ을 버림)

ㄱ	ㄴ		ㄱ	ㄴ
계수(桂樹)	게수		연몌(連袂)	연메
사례(謝禮)	사레		폐품(廢品)	페품
혜택(惠澤)	헤택		핑계	핑게
계집	게집		계시다	게시다

다만, 다음 말은 본음대로 적는다.

계송(偈頌)　　게시판(揭示板)　　휴게실(休憩室)

제 9 항 '의'나, 자음을 첫소리로 가지고 있는 음절의 'ㅢ'는 'ㅣ'로 소리나는 경우가 있더라도 'ㅢ'로 적는다. (ㄱ을 취하고, ㄴ을 버림)

ㄱ	ㄴ	ㄱ	ㄴ
의의(意義)	의이	닝큼	닁큼
본의(本義)	본이	띄어쓰기	띠어쓰기
무늬[紋]	무니	씌어	씨어
보늬	보니	틔어	티어
오늬	오니	희망(希望)	히망
하늬바람	하니바람	희다	히다
닁리리	닐리리	유희(遊戱)	유히

제5절 두음 법칙

제10항 한자음 '녀, 뇨, 뉴, 니'가 단어의 첫머리에 올 적에는 두음 법칙에 따라 '여, 요, 유, 이'로 적는다. (ㄱ을 취하고, ㄴ을 버림)

ㄱ	ㄴ	ㄱ	ㄴ
여자(女子)	녀자	유대(紐帶)	뉴대
연세(年歲)	년세	이토(泥土)	니토
요소(尿素)	뇨소	익명(匿名)	닉명

다만, 다음과 같은 의존 명사에서는 '냐, 녀' 음을 인정한다.

냥(兩)　　　냥쭝(兩-)　　　년(年)(몇 년)

[붙임 1] 단어의 첫머리 이외의 경우에는 본음대로 적는다.

남녀(男女)　　당뇨(糖尿)　　결뉴(結紐)　　은닉(隱匿)

[붙임 2] 접두사처럼 쓰이는 한자가 붙어서 된 말이나 합성어에서, 뒷말의 첫소리가 'ㄴ' 소리로 나더라도 두음 법칙에 따라 적는다.

신여성(新女性)　　공염불(空念佛)　　남존여비(男尊女卑)

[붙임 3] 둘 이상의 단어로 이루어진 고유 명사를 붙여 쓰는 경우에도 붙임 2에 준하여 적는다.

한국여자대학　　　대한요소비료회사

제11항 한자음 '랴, 려, 레, 료, 류, 리'가 단어의 첫머리에 올 적에는 두음 법칙에 따라 '야, 여, 예, 요, 유, 이'로 적는다. (ㄱ을 취하고, ㄴ을 버림)

ㄱ	ㄴ	ㄱ	ㄴ
양심(良心)	량심	용궁(龍宮)	룡궁
역사(歷史)	력사	유행(流行)	류행
예의(禮義)	레의	이발(理髮)	리발

다만, 다음과 같은 의존 명사는 본음대로 적는다.

리(理) : 몇 리냐?
리[理] : 그럴 리가 없다.

[붙임 1] 단어의 첫머리 이외의 경우에는 본음대로 적는다.

개량(改良)	선량(善良)	수력(水力)	협력(協力)
사례(謝禮)	혼례(婚禮)	와룡(臥龍)	쌍룡(雙龍)
하류(下流)	급류(急流)	도리(道理)	진리(眞理)

다만, 모음이나 'ㄴ' 받침 뒤에 이어지는 '렬, 률'은 '열, 율'로 적는다. (ㄱ을 취하고, ㄴ을 버림)

ㄱ	ㄴ	ㄱ	ㄴ
나열(羅列)	나렬	진열(陣列)	진렬
치열(齒列)	치렬	선율(旋律)	선률
비열(卑劣)	비렬	비율(比率)	비률
규율(規律)	규률	실패율(失敗率)	실패률
분열(分裂)	분렬	전율(戰慄)	전률
선열(先烈)	선렬	백분율(百分率)	백분률

[붙임 2] 외자로 된 이름을 성에 붙여 쓸 경우에도 본음대로 적을 수 있다.

신립(申砬)   최린(崔麟)   채륜(蔡倫)   하륜(河崙)

[붙임 3] 준말에서 본음으로 소리나는 것은 본음대로 적는다.

국련(국제연합)   대한교련(대한교육연합회)

[붙임 4] 접두사처럼 쓰이는 한자가 붙어서 된 말이나 합성어에서 뒷말의
첫소리가 'ㄴ' 또는 'ㄹ' 소리로 나더라도 두음 법칙에 따라 적는다.

역이용(逆利用)　　　　연이율(年利率)
열역학(熱力學)　　　　해외여행(海外旅行)

[붙임 5] 둘 이상의 단어로 이루어진 고유 명사를 붙여 쓰는 경우나 십진
법에 따라 쓰는 수(數)도 붙임 4에 준하여 적는다.

서울여관　　　신흥이발관　　　육천육백육십육(六千六百六十六)

제12항 한자음 '라, 래, 로, 뢰, 루, 르'가 단어의 첫머리에 올 적에는 두음 법칙에
따라 '나, 내, 노, 뇌, 누, 느'로 적는다. (ㄱ을 취하고, ㄴ을 버림)

ㄱ	ㄴ	ㄱ	ㄴ
낙원(樂園)	락원	뇌성(雷聲)	뢰성
내일(來日)	래일	누각(樓閣)	루각
노인(老人)	로인	능묘(陵墓)	룽묘

[붙임 1] 단어의 첫머리 이외의 경우에는 본음대로 적는다.

쾌락(快樂)	극락(極樂)	거래(去來)	왕래(往來)
부로(父老)	연로(年老)	지뢰(地雷)	낙뢰(落雷)
고루(高樓)	광한루(廣寒樓)	가정란(家庭欄)	동구릉(東九陵)

[붙임 2] 접두사처럼 쓰이는 한자가 붙어서 된 단어는 뒷말을 두음 법칙에
따라 적는다.

내내월(來來月)　　　　상노인(上老人)
중노동(重勞動)　　　　비논리적(非論理的)

제6절 겹쳐 나는 소리

제13항 한 단어 안에서 같은 음절이나 비슷한 음절이 겹쳐 나는 부분은 같은 글
자로 적는다. (ㄱ을 취하고, ㄴ을 버림)

ㄱ	ㄴ	ㄱ	ㄴ
딱딱	딱닥	꼿꼿하다	꼿곳하다
쌕쌕	쌕색	놀놀하다	놀롤하다
씩씩	씩식	눅눅하다	능눅하다
똑딱똑딱	똑닥똑닥	밋밋하다	민밋하다
쓱싹쓱싹	쓱삭쓱삭	싹싹하다	싹삭하다
연연불망(戀戀不忘)	연련불망	쌉쌀하다	쌉살하다
유유상종(類類相從)	유류상종	씁쓸하다	씁슬하다
누누이(屢屢一)	누루이	짭짤하다	짭잘하다

제 4 장   형태에 관한 것

제1절   체언과 조사

제14항   체언은 조사와 구별하여 적는다.

떡이	떡을	떡에	떡도	떡만
손이	손을	손에	손도	손만
팔이	팔을	팔에	팔도	팔만
밤이	밤을	밤에	밤도	밤만
집이	집을	집에	집도	집만
옷이	옷을	옷에	옷도	옷만
콩이	콩을	콩에	콩도	콩만
낮이	낮을	낮에	낮도	낮만
꽃이	꽃을	꽃에	꽃도	꽃만
밭이	밭을	밭에	밭도	밭만
앞이	앞을	앞에	앞도	앞만
밖이	밖을	밖에	밖도	밖만
넋이	넋을	넋에	넋도	넋만
흙이	흙을	흙에	흙도	흙만
삶이	삶을	삶에	삶도	삶만
여덟이	여덟을	여덟에	여덟도	여덟만
곬이	곬을	곬에	곬도	곬만

값이	값을	값에	값도	값만

제2절   어간과 어미

제15항   용언의 어간과 어미는 구별하여 적는다.

먹다	먹고	먹어	먹으니
신다	신고	신어	신으니
믿다	믿고	믿어	믿으니
울다	울고	울어	(우니)
넘다	넘고	넘어	넘으니
입다	입고	입어	입으니
웃다	웃고	웃어	웃으니
찾다	찾고	찾아	찾으니
좇다	좇고	좇아	좇으니
같다	같고	같아	같으니
높다	높고	높아	높으니
좋다	좋고	좋아	좋으니
깎다	깎고	깎아	깎으니
앉다	앉고	앉아	앉으니
많다	많고	많아	많으니
늙다	늙고	늙어	늙으니
젊다	젊고	젊어	젊으니
넓다	넓고	넓어	넓으니
훑다	훑고	훑어	훑으니
읊다	읊고	읊어	읊으니
옳다	옳고	옳아	옳으니
없다	없고	없어	없으니
있다	있고	있어	있으니

[붙임 1] 두 개의 용언이 어울려 한 개의 용언이 될 적에, 앞말의 본뜻이
유지되고 있는 것은 그 원형을 밝히어 적고, 그 본뜻에서 떨어진
것은 밝히어 적지 아니한다.

(1) 앞말의 본뜻이 유지되고 있는 것

넘어지다	늘어나다	늘어지다	돌아가다	되짚어가다
들어가다	떨어지다	벌어지다	엎어지다	접어들다
들어지다	흩어지다			

(2) 본뜻에서 멀어진 것

드러나다   사라지다   쓰러지다

[붙임 2] 종결형에서 사용되는 어미 '-오'는 '요'로 소리나는 경우가 있더라도 그 원형을 밝혀 '오'로 적는다. (ㄱ을 취하고, ㄴ을 버림)

ㄱ	ㄴ
이것은 책이오.	이것은 책이요.
이리로 오시오.	이리로 오시요.
이것은 책이 아니오.	이것은 책이 아니요.

[붙임 3] 연결형에서 사용되는 '이요'는 '이요'로 적는다. (ㄱ을 취하고, ㄴ을 버림)

ㄱ	ㄴ
이것은 책이요, 저것은 붓이요, 또 저것은 먹이다.	이것은 책이오, 저것은 붓이오, 또 저것은 먹이다.

제16항 어간의 끝 음절 모음이 'ㅏ, ㅗ'일 때에는 어미를 '-아'로 적고, 그 밖의 모음일 때에는 '-어'로 적는다.

1. '-아'로 적는 경우

나아	나아도	나아서
막아	막아도	막아서
얇아	얇아도	얇아서
돌아	돌아도	돌아서
보아	보아도	보아서

2. '-어'로 적는 경우

개어	개어도	개어서
겪어	겪어도	겪어서
되어	되어도	되어서
베어	베어도	베어서
쉬어	쉬어도	쉬어서
저어	저어도	저어서
주어	주어도	주어서
피어	피어도	피어서
희어	희어도	희어서

제17항 어미 뒤에 덧붙는 조사 '-요'는 '-요'로 적는다.

읽어	읽어요
참으리	참으리요
좋지	좋지요

제18항 다음과 같은 용언들은 어미가 바뀔 경우, 그 어간이나 어미가 원칙에 벗어나면 벗어나는 대로 적는다.

1. 어간의 끝 'ㄹ'이 줄어질 적

갈다 : 가니	간	갑니다	가시다	가오
놀다 : 노니	논	놉니다	노시다	노오
불다 : 부니	분	붑니다	부시다	부오
둥글다 : 둥그니	둥근	둥급니다	둥그시다	둥그오
어질다 : 어지니	어진	어집니다	어지시다	어지오

[붙임] 다음과 같은 말에서도 'ㄹ'이 준 대로 적는다.

마지못하다	마지않다
(하)다마다	(하)자마자
(하)지 마라	(하)지 마(아)

2. 어간의 끝 'ㅅ'이 줄어질 적

긋다 :	그어	그으니	그었다
낫다 :	나아	나으니	나았다
잇다 :	이어	이으니	이었다
짓다 :	지어	지으니	지었다

3. 어간의 끝 'ㅎ'이 줄어질 적

그렇다 :	그러니	그럴	그러면	그러오
까맣다 :	까마니	까말	까마면	까마오
동그랗다 :	동그라니	동그랄	동그라면	동그라오
퍼렇다 :	퍼러니	퍼럴	퍼러면	퍼러오
하얗다 :	하야니	하얄	하야면	하야오

('그렇니다, 까맙니다. 동그랍니다. 퍼럽니다, 하얍니다'는 1994년 12월 26
일 국어심의회의에서 삭제 결정됨.)

4. 어간의 끝 'ㅜ, ㅡ'가 줄어질 적

푸다 :	퍼	펐다	뜨다 :	떠	떴다
끄다 :	꺼	껐다	크다 :	커	컸다
담그다 :	담가	담갔다	고프다 :	고파	고팠다
따르다 :	따라	따랐다	바쁘다 :	바빠	바빴다

5. 어간의 끝 'ㄷ'이 'ㄹ'로 바뀔 적

걷다[步] :	걸어	걸으니	걸었다
듣다[聽] :	들어	들으니	들었다
묻다[問] :	물어	물으니	물었다
싣다[載] :	실어	실으니	실었다

6. 어간의 끝 'ㅂ'이 'ㅜ'로 바뀔 적

깁다 :	기워	기우니	기웠다
굽다[炙] :	구워	구우니	구웠다
가깝다 :	가까워	가까우니	가까웠다

괴롭다 :	괴로워	괴로우니	괴로웠다
맵다 :	매워	매우니	매웠다
무겁다 :	무거워	무거우니	무거웠다
밉다 :	미워	미우니	미웠다
쉽다 :	쉬워	쉬우니	쉬웠다

다만, '돕-, 곱-'과 같은 단음절 어간에 어미 '-아'가 결합되어 '와'로 소리나는 것은 '-와'로 적는다.

돕다[助] :	도와	도와서	도와도	도왔다
곱다[麗] :	고와	고와서	고와도	고왔다

7. '하다'의 활용에서 어미 '-아'가 '-여'로 바뀔 적

하다 :	하여	하여서	하여도	하여라	하였다

8. 어간의 끝 음절 '르' 뒤에 오는 어미 '-어'가 '-러'로 바뀔 적

이르다[到] :	이르러	이르렀다	누르다 :	누르러	누르렀다
노르다 :	노르러	노르렀다	푸르다 :	푸르러	푸르렀다

9. 어간의 끝 음절 '르'의 'ㅡ'가 줄고, 그 뒤에 오는 어미 '-아/-어'가 '-라/-러'로 바뀔 적

가르다 :	갈라	갈랐다	부르다 :	불러	불렀다
거르다 :	걸러	걸렀다	오르다 :	올라	올랐다
구르다 :	굴러	굴렀다	이르다 :	일러	일렀다
벼르다 :	별러	별렀다	지르다 :	질러	질렀다

제3절 접미사가 붙어서 된 말.

제19항 어간에 '-이'나 '-음/-ㅁ'이 붙어서 명사로 된 것과 '-이'나 '-히'가 붙어서 부사로 된 것은 그 어간의 원형을 밝히어 적는다.

1. '-이'가 붙어서 명사로 된 것

길이	깊이	높이	다듬이	땀받이	달맞이
먹이	미닫이	벌이	벼훑이	살림살이	쇠붙이

2. '-음/-ㅁ'이 붙어서 명사로 된 것

걸음	묶음	믿음	얼음	엮음	울음
웃음	졸음	죽음	앎	만듦	

3. '-이'가 붙어서 부사로 된 것

같이	굳이	길이	높이	많이	실없이
좋이	짓궂이				

4. '-히'가 붙어서 부사로 된 것

밝히	익히	작히

다만, 어간에 '-이'나 '-음'이 붙어서 명사로 바뀐 것이라도 그 어간의 뜻과 멀어진 것은 원형을 밝히어 적지 아니한다.

굽도리	다리[髢]	목거리(목병)	무녀리
코끼리	거름(비료)	고름[膿]	노름(도박)

[붙임] 어간에 '-이'나 '-음' 이외의 모음으로 시작된 접미사가 붙어서 다른 품사로 바뀐 것은 그 어간의 원형을 밝히어 적지 아니한다.

(1) 명사로 바뀐 것

귀머거리	까마귀	너머	뜨더귀	마감	마개
마중	무덤	비렁뱅이	쓰레기	올가미	주검

(2) 부사로 바뀐 것

거뭇거뭇	너무	도로	뜨덤뜨덤	바투
불긋불긋	비로소	오긋오긋	자주	차마

(3) 조사로 바뀌어 뜻이 달라진 것

   나마   부터   조차

제20항 명사 뒤에 '-이'가 붙어서 된 말은 그 명사의 원형을 밝히어 적는다.

   1. 부사로 된 것

   곳곳이   낱낱이   몫몫이   샅샅이   앞앞이   집집이

   2. 명사로 된 것

   곰배팔이   바둑이   삼발이   애꾸눈이   육손이
   절뚝발이/절름발이

   [붙임] '-이' 이외의 모음으로 시작된 접미사가 붙어서 된 말은 그 명사의
         원형을 밝히어 적지 아니한다.

   꼬락서니   끄트머리   모가치   바가지   바깥   사타구니
   싸라기   이파리   지붕   지푸라기   짜개

제21항 명사나 혹은 용언의 어간 뒤에 자음으로 시작된 접미사가 붙어서 된 말
        은 그 명사나 어간의 원형을 밝히어 적는다.

   1. 명사 뒤에 자음으로 시작된 접미사가 붙어서 된 것

   값지다   홑지다   넋두리   빛깔   옆댕이   잎사귀

   2. 어간 뒤에 자음으로 시작된 접미사가 붙어서 된 것

   낚시   늙정이   덮개   뜯개질
   갉작갉작하다 갉작거리다   뜯적거리다   뜯적뜯적하다
   굵다랗다   굵직하다   깊숙하다   넓적하다
   높다랗다   늙수그레하다   얽죽얽죽하다

   다만, 다음과 같은 말은 소리대로 적는다.

(1) 겹받침의 끝소리가 드러나지 아니하는 것

할짝거리다　널따랗다　널찍하다　말끔하다　말쑥하다　말짱하다
실쭉하다　실큼하다　얄따랗다　얄팍하다　짤따랗다　짤막하다
실컷

(2) 어원이 분명하지 아니하거나 본뜻에서 멀어진 것

넙치　　올무　　골막하다　　납작하다

제22항 용언의 어간에 다음과 같은 접미사들이 붙어서 이루어진 말들은 그 어간을 밝히어 적는다.

1. '-기-, -리-, -이-, -히-, -구-, -우-, -추-, -으키-, -이키-, -애-'가 붙는 것

맡기다　옮기다　웃기다　쫓기다　뚫리다　울리다
낚이다　쌓이다　핥이다　굳히다　굽히다　넓히다
앉히다　얽히다　잡히다　돋구다　솟구다　돋우다
갖추다　곧추다　맞추다　일으키다　돌이키다　없애다

다만, '-이-, -히-, -우-'가 붙어서 된 말이라도 본뜻에서 멀어진 것은 소리대로 적는다.

도리다(칼로 ~)　　드리다(용돈을 ~)　　고치다
바치다(세금을 ~)　　부치다(편지를 ~)　　거두다
미루다　　　　　　　이루다

2. '-치-, -뜨리-/-트리-'가 붙는 것

놓치다　　　　　　덮치다　　　　　　떠받치다
받치다　　　　　　밭치다　　　　　　부딪치다
뻗치다　　　　　　엎치다　　　　　　부딪뜨리다/부딪트리다
쏜뜨리다/쏜트리다　젖뜨리다/젖트리다　찢뜨리다/찢트리다
흩뜨리다/흩트리다

[붙임] '-업-, -읍-, -브-'가 붙어서 된 말은 소리대로 적는다.

미덥다   우습다   미쁘다

제23항 '-하다'나 '-거리다'가 붙는 어근에 '-이'가 붙어서 명사가 된 것은 그 원형을 밝히어 적는다. (ㄱ을 취하고, ㄴ을 버림)

ㄱ	ㄴ	ㄱ	ㄴ
깔쭉이	깔쭈기	살살이	살사리
꿀꿀이	꿀구리	쌕쌕이	쌕쌔기
눈깜짝이	눈깜짜기	오뚝이	오뚜기
더펄이	더퍼리	코납작이	코납자기
배불뚝이	배불뚜기	푸석이	푸서기
삐죽이	삐주기	홀쭉이	홀쭈기

[붙임] '-하다'나 '-거리다'가 붙을 수 없는 어근에 '-이'나 또는 다른 모음으로 시작되는 접미사가 붙어서 명사가 된 것은 그 원형을 밝히어 적지 아니한다.

개구리	귀뚜라미	기러기	깍두기	꽹과리	날라리
누더기	동그라미	두드러기	딱따구리	매미	부스러기
뻐꾸기	얼루기	칼싹두기			

제24항 '-거리다'가 붙을 수 있는 시늉말 어근에 '-이다'가 붙어서 된 용언은 그 어근을 밝히어 적는다. (ㄱ을 취하고, ㄴ을 버림)

ㄱ	ㄴ	ㄱ	ㄴ
깜짝이다	깜짜기다	속삭이다	속사기다
꾸벅이다	꾸버기다	숙덕이다	숙더기다
끄덕이다	끄더기다	울먹이다	울머기다
뒤척이다	뒤처기다	움직이다	움지기다
들먹이다	들머기다	지껄이다	지꺼리다
망설이다	망서리다	퍼덕이다	퍼더기다
번득이다	번드기다	허덕이다	허더기다
번쩍이다	번쩌기다	헐떡이다	헐떠기다

제25항 '-하다'가 붙는 어근에 '-히'나 '-이'가 붙어서 부사가 되거나, 부사에 '-이'가
붙어서 뜻을 더하는 경우에는 그 어근이나 부사의 원형을 밝히어 적는다.

　1. '-하다'가 붙는 어근에 '-히'나 '-이'가 붙는 경우

　　　급히　　꾸준히　　도저히　　딱히　　어렴풋이　　깨끗이

　[붙임] '-하다'가 붙지 않는 경우에는 소리대로 적는다.

　　　갑자기　　반드시(꼭)　　슬며시

　2. 부사에 '-이'가 붙어서 역시 부사가 되는 경우

　　　곰곰이　　더욱이　　생긋이　　오뚝이　　일찍이　　해죽이

제26항 -하다'나 '- 없다'가 붙어서 된 용언은 그 '-하다'나 '없다'를 밝히어 적는다.

　1. '-하다'가 붙어서 용언이 된 것

　　　딱하다　　숱하다　　착하다　　텁텁하다　　푹하다

　2. '-없다'가 붙어서 용언이 된 것

　　　부질없다　　상없다　　시름없다　　열없다　　하염없다

제4절　합성어 및 접두사가 붙은 말

제27항 둘 이상의 단어가 어울리거나 접두사가 붙어서 이루어진 말은 각각 그
원형을 밝히어 적는다.

국말이	꺾꽂이	꽃잎	끝장	물난리
밑천	부엌일	싫증	옷안	웃옷
젖몸살	첫아들	칼날	팥알	헛웃음
홀아비	홑몸	흙내		
값없다	겉늙다	굶주리다	낮잡다	맞먹다
받내다	벋놓다	빗나가다	빛나다	새파랗다

샛노랗다   시꺼멓다   싯누렇다   엇나가다   엎누르다
엿듣다   옻오르다   짓이기다   헛되다

[붙임 1] 어원은 분명하나 소리만 특이하게 변한 것은 변한 대로 적는다.

할아버지   할아범

[붙임 2] 어원이 분명하지 아니한 것은 원형을 밝히어 적지 아니한다.

골병   골탕   끌탕   며칠   아재비
오라비   업신여기다   부리나케

[붙임 3] '이[齒, 虱]'가 합성어나 이에 준하는 말에서 '니' 또는 '리'로 소리
날 때에는 '니'로 적는다.

간니   덧니   사랑니   송곳니   앞니
어금니   윗니   젖니   톱니   틀니
가랑니   머릿니

제28항 끝소리가 'ㄹ'인 말과 딴 말이 어울릴 적에 'ㄹ' 소리가 나지 아니한 것은
아니 나는 대로 적는다.

　　　다달이(달-달-이)　　　따님(딸-님)　　　마되(말-되)
　　　마소(말-소)　　　무자위(물-자위)　　　바느질(바늘-질)
　　　부나비(불-나비)　　　부삽(불-삽)　　　부손(불-손)
　　　소나무(솔-나무)　　　싸전(쌀-전)　　　여닫이(열-닫이)
　　　우짖다(울-짖다)　　　화살(활-살)

제29항 끝소리가 'ㄹ'인 말과 딴 말이 어울릴 적에 'ㄹ' 소리가 'ㄷ' 소리로 나는
것은 'ㄷ'으로 적는다.

　　　반짇고리(바느질~)　　　사흗날(사흘~)　　　삼짇날(삼질~)
　　　섣달(설~)　　　숟가락(술~)　　　이튿날(이틀~)
　　　잗주름(잘~)　　　푿소(풀~)　　　섣부르다(설~)
　　　잗다듬다(잘~)　　　잗다랗다(잘~)

제30항 사이시옷은 다음과 같은 경우에 받치어 적는다.

  1. 순 우리말로 된 합성어로서 앞말이 모음으로 끝난 경우

  (1) 뒷말의 첫소리가 된소리로 나는 것

고랫재	귓밥	나룻배	나뭇가지	냇가	댓가지
뒷갈망	맷돌	머릿기름	모깃불	못자리	바닷가
뱃길	볏가리	부싯돌	선짓국	쇳조각	아랫집
우렁잇속	잇자국	잿더미	조갯살	찻집	쳇바퀴
킷값	핏대	햇볕	혓바늘		

  (2) 뒷말의 첫소리 'ㄴ, ㅁ' 앞에서 'ㄴ' 소리가 덧나는 것

멧나물	아랫니	텃마당	아랫마을	뒷머리
잇몸	깻묵	냇물	빗물	

  (3) 뒷말의 첫소리 모음 앞에서 'ㄴㄴ' 소리가 덧나는 것

도리깻열	뒷윷	두렛일	뒷일	뒷입맛
베갯잇	욧잇	깻잎	나뭇잎	댓잎

  2. 순 우리말과 한자어로 된 합성어로서 앞말이 모음으로 끝난 경우

  (1) 뒷말의 첫소리가 된소리로 나는 것

귓병	머릿방	뱃병	봇둑	사잣밥
샛강	아랫방	자릿세	전셋집	찻잔
찻종	촛국	콧병	탯줄	텃세
핏기	햇수	횟가루	횟배	

  (2) 뒷말의 첫소리 'ㄴ, ㅁ' 앞에서 'ㄴ' 소리가 덧나는 것

곗날	제삿날	훗날	툇마루	양칫물

  (3) 뒷말의 첫소리 모음 앞에서 'ㄴㄴ'소리가 덧나는 것

가욋일	사삿일	예삿일	훗일

3. 두 음절로 된 다음 한자어

곳간(庫間) 셋방(貰房) 숫자(數字) 찻간(車間) 툇간(退間) 횟수(回數)

제31항 두 말이 어울릴 적에 'ㅂ' 소리나 'ㅎ' 소리가 덧나는 것은 소리대로 적는다.

1. 'ㅂ' 소리가 덧나는 것

댑싸리(대ㅂ싸리)   멥쌀(메ㅂ쌀)   볍씨(벼ㅂ씨)
입때(이ㅂ때)   입쌀(이ㅂ쌀)   접때(저ㅂ때)
좁쌀(조ㅂ쌀)   햅쌀(해ㅂ쌀)

2. 'ㅎ' 소리가 덧나는 것

머리카락(머리ㅎ가락)   살코기(살ㅎ고기)   수캐(수ㅎ개)
수컷(수ㅎ것)   수탉(수ㅎ닭)   안팎(안ㅎ밖)
암캐(암ㅎ개)   암컷(암ㅎ것)   암탉(암ㅎ닭)

제5절 준말

제32항 단어의 끝 모음이 줄어지고 자음만 남은 것은 그 앞의 음절에 받침으로 적는다.

본말	준말	본말	준말
기러기야	기럭아	온가지	온갖
어제그저께	엊그저께	가지고, 가지지	갖고, 갖지
어제저녁	엊저녁	디디고, 디디지	딛고, 딛지

제33항 체언과 조사가 어울려 줄어지는 경우에는 준 대로 적는다.

본말	준말	본말	준말
그것은	그건	너는	넌
그것이	그게	너를	널
그것으로	그걸로	무엇을	뭣을/무얼/뭘
나는	난	무엇이	뭣이/무에

나를   날

제34항 모음 'ㅏ, ㅓ'로 끝난 어간에 '-아/-어, -았-/-었-'이 어울릴 적에는 준 대로 적는다.

본말	준말	본말	준말
가아	가	가았다	갔다
나아	나	나았다	났다
타아	타	타았다	탔다
서어	서	서었다	섰다
켜어	켜	켜었다	켰다
펴어	펴	펴었다	폈다

[붙임 1] 'ㅐ, ㅔ' 뒤에 '-어, -었-'이 어울려 줄 적에는 준 대로 적는다.

본말	준말	본말	준말
개어	개	개었다	갰다
내어	내	내었다	냈다
베어	베	베었다	벴다
세어	세	세었다	셌다

[붙임 2] '하여'가 한 음절로 줄어서 '해'로 될 적에는 준 대로 적는다.

본말	준말	본말	준말
하여	해	하였다	했다
더하여	더해	더하였다	더했다
흔하여	흔해	흔하였다	흔했다

제35항 모음 'ㅗ, ㅜ'로 끝난 어간에 '-아/-어, -았-/-었-'이 어울려 'ㅘ/ㅝ, 왔/웠'으로 될 때에는 준 대로 적는다.

본말	준말	본말	준말
꼬아	꽈	꼬았다	꽜다
보아	봐	보았다	봤다
쏘아	쏴	쏘았다	쐈다

두어	둬	두었다	뒀다
쑤어	쒀	쑤었다	쒔다
주어	줘	주었다	줬다

[붙임 1] '놓아'가 '놔'로 줄 적에는 준 대로 적는다.

[붙임 2] 'ㅚ' 뒤에 '-어, -었-'이 어울려 '왜, 쌨'으로 될 적에도 준 대로 적는다.

본말	준말	본말	준말
괴어	괘	괴었다	괬다
되어	돼	되었다	됐다
뵈어	봬	뵈었다	뵀다
쇠어	쇄	쇠었다	쇘다
쐬어	쐐	쐬었다	쐤다

제36항 'ㅣ' 뒤에 '-어'가 와서 'ㅕ'로 줄 적에는 준 대로 적는다.

본말	준말	본말	준말
가지어	가져	가지었다	가졌다
견디어	견뎌	견디었다	견뎠다
다니어	다녀	다니었다	다녔다
막히어	막혀	막히었다	막혔다
버티어	버텨	버티었다	버텼다
치이어	치여	치이었다	치였다

제37항 'ㅏ, ㅕ, ㅗ, ㅜ, ㅡ'로 끝난 어간에 '-이-'가 와서 각각 'ㅐ, ㅖ, ㅚ, ㅟ, ㅢ'로 줄 적에는 준 대로 적는다.

본말	준말	본말	준말
싸이다	쌔다	누이다	뉘다
펴이다	폐다	뜨이다	띄다
보이다	뵈다	쓰이다	씌다

제38항 '卜, ㅗ, ㅜ, ㅡ' 뒤에 '-이어'가 어울려 줄어질 적에는 준 대로 적는다.

본말	준말		본말	준말	
싸이어	쌔어	싸여	뜨이어	띄어	
보이어	뵈어	보여	쓰이어	씌어	쓰여
쏘이어	쐬어	쏘여	트이어	틔어	트여
누이어	뉘어	누여			

제39항 어미 '-지' 뒤에 '않-'이 어울려 '-잖-'이 될 적과 '-하지' 뒤에 '않-'이 어울려 '찮-'이 될 적에는 준 대로 적는다.

본말	준말	본말	준말
그렇지 않은	그렇잖은	만만하지 않다	만만찮다
적지 않은	적잖은	변변하지 않다	변변찮다

제40항 어간의 끝 음절 '하'의 '卜'가 줄고 'ㅎ'이 다음 음절의 첫소리와 어울려 거센소리로 될 적에는 거센소리로 적는다.

본말	준말	본말	준말
간편하게	간편케	다정하다	다정타
연구하도록	연구토록	정결하다	정결타
가하다	가타	흔하다	흔타

[붙임 1] 'ㅎ'이 어간의 끝소리로 굳어진 것은 받침으로 적는다.

않다	않고	않지	않든지
그렇다	그렇고	그렇지	그렇든지
아무렇다	아무렇고	아무렇지	아무렇든지
어떻다	어떻고	어떻지	어떻든지
이렇다	이렇고	이렇지	이렇든지
저렇다	저렇고	저렇지	저렇든지

[붙임 2] 어간의 끝 음절 '하'가 아주 줄 적에는 준 대로 적는다.

본말	준말	본말	준말
거북하지	거북지	생각하다 못하여	생각다 못해
생각하건대	생각건대	깨끗하지 않다	깨끗지 않다
넉넉하지 않다	넉넉지 않다	섭섭하지 않다	섭섭지 않다
못하지 않다	못지않다	익숙하지 않다	익숙지 않다

[붙임 3] 다음과 같은 부사는 소리대로 적는다.

결단코	결코	기필코	무심코	아무튼
요컨대	정녕코	필연코	하마터면	하여튼
한사코				

제 5 장   띄어쓰기

제1절   조사

제41항 조사는 그 앞말에 붙여 쓴다.

꽃이	꽃마저	꽃밖에	꽃에서부터	꽃으로만
꽃이나마	꽃이다	꽃입니다	꽃처럼	어디까지나
거기도	멀리는	웃고만		

제2절   의존 명사, 단위를 나타내는 명사 및 열거하는 말 등

제42항 의존 명사는 띄어 쓴다.

아는 것이 힘이다.	나도 할 수 있다.
먹을 만큼 먹어라.	아는 이를 만났다.
네가 뜻한 바를 알겠다.	그가 떠난 지가 오래다.

제43항 단위를 나타내는 명사는 띄어 쓴다.

한 개	차 한 대	금 서 돈

소 한 마리	옷 한 벌	열 살
조기 한 손	연필 한 자루	버선 한 죽
집 한 채	신 두 켤레	북어 한 쾌

다만, 순서를 나타내는 경우나 숫자와 어울리어 쓰이는 경우에는 붙여 쓸 수 있다.

두시 삼십분 오초	제일과	삼학년	육층
1446년 10월 9일	2대대	16동 502호	제1어학실습실
80원	10개	7미터	

제44항 수를 적을 적에는 '만(萬)' 단위로 띄어 쓴다.

십이억 삼천사백오십육만 칠천팔백구십팔
12억 3456만 7898

제45항 두 말을 이어 주거나 열거할 적에 쓰이는 다음의 말들은 띄어 쓴다.

국장 겸 과장	열 내지 스물
청군 대 백군	책상, 걸상 등이 있다.
이사장 및 이사들	사과, 배, 귤 등등
사과, 배 등속	부산, 광주 등지

제46항 단음절로 된 단어가 연이어 나타날 적에는 붙여 쓸 수 있다.

그때 그곳   좀더 큰것   이말 저말   한잎 두잎

제3절 보조 용언

제47항 보조 용언은 띄어 씀을 원칙으로 하되, 경우에 따라 붙여 씀도 허용한 다.(ㄱ을 원칙으로 하고, ㄴ을 허용함)

ㄱ	ㄴ
불이 꺼져 간다.	불이 꺼져간다.
내 힘으로 막아 낸다.	내 힘으로 막아낸다.
어머니를 도와 드린다.	어머니를 도와드린다.
그릇을 깨뜨려 버렸다.	그릇을 깨뜨려버렸다.
비가 올 듯하다.	비가 올듯하다.
그 일은 할 만하다.	그 일은 할만하다.
일이 될 법하다.	일이 될법하다.
비가 올 성싶다.	비가 올성싶다.
잘 아는 척한다.	잘 아는척한다.

다만, 앞말에 조사가 붙거나 앞말이 합성 동사인 경우, 그리고 중간에 조사가 들어갈 적에는 그 뒤에 오는 보조 용언은 띄어 쓴다.

잘도 놀아만 나는구나!	책을 읽어도 보고….
네가 덤벼들어 보아라.	강물에 떠내려가 버렸다.
그가 올 듯도 하다.	잘난 체를 한다.

제4절 고유 명사 및 전문 용어

제48항 성과 이름, 성과 호 등은 붙여 쓰고, 이에 덧붙는 호칭어, 관직명 등은 띄어 쓴다.

김양수(金良洙)	서화담(徐花潭)	채영신 씨
최치원 선생	박동식 박사	충무공 이순신 장군

다만, 성과 이름, 성과 호를 분명히 구분할 필요가 있을 경우에는 띄어 쓸 수 있다.

남궁억/남궁 억	독고준/독고 준	황보지봉(皇甫芝峰)/황보 지봉

제49항 성명 이외의 고유명사는 단어별로 띄어 씀을 원칙으로 하되, 단위별로 띄어 쓸 수 있다. (ㄱ을 원칙으로 하고, ㄴ을 허용함)

ㄱ	ㄴ
대한 중학교	대한중학교
한국 대학교 사범 대학	한국대학교 사범대학

제50항 전문 용어는 단어별로 띄어 씀을 원칙으로 하되, 붙여 쓸 수 있다.
(ㄱ을 원칙으로 하고, ㄴ을 허용함)

ㄱ	ㄴ
만성 골수성 백혈병	만성골수성백혈병
중거리 탄도 유도탄	중거리탄도유도탄

제 6 장 그 밖의 것

제51항 부사의 끝 음절이 분명히 '이'로만 나는 것은 '-이'로 적고, '히'로만 나거
나 '이'나 '히'로 나는 것은 '-히'로 적는다.

1. '이'로만 나는 것

가붓이	깨끗이	나붓이	느긋이	둥긋이
따뜻이	반듯이	버젓이	산뜻이	의젓이
가까이	고이	날카로이	대수로이	번거로이
많이	적이	헛되이	겹겹이	번번이
일일이	집집이	틈틈이		

2. '히'로만 나는 것

극히	급히	딱히	속히	작히
족히	특히	엄격히	정확히	

3. '이, 히'로 나는 것

솔직히	가만히	간편히	나른히	무단히
각별히	소홀히	쓸쓸히	정결히	과감히
꼼꼼히	심히	열심히	급급히	답답히

섭섭히	공평히	능히	당당히	분명히
상당히	조용히	간소히	고요히	도저히

제52항 한자어에서 본음으로도 나고 속음으로도 나는 것은 각각 그 소리에 따라 적는다.

본음으로 나는 것	속음으로 나는 것
승낙(承諾)	수락(受諾), 쾌락(快諾), 허락(許諾)
만난(萬難)	곤란(困難), 논란(論難)
안녕(安寧)	의령(宜寧), 회령(會寧)
분노(忿怒)	대로(大怒), 희로애락(喜怒哀樂)
토론(討論)	의논(議論)
오륙십(五六十)	오뉴월, 유월(六月)
목재(木材)	모과(木瓜)
십일(十日)	시방정토(十方淨土), 시왕(十王), 시월(十月)
팔일(八日)	초파일(初八日)

제53항 다음과 같은 어미는 예사소리로 적는다. (ㄱ을 취하고, ㄴ을 버림)

ㄱ	ㄴ	ㄱ	ㄴ
-(으)ㄹ거나	-(으)ㄹ꺼나	-(으)ㄹ지니라	-(으)ㄹ찌니라
-(으)ㄹ걸	-(으)ㄹ껄	-(으)ㄹ지라도	-(으)ㄹ찌라도
-(으)ㄹ게	-(으)ㄹ께	-(으)ㄹ지어다	-(으)ㄹ찌어다
-(으)ㄹ세	-(으)ㄹ쎄	-(으)ㄹ지언정	-(으)ㄹ찌언정
-(으)ㄹ세라	-(으)ㄹ쎄라	-(으)ㄹ진대	-(으)ㄹ찐대
-(으)ㄹ수록	-(으)ㄹ쑤록	-(으)ㄹ진저	-(으)ㄹ찐저
-(으)ㄹ시	-(으)ㄹ씨	-올시다	-올씨다
-(으)ㄹ지	-(으)ㄹ찌		

다만, 의문을 나타내는 다음 어미들은 된소리로 적는다.

-(으)ㄹ까? -(으)ㄹ꼬? -(스)ㅂ니까? -(으)리까? -(으)ㄹ쏘냐?

제54항 다음과 같은 접미사는 된소리로 적는다. (ㄱ을 취하고, ㄴ을 버림)

ㄱ	ㄴ	ㄱ	ㄴ
심부름꾼	심부름군	지게꾼	지겟군
익살꾼	익살군	때깔	땟갈
일꾼	일군	빛깔	빛갈
장꾼	장군	성깔	성갈
장난꾼	장난군	귀때기	귓대기
볼때기	볼대기	이마빼기	이맛배기
판자때기	판잣대기	코빼기	콧배기
뒤꿈치	뒤굼치	객쩍다	객적다
팔꿈치	팔굼치	겸연쩍다	겸연적다

제55항 두 가지로 구별하여 적던 다음 말들은 한 가지로 적는다. (ㄱ을 취하고, ㄴ을 버림)

ㄱ	ㄴ
맞추다(입을 맞춘다. 양복을 맞춘다)	마추다
뻗치다(다리를 뻗친다. 멀리 뻗친다)	뻐치다

제56항 '-더라, -던'과 '-든지'는 다음과 같이 적는다.

1. 지난 일을 나타내는 어미는 '-더라, -던'으로 적는다. (ㄱ을 취하고, ㄴ을 버림)

ㄱ	ㄴ
지난 겨울은 몹시 춥더라.	지난 겨울은 몹시 춥드라.
깊던 물이 얕아졌다.	깊든 물이 얕아졌다.
그렇게 좋던가?	그렇게 좋든가?
그 사람 말 잘하던데!	그 사람 말 잘하든데!
얼마나 놀랐던지 몰라.	얼마나 놀랐든지 몰라.

2. 물건이나 일의 내용을 가리지 아니하는 뜻을 나타내는 조사와 어미는 '(-)든지'로 적는다. (ㄱ을 취하고, ㄴ을 버림)

	ㄱ	ㄴ
	배든지 사과든지 마음대로 먹어라.	배던지 사과던지 마음대로 먹어라.
	가든지 오든지 마음대로 해라.	가던지 오던지 마음대로 해라.

제57항 다음 말들은 각각 구별하여 적는다.

가름	둘로 가름
갈음	새 책상으로 갈음하였다.
거름	풀을 썩인 거름
걸음	빠른 걸음
거치다	영월을 거쳐 왔다.
걷히다	외상값이 잘 걷힌다.
걷잡다	걷잡을 수 없는 상태
겉잡다	겉잡아서 이틀 걸릴 일
그러므로(그러니까)	그는 부지런하다. 그러므로 잘 산다.
그럼으로(써)	그는 열심히 공부한다. 그럼으로(써)
(그렇게 하는 것으로)	은혜에 보답한다.
노름	노름판이 벌어졌다.
놀음(놀이)	즐거운 놀음
느리다	진도가 너무 느리다.
늘이다	고무줄을 늘인다.
늘리다	수출량을 더 늘린다.
다리다	옷을 다린다.
달이다	약을 달인다.
다치다	부주의로 손을 다쳤다.
닫히다	문이 저절로 닫혔다.
닫치다	문을 힘껏 닫쳤다.

마치다	벌써 일을 마쳤다.
맞히다	여러 문제를 더 맞혔다.
목거리	목거리가 덧났다.
목걸이	금 목걸이, 은 목걸이
바치다	나라를 위해 목숨을 바쳤다.
받치다	우산을 받치고 간다.
	책받침을 받친다.
받히다	쇠뿔에 받혔다.
밭치다	술을 체에 밭친다.
반드시	약속은 반드시 지켜라.
반듯이	고개를 반듯이 들어라.
부딪치다	차와 차가 마주 부딪쳤다.
부딪히다	마차가 화물차에 부딪혔다.
부치다	힘이 부치는 일이다.
	편지를 부친다.
	논밭을 부친다.
	빈대떡을 부친다.
	식목일에 부치는 글
	회의에 부치는 안건
	인쇄에 부치는 원고
	삼촌 집에 숙식을 부친다.
붙이다	우표를 붙인다.
	책상을 붙였다.
	흥정을 붙인다.
	불을 붙인다.
	감시원을 붙인다.
	조건을 붙인다.
	취미를 붙인다.
	별명을 붙인다.

시키다	일을 시킨다.
식히다	끓인 물을 식힌다.
아름	세 아름 되는 둘레
알음	전부터 알음이 있는 사이
앎	앎이 힘이다.
안치다	밥을 안친다.
앉히다	윗자리에 앉힌다.
어름	경계선 어름에서 일어난 현상
얼음	얼음이 얼었다.
이따가	이따가 오너라.
있다가	돈은 있다가도 없다.
저리다	다친 다리가 저린다.
절이다	김장 배추를 절인다.
조리다	생선을 조린다. 통조림, 병조림
졸이다	마음을 졸인다.
주리다	여러 날을 주렸다.
줄이다	비용을 줄인다.
하노라고	하노라고 한 것이 이 모양이다.
하느라고	공부하느라고 밤을 새웠다.
-느니보다(어미)	나를 찾아 오느니보다 집에 있거라.
-는 이보다(의존 명사)	오는 이가 가는 이보다 많다.
-(으)리만큼(어미)	나를 미워하리만큼 그에게 잘못한 일이 없다.
-(으)ㄹ 이만큼(의존 명사)	찬성할 이도 반대할 이만큼이나 많을 것이다.
-(으)러 (목적)	공부하러 간다.
-(으)려 (의도)	서울 가려 한다.

-(으)로서 (자격)	사람으로서 그럴 수는 없다.
-(으)로써 (수단)	닭으로써 꿩을 대신했다.
-(으)므로(어미)	그가 나를 믿으므로 나도 그를 믿는다.
(-ㅁ, -음)으로(써)(조사)	그는 믿음으로(써) 산 보람을 느꼈다.

문장 부호

문장 부호의 이름과 그 사용법은 다음과 같이 정한다.

Ⅰ. 마침표[終止符]

1. 온점(.), 고리점(。)

가로쓰기에는 온점, 세로쓰기에는 고리점을 쓴다.

(1) 서술, 명령, 청유 등을 나타내는 문장의 끝에 쓴다.

젊은이는 나라의 기둥이다.
황금 보기를 돌같이 하라.
집으로 돌아가자.

다만, 표제어나 표어에는 쓰지 않는다.

압록강은 흐른다(표제어)
꺼진 불도 다시 보자(표어)

(2) 아라비아 숫자만으로 연월일을 표시할 적에 쓴다.

1919. 3. 1. (1919년 3월 1일)

(3) 표시 문자 다음에 쓴다.

1. 마침표   ㄱ. 물음표   가. 인명

(4) 준말을 나타내는 데 쓴다.

서. 1987. 3. 5.(서기)

2. 물음표(?)

의심이나 물음을 나타낸다.

(1) 직접 질문할 때에 쓴다.

이제 가면 언제 돌아오니?
이름이 뭐지?

(2) 반어나 수사 의문(修辭疑問)을 나타낼 때 쓴다.

제가 감히 거역할 리가 있습니까?
이게 은혜에 대한 보답이냐?
남북 통일이 되면 얼마나 좋을까?

(3) 특정한 어구 또는 그 내용에 대하여 의심이나 빈정거림, 비웃음 등을
표시할 때, 또는 적절한 말을 쓰기 어려운 경우에 소괄호 안에 쓴다.

그것 참 훌륭한(?) 태도야.
우리 집 고양이가 가출(?)을 했어요.

[붙임 1] 한 문자에서 몇 개의 선택적인 물음이 겹쳤을 때에는 맨 끝의
물음에만 쓰지만, 각각 독립된 물음인 경우에는 물음마다 쓴다.

너는 한국인이냐, 중국인이냐?
너는 언제 왔니? 어디서 왔니? 무엇하러?

[붙임 2] 의문형 어미로 끝나는 문장이라도 의문의 정도가 약할 때에는
물음표 대신 온점(또는 고리점)을 쓸 수도 있다.

이 일을 도대체 어쩐단 말이냐.
아무도 그 일에 찬성하지 않을 거야. 혹 미친 사람이면 모를까.

3. 느낌표(!)

감탄이나 놀람, 부르짖음, 명령 등 강한 느낌을 나타낸다.

(1) 느낌을 힘차게 나타내기 위해 감탄사나 감탄형 종결어미 다음에 쓴다.

앗!
아, 달이 밝구나!

(2) 강한 명령문 또는 청유문에 쓴다.

지금 즉시 대답해!
부디 몸조심하도록!

(3) 감정을 넣어 다른 사람을 부르거나 대답할 적에 쓴다.

춘향아!
예, 도련님!

(4) 물음의 말로써 놀람이나 항의의 뜻을 나타내는 경우에 쓴다.

이게 누구야!
내가 왜 나빠!

[붙임] 감탄형 어미로 끝나는 문장이라도 감탄의 정도가 약할 때에는 느낌표 대신 온점(또는 고리점)을 쓸 수도 있다.

개구리가 나온 것을 보니, 봄이 오긴 왔구나.

Ⅱ. 쉼표[休止符]

1. 반점(,), 모점(、)

가로쓰기에는 반점, 세로쓰기에는 모점을 쓴다.
문장 안에서 짧은 휴지를 나타낸다.

⑴ 같은 자격의 어구가 열거될 때에 쓴다.

근면, 검소, 협동은 우리 겨레의 미덕이다.
충청도의 계룡산, 전라도의 내장산, 강원도의 설악산은 모두 국립 공원이다.

다만, 조사로 연결될 적에는 쓰지 않는다.

매화와 난초와 국화와 대나무를 사군자라고 한다.

⑵ 짝을 지어 구별할 필요가 있을 때에 쓴다.

닭과 지네, 개와 고양이는 상극이다.

⑶ 바로 다음의 말을 꾸미지 않을 때에 쓴다.

슬픈 사연을 간직한, 경주 불국사의 무영탑
성질 급한, 철수의 누이동생이 화를 내었다.

⑷ 대등하거나 종속적인 절이 이어질 때에 절 사이에 쓴다.

콩 심으면 콩 나고, 팥 심으면 팥 난다.
흰 눈이 내리니, 경치가 더욱 아름답다.

⑸ 부르는 말이나 대답하는 말 뒤에 쓴다.

애야, 이리 오너라.
예, 지금 가겠습니다.

⑹ 제시어 다음에 쓴다.

빵, 이것이 인생의 전부이더냐?
용기, 이것이야말로 무엇과도 바꿀 수 없는 젊은이의 자산이다.

⑺ 도치된 문장에 쓴다.

이리 오세요, 어머님.
다시 보자, 한강수야.

(8) 가벼운 감탄을 나타내는 말 뒤에 쓴다.

　아, 깜빡 잊었구나.

(9) 문장 첫머리의 접속이나 연결을 나타내는 말 다음에 쓴다.

　첫째, 몸이 튼튼해야 된다.
　아무튼, 나는 집에 돌아가겠다.

　다만, 일반적으로 쓰이는 접속어(그러나, 그러므로, 그리고, 그런데, 등)
뒤에는 쓰지 않음을 원칙으로 한다.

　그러나 너는 실망할 필요가 없다.

(10) 문장 중간에 끼여든 구절 앞뒤에 쓴다.

　나는, 솔직히 말하면, 그 말이 별로 탐탁하지 않소.
　철수는 미소를 띠고, 속으로는 화가 치밀었지만, 그들을 맞았다.

(11) 되풀이를 피하기 위하여 한 부분을 줄일 때에 쓴다.

　여름에는 바다에서, 겨울에는 산에서 휴가를 즐겼다.

(12) 문맥상 끊어 읽어야 할 곳에 쓴다.

　갑돌이가 울면서, 떠나는 갑순이를 배웅했다.
　갑돌이가, 울면서 떠나는 갑순이를 배웅했다.
　철수가, 내가 제일 좋아하는 친구이다.
　남을 괴롭히는 사람들은, 만약 그들이 다른 사람에게 괴롭힘을 당해 본다면,
　남을 괴롭히는 일이 얼마나 나쁜 일인지 깨달을 것이다.

(13) 숫자를 나열할 때에 쓴다.

　1, 2, 3, 4

(14) 수의 폭이나 개략의 수를 나타낼 때에 쓴다.

　5, 6 세기　　　　　　　　6, 7 개

(15) 수의 자릿점을 나열할 때에 쓴다.

14,314

2. 가운뎃점(·)

열거된 여러 단위가 대등하거나 밀접한 관계임을 나타낸다.

(1) 쉼표로 열거된 어구가 다시 여러 단위로 나누어질 때에 쓴다.

철수·영이, 영수·순이가 서로 짝이 되어 윷놀이를 하였다.
공주·논산, 천안·아산·천원 등 각 지역구에서 2명씩 국회 의원을 뽑는다.
시장에 가서 사과·배·복숭아, 고추·마늘·조기·명태·고등어를 샀다.

(2) 특정한 의미를 가지는 날을 나타내는 숫자에 쓴다.

3·1 운동   8·15 광복

(3) 같은 계열의 단어 사이에 쓴다.

경북 방언의 조사·연구
충북·충남 두 도를 합하여 충청도라고 한다.
동사·형용사를 합하여 용언이라고 한다.

3. 쌍점(:)

(1) 내포되는 종류를 들 적에 쓴다.

문장 부호 : 마침표, 쉼표, 따옴표, 묶음표 등
문방사우 : 붓, 먹, 벼루, 종이

(2) 소표제 뒤에 간단한 설명이 붙을 때에 쓴다.

일시 : 1984년 10월 15일 10시
마침표 : 문장이 끝남을 나타낸다.

(3) 저자명 다음에 저서명을 적을 때에 쓴다.

정약용 : 목민심서, 경세유표
주시경 : 국어 문법, 서울 박문서관, 1910.

(4) 시(時)와 분(分), 장(章)과 절(節) 따위를 구별할 때나, 둘 이상을 대비할
때에 쓴다.

오전 10 : 20 (오전 10시 20분)
요한 3 : 16 (요한복음 3장 16절)
대비 65 : 60 (65대 60)

4. 빗금(/)

(1) 대응, 대립되거나 대등한 것을 함께 보이는 단어와 구, 절 사이에 쓴다.

남궁만/남궁 만   백이십오 원/125원
착한 사람/악한 사람   맞닥뜨리다/맞닥트리다

(2) 분수를 나타낼 때에 쓰기도 한다.

3/4 분기   3/20

Ⅲ. 따옴표[引用符]

1. 큰따옴표(" "), 겹낫표(『 』)

가로쓰기에는 큰따옴표, 세로쓰기에는 겹낫표를 쓴다.
대화, 인용, 특별 어구 따위를 나타낸다.

(1) 글 가운데서 직접 대화를 표시할 때에 쓴다.

"전기가 없었을 때는 어떻게 책을 보았을까?"
"그야 등잔불을 켜고 보았겠지."

(2) 남의 말을 인용할 경우에 쓴다.

예로부터 "민심은 천심이다."라고 하였다.
"사람은 사회적 동물이다."라고 말한 학자가 있다.

2. 작은 따옴표(' '), 낫표(「 」)

가로쓰기에는 작은따옴표, 세로쓰기에는 낫표를 쓴다.

(1) 따온 말 가운데 다시 따온 말이 들어 있을 때에 쓴다.

"여러분! 침착해야 합니다. '하늘이 무너져도 솟아날 구멍이 있다.'고 합니다."

(2) 마음 속으로 한 말을 적을 때에 쓴다.

'만약 내가 이런 모습으로 돌아간다면 모두들 깜짝 놀라겠지.'

[붙임] 문장에서 중요한 부분을 두드러지게 하기 위해 드러냄표 대신에
쓰기도 한다.

지금 필요한 것은 '지식'이 아니라 '실천'입니다.
'배부른 돼지'보다는 '배고픈 소크라테스'가 되겠다.

Ⅳ. 묶음표[括弧符]

1. 소괄호(( ))

(1) 언어, 연대, 주석, 설명 등을 넣을 적에 쓴다.

커피(coffee)는 기호 식품이다.
3 · 1 운동(1919) 당시 나는 중학생이었다.
'무정(無情)'은 춘원(6 · 25때 납북)의 작품이다.
니체(독일의 철학자)는 이렇게 말했다.

(2) 특히 기호 또는 기호적인 구실을 하는 문자, 단어, 구에 쓴다.

　(1) 주어　　　(ㄱ) 명사　　　(래) 소리에 관한 것

(3) 빈 자리임을 나타낼 적에 쓴다.

　우리나라의 수도는 (　)이다.

2. 중괄호({ })

여러 단위를 동등하게 묶어서 보일 때에 쓴다.

$$
\text{주격 조사} \begin{Bmatrix} 이 \\ 가 \end{Bmatrix} \qquad \text{국가의 삼 요소} \begin{Bmatrix} 국토 \\ 국민 \\ 주권 \end{Bmatrix}
$$

3. 대괄호(〔 〕)

(1) 묶음표 안의 말이 바깥 말과 음이 다를 때에 쓴다.

　나이[年歲]　　　낱말[單語]　　　手足[손발]

(2) 묶음표 안에 또 묶음표가 있을 때에 쓴다.

　명령에 있어서의 불확실[단호(斷乎)하지 못함.]은 복종에 있어서의 불확실 [모호(模糊)함.]을 낳는다.

Ⅴ. 이음표[連結符]

1. 줄표(─)

이미 말한 내용을 다른 말로 부연하거나 보충함을 나타낸다.

(1) 문장 중간에 앞의 내용에 대해 부연하는 말이 끼여들 때에 쓴다.

그 신동은 네 살에—보통 아이 같으면 천자문도 모를 나이에—벌써 시를 지었다.

(2) 앞 말을 정정 또는 변명하는 말이 이어질 때 쓴다.

어머님께 말했다가—아니, 말씀드렸다가—꾸중만 들었다.
이건 내 것이니까—아니, 내가 처음 발견한 것이니까—절대로 양보할 수가 없다.

2. 붙임표(‐)

(1) 사전, 논문 등에서 합성어를 나타낼 적에, 또는 접사나 어미임을 나타낼 적에 쓴다.

겨울-나그네   불-구경   손-발
휘-날리다   슬기-롭다   -(으)ㄹ걸

(2) 외래어와 고유어 또는 한자어가 결합되는 경우를 보일 때 쓴다.

나일론-실   다-장조   빛-에너지   염화-칼륨

3. 물결표(～)

(1) '내지'라는 뜻에 쓴다.

9월 15일 ～ 9월 25일

(2) 어떤 말의 앞이나 뒤에 들어갈 말 대신 쓴다.

새마을 : ～ 운동 ～ 노래
-가(家) : 음악～ 미술～

Ⅵ. 드러냄표[顯在符]

1. 드러냄표(˙ , ˚)

˙이나 ˚을 가로쓰기에는 글자 위에, 세로쓰기에는 글자 오른쪽에 쓴다. 문장 내용 중에서 주의가 미쳐야 할 곳이나 중요한 부분을 특별히 드러내 보일 때 쓴다.

> 한글의 본 이름은 훈민정음이다.
> 중요한 것은 왜 사느냐가 아니라 어떻게 사느냐 하는 문제이다.

[붙임] 가로쓰기에서는 밑줄(_____ , ‿‿‿‿‿)을 치기도 한다.

> 다음 보기에서 명사가 <u>아닌</u> 것은?

Ⅶ. 안드러냄표[潛在符]

1. 숨김표(××, ○○)

알면서도 고의로 드러내지 않음을 나타낸다.

(1) 금기어나 공공연히 쓰기 어려운 비속어의 경우, 그 글자의 수효만큼 쓴다.

> 배운 사람 입에서 어찌 ○○○란 말이 나올 수 있느냐?
> 그 말을 듣는 순간 ×××란 말이 목구멍까지 치밀었다.

(2) 비밀을 유지할 사항일 경우, 그 글자의 수효만큼 쓴다.

> 육군 ○○ 부대 ○○○명이 작전에 참가하였다.
> 그 모임의 참석자는 김 ×× 씨, 정 ×× 씨 등 5명이었다.

2. 빠짐표(□)

글자의 자리를 비워 둠을 나타낸다.

(1) 옛 비문이나 서적 등에서 글자가 분명하지 않을 때에 그 글자의 수효만큼 쓴다.

大師爲法主□□賴之大□薦 (옛 비문)

(2) 글자가 들어가야 할 자리를 나타낼 때 쓴다.

훈민정음의 초성 중에서 아음(牙音)은 □□□의 석 자다.

3. 줄임표(……)

(1) 할 말을 줄였을 때에 쓴다.

"어디 나하고 한 번……."
하고 철수가 나섰다.

(2) 말이 없음을 나타낼 때에 쓴다.

"빨리 말해!"
"……."

문교부 고시 제88-2호(1988.1.19)

II. 표준어 규정

제1부 표준어 사정 원칙

제1장 총 칙

제1항 표준어는 교양 있는 사람들이 두루 쓰는 현대 서울말로 정함을 원칙으로 한다.

제2항 외래어는 따로 정한다.

제2장 발음 변화에 따른 표준어 규정

제1절 자음

제3항 다음 단어들은 거센소리를 가진 형태를 표준어로 삼는다. (ㄱ을 표준어로 삼고, ㄴ을 버림.)

ㄱ	ㄴ	비고
끄나풀	끄나불	
나팔-꽃	나발-꽃	
녘	녘	동~, 들~, 새벽~, 동틀~.
부엌	부억	
살-쾡이	삵-괭이	
칸	간	1. ~막이, 빈~, 방 한~.
		2. '초가삼간, 윗간'의 경우에는 '간'임.
털어-먹다	떨어-먹다	재물을 다 없애다.

제 4 항 다음 단어들은 거센소리로 나지 않는 형태를 표준어로 삼는다. (ㄱ을 표준어로 삼고, ㄴ을 버림.)

ㄱ	ㄴ	비 고
가을-갈이	가을-카리	
거시기	거시키	
분침	푼침	

제 5 항 어원에서 멀어진 형태로 굳어져서 널리 쓰이는 것은, 그것을 표준어로 삼는다. (ㄱ을 표준어로 삼고, ㄴ을 버림.)

ㄱ	ㄴ	비 고
강낭-콩	강남-콩	
고삿	고샅	겉~, 속~.
사글-세	삭월-세	'월세'는 표준어임.
울력-성당	위력-성당	떼를 지어서 이르고 협박하는 일.

다만, 어원적으로 원형에 더 가까운 형태가 아직 쓰이고 있는 경우에는, 그것을 표준어로 삼는다. (ㄱ을 표준어로 삼고, ㄴ을 버림.)

ㄱ	ㄴ	비 고
갈비	가리	~구이, ~찜, 갈빗-대.
갓모	갈모	1. 사기 만드는 물레 밑그릇. 2. '갈모'는 갓 위에 쓰는, 유지로 만든 우비.
굴-젓	구-젓	
말-곁	말-겻	
물-수란	물-수랄	
밀-뜨리다	미-뜨리다	
적-이	저으기	적이 - 나, 적이나 - 하면.
휴지	수지	

제6항 다음 단어들은 의미를 구별함이 없이, 한 가지 형태만을 표준어로 삼는다. (ㄱ을 표준어로 삼고, ㄴ을 버림.)

ㄱ	ㄴ	비 고
돌	돐	생일, 주기.
둘-째	두-째	'제2, 두 개째의 뜻'.
셋-째	세-째	'제3, 세 개째의 뜻'.
넷-째	네-째	'제4, 네 개째의 뜻'.
빌리다	빌다	1. 빌려주다, 빌려오다.
		2. '용서를 빌다'는 '빌다'임.

다만, '둘째'는 십 단위 이상의 서수사에 쓰일 때에 '두째'로 한다.

ㄱ	ㄴ	비 고
열두-째		열두 개째의 뜻은 '열둘째'로.
스물두-째		스물두 개째의 뜻은 '스물둘째'로.

제7항 수컷을 이르는 접두사는 '수-'로 통일한다. (ㄱ을 표준어로 삼고, ㄴ을 버림.)

ㄱ	ㄴ	비 고
수-꿩	수-퀑, 숫-꿩	'장끼'도 표준어임.
수-나사	숫-나사	
수-놈	숫-놈	
수-사돈	숫-사돈	
수-소	숫-소	'황소'도 표준어임.
수-은행나무	숫-은행나무	

다만 1. 다음 단어에서는 접두사 다음에서 나는 거센소리를 인정한다. 접두사 '암-'이 결합되는 경우에도 이에 준한다. (ㄱ을 표준어로 삼고, ㄴ을 버림.)

ㄱ	ㄴ	비 고
수-캉아지	숫-강아지	
수-캐	숫-개	
수-컷	숫-것	
수-키와	숫-기와	

ㄱ	ㄴ	비 고
수-탉 수-탕나귀 수-톨쩌귀 수-퇘지 수-평아리	숫-닭 숫-당나귀 숫-돌쩌귀 숫-돼지 숫-병아리	

다만 2. 다음 단어의 접두사는 '숫'으로 한다. (ㄱ을 표준어로 삼고, ㄴ을 버림.)

ㄱ	ㄴ	비 고
숫-양 숫-염소 숫-쥐	수-양 수-염소 수-쥐	

제2절 모음

제8항 양성 모음이 음성 모음으로 바뀌어 굳어진 다음 단어는 음성 모음 형태를 표준어로 삼는다. (ㄱ을 표준어로 삼고, ㄴ을 버림.)

ㄱ	ㄴ	비 고
깡충-깡충	깡총-깡총	큰말은 '껑충껑충'임.
-둥이	-동이	←童-이. 귀-, 막-, 선-, 쌍-, 바람-.
발가-숭이	발가-송이	센말은 '빨가숭이', 큰말은 '벌거숭이', '뻘거숭이'임.
보퉁이	보통이	
봉죽	봉족	←奉足. ~꾼, ~들다.
뻗정-다리	뻗장-다리	
아서, 아서라	앗아, 앗아라	하지 말라고 금지하는 말.
오뚝-이	오똑-이	부사도 '오뚝-이'임.
주추	주초	←柱礎. 주춧-돌.

다만, 어원 의식이 강하게 작용하는 다음 단어에서는 양성모음 형태를 그대로 표준어로 삼는다. (ㄱ을 표준어로 삼고, ㄴ을 버림.)

ㄱ	ㄴ	비 고
부조(扶助)	부주	~금, 부좃-술.
사돈(査頓)	사둔	밭~, 안~.
삼촌(三寸)	삼춘	시~, 외~, 처~.

제9항 'ㅣ' 역행 동화 현상에 의한 발음은 원칙적으로 표준 발음으로 인정하지 아니하되, 다만 다음 단어들은 그러한 동화가 적용된 형태를 표준어로 삼는다. (ㄱ을 표준어로 삼고, ㄴ을 버림.)

ㄱ	ㄴ	비 고
-내기	-나기	서울-, 시골-, 신출-, 풋-.
냄비	남비	
동댕이-치다	동당이-치다	

[붙임 1] 다음 단어는 'ㅣ' 역행동화가 일어나지 아니한 형태를 표준어로 삼는다. (ㄱ을 표준어로 삼고, ㄴ을 버림.)

ㄱ	ㄴ	비 고
아지랑이	아지랭이	

[붙임 2] 기술자에게는 '-장이', 그 이외에는 '-쟁이'가 붙는 형태를 표준어로 삼는다. (ㄱ을 표준어로 삼고, ㄴ을 버림)

ㄱ	ㄴ	비 고
미장이	미쟁이	
유기장이	유기쟁이	
멋쟁이	멋장이	
소금쟁이	소금장이	
담쟁이-덩굴	담장이-덩굴	
골목쟁이	골목장이	
발목쟁이	발목장이	

제10항 다음 단어는 모음이 단순화한 형태를 표준어로 삼는다. (ㄱ을 표준어로 삼고, ㄴ을 버림)

ㄱ	ㄴ	비 고
괴팍-하다	괴꽉-하다/괴팩-하다	
-구먼	-구면	
미루-나무	미류-나무	← 美柳~.
미륵	미력	← 彌勒. ~보살, ~불, 돌~.
여느	여늬	
온-달	왼-달	만 한 달.
으레	으례	
케케-묵다	켸켸-묵다	
허우대	허위대	
허우적-허우적	허위적-허위적	허우적-거리다.

제11항 다음 단어에서는 모음의 발음 변화를 인정하여, 발음이 바뀌어 굳어진 형태를 표준어로 삼는다. (ㄱ을 표준어로 삼고, ㄴ을 버림.)

ㄱ	ㄴ	비 고
-구려	-구료	
깍쟁이	깍정이	1. 서울~, 알~, 찰~.
		2. 도토리, 상수리 등의 받침은 '깍정이'임.
		미숫-가루.
나무라다	나무래다	
미수	미시	
바라다	바래다	'바램(所望)'은 비표준어임.
상추	상치	~쌈.
시러베-아들	실업의-아들	
주책	주착	← 主着. ~망나니, ~없다.
지루-하다	지리-하다	← 支離.
튀기	트기	
허드레	허드래	허드렛-물, 허드렛-일.
호루라기	호루루기	

제12항 '웃-' 및 '윗-'은 명사 '위'에 맞추어 '윗-'으로 통일한다. (ㄱ을 표준어로 삼고, ㄴ을 버림.)

ㄱ	ㄴ	비 고
윗-넓이	웃-넓이	
윗-눈썹	웃-눈썹	
윗-니	웃-니	
윗-당줄	웃-당줄	
윗-덧줄	웃-덧줄	
윗-도리	웃-도리	
윗-동아리	웃-동아리	준말은 '윗동'임.
윗-막이	웃-막이	
윗-머리	웃-머리	
윗-목	웃-목	
윗-몸	웃-몸	~ 운동.
윗-바람	웃-바람	
윗-배	웃-배	
윗-벌	웃-벌	
윗-변	웃-변	수학 용어.
윗-사랑	웃-사랑	
윗-세장	웃-세장	
윗-수염	웃-수염	
윗-입술	웃-입술	
윗-잇몸	웃-잇몸	
윗-자리	웃-자리	
윗-중방	웃-중방	

다만 1. 된소리나 거센소리 앞에서는 '위'로 한다. (ㄱ을 표준어로 삼고, ㄴ을 버림.)

ㄱ	ㄴ	비 고
위-짝	웃-짝	
위-쪽	웃-쪽	
위-채	웃-채	
위-층	웃-층	
위-치마	웃-치마	
위-턱	웃-턱	~ 구름(上層雲)
위-팔	웃-팔	

다만 2. '아래, 위'의 대립이 없는 단어는 '웃-'으로 발음되는 형태를 표준어로 삼는다. (ㄱ을 표준어로 삼고, ㄴ을 버림.)

ㄱ	ㄴ	비 고
웃-국	윗-국	
웃-기	윗-기	
웃-돈	윗-돈	
웃-비	윗-비	~ 걷다.
웃-어른	윗-어른	
웃-옷	윗-옷	

제13항　한자 '구(句)'가 붙어서 이루어진 단어는 '귀'로 읽는 것을 인정하지 아니하고, '구'로 통일한다. (ㄱ을 표준어로 삼고, ㄴ을 버림.)

ㄱ	ㄴ	비 고
구법(句法)	귀법	
구절(句節)	귀절	
구점(句點)	귀점	
결구(結句)	결귀	
경구(警句)	경귀	
경인구(警人句)	경인귀	
난구(難句)	난귀	
단구(短句)	단귀	
단명구(短命丘)	단명귀	
대구(對句)	대귀	~법(對句法).
문구(文句)	문귀	
성구(成句)	성귀	~어(成句語).
시구(詩句)	시귀	
어구(語句)	어귀	
연구(聯句)	연귀	
인용구(引用句)	인용귀	
절구(絕句)	절귀	

다만, 다음 단어는 '귀'로 발음되는 형태를 표준어로 삼는다. (ㄱ을 표준어로 삼고, ㄴ을 버림.)

ㄱ	ㄴ	비 고
귀-글	구-글	
글-귀	글-구	

제3절 준말

제14항 준말이 널리 쓰이고 본말이 잘 쓰이지 않는 경우에는, 준말만을 표준어로 삼는다. (ㄱ을 표준어로 삼고, ㄴ을 버림.)

ㄱ	ㄴ	비 고
귀찮다	귀치 않다	
김	기음	~ 매다.
똬리	또아리	
무	무우	~강즙, ~말랭이, ~생채, 가랑~, 갓~, 왜~, 총각~.
미다	무이다	1. 털이 빠져 살이 드러나다. 2. 찢어지다.
뱀	배암	
뱀-장어	배암-장어	
빔	비음	설~, 생일~.
샘	새암	~바르다, ~바리.
생-쥐	새앙-쥐	
솔개	소리개	
온갖	온-가지	
장사-치	장사-아치	

제15항 준말이 쓰이고 있더라도, 본말이 널리 쓰이고 있으면 본말을 표준어로 삼는다. (ㄱ을 표준어로 삼고, ㄴ을 버림.)

ㄱ	ㄴ	비 고
경황-없다	경-없다	
궁상-떨다	궁-떨다	
귀이-개	귀-개	
낌새	낌	
낙인-찍다	낙-하다/낙-치다	
내왕-꾼	냉-꾼	
경황-없다	돗	
뒤웅-박	뒝박	
뒷물-대야	뒷-대야	
마구-잡이	막-잡이	
맵자-하다	맵자다	모양이 제격에 어울리다.

ㄱ	ㄴ	비 고
모이	모	
벽-돌	벽	
부스럼	부럼	정월 보름에 쓰는 '부럼'은 표준어임.
살얼음-판	살-판	
수두룩-하다	수둑-하다	
암-죽	암	
어음	엄	
일구다	일다	
죽-살이	죽-살	
퇴박-맞다	퇴-맞다	
한통-치다	통-치다	

[붙임] 다만, 다음과 같이 명사에 조사가 붙은 경우에도 이 원칙을 적용한
다. (ㄱ을 표준어로 삼고, ㄴ을 버림.)

ㄱ	ㄴ	비 고
아래-로	알-로	

제16항 준말과 본말이 다 같이 널리 쓰이면서 준말의 효용이 뚜렷이 인정되는
것은, 두 가지 다 표준어로 삼는다. (ㄱ은 본말이며, ㄴ은 준말임.)

ㄱ	ㄴ	비 고
거짓-부리	거짓-불	작은말은 '가짓부리, 가짓불'임.
노을	놀	저녁~.
막대기	막대	
망태기	망태	
머무르다	머물다	모음 어미가 연결될 때에는
서두르다	서둘다	준말의 활용형을 인정하지 않음.
서투르다	서툴다	
석새-삼베	석새-베	
시-누이	시-뉘/시-누	
오-누이	오-뉘/오-누	
외우다	외다	외우며, 외워 : 외며, 외어.
이기죽-거리다	이죽-거리다	
찌꺼기	찌끼	'찌꺽지'는 비표준어임.

제4절 단수 표준어

제17항 비슷한 발음의 몇 형태가 쓰일 경우, 그 의미에 아무런 차이가 없고, 그 중 하나가 더 널리 쓰이면, 그 한 형태만을 표준어로 삼는다. (ㄱ을 표준어로 삼고, ㄴ을 버림.)

ㄱ	ㄴ	비 고
거든-그리다	거둥-그리다	1. 거든하게 거두어 싸다. 2. 작은 말은 '가든-그리다'임.
구어-박다	구워-박다	사람이 한 군데에서만 지내다.
귀-고리	귀엣-고리	
귀-띔	귀-틤	
귀-지	귀에-지	
까딱-하면	까땍-하면	
꼭두-각시	꼭둑-각시	
내색	나색	감정이 나타나는 얼굴빛.
내숭-스럽다	내흉-스럽다	
냠냠-거리다	얌냠-거리다	냠냠-하다.
냠냠-이	냠얌-이	
너[四]	네	~돈, ~말, ~발, ~푼.
넉[四]	너/네	~냥, ~되, ~섬, ~자.
다다르다	다닫다	
댑-싸리	대-싸리	
더부룩-하다	더뿌룩하다/듬뿌룩 -하다	
-던	-든	선택, 무관의 뜻을 나타내는 어미는 '-든'임. 가-든(지) 말-든(지), 보-든(가) 말- 든(가).
-던가	-든가	
-던걸	-든걸	
-던고	-든고	
-던데	-든데	
-던지	-든지	
-(으)려고	-(으)ㄹ려고/ -(으)ㄹ라고	
-(으)려야	-(으)ㄹ려야/ -(으)ㄹ래야	
망가-뜨리다	망그-뜨리다	

ㄱ	ㄴ	비 고
멸치	며루치/메리치	
반빗-아치	반비-아치	'반빗' 노릇하는 사람. 찬비(饌婢).
		'반비'는 밥짓는 일을 맡은 계집종.
보습	보십/보섭	
본새	뽄새	
봉숭아	봉숭화	'봉선화'도 표준어임.
뺨-따귀	뺨-따귀/뺨-따구니	'뺨'의 비속어임.
뻐개다[斫]	뻐기다	두 조각으로 가르다.
뻐기다[誇]	뻐개다	뽐내다.
사자-탈	사지-탈	
상-판대기	쌍-판대기	
세[三]	세/석	~돈, ~말, ~발, ~푼.
석[三]	세	~냥, ~되, ~섬, ~자.
설령(設令)	서령	
-습니다	-읍니다	먹습니다, 갔습니다, 있습니다, 좋습
		니다. 모음 뒤에는 '-ㅂ니다'임.
시름-시름	시늠-시늠	
씀벅-씀벅	썸벅-썸벅	
아궁이	아궁지	
아내	안해	
어-중간	어지-중간	
오금-팽이	오금-탱이	
오래-오래	도래-도래	돼지 부르는 소리.
-올시다	-올습니다	
옹골-차다	공골-차다	
우두커니	우두머니	작은말은 '오도카니'.
잠-투정	잠-투세/잠-주정	
재봉-틀	자봉-틀	발~, 손~.
짓-무르다	짓-물다	
짚-북데기	짚-북세기	'짚북더기'도 비표준어임.
쪽	짝	편(便). 이~, 그~, 저~.
		다만, '아무-짝'은 '짝'임.
천장[天障]	천정	'천정부지(天井不知)'는 '천정'임.
코-맹맹이	코-맹녕이	
흉-업다	흉-헙다	

제5절 복수 표준어

제18항 다음 단어는 ㄱ을 원칙으로 하고, ㄴ도 허용한다.

ㄱ	ㄴ	비 고
네	예	
쇠—	소—	~가죽, ~고기, ~기름, ~머리, ~뼈.
괴다	고이다	물이 ~, 밑을 ~.
꾀다	꼬이다	어린애를 ~, 벌레가 ~.
쐬다	쏘이다	바람을 ~.
죄다	조이다	나사를 ~.
쬐다	쪼이다	볕을 ~.

제19항 어감의 차이를 나타내는 단어 또는 발음이 비슷한 단어들이 다 같이 널리 쓰이는 경우에는, 그 모두를 표준어로 삼는다. (ㄱ, ㄴ을 모두 표준어로 삼음.)

ㄱ	ㄴ	비 고
거슴츠레-하다	게슴츠레-하다	
고까	꼬까	~신, ~옷.
고린-내	코린-내	
교기(驕氣)	갸기	교만한 태도.
구린-내	쿠린-내	
꺼림-하다	께름-하다	
나부랭이	너부렁이	

제 3 장 어휘 선택의 변화에 따른 표준어 규정

제 1 절 고어

제20항 사어(死語)가 되어 쓰이지 않게 된 단어는 고어로 처리하고, 현재 널리 사용되는 단어를 표준어로 삼는다. (ㄱ을 표준어로 삼고, ㄴ을 버림.)

ㄱ	ㄴ	비 고
난봉	봉	
낭떠러지	낭	
설거지-하다	설겆다	
애달프다	애닯다	
오동-나무	머귀-나무	
자두	오얏	

제2절 한자어

제21항 고유어 계열의 단어가 널리 쓰이고 그에 대응되는 한자어 계열의 단어가
용도를 잃게 된 것은, 고유어 계열의 단어만을 표준어로 삼는다. (ㄱ을
표준어로 삼고, ㄴ을 버림.)

ㄱ	ㄴ	비 고
가루-약	말-약	
구들-장	방-돌	
길품-삯	보행-삯	
까막-눈	맹-눈	
꼭지-미역	총각-미역	
나뭇-갓	시장-갓	
늙-다리	노닥다리	
두껍-닫이	두껍-창	
떡-암죽	병-암죽	
마른-갈이	건-갈이	
마른-빨래	건-빨래	
메-찰떡	반-찰떡	
박달-나무	배달-나무	
밥-소라	식-소라	큰 놋그릇.
사래-논	사래-답	묘지기나 마름이 부쳐 먹는 땅.
사래-밭	사래-전	
삯-말	삯-마	
성냥	화곽	
솟을-무늬	솟을-문	
외-지다	벽-지다	
움-파	동-파	
잎-담배	잎-초	

ㄱ	ㄴ	비 고
잔-돈	잔-전	
조-당수	조-당죽	
죽데기	피-죽	'죽더기'도 비표준어임.
지겟-다리	목-발	지게 동발의 양쪽 다리.
짐-꾼	부지-군(負持~)	
푼-돈	분전/푼전	
흰-말	백-말/부루-말	'백마'는 표준어임.
흰-죽	백-죽	

제22항 고유어 계열의 단어가 생명력을 잃고 그에 대응되는 한자어 계열의 단어
가 널리 쓰이면, 한자어 계열의 단어를 표준어로 삼는다. (ㄱ을 표준어로
삼고, ㄴ을 버림.)

ㄱ	ㄴ	비고
개다리-소반	개다리-밥상	
겸-상	맞-상	
고봉-밥	높은-밥	
단-벌	홑-벌	
마방-집	마바리-집	馬房~.
민망-스럽다/면구-스럽다	민주-스럽다	
방-고래	구들-고래	
부항-단지	뜸-단지	
산-누에	멧-누에	
산-줄기	멧-줄기/멧-발	
수-삼	무-삼	
심-돋우개	불-돋우개	
어질-병	어질-머리	
양-파	둥근-파	
윤-달	군-달	
장력-세다	장성-세다	
제석	젯-돗	
총각-무	알-무/알타리-무	
칫-솔	잇-솔	
포수	총-댕이	

제3절 방언

제23항 방언이던 단어가 표준어보다 더 널리 쓰이게 된 것은, 그것을 표준어로 삼는다. 이 경우, 원래의 표준어는 그대로 표준어로 남겨두는 것을 원칙으로 한다. (ㄱ을 표준어로 삼고, ㄴ도 표준어로 남겨 둠.)

ㄱ	ㄴ	비고
멍게	우렁쉥이	
물-방개	선두리	
애-순	어린-순	

제24항 방언이던 단어가 널리 쓰이게 됨에 따라 표준어이던 단어가 안 쓰이게 된 것은, 방언이던 단어를 표준어로 삼는다. (ㄱ을 표준어로 삼고, ㄴ을 버림.)

ㄱ	ㄴ	비고
귀밑-머리	귓-머리	
까-뭉개다	까-무느다	
막상	마기	
빈대-떡	빈자-떡	
생인-손	생안-손	준말은 '생-손'임.
역-겹다	역-스럽다	
코-주부	코-보	

제4절 단수 표준어

제25항 의미가 똑같은 형태가 몇 가지 있을 경우, 그 중 어느 하나가 압도적으로 널리 쓰이면, 그 단어만을 표준어로 삼는다. (ㄱ을 표준어로 삼고, ㄴ을 버림.)

ㄱ	ㄴ	비고
~게끔	~게시리	
겸사-겸사	겸지-겸지/겸두-겸두	
고구마	참-감자	
고치다	낫우다	병을 ~.
골목-쟁이	골목-자기	
광주리	광우리	

ㄱ	ㄴ	비고
괴통	호구	자루를 박는 부분.
국-물	먹-국/말-국	
군-표	군용-어음	
길-잡이	길-앞잡이	'길라잡이'도 표준어임.
까다롭다	까닭-스럽다/까탈-스럽다	
	까치-다리	
까치-발	말뚝-모	선반 따위를 받치는 물건.
꼬창-모		꼬창이로 구멍을 뚫으면서 심는 모.
나룻-배	나루	'나루[津]'는 표준어임.
납-도리	민-도리	
농-지거리	기롱-지거리	다른 의미의 '기롱지거리'는 표준어임.
다사-스럽다	다사-하다	간섭을 잘 하다.
다오	다구	이리 ~.
담배-꽁초	담배-꼬투리/담배-꽁치/담배-꽁추	
담배-설대	대-설대	
대장-일	성냥-일	
뒤져-내다	뒤어-내다	
뒤통수-치다	뒤꼭지-치다	
등-나무	등-칡	
등-때기	등-떠리	'등'의 낮은 말.
등잔-걸이	등경-걸이	
떡-보	떡-충이	
똑딱-단추	딸꼭-단추	
매-만지다	우미다	
먼-발치	먼-발치기	
며느리-발톱	뒷-발톱	
명주-붙이	주-사니	
목-메다	목-맺히다	
밀짚-모자	보릿짚-모자	
바가지	열-바가지/열-박	
바람-꼭지	바람-고다리	튜브의 바람을 넣는 구멍에 붙은, 쇠로 만든 꼭지.
반-나절	나절-가웃	
반두	독대	그물의 한 가지.
버젓-이	뉘연-히	
본-받다	법-받다	
부각	다시마-자반	
부끄러워-하다	부끄리다	

ㄱ	ㄴ	비고
부스러기	부스러지	
부지깽이	부지팽이	
부항-단지	부항-항아리	부스럼에서 피고름을 빨아내기 위하여 부항을 붙이는 데 쓰는, 자그마한 단지.
붉으락-푸르락	푸르락-붉으락	
비켜-덩이	옆-사리미	김맬 때에 흙덩이를 옆으로 빼내는 일, 또는 그 흙덩이.
빙충이	빙충-맞이	작은말은 '뱅충이'.
빠-뜨리다	빠-치다	'빠트리다'도 표준어임.
뻣뻣-하다	왜긋다	
뽐-내다	느물다	
사로-잠그다	사로-채우다	자물쇠나 빗장 따위를 반 정도만 걸어 놓다.
살-풀이	살-막이	
상투-쟁이	상투-꼬부랑이	상투 튼 이를 놀리는 말.
새앙-손이	생강-손이	
샛-별	새벽-별	
선-머슴	풋-머슴	
섭섭-하다	애운-하다	
속-말	속-소리	국악 용어 '속소리'는 표준어임.
수도-꼭지	수도-고동	
숙성-하다	숙-지다	
순대	골집	
술-고래	술-꾸러기/술-부대/술-보/술-푸대	
식은-땀	찬-땀	
신기-롭다	신기-스럽다	'신기하다'도 표준어임.
쌍동-밤	쪽-밤	
쏜살-같이	쏜살-로	
아주	영판	
안-걸이	안-낚시	씨름 용어.
안다미-씌우다	안다미-시키다	제가 담당할 책임을 남에게 넘기다.
안쓰럽다	안-슬프다	
안절부절-못하다	안절부절-하다	
앉은뱅이-저울	앉은-저울	
알-사탕	구슬-사탕	
암-내	곁땀-내	

ㄱ	ㄴ	비고
앞-지르다	따라-먹다	
애-벌레	어린-벌레	
얕은-꾀	물탄-꾀	
언뜻	펀뜻	
언제나	노다지	
얼룩-말	워라-말	
-에는	-엘랑	
열심-히	열심-으로	
열어-제치다	열어-젖뜨리다	
입-담	말-담	
자배기	너벅지	
전봇-대	전선-대	
주책-없다	주책-이다	'주착→주책'은 제11항 참조.
쥐락-펴락	펴락-쥐락	
-지만	-지만서도	← -지마는.
짓고-땡	지어-땡/짓고-땡이	
짧은-작	짜른-작	
찹쌀	이-찹쌀	
청대-콩	푸른-콩	
칡-범	갈-범	

제5절 복수 표준어

제26항 한 가지 의미를 나타내는 형태 몇 가지가 널리 쓰이며 표준어 규정에 맞으면, 그 모두를 표준어로 삼는다.

복수 표준어	비 고
가는-허리/잔-허리	
가락-엿/가래-엿	
가뭄/가물	
가엾다/가엽다	가엾어/가여워, 가엾은/가여운.
감감-무소식/감감-소식	
개수-통/설거지-통	'설겆다'는 '설거지-하다'로.
개숫-물/설거지-물	
갱-엿/검은-엿	
-거리다/-대다	가물-, 출렁-.

복수 표준어	비 고
거위-배/횟-배	
것/해	내 ~, 네 ~, 뉘 ~.
게을러-빠지다/게을러-터지다	
고깃-간/푸줏-간	'고깃-관, 푸줏-관, 다림-방'은 비표준어임.
곰곰/곰곰-이	
관계-없다/상관-없다	
교정-보다/준-보다	
구들-재/구재	
귀퉁-머리/귀퉁-배기	'귀퉁이'의 비어임.
극성-떨다/극성-부리다	
기세-부리다/기세-피우다	
기승-떨다/기승-부리다	
깃-저고리/배내-옷/배냇-저고리	
까까-중/중-대가리	'까까중이'는 비표준어임.
꼬까/때때/고까	~신, ~옷
꼬리-별/살-별	
꽃-도미/붉-돔	
나귀/당-나귀	
날-걸/세-뿔	윷판의 쨀밭 다음의 셋째 밭.
내리-글씨/세로-글씨	
넝쿨/덩굴	'덩쿨'은 비표준어임.
녘/쪽	동~, 서~.
눈-대중/눈-어림/눈-짐작	
느리-광이/느림-보/늘-보	
늦-모/마냥-모	← 만이앙-모.
다기-지다/다기-차다	
다달-이/매-달	
-다마다/-고말고	
다박-나룻/다박-수염	
닭의-장/닭-장	
댓-돌/툇-돌	
덧-창/겉-창	
독장-치다/독판-치다	
동자-기둥/쪼구미	
돼지-감자/뚱딴지	
되우/된통/되게	
두동-무니/두동-사니	윷놀이에서, 두 동이 한데 어울려 가는 말.
뒷-갈망/뒷-감당	

복수 표준어	비 고
뒷-말/뒷-소리	
들락-거리다/들랑-거리다	
들락-날락/들랑날랑	
딴-전/딴-청	
땅-콩/호-콩	
땔-감/땔-거리	
-뜨리다/-트리다	깨-, 떨어-, 쏟-.
뜬-것/뜬-귀신	
마룻-줄/용총-줄	돛대에 매어 놓은 줄. '이어줄'은 비표준어임.
마-파람/앞-바람	
만장-판/만장-중(滿場中)	
만큼/만치	
말-동무/말-벗	
매-같이/매-조미	
매-통/목-매	
먹-새/먹음-새	'먹음-먹이'는 비표준어임.
멀찌감치/멀찌가니/멀찍이	
멱통/산-멱/산-멱통	
면-치레/외면-치레	
모-내다/모-심다	모-내기/모-심기.
모쪼록/아무쪼록	
목판-되/모-되	
목화-씨/면화-씨	
무심-결/무심-중	
물-봉숭아/물-봉선화	
물-부리/빨-부리	
물-심부름/물-시중	
물추리-나무/물추리-막대	
물-타작/진-타작	
민둥-산/벌거숭이-산	
밑-층/아래-층	
바깥-벽/밭-벽	
바른/오른(右)	~손, ~쪽, ~편
발-모가지/발-목쟁이	'발목'의 비속어임.
버들-강아지/버들-개지	
벌레/버러지	'벌거지, 벌러지'는 비표준어임.
변덕-스럽다/변덕-맞다	

복수 표준어	비 고
보-조개/볼-우물	
보통-내기/여간-내기/예사-내기	'행-내기'는 비표준어임.
볼-따구니/볼-퉁이/볼-때기	'볼'의 비속어임.
부침개-질/부침-질/지짐-질	'부치개-질'은 비표준어임.
불똥-앉다/등화-지다/등화-앉다	
불-사르다/사르다	
비발/비용(費用)	
뽀두라지/뽀루지	
살-쾡이/삵	삵-피.
삽살-개/삽사리	
상두-꾼/상여-꾼	'상도-꾼, 향도-꾼'은 비표준어임.
상-씨름/소-걸이	
생/새앙/생강	
생-뿔/새앙-뿔/생강-뿔	'쇠뿔'의 형용.
생-철/양-철	1. '서양철'은 비표준어임. 2. '生鐵'은 '무쇠'임.
서럽다/섧다	'설다'는 비표준어임.
서방-질/화냥-질	
성글다/성기다	
-(으)세요/-(으)셔요	
송이/송이-버섯	
수수-깡/수숫-대	
술-안주/안주	
-스레하다/-스름하다	거무-, 발그-.
시늉-말/흉내-말	
시새/세사(細沙)	
신/신발	
신주-보/독보	
심술-꾸러기/심술-쟁이	
씁쓰레-하다/씁쓰름-하다	
아귀-세다/아귀-차다	
아래-위/위-아래	
아무튼/어떻든/어쨌든/하여튼/여하튼	
앉음-새/앉음-앉음	
알은-척/알은 체	
애-갈이/애벌-갈이	
애꾸눈-이/외눈-박이	'외대-박이, 외눈-퉁이'는 비표준어임.

복수 표준어	비 고
양념-감/양념-거리	
어금버금-하다/어금지금-하다	
어기여차/어여차	
어림-잡다/어림-치다	
어이-없다/어처구니-없다	
어저께/어제	
언덕-바지/언덕-배기	
얼렁-뚱땅/엄벙-뗑	
여왕-벌/장수-벌	
여쭈다/여쭙다	
여태/입때	'여직'은 비표준어임.
여태-껏/이제-껏/입때-껏	'여지-껏'은 비표준어임.
역성-들다/역성-하다	'편역-들다'는 비표준어임.
연-달다/잇-달다	
엿-가락/엿-가래	
엿-기름/엿-길금	
엿-반대기/엿-자반	
오사리-잡놈/오색-잡놈	'오합-잡놈'은 비표준어임.
옥수수/강냉이	~떡, ~묵, ~밥, ~튀김.
왕골-기직/왕골-자리	
외겹-실/외올-실/홑-실	'홑겹-실, 올-실'은 비표준어임.
외손-잡이/한손-잡이	
욕심-꾸러기/욕심-쟁이	
우레/천둥	우렛-소리/천둥-소리.
우지/울-보	
을러-대다/을러-메다	
의심-스럽다/의심-쩍다	
-이에요/-이어요	
이틀-거리/당-고금	학질의 일종임.
일일-이/하나-하나	
일찌감치/일찌거니	
입찬-말/입찬-소리	
자리-옷/잠-옷	
자물-쇠/자물-통	
장가-가다/장가-들다	'서방-가다'는 비표준어임.
재롱-떨다/재롱-부리다	
제-가끔/제-각기	
좀-처럼/좀-체	'좀-체로, 좀-해선, 좀-해'는 비표준어임.
줄-꾼/줄-잡이	

복수 표준어	비 고
중신/중매	
짚-단/짚-뭇	
쪽/편	오른~, 왼~.
차차/차츰	
책-씻이/책-거리	
척/체	모르는 ~, 잘난 ~.
천연덕-스럽다/천연-스럽다	
철-따구니/철-딱서니/철-딱지	'철-때기'는 비표준어임.
추어-올리다/추어-주다	'추켜-올리다'는 비표준어임.
축-가다/축-나다	
침-놓다/침-주다	
통-꼭지/통-젖	통에 붙은 손잡이.
파자-쟁이/해자-쟁이	점치는 이.
편지-투/편지-틀	
한턱-내다/한턱-하다	
해웃-값/해웃-돈	'해우-차'는 비표준어임.
혼자-되다/홀로-되다	
흠-가다/흠-나다/흠-지다	

제 2 부   표준 발음법

제 1 장   총 칙

제 1 항   표준 발음법은 표준어의 실제 발음을 따르되, 국어의 전통성과 합리성을 고려하여 정함을 원칙으로 한다.

제 2 장   자음과 모음

제 2 항   표준어의 자음은 다음 19개로 한다.

ㄱ ㄲ ㄴ ㄷ ㄸ ㄹ ㅁ ㅂ ㅃ ㅅ ㅆ ㅇ ㅈ ㅉ ㅊ ㅋ ㅌ ㅍ ㅎ

제 3 항   표준어의 모음은 다음 21개로 한다.

ㅏ ㅐ ㅑ ㅒ ㅓ ㅔ ㅕ ㅖ ㅗ ㅘ ㅙ ㅚ ㅛ ㅜ ㅝ ㅞ ㅟ ㅠ ㅡ ㅢ ㅣ

제 4 항   'ㅏ ㅐ ㅓ ㅔ ㅗ ㅚ ㅜ ㅟ ㅡ ㅣ'는 단모음(單母音)으로 발음한다.

[붙임] 'ㅚ, ㅟ'는 이중 모음으로 발음할 수 있다.

제 5 항   'ㅑ ㅒ ㅕ ㅖ ㅘ ㅙ ㅛ ㅝ ㅞ ㅠ ㅢ'는 이중 모음으로 발음한다.

다만 1. 용언의 활용형에 나타나는 '져, 쪄, 쳐'는 [저, 쩌, 처]로 발음한다.

가지어 → 가져[가저]   찌어 → 쪄[쩌]   다치어 → 다쳐[다처]

다만 2. '예, 례' 이외의 'ㅖ'는 [ㅔ]로도 발음한다.

계집[계:집/게:집]   시계[시계/시게](時計)   메별[메별/메별](袂別)
혜택[혜:택/헤:택](惠澤)   계시다[계:시다/게:시다]   연계[연계/연게](連繫)
개폐[개폐/개페](開閉)   지혜[지혜/지헤](智慧)

다만 3. 자음을 첫소리로 가지고 있는 음절의 'ㅢ'는 [ㅣ]로 발음한다.

늴리리 닁큼 무늬 띄어쓰기 씌어 틔어 희어 희떱다 희망 유희

다만 4. 단어의 첫음절 이외의 '의'는 [ㅣ]로, 조사 '의'는 [ㅔ]로 발음함도 허용한다.

주의[주의/주이]　　　　협의[혀븨/혀비]　　　　우리의[우리의/우리에]
강의의[강:의의/강:이에]

제3장　소리의 길이

제6항　모음의 장단을 구별하여 발음하되, 단어의 첫 음절에서만 긴소리가 나타 나는 것을 원칙으로 한다.

(1) 눈보라[눈:보라]　　말씨[말:씨]　　　밤나무[밤:나무]　많대[만:타]
　　멀리[멀:리]　　　　벌리다[벌:리다]

(2) 첫눈[천눈]　　　　참말[참말]　　　쌍동밤[쌍동밤]　수많이[수:마니]
　　눈멀다[눈멀다]　　떠벌리다[떠벌리다]

다만, 합성어의 경우에는 둘째 음절 이하에서도 분명한 긴소리를 인정한다.

반신반의[반:신 바:늬/반:신 바:니]　　　　재삼재사[재:삼 재:사]

[붙임] 용언의 단음절 어간에 어미 '-아/-어'가 결합되어 한 음절로 축약되 는 경우에도 긴소리로 발음한다.

보아 → 봐[봐:]　　　　기어 → 겨[겨:]　　　　되어 → 돼[돼:]
두어 → 둬[둬:]　　　　하여 → 해[해:]

다만, '오아→와, 지어→져, 찌어→쩌, 치어→쳐' 등은 긴소리로 발음하지 않는다.

제7항   긴소리를 가진 음절이라도, 다음과 같은 경우에는 짧게 발음한다.

　1. 단음절인 용언 어간에 모음으로 시작된 어미가 결합되는 경우

　　　감다[감ː따]-감으니[가므니]　　　신다[신ː따]-신어[시너]
　　　밟다[밥ː따]-밟으면[발브면]　　　알다[알ː다]-알아[아라]

　　다만, 다음과 같은 경우에는 예외적이다.

　　　끌다[끌ː다]-끌어[끄ː러]　　　벌다[벌ː다]-벌어[버ː러]
　　　없다[업ː따]-없으니[업ː쓰니]　　떫다[떨ː따]-떫은[떨ː븐]
　　　썰다[썰ː다]-썰어[써ː러]

　2. 용언 어간에 피동, 사동의 접미사가 결합되는 경우

　　　감다[감ː따]-감기다[감기다]　　　밟다[밥ː따]-밟히다[발피다]
　　　꼬다[꼬ː다]-꼬이다[꼬이다]

　　다만, 다음과 같은 경우에는 예외적이다.

　　　끌리다[끌ː리다]　　　　　벌리다[벌ː리다]　　　　　없애다[업ː쌔다]

　[붙임] 다음과 같은 합성어에서는 본디의 길이에 관계 없이 짧게 발음한다.

　　　밀-물　　　　썰-물　　　　쏜-살-같이　　　작은-아버지

제 4 장   받침의 발음

제8항   받침소리로는 'ㄱ, ㄴ, ㄷ, ㄹ, ㅁ, ㅂ, ㅇ'의 7개 자음만 발음한다.

제9항   받침 'ㄲ, ㅋ', 'ㅅ, ㅆ, ㅈ, ㅊ, ㅌ', 'ㅍ'은 어말 또는 자음 앞에서 각각 대표음 [ㄱ, ㄷ, ㅂ]으로 발음한다.

　　　닦다[닥따]　　　키읔[키윽]　　　키읔과[키윽꽈]　　　웟[옫]
　　　웃다[욷ː따]　　　있다[읻따]　　　젖[젇]　　　　　빛다[빋따]

꽃[꼳]   쫓대[쫃따]   솥[솓]   뱉대[밷:따]
앞[압]   덮대[덥따]

제10항 겹받침 'ㄳ', 'ㄵ', 'ㄼ, ㄽ, ㄾ', 'ㅄ'은 어말 또는 자음 앞에서 각각 [ㄱ, ㄴ,
       ㄹ, ㅂ]으로 발음한다.

넋[넉]   넋괘[넉꽈]   앉대[안따]   여덟[여덜]
넓대[널따]   외곬[외골]   핥대[할따]   값[갑]
없대[업:따]

다만, '밟-'은 자음 앞에서 [밥]으로 발음하고, '넓-'은 다음과 같은 경우에
[넙]으로 발음한다.

   (1) 밟대[밥:따]   밟소[밥:쏘]   밟지[밥:찌]   밟는[밥:는→밤:는]
       밟게[밥:께]   밟고[밥:꼬]
   (2) 넓-죽하대[넙쭈카다]   넓-둥글대[넙뚱글다]

제11항 겹받침 'ㄺ, ㄻ, ㄿ'은 어말 또는 자음 앞에서 각각 ㄱ, ㅁ, ㅂ으로 발음한다.

닭[닥]   흙괘[흑꽈]   맑대[막따]   늙지[늑찌]
삶[삼:]   젊대[점:따]   읊고[읍꼬]   읊대[읍따]

다만, 용언의 어간 말음 'ㄺ'은 'ㄱ' 앞에서 [ㄹ]로 발음한다.

맑게[말께]   묽고[물꼬]   얽거내[얼꺼내]

제12항 받침 'ㅎ'의 발음은 다음과 같다.

   1. 'ㅎ(ㄶ, ㅀ)' 뒤에 'ㄱ, ㄷ, ㅈ'이 결합되는 경우에는, 뒤 음절 첫소리와 합쳐
      서 [ㅋ, ㅌ, ㅊ]으로 발음한다.

      놓괴[노코]   좋던[조:턴]   쌓지[싸치]   많고[만:코]
      않던[안턴]   닳지[달치]

      [붙임 1] 받침 'ㄱ(ㄺ), ㄷ, ㅂ(ㄼ), ㅈ(ㄵ)'이 뒤 음절 첫소리 'ㅎ'과 결합되는
              경우에도, 역시 두 소리를 합쳐서 [ㅋ, ㅌ, ㅍ, ㅊ]으로 발음한다.

각해[가캐]　　　먹히대[머키다]　　　밝히다[발키다]　　　맏형[마텽]
좁히다[조피다]　　　넓히다[널피다]　　　꽂히다[꼬치다]　　　앉히다[안치다]

[붙임 2] 규정에 따라 'ㄷ'으로 발음되는 'ㅅ, ㅈ, ㅊ, ㅌ'의 경우에는 이에
　　　　준한다.

옷 한 벌[오탄벌]　　　낮 한때[나탄때]　　　꽃 한 송이[꼬탄송이]
숱하다[수타다]

2. 'ㅎ(ㄶ, ㅀ)' 뒤에 'ㅅ'이 결합되는 경우에는, 'ㅅ'을 [ㅆ]으로 발음한다.

닿소[다쏘]　　　　　많소[만ː쏘]　　　　　싫소[실쏘]

3. 'ㅎ' 뒤에 'ㄴ'이 결합되는 경우에는, [ㄴ]으로 발음한다.

놓는[논는]　　　　　쌓네[싼네]

[붙임] 'ㄶ, ㅀ' 뒤에 'ㄴ'이 결합되는 경우에는, 'ㅎ'을 발음하지 않는다.

않네[안네]　　　　　않는[안는]　　　　뚫네[뚤네→뚤레]　　　뚫는[뚤는→뚤른]
* '뚫네[뚤네 → 뚤레], 뚫는[뚤는 → 뚤른]'에 대해서는 제20항 참조.

4. 'ㅎ(ㄶ, ㅀ)' 뒤에 모음으로 시작된 어미나 접미사가 결합되는 경우에는,
　'ㅎ'을 발음하지 않는다.

낳은[나은]　　　　　놓아[노아]　　　　쌓이다[싸이다]　　　많아[마ː나]
않은[아는]　　　　　닳아[다라]　　　　싫어도[시러도]

제13항　홑받침이나 쌍받침이 모음으로 시작된 조사나 어미, 접미사와 결합되는
　　　　경우에는, 제 음가대로 뒤 음절 첫소리로 옮겨 발음한다.

깎아[까까]　　　　　옷이[오시]　　　　있어[이써]　　　　낮이[나지]
꽂아[꼬자]　　　　　꽃을[꼬츨]　　　　쫓아[쪼차]　　　　밭에[바테]
앞으로[아프로]　　　덮이다[더피다]

제14항 겹받침이 모음으로 시작된 조사나 어미, 접미사와 결합되는 경우에는, 뒤엣것만을 뒤 음절 첫소리로 옮겨 발음한다.(이 경우, 'ㅅ'은 된소리로 발음함.).

넋이[넉씨]   앉아[안자]   닭을[달글]   젊어[절머]
곬이[골씨]   핥아[할타]   읊어[을퍼]   값을[갑쓸]
없어[업:써]

제15항 받침 뒤에 모음 'ㅏ, ㅓ, ㅗ, ㅜ ㅟ'들로 시작되는 실질 형태소가 연결되는 경우에는, 대표음으로 바꾸어서 뒤 음절 첫소리로 옮겨 발음한다.

밭 아래[바다래]   늪 앞[느밥]   젖어미[저더미]   맛없다[마덥따]
겉옷[거돋]   헛웃음[허두슴]   꽃 위[꼬뒤]

다만, '맛있다, 멋있다'는 [마싣따], [머싣따]로도 발음할 수 있다.

[붙임] 겹받침의 경우에는 그 중 하나만을 옮겨 발음한다.

넋 없다[너겁따]   닭 앞에[다가페]   값어치[가버치]   값있는[가빈는]

제16항 한글 자모의 이름은 그 받침소리를 연음하되, 'ㄷ, ㅈ, ㅊ, ㅋ, ㅌ, ㅍ, ㅎ'의 경우에는 특별히 다음과 같이 발음한다.

디귿이[디그시]   디귿을[디그슬]   디귿에[디그세]
지읒이[지으시]   지읒을[지으슬]   지읒에[지으세]
치읓이[치으시]   치읓을[치으슬]   치읓에[치으세]
키읔이[키으기]   키읔을[키으글]   키읔에[키으게]
티읕이[티으시]   티읕을[티으슬]   티읕에[티으세]
피읖이[피으비]   피읖을[피으블]   피읖에[피으베]
히읗이[히으시]   히읗을[히으슬]   히읗에[히으세]

제5장 소리의 동화

제17항 받침 'ㄷ, ㅌ(ㄾ)'이 조사나 접미사의 모음 'ㅣ'와 결합되는 경우에는 [ㅈ, ㅊ]으로 바꾸어서 뒤 음절 첫소리로 옮겨 발음한다.

곧이듣대[고지듣따]   굳이[구지]   미닫이[미다지]
땀받이[땀바지]   밭이[바치]   벼훑이[벼훌치]

[붙임] 'ㄷ' 뒤에 접미사 '히'가 결합되어 '티'를 이루는 것은 [치]로 발음한다.

굳히다[구치다]   닫히다[다치다]   묻히다[무치다]

제18항 받침 'ㄱ(ㄲ,ㅋ, ㄳ, ㄺ), ㄷ(ㅅ, ㅆ, ㅈ, ㅊ, ㅌ, ㅎ), ㅂ(ㅍ, ㄼ, ㄿ, ㅄ)'은 'ㄴ, ㅁ' 앞에서 [ㅇ, ㄴ, ㅁ]으로 발음한다.

먹는[멍는]	국물[궁물]	깎는[깡는]	키읔만[키응만]
몫몫이[몽목씨]	긁는[긍는]	흙만[흥만]	닫는[단는]
짓는[진ː는]	옷맵시[온맵씨]	있는[인는]	맞는[만는]
젖멍울[전멍울]	쫓는[쫀는]	꽃망울[꼰망울]	붙는[분는]
놓는[논는]	잡는[잠는]	밥물[밤물]	앞마당[암마당]
밟는[밤ː는]	읊는[음는]	없는[엄ː는]	값매다[감매다]

[붙임] 두 단어를 이어서 한 마디로 발음하는 경우에도 이와 같다.

책 넣는다[챙넌는다]   흙 말리다[흥말리다]   옷 맞추다[온마추다]
밥 먹는다[밤멍는다]   값 매기다[감매기다]

제19항 받침 'ㅁ, ㅇ' 뒤에 연결되는 'ㄹ'은 [ㄴ]으로 발음한다.

담력[담ː녁]   침략[침냑]   강릉[강능]   항로[항ː노]
대통령[대ː통녕]

[붙임] 받침 'ㄱ, ㅂ' 뒤에 연결되는 'ㄹ'도 [ㄴ]으로 발음한다.

막론[막논 → 망논]   백리[백니 → 뱅니]   협력[협녁 → 혐녁]   십리[십니 → 심니]

제20항 'ㄴ'은 'ㄹ'의 앞이나 뒤에서 [ㄹ]로 발음한다.

    (1) 난로[날:로]   신라[실라]   천리[철리]   광한루[광:할루]
    대관령[대:괄령]
    (2) 칼날[칼랄]   물난리[물랄리]   줄넘기[줄럼끼]   할는지[할른지]

[붙임] 첫소리 'ㄴ'이 'ㅀ', 'ㄾ' 뒤에 연결되는 경우에도 이에 준한다.

    닳는[달른]   뚫는[뚤른]   핥네[할레]

다만, 다음과 같은 단어들은 'ㄹ'을 [ㄴ]으로 발음한다.

    의견란[의:견난]   임진란[임:진난]   생산량[생산냥]
    결단력[결딴녁]   공권력[공꿘녁]   동원령[동:원녕]
    상견례[상견녜]   횡단로[횡단노]   이원론[이:원논]
    입원료[이붠뇨]   구근류[구근뉴]

제21항 위에서 지적한 이외의 자음 동화는 인정하지 않는다.

    감기[감:기](×[강:기])   옷감[옫깜](×[옥깜])
    있고[읻꼬](×[익꼬])   꽃길[꼳낄](×[꼭낄])
    젖먹이[전머기](×[점머기])   문법[문뻡](×[뭄뻡])
    꽃밭[꼳빧](×[꼽빧])

제22항 다음과 같은 용언의 어미는 [어]로 발음함을 원칙으로 하되, [여]로 발음함도 허용한다.

    피어[피어/피여]   되어[되어/되여]

[붙임] '이오, 아니오'도 이에 준하여 [이요, 아니요]로 발음함을 허용한다.

제 6 장 된소리되기

제23항 받침 'ㄱ(ㄲ, ㅋ, ㄳ, ㄺ), ㄷ(ㅅ, ㅆ, ㅈ, ㅊ, ㅌ), ㅂ(ㅍ, ㄼ, ㄿ, ㅄ)' 뒤에 연결되는 'ㄱ, ㄷ, ㅂ, ㅅ, ㅈ'은 된소리로 발음한다.

국밥[국빱]	깎다[깍따]	넋받이[넉빠지]	삯돈[삭똔]
닭장[닥짱]	칡범[칙뻠]	뻗대다[뻗때다]	옷고름[옫꼬름]
있던[읻떤]	꽂고[꼳꼬]	꽃다발[꼳따발]	낯설다[낟썰다]
밭갈이[받까리]	솥전[솓쩐]	곱돌[곱똘]	덮개[덥깨]
옆집[엽찝]	넓죽하다[넙쭈카다]	읊조리다[읍쪼리다]	값지다[갑찌다]

제24항 어간 받침 'ㄴ(ㄵ), ㅁ(ㄻ)' 뒤에 결합되는 어미의 첫소리 'ㄱ, ㄷ, ㅅ, ㅈ'은 된소리로 발음한다.

신고[신:꼬]	껴안다[껴안따]	앉고[안꼬]	얹다[언따]
삼고[삼:꼬]	더듬지[더듬찌]	닮고[담:꼬]	젊지[점:찌]

다만, 피동, 사동의 접미사 '-기-'는 된소리로 발음하지 않는다.

안기다	감기다	굶기다	옮기다

제25항 어간 받침 'ㄼ, ㄾ' 뒤에 결합되는 어미의 첫소리 'ㄱ, ㄷ, ㅅ, ㅈ'은 된소리로 발음한다.

넓게[널께]	핥다[할따]	훑소[훌쏘]	떫지[떨:찌]

제26항 한자어에서, 'ㄹ' 받침 뒤에 연결되는 'ㄷ, ㅅ, ㅈ'은 된소리로 발음한다.

갈등[갈뜽]	발동[발똥]	절도[절또]	말살[말쌀]
불소[불쏘](弗素)	일시[일씨]	갈증[갈쯩]	물질[물찔]
발전[발쩐]	몰상식[몰쌍식]	불세출[불쎄출]	

다만, 같은 한자가 겹쳐진 단어의 경우에는 된소리로 발음하지 않는다.

허허실실[허허실실](虛虛實實)   절절-하다[절절하다](切切-)

제27항 관형사형 -[으ㄹ' 뒤에 연결되는 'ㄱ, ㄷ, ㅂ, ㅅ, ㅈ'은 된소리로 발음한다.

할 것을[할꺼슬]	갈 데가[갈떼가]	할 바를[할빠를]
할 수는[할쑤는]	할 적에[할쩌게]	갈 곳[갈꼳]
할 도리[할또리]	만날 사람[만날싸람]	

다만, 끊어서 말할 적에는 예사소리로 발음한다.

[붙임] '-(으)ㄹ'로 시작되는 어미의 경우에도 이에 준한다.

할걸[할껄]	할밖에[할빠께]	할세라[할쎄라]
할수록[할쑤록]	할지라도[할찌라도]	할지언정[할찌언정]
할진대[할찐대]		

제28항 표기상으로는 사이시옷이 없더라도, 관형격 기능을 지니는 사이시옷이 있어야 할 (휴지가 성립되는) 합성어의 경우에는, 뒤 단어의 첫소리 'ㄱ, ㄷ, ㅂ, ㅅ, ㅈ'을 된소리로 발음한다.

문-고리[문꼬리]	눈-동자[눈똥자]	신-바람[신빠람]
산-새[산쌔]	손-재주[손째주]	길-가[길까]
물-동이[물똥이]	발-바닥[발빠닥]	굴-속[굴ː쏙]
술-잔[술짠]	바람-결[바람껼]	그믐-달[그믐딸]
아침-밥[아침빱]	잠-자리[잠짜리]	강-가[강까]
초승-달[초승딸]	등-불[등뿔]	창-살[창쌀]
강-줄기[강쭐기]		

제 7 장   소리의 첨가

제29항 합성어 및 파생어에서, 앞 단어나 접두사의 끝이 자음이고 뒤 단어나 접미사의 첫 음절이 '이, 야, 여, 요, 유'인 경우에는 'ㄴ' 소리를 첨가하여 [니, 냐, 녀, 뇨, 뉴]로 발음한다.

솜-이불[솜ː니불]	홑-이불[혼니불]	막-일[망닐]
삯-일[상닐]	맨-입[맨닙]	꽃-잎[꼰닙]
내복-약[내ː봉냑]	한-여름[한녀름]	남존-여비[남존녀비]
신-여성[신녀성]	색-연필[생년필]	직행-열차[지캥녈차]
늑막-염[능망념]	콩-엿[콩녇]	담-요[담ː뇨]
눈-요기[눈뇨기]	영업-용[영엄뇽]	식용-유[시굥뉴]

국민-윤리[궁민뉼리]   밤-윷[밤·뉻]

다만, 다음과 같은 말들은 'ㄴ' 소리를 첨가하여 발음하되, 표기대로 발음
할 수 있다.

이죽-이죽[이중니죽/이주기죽]   야금-야금[야금냐금/야그먀금]
검열[검·녈/거·멸]   율랑-율랑[율랑뉼랑/율랑율랑]
금융[금늉/그뮹]

[붙임 1] 'ㄹ' 받침 뒤에 첨가되는 'ㄴ' 소리는 [ㄹ]로 발음한다

들-일[들·릴]   솔-잎[솔립]   설-익다[설릭따]
물-약[물략]   불-여우[불려우]   서울-역[서울력]
물-엿[물렫]   휘발-유[휘발류]   유들-유들[유들류들]

[붙임 2] 두 단어를 이어서 한 마디로 발음하는 경우에도 이에 준한다.

한 일[한닐]   옷 입다[온닙따]   서른 여섯[서른녀섣]
3연대[삼년대]   먹은 엿[머근녇]   할 일[할릴]
잘 입다[잘립따]   스물 여섯[스물려섣]   1연대[일련대]
먹을 엿[머글렫]

다만, 다음과 같은 단어에서는 'ㄴ(ㄹ)' 소리를 첨가하여 발음하지 않는다.

6·25[유기오]   3·1절[사밀쩔]   송별-연[송·벼련]
등용-문[등용문]

제30항 사이시옷이 붙은 단어는 다음과 같이 발음한다.

1. 'ㄱ, ㄷ, ㅂ, ㅅ, ㅈ'으로 시작하는 단어 앞에 사이시옷이 올 때에는 이들 자음
   만을 된소리로 발음하는 것을 원칙으로 하되, 사이시옷을 [ㄷ]으로 발음하는
   것도 허용한다.

   냇가[내·까/낻·까]   샛길[새·낄/샏·낄]   빨랫돌[빨래똘/빨랟똘]
   콧등[코뜽/콛뜽]   깃발[기빨/긷빨]   대팻밥[대·패빱/대·팯빱]
   햇살[해쌀/핻쌀]   뱃속[배쏙/밷쏙]   뱃전[배쩐/밷쩐]

고갯짓[고개찓/고갣찓]

2. 사이시옷 뒤에 'ㄴ, ㅁ'이 결합되는 경우에는 [ㄴ]으로 발음한다.

콧날[콛날→ 콘날]　　　　　아랫니[아랟니 → 아랜니]
툇마루[퇻:마루→ 퇸:마루]　　뱃머리[밷머리 → 밴머리]

3. 사이시옷 뒤에 '이' 소리가 결합되는 경우에는 [ㄴㄴ]으로 발음한다.

베갯잇[베갣닏 → 베갠닏]　　　깻잎[깬닙 → 깬닙]
나뭇잎[나묻닙 → 나문닙]　　　도리깻열[도리깯녈 → 도리깬녈]
뒷윷[뒫:늍 → 뒨:늍]